Zweitspracherwerb in der Kita

AF210815

Waxmann Verlag GmbH
Steinfurter Straße 555, 48159 Münster
info@waxmann.com

Drorit Lengyel

Zweitspracherwerb in der Kita

Eine integrative Sicht auf die sprachliche und
kognitive Entwicklung mehrsprachiger Kinder

Waxmann 2009
Münster / New York / München / Berlin

Bibliografische Informationen der Deutschen Nationalbibliothek
Die Deutsche Nationalbibliothek verzeichnet diese Publikation in
der Deutschen Nationalbibliografie; detaillierte bibliografische Daten sind
im Internet über http://dnb.d-nb.de abrufbar.

Die Arbeit wurde 2008 von der Fakultät für Psychologie
und Pädagogik an der Ludwig-Maximilians-Universität München
als Dissertation angenommen.

Die Arbeit wurde gefördert mit freundlicher Unterstützung
der Hans-Böckler-Stiftung.

Internationale Hochschulschriften, Bd. 521

Die Reihe für Habilitationen und sehr gute
und ausgezeichnete Dissertationen

ISSN 0932-4763
ISBN 978-3-8309-2086-1

© Waxmann Verlag GmbH, Münster 2009

www.waxmann.com
info@waxmann.com

Umschlaggestaltung: Christian Averbeck, Münster
Titelbild: www.photocase.de, Neugier, Lukas Nagele, Rheineck
Satz: Stoddart Satz- und Layoutservice, Münster
Gedruckt auf alterungsbeständigem Papier, säurefrei gemäß ISO 9706

Vorbemerkung

Mein Interesse am Thema Mehrsprachigkeit wurde schon früh geweckt, da in meiner Familie mehr als eine Sprache gesprochen wird. Dieses Interesse wurde durch die Arbeit mit mehrsprachigen Kindern zunächst als Sprachtherapeutin in einer Praxis und später als Sprachförderkraft an einer Schule weiter genährt. Als Lehrende in der Sonder- und Grundschulpädagogik und als Fortbilderin im allgemein- und sonderpädagogischen Kontext erlebte ich die Notwendigkeit und Vorteile einer interdisziplinären Betrachtung des mehrsprachigen Aufwachsens, aber auch damit einhergehende Schwierigkeiten und Widerstände. Dies spornte mich an, diesen Weg weiter zu gehen, um dem Zusammenwirken sprachlicher, kognitiver und interaktiver Prozesse während der Aneignung der Zweitsprache Deutsch näher zu kommen. Je tiefer ich in die Thematik eintauchte, desto klarer wurde mir, dass die Aufmerksamkeit – so unterschiedlich Erwerbsbiografien auch sein mögen – stärker als bisher auf Gemeinsamkeiten in der kindlichen Entwicklung gerichtet werden sollte. In diese Richtung zielt der vorliegende Beitrag. Ich hoffe, er kann Impulse dazu geben, sich von einem problematisierenden Blick zu lösen und intensiver den Fähigkeiten der Kinder nachzugehen.

Ohne die Unterstützung Vieler hätte dieses Projekt nicht realisiert werden können. Mein Dank gilt zunächst den beteiligten Kindertageseinrichtungen, ihren Leiterinnen und Leitern, Erzieherinnen und Erziehern, Kindern und Eltern, die mich herzlich aufnahmen und ohne die diese Untersuchung nicht hätte durchgeführt werden können. *Manfred Grohnfeldt* möchte ich danken für sein Vertrauen und die anregenden Gespräche, die mich nicht zuletzt zu L.S. Vygotskijs Theorien führten. Auch der *Hans-Böckler-Stiftung* gilt mein Dank, die mir ein Promotionsstipendium gewährte und nun auch diese Veröffentlichung unterstützt. Den *Kolleginnen und Kollegen aus dem FÖRMIG-Projekt*, die stets Verständnis für meine ‚Doppelbelastung' aufbrachten, gebührt ebenfalls mein Dank. Bei *Gudula List* möchte ich mich für ihre offenen und kritischen Anmerkungen bedanken, die sehr dazu beitrugen, meine Gedanken zu ordnen.

Auch möchte ich denjenigen danken, die mir während des gesamten Arbeitsprozesses zur Seite standen: meiner Familie, die immer ein offenes Ohr hatte und mich motivierte; meinem Lebensgefährten für sein jahrelang aufrechterhaltenes Interesse und meiner Arbeitsgruppe, die mir einen ‚Schutzraum' zur kritischen Prüfung meiner Ideen bot. In der letzten Phase des Projektes und der Frage „Wie wird die Arbeit nun ein Buch?" hat mich *Ingrid Furchner* sicher durch den Prozess der ‚Buchwerdung' navigiert, auch dafür vielen Dank. Für ihre hilfreichen Anregungen gilt mein besonderer Dank: *Christophe Göller, Brigitte Lengyel, Hannah Salome, Mitra Houghoghi Zadeh* und *Kerstin Fard-Yazdani*.

Köln, im Dezember 2008

Inhaltsverzeichnis

7

1. Einleitung

In diesem Buch wird das Zusammenwirken sprachlicher, kognitiver und interaktiver Prozesse während der kindlichen Aneignung der Zweitsprache Deutsch (ZS) in Kindertageseinrichtungen (Kita) untersucht. Im Zentrum steht die qualitative Veränderung sprachlichen Handelns auf dem Weg zur Dekontextualisierung, also der Ablösung sprachlicher Zeichen vom außersprachlichen Kontext. Ziel ist es, Beobachtungsfelder und Kategorien für die Analyse sprachlich-interaktiver Prozesse zu entwickeln, die es ermöglichen, Aussagen über die kognitive Involviertheit der Kinder in Interaktionen zu treffen.[1] Hierfür wird auf Ansätze zurückgegriffen, die Sprache und Sprechen in ‚realen‘ Sprechsituationen untersuchen und dabei von einer Verflechtung dieser Prozesse ausgehen. Mit diesem Vorgehen werden Grundzüge einer integrativen Sichtweise auf Kinder im Zweitspracherwerb (ZSE) entwickelt, die das Kind in seiner (sprachlichen) Entwicklung (‚Sprachwerdung‘) in den Mittelpunkt der Betrachtung rücken.

Das Thema Mehrsprachigkeit[2] erregt seit einigen Jahren zunehmend Aufmerksamkeit sowohl in der Öffentlichkeit als auch in der wissenschaftlichen Betrachtung. Dies hängt zum einen mit der wachsenden Erkenntnis zusammen, dass Mehrsprachigkeit im Zuge einer sich wandelnden Weltgesellschaft eine hohe Bedeutung zukommt. Zum anderen steigt das Interesse auch durch die unbefriedigende Bildungssituation mehrsprachiger Kinder insbesondere mit Migrationshintergrund. Fragen des mehrsprachigen Lernens, der bilingualen Erziehung und des frühen Fremdspracherwerbs, der Sprachstandserhebungen und der Sprachförderung vor der Einschulung treten angesichts der dringlichen Praxislage verstärkt ins pädagogische Bewusstsein. In Anbetracht der Tatsache, dass gerade in den Förderschulen mit Schwerpunkt Lernen überproportional viele Kinder mit Migrationshintergrund beschult werden, beschäftigt sich auch die Sonderpädagogik zunehmend mit der Entwicklungsbedingung Mehrsprachigkeit. Auch in der Sprachheilpädagogik wird das Thema aufgegriffen, da die Zahl der überwiesenen mehrsprachigen Kinder steigt und häufig unklar ist, inwieweit bei diesen tatsächlich genuine Sprachbeeinträchtigungen vorliegen.

---

1 Mit sprachlich-interaktiven Prozessen werden hier Vorgänge bezeichnet, in denen das Sprachhandeln zwischen Subjekten als intentionales und gleichzeitig soziales Handeln hervortritt. Der Terminus wird als übergeordneter Begriff verwendet. Steht die kognitive Auseinandersetzung im Vordergrund, spreche ich von sprachlich-kognitiven Prozessen.

2 Der in diesem Buch verwendete Begriff Mehrsprachigkeit schließt Zweisprachigkeit ein und dient der Abgrenzung zur Einsprachigkeit. List merkt an, dass die meisten Kinder in den Kitas unterschiedliche Sprachen mitbringen, daher könne Zweisprachigkeit nicht das realistische Ziel der Sprachbildung sein. Vielmehr gehe es um *„Verständigung untereinander*, also einmal um die Förderung der Kompetenz im Deutschen und zum anderen um die Bemühung um *Mehr*sprachigkeit" (2006, S. 6, Hervorh. i. Orig.).

1.1 Theoretischer Rahmen

Die (Sonder-)Pädagogik ist in Fragen der Mehrsprachigkeit auf Forschungsergebnisse ihrer Bezugsdisziplinen (z.B. Psycholinguistik, Psychologie, Soziologie)
angewiesen. Da es sich um eine äußerst vielschichtige Thematik handelt, die von
den unterschiedlichsten Wissenschaften und ihren jeweiligen Teilbereichen untersucht wird, stehen dabei notwendigerweise jeweils unterschiedliche, auf den
Gegenstand der Disziplin bezogene Fragestellungen im Vordergrund. Für eine
(Sonder-)Pädagogik mit Schwerpunkt Sprache, die sich vorrangig mit dem Kind in
seinem Sprachaneignungs- und Sprachbildungsprozess und mit seiner Förderung
befasst, muss es daher zunächst darum gehen, die einschlägigen Erkenntnisse der
Bezugsdisziplinen aufzubereiten. Gleichzeitig muss dieses Wissen aber auf die
pädagogischen Interessen bezogen werden, damit es in der Praxis nutzbar gemacht
werden kann. Der (Sonder-)Pädagogik muss also daran gelegen sein, einen eigenen
Blick auf mehrsprachige Kinder zu entwickeln, der ihrem Gegenstandsbereich
angemessen ist.

Um nicht einem problematisierenden und defizitären Blick auf das mehrsprachige Kind Vorschub zu leisten, muss das Gemeinsame in der Entwicklung
aller Kinder – seien sie nun ein- oder mehrsprachig – in den Vordergrund gerückt
werden, damit sie zuallererst als sich entwickelnde Subjekte wahrgenommen
werden.[3] Dabei dürfen die jeweiligen Besonderheiten ein- und mehrsprachigen
Aufwachsens nicht negiert werden. Es gilt ein Bewusstsein im pädagogischen
Kontext zu entwickeln, in dem das ‚Zur-Verfügung-Stehen‘ mehrerer Sprachen und
das Miteinander und Ineinanderübergehen von Sprachen als konstituierende
Merkmale von Mehrsprachigkeit verankert sind.

In diesem Buch ist die Vorstellung von Individuen als kognitiv eigenständige Subjekte, als sich selbst organisierende Systeme leitend. Ein System ist einerseits untrennbar mit seinem Kontext verbunden, da es offen für Austauschbeziehungen mit
der Umwelt ist, andererseits aber auch geschlossen und autonom, da die Formen
des Austauschs von der Organisationsweise und Struktur des Systems selbst festgelegt werden (Balgo 2002, S. 99f.). Diese Vorstellung ist für die Analyse sprachlich-interaktiver Prozesse insofern bedeutsam, als es zu einem großen Teil um kognitive, d.h. konstruktive Prozesse geht und von beobachtbaren äußeren Vorgängen

---

3 Mit Beobachtung sind die Aktivitäten der Sinnessysteme gemeint (Beobachtungen 1. Ordnung) und in einem weiteren Schritt die Wahrnehmungen (Beobachtungen 2. Ordnung), die
erst durch ihre „begriffliche Identifikation" (Rusch 1996, S. 329) zu solchen werden: Emp-
findungen müssen erst identifiziert werden, bevor sie in kognitive Konzepte, Schemata oder
Skripts assimiliert werden können: „Man sieht nur, was man schon kennt. Man hört im
Stimmengewirr die Nennung seines eigenen Namens" (ebd., S. 330f.). Ausgehend von dieser
Auffassung wird die Wahrnehmung als zentrale Bedingung für Bewusstheit angesehen,
„zugleich definiert die Beobachtungsebene 2. Ordnung denjenigen Bereich, in dem Wirklichkeit (...) kognitiv-autonom erzeugt und stabilisiert wird" (ebd., S. 333).

nicht automatisch auf innere Prozesse geschlossen werden kann. Zusätzlich löst sie linear-kausale Erklärungs- und Deutungsmuster ab und fördert zirkuläres Denken zum Verständnis der Beziehung zwischen dem Individuum und seiner Umwelt. Sie macht deutlich, dass Wissen immer nur auf dem eigenen Erleben und eigener Erfahrung aufbauen kann.[4] Dies gilt nicht nur im Hinblick auf die kindliche Entwicklung und den ZSE, sondern gleichermaßen für die Umwelt, besonders die pädagogischen Fachkräfte, die ein Kind beobachten und beurteilen und dies nur aus sich heraus, auf der Grundlage ihrer Erfahrungen und ihres Wissens tun können.

Die kindliche Entwicklung wurde lange Zeit als eine Art Stufenabfolge konzipiert; bezogen auf die Sprache ging man von einer Art unvollkommenen Kindersprache aus, die sich linear zur vollkommenen Erwachsenensprache aufbaut. Für diese kausal-lineare Sicht verwenden Lüdtke und Bahr das Bild von „immer steiler werdenden Treppen (...), die das Kind (Entwicklungs-)Schritt für (Entwicklungs-)Schritt in anscheinend logischer Reihenfolge emporsteigt" (2002, S. 137). Eine solche Sichtweise bietet keine wirkliche Erklärung für Entwicklung. Systemisch-konstruktive Ansätze hingegen lenken den Blick auf die Prozesshaftigkeit und Dynamik von Entwicklung. Das sich entwickelnde Kind ist mit seiner Umwelt verwoben. Seine Entwicklungsprozesse sind gekennzeichnet durch

> Äquifinalität (unterschiedliche Ursachen haben gleiche Folgen), Multifinalität (gleiche Ursachen haben verschiedene Folgen) und Epigenese (neue Konstruktionen entstehen durch transaktionale, innere und äußere Wechselwirkungen). (ebd.)

Die Entwicklung eines Kindes wird also durch Effekte der Wechselbeziehung von Subjekt und Umwelt beeinflusst. Das Kind als offenes und zugleich operational geschlossenes System konstruiert seinen dynamischen Entwicklungsprozess selbstregulativ und selbstorganisiert. Wie jedes System strebt es dabei nach Gleichgewicht, um sich optimal an äußere und innere Bedingungen anpassen zu können. Das Kind folgt demnach seiner subjektiven Entwicklungslogik, d.h. der, die sich je spezifisch als sinnhaft darstellt. Auch von außen dysfunktional Erscheinendes kann für das Gleichgewicht eines Systems eine wichtige Funktion haben und ist als Antwort des Kindes auf die Herausforderungen zu werten, vor die es gestellt wird und die es nach seinen Möglichkeiten annimmt (ebd.).

---

4   Von Cranach und Bangerter (2000, S. 230) verweisen in diesem Zusammenhang auf die Bedeutung von Handlung: „Menschen lernen auf vielerlei Weise, aber Handeln ist eine höchst effiziente und unverzichtbare Form des Wissenserwerbs. Piaget und seine Mitarbeiter haben gezeigt, daß Handeln ein wichtiger Motor der kindlichen Entwicklung ist; das schließt den Aufbau von Wissenssystemen mit ein. Aus den Ergebnissen der Tätigkeitspsychologie lassen sich ähnliche Schlüsse ziehen. (...) Ereignisse, die mit zielgerichteten Handlungen verbunden sind, und damit wohl auch das darin erworbene Wissen, werden besser als andere Ereignisse erinnert (...)."

Ausgehend von diesen Überlegungen sollen in dieser Untersuchung nicht intersubjektive Entwicklungsschritte hin zur ‚Zielgrammatik' der ZS oder eine vermeintlich ‚unvollkommene' Kindersprache im Verhältnis zur Erwachsenensprache im Vordergrund stehen. Vielmehr geht es darum, wie Kinder sich die (Zweit-) Sprache als Kommunikations- und Repräsentationsmittel aneignen, und damit um die Bedeutung des Sprachhandelns für das Kind in seiner Lebenswelt. So wird es möglich, die Dynamik von Entwicklungsprozessen und somit unterschiedliche Entwicklungen zu begreifen und geeignete Unterstützungsmechanismen im ‚Dazwischen' anzusiedeln, also in der Beziehung zwischen dem Kind als System und seiner Umwelt, mit der es interagiert.

Die systemisch-konstruktivistische Sichtweise auf die kindliche Entwicklung ist in therapeutischen und beraterischen Zusammenhängen mittlerweile etabliert. Auch die Institution Schule wird mehr und mehr als Interaktionsraum begriffen, und eine solche dynamische Perspektive findet sich sowohl in der allgemeinen Pädagogik wie auch in einzelnen Fachdidaktiken und sonderpädagogischen Disziplinen. Termini wie Behinderung, Auffälligkeit, Störung, Abweichung werden nicht mehr als intraindividuelle Eigenschaften angesehen, die objektiv zu beobachten wären, sondern vielmehr als Konstruktionen der beobachtenden Person.

> In dieser Perspektive wird der Fokus von der ‚Beobachtung der Störung' verlagert zur ‚Beobachtung der Beobachtung von Störung'. Mit der Beschreibung ‚X ist gestört' oder ‚X hat eine Störung' wird demnach nichts über die Person ausgesagt, sondern über den Beschreiber bzw. Beobachter und seine Art, Unterscheidungen zu treffen. (Balgo 2002, S. 102)

Störungen und Auffälligkeiten werden nicht als entweder im Kind oder in der Umwelt liegend betrachtet, sondern im ‚Dazwischen' angesiedelt. Der Beobachter beobachtet ein Phänomen, das von seinen bisherigen Erfahrungen und Erwartungen abweicht und dessen Sinn sich ihm nicht unmittelbar erschließt. Für die beobachtete Person jedoch ergibt dieses Verhalten – in ihrem eigenen Bezugsrahmen – durchaus einen Sinn. Nicht ein in der Person liegendes Störungspotenzial erzeugt ein Problem, sondern erst der nicht gelungene (kommunikative) Umgang mit Verschiedenheit.

> Dadurch, dass wir traditionellerweise Probleme nicht als Wirklichkeitskonstruktionen begreifen, die in und über Kommunikation entstehen, führen wir sie ursächlich auf die Gestörtheit, Behinderung, Abweichung o.ä. als Eigenschaft einer Person zurück, so dass sie auf diesem Weg etwas Überdauerndes, bestenfalls Kompensierbares darstellen. (ebd., S. 103f.)

Die systemisch-konstruktivistische Sichtweise hingegen bezieht die sozialen Kontexte ein, die die Entwicklung des Problems zu fördern scheinen. Durch diesen erweiterten Fokus eröffnen sich neue Handlungsoptionen. So erklären Simon und Rech-Simon (1999), dass die biologischen, psychischen und sozialen Strukturen, die für den Beobachter statisch und unveränderlich erscheinen, immer das Ergebnis dynamischer Prozesse seien. Da selbstorganisierte und selbstreflexive Systeme ihre Gestalt nur durch ihre eigene Aktivität erhielten, gelte dieses Prinzip sowohl für Probleme wie auch für Wege zu deren Lösung.

Betrachtet man das Kind im ZSE aus dieser Perspektive, so wird der Blick von Vorab-Etikettierungen des Kindes auf die Beziehung zwischen ihm und seiner Außenwelt (Lebensbedingungen, Familie, Freunde, Bildungsinstitution) gelenkt. Probleme werden nicht im Individuum selbst verortet, sondern in ihrem Kontext betrachtet. Der Umgang des Kindes mit seiner spezifischen Lebenssituation wird wahrgenommen und kann bei problematisch erscheinenden Sprachaneignungs-prozessen rekonstruiert werden. Gleichzeitig wird davon ausgegangen, dass das Kind seine inneren Prozesse autonom gestaltet und nicht vorhersehbar ist, wie es mit bestimmten Umständen umgeht. Berücksichtigt wird auch, dass wir als Beobachter Sprachaneignungsprozesse mehrsprachiger Kinder möglicherweise nur deshalb als problematisch erachten, weil wir sie in unsere bisherigen Erfahrungen und in das uns vertraute Schema der Einsprachigkeit nicht einordnen können. So sind wir nach wie vor in der ‚einsprachigen Sichtweise auf Mehrsprachigkeit' gefangen, die dazu verleitet, Besonderheiten mehrsprachiger Spracherwerbs-verläufe sowie Facetten des mehrsprachigen Sprachgebrauchs als problematisch einzustufen.

Wir sind also als Beobachter gefordert, über unsere Perspektive und unseren Erfah-rungshorizont zu reflektieren. Nur so wird die Komplexität eines Systems und seiner Umwelt nicht reduziert, sondern gerade aufgezeigt. Das Kind wird so zum prinzipiell erkennenden Subjekt, wobei seine fortwährende Veränderung berück-sichtigt wird. Aus dieser Perspektive kann der individuelle frühe ZSE vorläufig als Konstruktionsprozess des Kindes verstanden werden (s.u. Kap. 6).

1.2 Zum dynamischen Verständnis von Kultur und Sprache

Der hier eingenommene Blickwinkel auf Mehrsprachigkeit und das Kind im ZSE geht einher mit einem sozialwissenschaftlich geprägten dynamischen Kultur- und Sprachbegriff, der im Folgenden kurz dargelegt werden soll. Dabei soll besonders das Beziehungsgeflecht, in dem Sprache be- bzw. entsteht, betrachtet werden. Es geht hier nicht um eine erschöpfende Erarbeitung beider Begriffe, sondern darum, den Rahmen für das hier entwickelte Verständnis von Mehrsprachigkeit und vom Kind im ZSE zu skizzieren.

1.2.1 Zum Kulturbegriff

Definitionen des Kulturbegriffs finden sich in verschiedenen wissenschaftlichen Disziplinen; von einer einheitlichen Definition kann daher nicht ausgegangen werden. Dennoch sind Gemeinsamkeiten in der Bestimmung dieses Begriffs auszumachen.

Kultur kann als ein globales Organisationsprinzip von Welt verstanden werden, das Richtlinien und Orientierungshilfen in den verschiedenen Lebensbereichen liefert, um sich in der Gesellschaft zurechtzufinden (vgl. Kuhn-Lääs 2002). Kultur hilft bei der symbolischen „Konstruktion von Welt" (Habermas 1981, S. 209) und beinhaltet ein Repertoire an Kommunikations- und Repräsentationsmitteln, die einer Gruppe oder Gesellschaft zur Verfügung stehen. Sie ist die Menge aufeinander abgestimmter, sich ergänzender und teilweise interferierender Stile und Interpretationsweisen alltäglichen Verhaltens. Kultur beinhaltet auch einen normativen Aspekt, da sie die Gesamtheit von Regeln, Normen und Werten einer Gesellschaft umfasst, die als Filter dienen, um die sinnlichen Wahrnehmungen und die soziale Umwelt zu ordnen (vgl. Lin-Huber 1998). Über Kultur werden Erkenntnisformen transportiert und die eigene Lebenswelt strukturiert und organisiert. Sie gibt Handlungsorientierung, ermöglicht Selbstvergewisserung und knüpft über Auseinandersetzung und Weitervermittlung an den Erfahrungshintergrund von Generationen an (vgl. Auernheimer 1990). Wenn davon ausgegangen wird, dass sich „im Laufe der menschlichen Entwicklung Gewohnheiten als ‚Standardisierungen des Denkens' herausbilden konnten, ist diese Möglichkeit phylo- als auch ontogenetisch an die Voraussetzung des Zusammenlebens von mehreren Menschen in Beziehung zueinander gebunden" (Kracht 2000, S. 71). Die Handlungen, die sich in einer Gemeinschaft bewähren, erhalten dann Bedeutung und eine gewisse Verbindlichkeit für die sich dieser Gemeinschaft zugehörig fühlenden Personen.

Kulturelle Bedeutungssysteme sind eigendynamisch und historisch prozesshaft, wobei Prozesshaftigkeit in diesem Zusammenhang nicht heißt, dass nur Forschritte erzielt werden (vgl. Auernheimer 1990). Das „kulturelle Gedächtnis" (Raible 1998, S. 16) betrifft alle Bereiche der Lebenswelt und formt das Bild, das man von sich und anderen hat. Es wird im Laufe der Sozialisation, die als aktiver (Re-)Konstruktionsprozess zu verstehen ist, über die Bezugspersonen weitervermittelt, die dabei von ihrem ‚impliziten Erziehungswissen' – kulturell gefärbt durch die eigenen Erfahrungen – geleitet werden. Diese Konventionen ebenso wie die Sozialstruktur prägen die individuellen Wahrnehmungs-, Verstehens-, Interpretations- und Kommunikationsmuster der sich entwickelnden Person (vgl. Luchtenberg 1999).

Kultur, insbesondere als Alltagskultur, kann in einer komplexen Gesellschaft nicht homogen sein, sondern ist eher als ein „Set von in symbolischem Handeln manifestierten Wissensbeständen" zu verstehen (Luchtenberg 1999, S. 17). Diese Sets sind in Teilgruppen einer Gesellschaft unterschiedlich, „aber der Bezug auf die gleiche Gesellschaft ergibt einen gemeinsamen Kern an Weltbildern, Wertvorstellungen, Denkweisen, Normen und Konventionen bzw. Wissen um deren Existenz" (ebd.). Daher ist zur Beschreibung von Gruppen eine sozialstrukturelle Binnendifferenzierung der Darstellung einer (vermeintlich) ethnisch homogenen Gruppe vorzuziehen (vgl. Bade/Bommes 1996).

Kultur verändert sich als dynamisches, instabiles Ensemble von Praktiken und Werten durch In-Kontakt-Treten mit anderen Kulturen (vgl. Varro 1997). Dies geschah seit jeher z.b. durch Eroberung, Unterwerfung und Assimilation, aber auch durch Migration. Daher ist ‚Fremdheit' zugleich ein Wesensmerkmal der eigenen Kultur (vgl. Graumann 1997), auch wenn wir uns dessen nicht bewusst sind. Dies liegt u.a. daran, dass das kulturelle Wissen aufgrund seiner Internalisierung als so selbstverständlich (‚richtig' bzw. ‚allgemeingültig') angenommen wird, dass davon abweichende (auch verbale) Verhaltensweisen als seltsam und sogar als falsch interpretiert und eingeordnet werden (vgl. Luchtenberg 1999, Raible 1998).

Ein dynamisches Verständnis von Kultur erscheint angebracht, um diesen Begriff zu fassen und seiner Bedeutung für Gruppen und Gemeinschaften auf den Grund zu gehen. Da Kultur eng mit sozialer Interaktion und den zur Verfügung stehenden symbolischen Mitteln der Kommunikation und Repräsentation zusammenhängt, spreche ich mit Lin-Huber (1998) von kulturspezifischer sprachlicher Sozialisation, in der sich das Kind ein Set an Symbol-, Wert- und Regelsystemen aneignet.

1.2.2 Zum Sprachbegriff

Sprache spielt in unserem Leben eine herausragende Rolle, sie ist der „Konstituens menschlicher und gesellschaftlicher Lebensform" (Merten 1997, S. 44). Sprache ist ein Zeichensystem; sie dient dem Menschen in Denk-, Erkenntnis- und sozialen Handlungsprozessen als Werkzeug (Oksaar 2003, S. 16). Somit ist sie das wichtigste Ausdrucks- und Kommunikationsmittel des Menschen. Die Sprache jeder Gemeinschaft spiegelt deren spezifische Lebenswelt wider, sie organisiert die Lebenswelt, transportiert kulturelle Elemente und vermittelt Mitgliedern einer Sprachgemeinschaft Wissen über die Welt und die Konstruktionen geteilter Wirklichkeit.

Sprache wird nicht zum Selbstzweck und lediglich als grammatisches Regelwerk erworben, sondern vor allem, um in Beziehung zu anderen Menschen zu treten und Gedanken und Gefühle auszudrücken. Im Rahmen der sprachlichen Sozialisation eignen sich Kinder eine Art „Gebrauchswissen" (Lin-Huber 1998, S. 34) darüber an, wie in der spezifischen Gemeinschaft mit Sprache umgegangen wird. Im Austausch mit Bezugs- und Interaktionspersonen lernen sie die sie umgebende Welt zu erschließen und Bedürfnisse und Erlebnisse auszudrücken. Sprachliche Sozialisation bezeichnet also nicht nur den Prozess der Entwicklung zu einem kompetenten Sprecher der jeweiligen Sprachgemeinschaft, sondern gleichzeitig die Entwicklung des Kindes vom sozialen Wesen zum Individuum. Im Sozialisationsprozess sind sprachliche und kognitive Entwicklung untrennbar miteinander verbunden: Sprache wirkt sich kanalisierend auf Begriffsbildung und Kognition aus, indem sie die spezifische Art einer Sprachgemeinschaft, ihre Lebenswelt zu erfassen und zu organisieren, wesentlich mitbestimmt und zugleich reflektiert. Insofern kann Sprache auch aufgefasst werden als kulturgebundenes und gesellschaftsspezifisches Symbol, da der Mensch mit ihr seine Wirklichkeit ordnet, sie sprachlichen Begriffen zuordnet (vgl. Welling 1990, Vygotskij 2002).

Die identitätsstiftende Funktion von Sprache besteht darin, dass Sprache die Identifikation mit nationalen, regionalen, lokalen Gruppen ermöglicht und zusätzlich Geschlechter-, Schichten- und Gruppenzugehörigkeiten verdeutlicht. Über den Spracherwerb entwickelt sich das Selbst- bzw. Identitätskonzept, also die Selbstvergewisserung darüber, wer man ist, wohin man gehört, welche Rechte und Privilegien oder welche Pflichten man hat usw. Gleichzeitig wird mit Sprache identifiziert, wer zu der eigenen Gruppe gehört („wir") und wer davon ausgeschlossen ist („ihr"). Sprache ist einer der wichtigsten Faktoren in der Entwicklung und Erhaltung des Zugehörigkeitsgefühls (vgl. Cropley 1984). Sie ist also nicht nur das „wichtigste Ausdrucks- und Kommunikationsmittel einer Gesellschaft (...), sondern auch ein gruppenbildender und gruppenkennzeichnender Faktor (...)" (Oksaar 2001, S. 23). Sie ist der Schlüssel zur Erlangung von Handlungskompetenz, gesellschaftlicher Teilhabe und damit einhergehend für Bildungsbeteiligung und Bildungserfolg.

Sprachliches Handeln ist außerhalb des Sprachsystems und ohne dieses nicht möglich; allerdings kann bei natürlichen Sprachen nicht von invarianten Zeichensystemen ausgegangen werden: Sprachliche Zeichensysteme sind relative, keine absoluten Systeme. Sie sind im kybernetischen Sinne offen und dynamisch und passen sich in Rückkopplung durch die kognitive und kommunikative Tätigkeit des Menschen allen neuen, sich entwickelnden gesellschaftlichen Bedürfnissen an (vgl. Helbig 1986, Ingendahl 1991). In der Forschung ist das genaue Verhältnis von sprachlichem Handeln, Denken und Kultur strittig. Welling (1990, S. 220) zufolge hat

> (...) nicht das kulturelle Mittel Sprache die Welt geschaffen, sondern der Mensch die Mittel, um sich mit dessen Hilfe in seiner Welt zurechtzufinden und zu verständigen. Die spezifischen Formen dieser spezifischen kulturellen Errungenschaften des Menschen sind abhängig von der entwickelten Fähigkeit des Menschen in seiner Kultur, diese Formen zu gestalten.

Somit liegt ein wesentlicher Unterschied zwischen Sprache und Kultur darin, dass sprachliches Verhalten ein aktives Handeln darstellt, während Kultur eher auf der Beschreibungsebene zeigt, wer man ist und was die eigene Person ausmacht. Mit Rückgriff auf Wandruszka (1979) ist jedoch festzuhalten, dass die ‚kultur-schaffenden' Fähigkeiten nicht aus der Sprache entspringen, sondern aus dem Denken. Gleichzeitig aber ermöglicht die Sprache neue und andere Denkopera-tionen und -tätigkeiten (s.u. Kap. 3). Sprache kann im Hinblick auf ihre kognitive Funktion nicht als neutrales System ohne intrinsischen Bezug oder als reines „Informationsvermittlungsmedium" (Cropley 1984, S. 183) betrachtet werden. Sie ist keine technische Fertigkeit, die aus Grammatik und Vokabeln besteht. Auch wenn es keinen intrinsischen Bezug beispielsweise zwischen dem Wort Tasse und dem physikalischen Gegenstand selbst gibt und Sprache in dieser Hinsicht ein will-kürliches (arbiträres), abstraktes und neutrales Zeichensystem ist, hat sie diese neutrale Zeichenfunktion im Laufe der Menschheitsentwicklung weit hinter sich gelassen (ebd.). Dies zeigt sich in ihrer Konventionalität und in der kindlichen sprachlichen Sozialisation.

Der Doppelcharakter von Sprache – einerseits als Mittel der Kommunikation, andererseits als Gegenstand des Wissens und Erkennens bei der Orientierung der Menschen in Kultur und Gesellschaft – realisiert sich in jedem Prozess der Subjektwerdung. So kommt der Sprache im Leben eines Menschen die Bedeutung zu, dass sie es ermöglicht, auf die Umgebung und damit auch auf sich selbst und das eigene Handeln einzuwirken. „Praxis der Sprache ist somit Lebenspraxis der Sprecher, aus der sich der Wert sprachlichen Handelns ergibt" (Welling 1990, S. 221).

Ein Sprachkonzept, das bei der Dynamik und Prozesshaftigkeit des Sprechens an-setzt und die oben genannten Aspekte vereint, ist das von Gebhard Rusch (1996). Rusch geht davon aus, dass erst die Erfahrung der „Wirksamkeit von Lautäußerun-gen" als eine der frühesten ontogenetischen Erfahrungen den intentionalen, also geplanten und zielgerichteten Einsatz „zur Erzielung spezifischer Wirkungen moti-vieren und bei rekurrentem Erfolg als Handlungs-Schema stabilisieren kann" (ebd., S. 334). Das Kind bildet durch Integration und Anpassung der fremd- und selbst-produzierten Laute und einer zunehmenden Sensibilisierung für Kontexte und Situationen die Fähigkeit aus, sich gezielt der Lautgestalten zu bedienen, die sich für bestimmte Zwecke in bestimmen Situationen als erfolgreich erwiesen haben. Dabei nähern sich Bestand und Produktion von Äußerungen immer mehr dem Habitus der sozialisationsrelevanten Bezugsgruppe an und müssen als Mittel zur Erreichung spezifischer Interaktionsziele „interpersonell stabilisiert, d.h. *kon-ventionalisiert* werden" (ebd., S. 335, Hervorh. i. Org.).

Eine zentrale Rolle sowohl im Spracherwerb wie auch in der Entstehung natürlicher Sprachen weist Rusch dem kognitiv-sozialen „*Mechanismus des Verstehens*" (ebd.) zu. Verstehen bedeutet aus dieser Perspektive,

> einer Orientierungserwartung zu entsprechen. In diesem Sinne wird ein Sprecher, der z.b. eine Warnung äußert, denjenigen Hörern „Verstehen" zuschreiben, an denen er ein der Warnung entsprechendes, erwartetes Verhalten beobachtet. Über die Kriterien für Verstehen und Nicht-Verstehen verfügt zunächst einmal immer nur der Sprecher bzw. der Orientierende, denn er ist es, der mit seiner Äußerung bestimmte Interaktionsziele verbindet, er ist es, der mit seiner Äußerung etwas (nämlich seine mit der Äußerung verbundenen Ziele) *meint*. (ebd., Hervorh. i. Orig.)

Ein Hörer kann daher im Prinzip nur erraten oder erahnen oder durch Hilfen des Gegenübers angeleitet werden zu verstehen, was gemeint ist. Verstehen ist in diesem Sinne ein Mechanismus zur sozialen Kontrolle und Kanalisierung bzw. Parallelisierung individueller Kognition. So ergibt sich ein Begriff von natürlicher Sprache,

> der Sprache nicht als eine irgendwie selbstständige Einheit (z.b. als Sprachsystem, *langue* i.S. de Saussures) vorstellt, an der Sprecher/Hörer nach dem Grade ihrer Sprachkompetenz partizipieren können, sondern den Gesichtspunkt des lautlichen, verbalen Handelns und somit die aktive Rolle der Sprecher/Hörer betont. Die beobachtete Familienähnlichkeit (L. Wittgenstein) der von den Mitgliedern einer Sprachgemeinschaft verwendeten Lautgebilde, die Abweichungen in gewissen Grenzen einschließt, rührt dann nicht von der Unfähigkeit der Sprecher her, die Grammatik und das Lexikon ihrer eigenen Muttersprache vollkommen zu beherrschen, sondern ist Ausdruck des Umstandes, daß jeder einzelne Sprecher kognitiv autonom innerhalb seines sozialen und kommunikativen Netzwerks die für seine individuellen Interaktionsziele relevanten verbalen Strategien entwickeln muß. Pronociert gesagt: Jeder Sprecher ‚erfindet' bzw. konstruiert für sich die verbalen Strategien, mit denen er erfolgreich ist, neu! (ebd., S. 336, Hervorh. i. Orig.)

So kann einem Beobachter die Imitation von Ausdrücken als mechanistische Übernahme erscheinen, für den Sprecher aber kann dies die Bildung von Sprechhandlungsschemata bedeuten, über die er zuvor vielleicht nicht verfügt hat.

> Replikationsbedingungen dieser Art lassen aber Abweichungen von einer abstrakten linguistischen Norm, nämlich eine potentiell unendliche Menge von Idiomen als Normalfall erwarten. Nicht das größte und auch nicht das kleinste gemeinsame Vielfache, nicht das grammatische Regelwerk und nicht das Lexikon, das aus den Äußerungen der Mitglieder einer Sprachgemeinschaft abstrahiert werden kann, macht eine natürliche Sprache aus, sondern die Fähigkeit jedes einzelnen Mitgliedes, sich und andere vermittels konventionalisierter Lautgebilde zu orientieren. (ebd., S. 336f.)

Die im Spracherwerb erlebte Erfahrung der Wirksamkeit des eigenen Gebrauchs der konventionalisierten Kommunikationsmittel ermöglicht das Entdecken der

„Repräsentationalität bzw. Referenzialität sprachlicher Einheiten" (ebd., S. 337). So referieren sprachliche Ausdrücke (Wörter, Symbole) nicht direkt auf außersprachliche Objekte (Referenten), sondern stellen die Beziehung zur Wirklichkeit über konzeptuelle Repräsentationen (Begriffe) her, also über mentale Einheiten, in denen sich kategoriales Wissen über Welt widerspiegelt. Diese Entdeckung stellt eine enorme Erweiterung kommunikativer Optionen dar, vor allem hinsichtlich der zunehmenden Unabhängigkeit des kommunikativen Erfolgs von Ort, Zeit und Situation („kontextuelle Desensibilisierung", ebd.) und des Einsatzes kommunikativer Strategien von konkreten Personen und konkreten sozialen Beziehungen. Wird Sprache als ein von pragmatischen Faktoren weitgehend unabhängiges Gebilde lexikalischer und syntaktischer Einheiten betrachtet, treten die für die Möglichkeit der Repräsentation konstitutiven Voraussetzungen, die kulturelle und soziale Gemeinschaft der Gesprächspartner sowie konventionalisierte Kommunikationsmittel, in den Hintergrund.

1.2.3 Kulturspezifische Dimension des Spracherwerbs und Beziehungsgefüge von Sprache und Kultur im Kontext von Mehrsprachigkeit

Bei der kindlichen Entwicklung handelt es sich um interagierende und interdependente Prozesse, die sich zwischen dem Kind und den durch die Beziehungsgemeinschaft vermittelten kulturellen Wissensbeständen sowie den für diese Vermittlungen geschaffenen Symbolsystemen, den verfügbaren Vermittlungsorten und -modalitäten abspielen. Die sprachliche Sozialisation findet also in einer sprachlich und sozial strukturierten Umwelt statt, in der sich diese beiden Domänen gegenseitig beeinflussen. In dieser Phase der Orientierung lernt das Kind bestimmte sprachliche Regeln für die „kulturspezifischen Formen der Kombination von Sprachlichem und Nicht-Sprachlichem, für die Zusammengehörigkeit von Sprachausdruck und Gestik, von Wortbedeutung und Mimik, von Mitteilungsinhalt und melodischer Tönung" (List 1987, S. 96). Somit erfolgt zum einen eine „Sozialisation durch Sprachgebrauch" und zum anderen eine „Sozialisation, Sprache zu gebrauchen" (Lin-Huber 1998, S. 35). Das Kind erwirbt also in der sprachlichen Sozialisation im interaktiven Austausch auch sein pragmatisches Wissen und entwickelt eine kulturspezifische kommunikative Kompetenz.[5]

---

5 Diese Kompetenz und die darin enthaltenen Wissensbestände können nach Lin (1998, S. 116) gegliedert werden in die Bereiche *Sprecherrechte* (Gesprächseröffnung, Einbringen des Themas, Sprecherwechsel ...), *sprachliche Form* (direkte oder indirekte Sprechweise, Grad der Bestimmtheit der Aussage, Ausdrucksweisen ...), *Inhalt* (obligate Gesprächsfloskeln, Gesprächs-/Tabuthemen ...) und *Diskursorganisation* (Informationsstrukturierung, Sprecherwechsel ...).

Jede Gemeinschaft beeinflusst also Form, Inhalt und Funktion kindlicher Sprech-
muster, indem sie die Art und Weise strukturiert, wie Kinder in sozialen Kontexten
involviert werden. Kulturvergleichende Sprachsozialisationsstudien zeigen, wie
unterschiedlich sich die (sprachliche) Beziehung zwischen Bezugsperson und Kind
gestaltet, da in verschiedenen Kulturen unterschiedliche Ansichten darüber vorherrschen, wie die Kinder sprachlich sozialisiert werden sollen (über Beobachtung,
spezifische Interaktionsformen, taktile Stimulation usw.). So ist auch die an das
Kind gerichtete Sprache in einer für die westliche Welt typischen Mutter-Kind-
Dyade keinesfalls eine Universalie. „Die meisten Kinder der Welt erfahren Sprache
nicht in Dyaden, sondern in einer komplexeren sprachlichen Umwelt in Triaden
oder in multipersonalen Konversationen" (Lin-Huber 1998, S. 30). Die unterschiedlichen Praktiken in den jeweiligen Kulturen zeugen davon, dass das vor-
rangige Ziel ist, die Kinder kulturell angemessen zu sozialisieren. Es scheint dabei
nicht so sehr darauf anzukommen, in welcher Form dies geschieht, sondern vielmehr darauf, dass Kinder in die jeweils geltenden Konventionen, in typische
Routinen und Alltagsaktivitäten der jeweiligen Gemeinschaft involviert werden, an
diesen teilhaben und sie dann auch in sprachlicher Hinsicht erwerben. Dabei ist
nicht der eine Weg erfolgreicher als der andere, sondern jeder Weg ist Ausdruck
bestimmter Konventionen und Erziehungspraxen.

Zusammenfassend ist festzuhalten, dass wir es mit einem sich wechselseitig beein-
flussenden Spannungsfeld zwischen Sprache und Kultur zu tun haben, das sich in
der kulturspezifischen sprachlichen Sozialisation von Kindern und in ihrem Verlauf
stattfindenden kulturspezifischen Interaktionen zeigt. Auch muss die Annahme
transkultureller Universalien bezüglich der ‚Spracherziehung‘ und der Inter-
aktionsmuster in diesem Zusammenhang bei näherer Betrachtung revidiert werden,
denn auch hier zeigen sich die Einflüsse des jeweiligen kulturellen Wissens im
Umgang mit Sprache. Die Befunde zur kulturspezifischen Dimension im Spracherwerb zeigen auch, dass im (sonder-)pädagogischen Kontext Vorsicht geboten ist
vor Übertragungen vermeintlich ‚normaler und natürlicher‘ Vorgänge im Sprachaneignungsprozess. Internalisierte didaktische Verhaltensweisen, die in der
primären Sprachsozialisation zum Tragen kommen, spiegeln eine bestimmte
kulturhistorisch geprägte Herangehensweise wider. Dabei ist die eine Herangehensweise der anderen keinesfalls überlegen.
    Die bisherigen Ausführungen verdeutlichen, dass Sprache und Kultur zusam-
men mit dem Individuum, das sich Sprache aneignet und diese gebraucht, und der
sozialen Gemeinschaft, innerhalb derer der Spracherwerb sich vollzieht, eine Einheit bilden, „in der man die Einzelteile nicht isoliert voneinander, sondern in einem
Beziehungsgeflecht miteinander betrachten sollte (...)" (Oksaar 2003, S. 17). Dabei
steht das Soziale nicht im Widerspruch zum Individuellen, denn „beides sind
Kategorien zur Organisation von Erfahrungen" (Rusch 1996, S. 327), die das
erkennende Subjekt autonom zu gewinnen hat.

Vor dem Hintergrund der Mehrsprachigkeit und des Erwerbs einer weiteren Sprache ist dieses Gefüge immer mitzudenken, und dementsprechend erhöht sich seine Komplexität um ein Vielfaches. Fragen bezüglich des mehrsprachigen Aufwachsens und mehrsprachiger Interaktion müssen daher immer als Individual- und Sozial- bzw. Gesellschaftsphänomen innerhalb bestimmter kultureller Settings betrachtet werden. Oksaar (2003, S. 17) bezeichnet dieses Zusammenspiel daher als soziokulturellen Beziehungsrahmen der Mehrsprachigkeit.

1.3 Zentrale Fragestellung und Aufbau

Die Aktivitäten aller an der Erforschung von Mehrsprachigkeit beteiligten Disziplinen haben in der jüngsten Vergangenheit zwar deutlich zugenommen, und dadurch konnten einige Mythen, Vorurteile und defizitäre Sichtweisen bezüglich des mehrsprachigen Aufwachsens aufgedeckt werden. Dennoch blieben für die (sonder-)pädagogische Praxis wichtige Fragen unbeantwortet.

Eine dieser Fragen betrifft die Aneignung der (Zweit-)Sprache als Motor der kognitiven Entwicklung vor dem Hintergrund interaktiver Spielhandlungen, also die Frage, wie mehrsprachige Kinder sich die (Zweit-)Sprache zur ‚Erfassung von Welt' aneignen. Dies ist vor allem deshalb bedeutsam, weil internationale Vergleichsstudien gezeigt haben, dass die sprachlichen Schwierigkeiten mehrsprachiger Schüler[6] vor allem in jenen Bereichen liegen, die kognitiv anspruchsvoll und kontextreduziert sind, wie z.B. Textverstehen oder Problemlösen. Vorläufer dieser Fähigkeit, auf das (Welt-)Wissen eines Partners abgestimmte Folgen kohärent und kohäsiv verbundener Äußerungen zu organisieren und nachzuvollziehen (also zu verstehen), entwickeln sich im Vorschulalter (Klann-Delius 1999, S. 43f.). Aus diesem Grund ist es erforderlich, das Zusammenspiel der sprachlichen und kognitiven Entwicklung genauer zu betrachten und zu untersuchen, inwieweit sich Vorläuferfähigkeiten, die der Ablösung sprachlichen Handelns aus dem situativen Kontext dienen, im Rahmen von Spiel und Interaktion entwickeln. Für eine solche Untersuchung ist die Zeichen- und Entwicklungstheorie Lev Semënovič Vygotskijs (1896-1934), in der diese Zusammenhänge im Mittelpunkt stehen, geeignet. Im angloamerikanischen Raum wird Vygotskijs Theorie im Kontext der Mehrsprachigkeit und des ZSE gerade hinsichtlich (sonder-)pädagogischer und didaktischer Fragegestellungen seit längerem breit rezipiert (vgl. Lantolf/Appel 1994, Hall 1997, Tarone 1997, Robbins 2003, Mitchell/Myles 2004, Gibbons 2006), und auch im deutschsprachigen Raum gibt es inzwischen Vertreter aus der Wissenschaft, die diese Rezeption im Hinblick auf mehrsprachige Aneignungsprozesse einfordern (z.B. List 2005a, 2005b).

---

6 Ich verwende zugunsten der besseren Lesbarkeit nur die männliche Form.

An dieser Stelle soll kurz darauf eingegangen werden, ob und inwiefern sich Vygotskijs Theorie mit der einleitend skizzierten Auffassung von Individuen als kognitiv-autonomen Subjekten ausschließt oder ergänzt. Bauersfeld (1995) vergleicht das erkenntnistheoretische Modell der kulturhistorischen Schule, unter der die Theorien Vygotskijs, Lurijas und Leont'evs häufig subsumiert werden, mit dem des Konstruktivismus. Er sieht wesentliche Parallelen in der Fokussierung auf die konstruktive Natur menschlichen Handelns, die individuellen Anpassungsprozesse beim Lernen und die Bedeutung der sozialen Interaktion. Unterschiede bestehen in Bezug auf objektive Strukturen und deren Verinnerlichung. Während der Tätigkeitstheorie Leont'evs noch die Annahme zugrunde liegt, dass eine interne Abbildung der externen Welt im Bewusstsein wirksam ist, ist für den Konstruktivismus der Begriff der Viabilität zentral, mit dem der Grad hinreichender Ähnlichkeit oder Anpassung zwischen dem, was verschiedene Individuen konstruieren, gemeint ist. Während Leont'ev also noch davon ausgeht, dass die Erlangung objektiven Wissens möglich ist, bricht der Konstruktivismus mit dieser traditionellen Vorstellung. Ihm zufolge gibt es kein objektives Wissen, sondern nur Wissen, das der Erfahrungswelt des jeweiligen Individuums entspringt und intersubjektiv werden kann, wenn es bei seiner Beschreibung bei anderen auf Zustimmung stößt (vgl. von Glasersfeld 2001). Eine Annäherung der beiden Positionen ergibt sich, wenn man Vygotskijs (2002) Verständnis der Bewusstwerdung hinzuzieht. So geht er davon aus, dass der Mensch in diesem Prozess nicht einfach seine Umwelt durch ein Hinzuaddieren neuer Eindrücke spiegelt, sondern qualitative Veränderungen innerhalb der Entwicklung neue Strukturen oder Komponenten im Bewusstsein hervorbringen, die zu einer neuen Art und Weise der Wahrnehmung und Aufnahme der Wirklichkeit führen.

In einem konstruktivistischen Verständnis ist Lernen als aktive Konstruktion von Wissen beschreibbar (Kracht 2000, S. 138). Der Lernende verbindet in diesem Konstruktionsprozess neue Informationen mit vorhandenem Wissen. Durch die Reflexion wird ,altes' Wissen bewusst gemacht und mit weiteren Informationen neu organisiert und strukturiert. Wissenserwerb bedeutet demnach auch immer Wissensveränderung. Die individuelle Reflexion des eigenen Wissens und Handelns wird durch diskursive Auseinandersetzung mit anderen Personen unterstützt (Ko-Konstruktion von Wissen, vgl. Henninger/Mandl 2000). Wird der Sprachaneignungsprozess als eigenaktiver Konstruktionsprozess (vgl. Rusch 1996, Lenke/Lutz/Sprenger 1995) anerkannt, eröffnet dies die Möglichkeit, das Kind in der Auseinandersetzung mit seiner Umwelt wahrzunehmen.

Während der Konstruktivismus hier also den Rahmen darstellt, um das komplexe und dynamische Beziehungsgefüge von Sprache, Kultur und Kognition im Hinblick auf das Individuum interdisziplinär konkretisieren zu können, dient Vygotskijs Ansatz zur theoretischen Erschließung der Bewusstseinsentwicklung im Hinblick auf Sprechen und Denken. Hinzugezogen wird auch der interaktionistische Ansatz von Karl Bühler (1982, Original 1934), der unterschiedliche Felder des Zeichengebrauchs eingeführt hat, deren Unterscheidung bei der Beleuchtung kindlicher Entwicklungsschritte hin zur Dekontextualisierung eine hohe Bedeutung zukommt. Für den Erstspracherwerb (ESE) untersuchte jüngst Helga Andresen (2002, 2005) Fiktionsspiele einsprachiger Kinder in der Kita und zeigte, dass diese im Vorschulalter unter bestimmten Voraussetzungen in der Lage sind, Sprache von dem sie umgebenden Kontext abzulösen. Laut Andresen handeln die Kinder in diesen Spielsituationen in der Zone der nächsten Entwicklung (ebd.). Diese Befunde sollen für die Aneignung der Zweitsprache durch Kinder mit Migrationshintergrund nutzbar gemacht werden.

Meiner Kenntnis nach gibt es kaum Studien, die sich in Bezug auf den ZSE der Interaktion in der Kita widmen. Dies ist verwunderlich, da die Kita doch der Ort ist, wo ein großer Teil der Kinder aus Migrantenfamilien erstmalig mit der deutschen Sprache als Kommunikationssprache konfrontiert wird. Außerdem ist davon auszugehen, dass die Kind-Kind-Kommunikation den Großteil der Interaktionen in der Kita ausmacht. Dieser Umstand sollte daher im Hinblick auf die Aneignung der Zweitsprache berücksichtigt werden. Hinzu kommt, dass Sprache erst durch die Bedeutung, die Sprecher einzelnen Wörtern zuweisen, und die Interaktion, in der sie verwendet wird, zu Sprache und somit lebendig wird und als Kommunikations- und Repräsentationsmittel angeeignet werden kann. Ausgehend von dieser Problemlage ergeben sich für diese Untersuchung die folgenden Fragen:
1. Welche Beobachtungsfelder und Analysekategorien können theoretisch hergeleitet und operationalisiert werden, um in interaktiven Spielhandlungen sprachlich-kognitive Prozesse und deren qualitative Veränderung im ZSE zu beleuchten?
2. Wie erfolgt das Zusammenspiel (zweit-)sprachlicher und kognitiver Entwicklung in Interaktionssituationen bei Kindern mit Migrationshintergrund?

Zur empirischen Bearbeitung dieser Fragen wurde eine viermonatige explorative ethnographische Studie in vier Kitas durchgeführt. Es wurden 43 Kinder während ihres Kita-Alltags teilnehmend beobachtet und über 300 Interaktionen in verschiedenen Spielsituationen dokumentiert; 150 davon bilden den Datenkorpus dieser Studie. Das Material, das die empirische Basis für die Kategorienentwicklung und -beschreibung bildet, setzt sich zusammen aus Beobachtungsprotokollen, transkribierten Sprachaufnahmen und Feldgesprächen mit Erzieherinnen und Eltern.

Forschungsleitend ist dabei die Idee, das mehrsprachige Kind in seinen Entwicklungsaufgaben als aktives Subjekt wahrzunehmen und das Interesse, wirkungsvolle Mechanismen zur Unterstützung des (Zweit-)Spracherwerbs zu finden. Es gilt einen Blick zu entwickeln, der jenseits der sprachlichen Oberfläche danach fragt, welche Bedeutung Sprache für das jeweilige Kind hat, und welchen Stellenwert als symbolisches Werkzeug zur Realitätsbewältigung (vgl. List 2005a, 2005b). Da das Kind sich seine (zweite) Sprache in Spielhandlungen hauptsächlich über die Kind-Kind-Interaktion aneignet, wird auch der Frage nach der Rolle dieses sozialen Kontextes nachgegangen.

Das Buch ist in drei Teile gegliedert. Der erste Teil beschäftigt sich mit Fragen der Mehrsprachigkeit und des ZSE. Abschließend wird der Zusammenhang zwischen migrationsbedingter Mehrsprachigkeit und Bildungsprozessen thematisiert. Im umfangreichen zweiten Teil werden die theoretischen Bezüge (Vygotskij, Bühler und Weiterentwicklungen) dargelegt, auf deren Basis die Analysekategorien für sprachlich-interaktive Prozesse entwickelt werden. Da das kindliche Spiel die zentrale Lern- und Interaktionsform in der Kita darstellt, erfolgt auch ein Exkurs über den Wandel des Spiels und des Sprachgebrauchs im Spiel im Verlauf der kindlichen Entwicklung. Abschließend werden ausgewählte, für die Fragestellung relevante Befunde aus der Zweitspracherwerbsforschung (ZSEF) vorgestellt.

In Kapitel 6, das den Übergang zum empirischen Teil bildet, werden die wesentlichen hier behandelten Aspekte zusammengeführt. Daran anknüpfend wird eine Perspektive auf den ZSE als Ko-Konstruktionsprozess entwickelt und ihre Relevanz für die Sprach(heil)pädagogik skizziert.

Teil 3 untersucht die sprachlich-interaktiven Prozesse von Kindern im ZSE in der Kita. Den Kern bilden die Herleitung und Entwicklung der Analysekategorien, die jeweils mit empirischen Belegen versehen werden, und die detaillierte Betrachtung der sprachlich-interaktiven Prozesse im Datenkorpus. Interaktionssituationen oder Teilsequenzen werden anhand der entwickelten Kategorien analysiert und interpretiert.

In den ausblickenden Schlussfolgerungen werden förderdiagnostische und didaktische Implikationen für die Sprachpädagogik und die Sprachheilpädagogik aufgezeigt, die sich aus der erarbeiteten integrativen Perspektive auf Mehrsprachigkeit und den ZSE und den dazugehörigen Kategorien ergeben. Hier geht es nicht um die Vermittlung von ‚Technikwissen' im Sinne von Praxiswissen, sondern um *Reflexionswissen*, das verfügbar gemacht und in das den Fachkräften zur Verfügung stehende ‚Technikwissen' eingebunden werden soll (vgl. Jantzen/Feuser 2002). (Sonder-)Pädagogen sollten mit solchem Wissen ausgestattet werden, um den Anforderungen der immer komplexeren und undurchsichtigen Praxis – wie im Falle der Mehrsprachigkeit – gerecht zu werden. Mit Helbig (1986, S. 19) gehe ich außerdem davon aus, dass praktische Aufgaben nur durch einen längeren theoretischen Vorlauf gelöst werden können.

> Insofern stehen theoretische und praktische Forderungen auch nicht unvermittelt nebeneinander, sondern bedingen einander: Gerade bei einer folgerichtigen Orientierung an den steigenden Anforderungen der Praxis steigen auch die Ansprüche an die Theoriebildung.

Teil I   Aufwachsen mit mehr als einer Sprache

2.   Mehrsprachigkeit, Zweitspracherwerb und Migration

In diesem Kapitel erfolgt eine theoretische Bestimmung von Mehrsprachigkeit, um das mehrsprachige Aufwachsen im Migrationskontext und den kindlichen Zweitspracherwerb genauer betrachten zu können. Anschließend wird den Zusammenhängen zwischen Migration und Bildungsbeteiligung bzw. -erfolg vor dem Hintergrund von Mehrsprachigkeit und sprachlicher Kompetenz nachgegangen.

2.1   Perspektiven auf Mehrsprachigkeit

Mehrsprachigkeit wurde erst in den 1960er und 1970er Jahren systematisch erforscht (Kracht 2000, S. 169ff.).[7] Und noch im Jahr 1999 zeigte sich eine große Diskrepanz zwischen den Forschungsaktivitäten zum ESE und denen zum ZSE: Das Verhältnis von Veröffentlichungen zum kindlichen Spracherwerb und solchen zum ZSE lag bei 60 zu 1, d.h. von rund 600 Veröffentlichungen befassten sich lediglich 10 mit mehrsprachigem Aufwachsen (Bhatia/Ritchie 1999, S. 569f.).

Walters (2005) verweist darauf, dass in der (psycho-)linguistischen Tradition monolinguale Erwerbs- und Produktionsmodelle fest verankert sind und nach wie vor als Grundlage der Untersuchung von Mehrsprachigkeit dienen. Dementsprechend überwiegt auch eine monolingual geprägte Sichtweise auf Mehrsprachigkeit. Grosjean (1985, S. 468) sieht als Hauptgrund dafür ähnlich wie Walters, dass sich Linguistik und Spracherwerbsforschung vorrangig über die Untersuchung Monolingualer entwickelt haben, die somit zum Modell des ,normalen' Sprecher-Hörers[8] wurden: So wurde angenommen, dass die mehrsprachige Person zwei separate und isolierbare Sprachkompetenzen habe, die denen der Monolingualen glichen.[9] Die vorhandenen Methoden würden unverändert auf Mehrsprachige angewendet; das führe zu „monolingual biases", da der ideale monolinguale Sprecher-Hörer als Maßstab für Mehrsprachige genommen würde (ebd.).

Mit dem in dieser Arbeit zugrunde gelegten Verständnis von Mehrsprachigkeit beziehe ich mich in erster Linie auf die 1985 von Grosjean vorgelegte Konzeption

---

7   Zur Bestimmung des Begriffs und den damit verbundenen Kontroversen siehe Oksaar (2003).

8   Der Begriff des (idealen) Sprecher-Hörers stammt aus der Chomskyschen Tradition und bezeichnet die abstrakte grammatische Kompetenz des Muttersprachlers.

9   Firth und Wagner weisen 1997 darauf hin, dass auch die üblichen Begrifflichkeiten eine Schieflage erzeugen: So stehe der idealisierte native speaker dem stereotypisierten non-native speaker mit geringer Kompetenz gegenüber. Der einsprachige Sprecher sei der Maßstab und damit weiterhin der „uncrowned king of linguistics" (Mey 1981, S. 73, zit. n. Firth/Wagner 1997, S. 291).

„The bilingual (or wholistic) view of bilingualism", die er in späteren Schriften immer wieder aufgreift und spezifiziert (Grosjean 1992, 1996, 2001). Grosjean versteht mehrsprachige Personen als

> solche, die sich im alltäglichen Leben zweier oder mehrerer Sprachen bedienen. Das umfasst Personen, die eine mündliche Kompetenz in einer Sprache haben und eine schriftliche Kompetenz in einer anderen, Personen, die zwei Sprachen mit unterschiedlicher Kompetenz sprechen (und die weder in der einen noch in der anderen schreiben oder lesen können), ebenso wie den eher seltenen Fall von Personen, die zwei (oder mehrere) Sprachen perfekt beherrschen. (Grosjean 1996, S. 162)

Danach stellt „Gleichsprachigkeit" (Oksaar 2003, S. 31), also der Fall, dass in beiden Sprachen (annähernd) gleiche Kompetenzen erworben werden, eher einen Idealtypus dar. Dies hängt insbesondere damit zusammen, dass die betreffenden Personen ihre Sprachen in der Regel auf verschiedene Domänen oder Aktivitäten verteilen: So wird etwa die eine Sprache zu Hause, die andere in der Öffentlichkeit gesprochen, oder eine Sprache wird nur schriftlich verwendet, aber nicht gesprochen. Grosjean schlägt deshalb vor, Mehrsprachigkeit nicht darüber zu definieren, wie gut eine Person die betreffenden Sprachen beherrscht (language proficiency), sondern über ihre kommunikative Kompetenz (communicative competence), die sie bei der Bewältigung alltäglicher Erfordernisse aufweist. Kommunikative Kompetenz müssen sich mehrsprachige und monolinguale Personen gleichermaßen aneignen; der Unterschied liegt darin, dass die mehrsprachige Person zwei oder mehr Sprachen zur Verfügung hat, derer sie sich je nach Situation, Gesprächsgegenstand und Gesprächspartner bedienen kann. Grosjean prägte darüber hinaus eine Vorstellung von Mehrsprachigen, die sich von einer monolingualen Perspektive deutlich abhebt:

> The bilingual is NOT the sum of two complete or incomplete monolinguals; rather, he or she has a unique and specific linguistic configuration. The co-existence and constant interaction of the two languages in the bilingual has produced a different but complete language system. (Grosjean 1985, S. 471, Hervorh. i. Orig.)

Als wesentliche Charakteristika von Mehrsprachigkeit werden in dieser Konzeption also Funktionalität der Sprachen und Flexibilität im Sprachgebrauch hervorgehoben (vgl. auch Oksaar 2003). Damit wird unterstrichen, dass Mehrsprachigkeit einer Dynamik unterliegt, die situations-, umwelt-, personen-, aufgaben- und kommunikationsabhängig ist.

Die beiden Merkmale Funktionalität und Flexibilität kommen in Sprachmischungen[10] wie Entlehnungen, Interferenzen, Code-Switching und Code-Mixing

---

10 Sprachmischung wird hier als Oberbegriff gebraucht. Im Falle von *Entlehnungen* werden Wörter aus einer Sprache in eine andere übernommen und dieser dabei morphologisch und phonologisch angepasst (vgl. Hoffmann 1991). *Interferenzen* liegen dann vor, wenn Elemente einer Sprache in eine andere transferiert werden, beispielsweise auf syntaktischer Ebene die

zum Tragen und zeigen gleichzeitig, dass die Deaktivierung der anderen Sprache/n nur selten vollständig ist (vgl. Bialystok 2001). So meint auch Tracy (1996, S. 81), es könne nicht ausgeschlossen werden, „daß bestimmte Äußerungen bilingualer Kinder, die denen monolingualer Kinder oberflächlich ähneln, nicht in Wirklichkeit doch auf der Interaktion zwischen den Sprachen beruhen können."

Grosjean (1996, S. 170) führt in diesem Zusammenhang das „language mode model" mit unterschiedlichen Kommunikationsmodi ein, um zu verdeutlichen, dass Sprachmischungsphänomene nicht wahllos auftreten, sondern eng mit der Situation und den Kommunikationspartnern zusammenhängen und dazu dienen, möglichst effizient zu kommunizieren. Unter Sprachmodus versteht er den Grad der Aktivierung der Sprachen eines Mehrsprachigen. Im monolingualen Kommunikationsmodus wird lediglich eine Sprache aktiviert und die andere/n weitestgehend unterdrückt. Es finden keine Sprachmischungen statt, und solche werden von den Partnern in der Gesprächssituation auch nicht toleriert. Es handelt sich hierbei in der Regel um Situationen, an denen monolinguale Sprecher beteiligt sind, die keine Kompetenzen in den anderen Sprachen besitzen. Im gemischtsprachigen Kommunikationsmodus sind Sprachmischungen hingegen akzeptiert. Im bilingualen Kommunikationsmodus sind Sprachmischungen und Wechsel zwischen den Sprachen ebenfalls akzeptiert, wobei eine Sprache als Basissprache erkennbar bleibt (vgl. Kroffke/Rothweiler 2004, Schroeder/Stölting 2005, S. 66f.). In entsprechenden Kommunikationssituationen befinden sich nur mehrsprachige Sprecher, die sich auf eine Basis- bzw. Matrixsprache einigen. Die Wahl des jeweiligen Modus wird also von den Anforderungen an die Sprecher, die aus der

---

Wortstellungsregel einer Sprache auf die andere. Als *Code-Switching* wird der wechselnde Gebrauch mehrerer Sprachen in einer Äußerung oder Konversation bezeichnet. Dabei wird im Gegensatz zu Entlehnungen die Äußerung nicht morphologisch in die andere Sprache eingegliedert, sondern die Regeln der ursprünglichen Sprache werden beibehalten (vgl. Grosjean 1996). Das *Code-Mixing* kann alle Sprachebenen betreffen und wird als pragmatisch unangemessen betrachtet, da die Gesprächspartner die eingebundenen Wörter oder Phrasen der anderen Sprache nicht verstehen können oder sie den Wechsel in die andere Sprache nicht akzeptieren (vgl. Anstatt/Dieser 2007, S. 143). Insgesamt lassen sich die verschiedenen Sprachmischungsphänomene im tatsächlichen Sprachgebrauch nicht so eindeutig unterscheiden, wie es idealtypische Trennung suggeriert.

Diese Kontaktphänomene wurden lange Zeit als Indizien unvollständiger Sprachbeherrschung betrachtet. Insbesondere die soziolinguistische Forschung konnte dazu beitragen, diese Einschätzung zu revidieren. Es handelt sich vielmehr um Strategien des mehrsprachigen Sprachgebrauchs, d.h. die kommunikativen Intentionen und persönlichen Ziele werden mit allen sprachlichen Möglichkeiten und dem gesamten sprachlichen Wissen, das zur Verfügung steht, verfolgt. Der Grad der Ausprägung dieses Sprachgebrauchs bei Kindern hängt zum einen von der jeweiligen Kommunikationssituation ab, zum anderen aber auch davon, ob die Personen in der sprachlichen Umgebung vorwiegend ihre Sprachen mischen oder nicht. Letztlich spielt auch die Sprachkompetenz eine Rolle: So muss z.B. beim Code-Switching ein bestimmtes Kompetenzlevel erreicht sein, um sich dieser Strategie bedienen zu können (vgl. Bialystok 2001). Es gibt im deutschsprachigen Raum kaum Studien, die den Erwerbsprozess bei Sprachmischungsphänomenen verfolgen; erste Ergebnisse hierzu legen Anstatt/Dieser (2007, S. 151ff.) vor.

Situation resultieren, gesteuert.[11] Auch Einsprachige wechseln ihre Varietäten oder Register (z.B. Dialekt – Hochsprache, Standardsprache – Umgangssprache); da diese aber innerhalb einer Sprache liegen, wird dieser Wechsel meist gar nicht wahrgenommen, während er bei Mehrsprachigen offensichtlich ist. Diese Flexibilität im Sprachgebrauch hängt von der Funktion ab, die die Sprachen in der jeweiligen Situation oder zur Bewältigung einer Aufgabe innehaben und die die Sprecher (und ihre Gesprächspartner) mit ihnen verbinden.

Überdies stellt das Miteinander der Sprachen bei mehrsprachigen Individuen kein konstantes Verhältnis dar, sondern muss als dynamisches Potenzial betrachtet werden, das sich durch biografische Konstellationen entwickelt und verändert (Reich 2005a, S. 132ff.). So kann davon ausgegangen werden, dass das Verhältnis von ES und ZS bei Individuen im Verlauf des Entwicklungs- und Lernprozesses erheblich variiert. Funktionalität und Flexibilität sind immer abhängig von der einzelnen Person, die die Sprachen erwirbt und gebraucht, und von der Gemeinschaft, in der sich der Erwerb und Gebrauch vollzieht. Mehrsprachigkeit kann man sich also als ein Kontinuum mit zwei ‚Extremen' vorstellen: Einige (wenige) Personen entwickeln ausgewogene Kompetenzen in ihren Sprachen (idealtypisch), sie bilden das eine Extrem; eine kleine Anzahl von Personen verfügt in beiden Sprachen nur über eingeschränkte Kompetenzen, sie stehen am anderen Extrem des Kontinuums; der Großteil der Mehrsprachigen bewegt sich mit seinen Sprachen auf unterschiedlichen Punkten des Kontinuums. Der Punkt auf dem Kontinuum, auf dem das Individuum steht, kann sich je nach den biografischen Verhältnissen immer wieder verändern.

Sprachmischungen nehmen auf der Prestigeskala von Sprachen einen sehr niedrigen Rang ein und gelten als Ausdruck einer wenig stabilen Persönlichkeit (Grosjean 1996, S. 193). Abweichungen vom gemeinsamen Sprachmaß, also einer einsprachigen Sprechweise, können heftige Reaktionen auslösen, die auf tief verwurzelten, oft unbewussten Vorstellungen beruhen und rein funktioneller Art sind: Sie garantieren den Mitgliedern einer Sprachgemeinschaft den Erhalt der Kommunikation und den engen Zusammenhang zwischen bestimmten sprachlichen Formen und zentralen kulturellen Werten. Für die Betrachtung von Sprachmischungen und ihrem Verhältnis zu natürlichen Sprachen ist Wandruszkas (1984) Ansatz für die ganzheitliche Betrachtung der Mehrsprachigkeit leitend.

> Sprachen von und für Menschen aus Fleisch und Blut sind das Ergebnis unablässiger Mischung im Gespräch zwischen den Menschen, sie sind, soweit wir überhaupt in der Geschichte zurückblicken können, immer schon Mischgebilde. (Wandruszka 1984, S. 66)

---

11 Neurowissenschaftliche Forschungsergebnisse sprechen dafür, dass auch der Zeitpunkt des Erwerbs einer weiteren Sprache eine Rolle spielt: So scheint eine frühe Exposition langfristige Auswirkungen auf die Sprachprozessierung zu haben in der Weise, dass weitere Hirngebiete in die Sprachverarbeitung einbezogen werden, „die es ermöglichen, zwischen gleichzeitig vorhandenen Alternativen (den beiden früh erworbenen Sprachen) zu selektionieren" (Nitsch 2007, S. 57).

Die oftmals eher verwirrende Vielfalt grammatischer Formen in einer Sprache wie z.B. dem Deutschen ist für Wandruszka ein Befund, der sich durch kein Sprachsystem erklären lässt. „Es läßt sich überhaupt nur verstehen als das Ergebnis gegenseitiger Durchdringung verschiedener Sprachen und Mundarten seit frühester Zeit, als Mischsprachen aus Mehrsprachigkeit" (ebd.). Daher seien alle Sprachen „überall nur unvollkommene heterogene Polysysteme" (…), Gebilde aus Konstanten und Varianten, mit einer Überfülle von Variationen und Varietäten" (ebd., S. 67f.). So ist es die Dynamik des Sprechens, die dazu führt, dass Menschen ihre Sprachen verändern, vermischen und weiterentwickeln; die Wirklichkeit der Sprache ist das Sprechen im Gespräch. Wandruzska schließt seine Ausführungen über die Diskussion um Mehrsprachigkeit mit einer deutlichen Kritik am gängigen linguistischen Forschungsparadigma: Ihm zufolge

> haben die meisten offenbar noch gar nicht bemerkt, daß Mehrsprachigkeit und Sprachmischung das vielleicht entscheidende Merkmal der menschlichen Sprache ist, das, was sie von jedem strukturalistischen, transformationalistischen monosystematischen Theoriemodell, aber auch von allen konstruierten Informationssystemen, Computersprachen, Regelprozeßmaschinerien zutiefst unterscheidet. (ebd., S. 71)

Ein weiterer Aspekt im Kontext von Mehrsprachigkeit, der in der Forschung noch weitestgehend vernachlässigt wurde, ist der der (Entwicklung zur Fähigkeit der) Übersetzung bzw. sprachliche Mittlung bei Kindern. Um übersetzen zu können, bedarf es eines gewissen Grades an Kompetenz in der jeweiligen Sprache, besonderer Übersetzungsstrategien und vor allem metasprachlicher Fähigkeiten (Bialystok 2001, S. 224). Die Entwicklung der Übersetzungsfähigkeit, die mit der „Verselbstständigung von Sprache" (Jampert 2002, S. 150f.) einhergeht, wird vermutlich auch dadurch unterstützt, dass mehrsprachige Kinder eher in der Lage sind zu erkennen, dass ein Wort etwas bezeichnet und nicht dem Gegenstand anhaftet. List (2006, S. 309) meint, dass der „früher einsetzende Umgang mit der Arbitrarität der Sprachzeichen als ein Vorsprung" angesehen werden könne, den mehrsprachig aufwachsende Kinder gegenüber monolingualen hätten. Sie seien früh bereit „zu akzeptieren, dass für ein Ding mehrere Bezeichnungen existieren und dass die Passung von Form und Bedeutung bei Wörtern eine Sache der Vereinbarung ist" (ebd.). Darüber hinaus scheint mit dem Übersetzen auch die Fähigkeit verknüpft zu sein, eigene Bedürfnisse und Interessen zurückzustellen und die des anderen wahrzunehmen. Dafür muss zumindest in Ansätzen die Fähigkeit zur Perspektiv- und Rollenübernahme entwickelt sein (s.u. Kap. 4). Die wenigen Studien, die kindliche Übersetzungsfähigkeiten untersuchten, weisen darauf hin, dass die Qualität der Übersetzungen in der Regel hoch ist, auch wenn es sich um Kinder handelt, die in sozial prekären Lebenslagen aufwachsen (vgl. Bialystok 2001).

Zusammenfassend kann gesagt werden, dass es sich für ein (sonder-)pädagogisches Grundverständnis anbietet, Mehrsprachigkeit aus der hier dargelegten Perspektive zu betrachten. Sie scheint geeignet, das dynamische, heterogene und vielschichtige Phänomen der Mehrsprachigkeit zu beleuchten, da sie die individuelle sprachliche und soziale Lebenswelt mehrsprachiger Personen berücksichtigt. Dies ist insofern wichtig, als wir von heterogenen sozialen Kontexten und damit auch von heterogenen sprachlichen Kontexten und Sprachgemeinschaften ausgehen müssen. Der individuelle Sprachgebrauch mehrsprachiger Personen kann so verstanden werden als Ausschöpfung des Variationspotenzials von Sprache an sich, als eine Erweiterung des eng gesteckten und einsprachig normierten Korsetts einer beliebigen Sprache. Wie Mehrsprachige dieses Variationspotenzial nutzen, wird von individuell-biografischen Konstellationen und den vorherrschenden Aneignungsprozessen und -bedingungen bestimmt.

2.2   Wege zur Mehrsprachigkeit

Es gibt unterschiedliche familienbiografische Konstellationen, in denen Kinder zur Mehrsprachigkeit kommen. Romaine (1999, S. 253f.) schlägt eine Typologie von Konstellationen vor, die die familienbiografische Spracherziehungs- und Sprachverwendungssituation sowie die Umweltbedingungen als bedeutsame Faktoren des Erwerbskontextes berücksichtigt (vgl. auch Genesee/Paradis/Crago 2004). In der folgenden Darstellung, die ich zur besseren Verständlichkeit frei übersetzt und mit jeweils einem Beispiel versehen habe, werden nur die Typen aufgeführt, die für die vorliegende Untersuchung relevant sind.

Typ 3: Non-dominant home language without community support

Eltern:	sprechen dieselbe ES
Umgebung:	die Sprache der Mehrheit ist nicht die der Eltern
Strategie:	die Eltern sprechen mit dem Kind ihre ES
Beispiel:	Familie lebt in Deutschland; Eltern sprechen mit dem Kind Spanisch

Dieser Typ resultiert häufig aus einer Migrationssituation: Die erste Phase des Spracherwerbs ist monolingual. Die ZS als Umgebungssprache wird erst erworben, wenn das Kind mit dem Umfeld in näheren Kontakt kommt, z.B. im Kindergarten oder in der Schule. Hierbei handelt es sich um den klassischen Fall des (frühen) ZSE: Das Angebot in der Umgebungssprache ist weniger gezielt und konstant als im Primärspracherwerb, eine systematische Methode der Erziehung zur Mehrsprachigkeit fehlt. Hinzu kommt eine Reihe von ungünstigen z.B. gesellschaftlichen und sozialpsychologischen Faktoren, die den Erwerb beider Sprachen nachhaltig beeinflussen (vgl. Kuhs 1989, Müller 1996).

Typ 4: Double non-dominant home language without community support

Eltern: sprechen unterschiedliche ES
Umgebung: die Sprache der Mehrheit ist nicht die eines Elternteils
Strategie: jeder Elternteil spricht mit dem Kind seine ES
Beispiel: Familie lebt in Deutschland; Vater spricht mit dem Kind Spanisch,
             Mutter Portugiesisch

Im Gegensatz zum Typ 3 werden hier zu Hause zwei Sprachen erworben, von denen keine die Umgebungssprache ist. Es gelten ähnliche Bedingungen wie für Typ 3.

Typ 6: Mixed languages

Eltern: sind zweisprachig mit gleicher ES und ZS
Umgebung: Teile sind zweisprachig
Strategie: Eltern mischen die Sprachen
Beispiel: Familie lebt in einer spanisch-deutschsprachigen Community in einer
             deutschen Großstadt; Eltern sprechen Spanisch und Deutsch mit dem
             Kind und mischen beide Sprachen

Dieser Weg zur Mehrsprachigkeit wird in vielen Familien eingeschlagen, in denen einige Mitglieder schon seit Generationen im Einwanderungsland leben: Die primäre Sozialisation erfolgt in der ES, die ZS bzw. Umgebungssprache wird aber schon früh durch ältere Geschwister und/oder über einen so genannten gemischten Sprachgebrauch innerhalb der Familie vermittelt. Die ES ist daher in der Sprachverwendung der Kinder zunächst dominierend, aber auch die ZS wird von Beginn an rezeptiv erworben, wenn auch die produktive Phase erst später beginnt. In diesem Fall ist das Angebot in der Umgebungssprache ebenfalls weniger gezielt und konstant als das in der ES. Hinzu kommt eine Reihe von ungünstigen Faktoren (z.B. das geringe Prestige eines gemischten Sprachgebrauchs), die den Erwerb beider Sprachen nachhaltig erschweren können.

Romaine (1999, S. 265) geht davon aus, dass der Typ 6 am häufigsten auftritt, auch wenn er in der Literatur und in der Forschung weit unterrepräsentiert ist. Reich (2005a, S. 124) nimmt an, dass in Deutschland Typ 3 und Typ 6 am häufigsten vorkommen. Dies wird von einer Studie des Deutschen Jugendinstituts e.V. zum multikulturellen Kinderleben bestätigt (vgl. DJI 2000). Im Rahmen dieser Studie wurden in Frankfurt, Köln und München insgesamt 1208 Kinder mit nicht-deutscher Staatsangehörigkeit im Alter von fünf bis elf Jahren zu ihrer Lebenssituation befragt. In dieser Befragung gaben acht Prozent der Kinder an, dass sie mit der Mutter Deutsch sprechen, 48 Prozent gaben die ES und 45 Prozent den Sprachwechsel als dominanten Sprachgebrauchstyp an. Mit dem Vater sprechen ebenfalls acht Prozent der Kinder Deutsch, 43 Prozent die ES, und bei 49 Prozent dominiert der Sprachwechsel. Für die Kommunikation mit den Geschwistern nannten 21

Prozent Deutsch als dominantes Mittel, 22 Prozent die ES und immerhin 56 Prozent den Sprachwechsel. Die weiteren Ergebnisse können wie folgt zusammengefasst werden:

- Die kindliche Sprachpraxis ist flexibel, personenbezogen und situationsabhängig.
- Für die Kommunikation unter Freunden ist die ZS das wichtigste Mittel, während in der Familie die ES dominiert.
- Der Sprachwechsel ist vor allem im Sprachgebrauch innerhalb der Familie dominant, aber auch im Sprachgebrauch unter Freunden macht er 26 Prozent aus.
- Sprachliche Vielfalt und sprachliche Flexibilität sind für die meisten Kinder selbstverständlich; ihre Erfahrungswelt ist davon geprägt, Mehrsprachigkeit ist Bedingung ihres Handelns.
- Schwierigkeiten in der Aneignung der ZS hängen mit dem Erwartungsdruck von außen zusammen.
- Die Kinder begreifen Mehrsprachigkeit nicht als ‚Entweder-Oder‘, sondern als ganzheitliche Sprachkompetenz (vgl. DJI 2000).

Die sprachliche Flexibilität ist das Resultat eines Spracherwerbs, bei dem die Sprachen nicht nebeneinander stehen, sondern ineinander übergehen. Dieses Sprachverhalten entwickeln die Kinder aus ihrer Spracherwerbssituation und die Familien insgesamt aus ihrer praktischen Lebenssituation heraus. Die Studie legt ferner nahe, dass für den Sprachwechsel und für den Gebrauch der ES außerhalb der Familie auch die Sprachatmosphäre in der Region und Gelegenheiten zum Zusammentreffen mit anderen Kindern gleicher ES eine Rolle spielen: So treten beide sprachlichen Verhaltensmuster in Köln häufiger auf als in München und Frankfurt (ebd., S. 93). Dies bestätigen auch andere Studien (z.B. Keim 2007), die die Wirkung des öffentlichen Raums auf den Sprachgebrauch aufzeigen.

Beim Sprachverhalten mit Freunden zeigt sich insbesondere, dass die in der Freizeit fehlende sprachliche Normierung zu kreativem Sprachverhalten führt und der Sprachwechsel ein Mittel dafür ist. Dirim konstatiert:

(…) sie akzeptieren die Dominanz der deutschen Sprache (in der deutschen Schule). Wenn ihnen jedoch die Möglichkeit gegeben wird, ihre mitgebrachten Sprachen zu verwenden, machen sie davon ausgiebig Gebrauch. (…) Im außerschulischen Bereich verwenden die Kinder häufig verschiedene Sprachen und Sprachvarietäten spielerisch und aus sichtlicher Freude an ihrer Mehrsprachigkeit. (Dirim 1998, S. 147f., zit. n. DJI 2000, S. 91)

Die DJI-Studie zeigt darüber hinaus, dass die Fähigkeit zum Sprachwechsel mit dem Alter zunimmt: Während im Kindergartenalter 44 Prozent der Kinder angaben, mit den Freunden nur Deutsch zu sprechen, sind es im Schulalter 35 Prozent. Eine Kombination aus Deutsch und Sprachwechsel gaben im Kindergartenalter 25 Prozent an, während es im Schulalter bereits 44 Prozent waren. Die Forscher kommen zu dem Schluss, dass Sprachwechsel als Zeichen von Zunahme sprachlicher Kompetenzen gewertet werden muss und nicht als Zeichen sprachlicher Mängel.

Die qualitativen Interviews der Studie machen auch auf kindliche Erlebnisdimensionen von Mehrsprachigkeit im Kontext der Bildungseinrichtungen aufmerksam: Zum einen verbinden die Kinder mit der Anfangsphase in der Kita oder in der Grundschule eine Schlüsselerfahrung hinsichtlich des ‚Ausgeschlossenwerdens‘ und der Diskriminierung; sie berichten von Schamgefühlen und Hilflosigkeit und einem erlebten Zwang zu einheitlichem Deutsch, wenn sie in Bildungsinstitutionen, aber auch in privaten Gesprächen auf die ZS festgelegt werden. Zum anderen erfahren die Kinder ihre Sprachkompetenz widersprüchlich: In der Familie sind sie meist diejenigen, die die beste Sprachkompetenz (im Deutschen) aufweisen, im institutionellen Kontext hingegen erleben sie sich als ‚sprachschwach‘.

2.3   Zweitspracherwerb

> Der Zweitspracherwerbsprozeß ist ein überaus komplexer Vorgang. Forschungsergebnisse von Einzeluntersuchungen müssen zusammengetragen werden, um mosaikartig ein Bild davon zu entwerfen, wie der Erwerb einer zweiten Sprache abläuft. Die Zweitspracherwerbsforschung liefert dabei immer nur Teilantworten, die immer dann falsch werden, wenn sie für das Ganze gehalten werden. (Merten 1997, S. 90f.)

Der Terminus ZSE impliziert eine Erwerbsabfolge in der Weise, dass der Erwerb einer weiteren Sprache konsekutiv zum Erwerb der ES erfolgt (vgl. Bausch/Kasper 1979). Darüber hinaus kann der ZSE ausgehend von einem weiten Sprachbegriff als kreativer und variabler Prozess angesehen werden, der von individuellen, gruppenspezifischen und sozialen Faktoren beeinflusst wird. Diese Faktoren und ihre komplexen Wechselbeziehungen bilden die jeweiligen Entwicklungs- und Lernbedingungen und sind entscheidend für die Effektivität des Sprachlernens. Nach Spolskys Modell des ZSE (1989) wird dieser von zwei Hauptbereichen (major clusters) beeinflusst. Der eine Bereich beinhaltet die externen Bedingungen und bezieht sich somit auf den sozialen Kontext, in dem eine zweite Sprache erworben wird; hierunter fallen soziopolitische, -linguistische, -ökonomische und -kulturelle Rahmenbedingungen. Der zweite Bereich, die internalen Bedingungen, umfasst das Alter, das Geschlecht, den neurologischen, sensorischen und psychologischen Status des Individuums sowie dessen kognitive und sprachliche Lernfähigkeiten. Es handelt sich also um Variablenbündel, „in denen die Dominanz von gewissen Einheiten je nach den Lebensumständen des Lerners hervortreten kann" (Oksaar 2003, S. 62). Im Gegensatz zu anderen Modellen oder Taxonomien (z.B. Schuhmann 1986) ist Spolsky gerade an Wechselwirkungen der Bedingungen interessiert; er zeigt 74 interaktive Voraussetzungen des ZSE auf. Entscheidend ist also, dass es sich hier um ein Zusammenspiel handelt, das in seiner Komplexität analysiert werden muss, um im Einzelfall einzuschätzen, welche Gruppe oder welche Bereiche daraus als ‚auslösendes' Moment für Erwerbsprobleme angesehen werden können.

Es gibt eine Reihe von theoretischen Annahmen und Modellen zum ZSE aus unterschiedlichen wissenschaftstheoretischen Positionen und Forschungstraditionen, die Erklärungen zum Erwerb einer ZS bereitstellen.[12] Auf die zentralen Hypothesen wird hier nicht eingegangen, da keine dieser Theorien sich explizit auf den ZSE bei Kindern mit Migrationshintergrund bezieht (vgl. Jeuk 2003).

Der ZSE ist ein komplexer, dynamischer, nichtlinearer Prozess, gekennzeichnet durch nicht voraussagbare Fort- und Rückschritte. Dies wurde aber in der Theorie- und Modellbildung bislang kaum berücksichtigt (vgl. Kritik in Oksaar 2003, S. 89ff.). Der Unterschied zum ESE liegt vor allem darin, dass die Lerner (auch kindliche) gegenüber diesem stets einen Erfahrungsvorsprung haben: Sie haben bereits ihre Sprechfähigkeit entwickelt und erlebt, was Sprache ist und wozu sie dienen kann. Das Lernen der ZS erfolgt durch den Filter der ES (vgl. List 2003).

2.3.1 Der sukzessive ZSE

Beim sukzessiven ZSE werden die Sprachen nacheinander erworben (z.B. Typ 3 in 2.2). Der Erwerb der ZS kann schon früh einsetzen, etwa mit dem Eintritt in die Kita im Alter von drei bis vier Jahren, oder aber erst später, beim älteren Kind, Jugendlichen oder Erwachsenen.[13] Nach jüngsten Forschungen zeigen sich zwischen dem frühen und dem späten sukzessiven ZSE deutliche Unterschiede hinsichtlich der beim Erwerb des grammatischen Systems eingeschlagenen Route. So wurde beispielsweise der Zusammenhang zwischen dem Erwerb der Subjekt-Verb-Kongruenz und der Verbzweitstellung im Deutschen, den es im monolingualen ESE gibt, auch bei Kindern im frühen ZSE nachgewiesen. In diesem zentralen Bereich unterscheidet sich der frühe ZSE deutlich vom ZSE bei Älteren (Rothweiler 2006, S. 159; vgl. auch die Ergebnisse von Tracy 2007, S. 79ff.) und gleicht dem monolingualen ESE und dem simultanen ZSE[14] (auch doppelter ESE oder bilingualer ESE genannt), von dem dann gesprochen wird, wenn von Beginn an zwei

---

12 Eine differenzierte Darstellung findet sich bei Merten (1997), und eine ausführliche kritische Betrachtung nimmt Kracht (2000) vor.

13 In dieser Arbeit wird der *frühe ZSE von Kindern mit Migrationshintergrund* behandelt, andere Konstellationen werden nicht berücksichtigt. Ich spreche in diesem Zusammenhang vom ‚ZSE in der Kita' oder vom ‚frühen ZSE'; geht es dagegen um den ZSE allgemein (s.u. Kap. 5), spreche ich nur von ZSE.

14 Dies ist in differenzialdiagnostischer Hinsicht ein wichtiger Befund für die Sprachheilpädagogik.

Sprachen gleichzeitig erworben werden (vgl. Klein 1992, Wode 1993, Tracy 2007). Daher nimmt man an, dass es sich bei dem frühen sukzessiven ZSE um eine Variante des simultanen ZSE handelt, zumindest was den Erwerb des grammatischen Systems der Sprachen anbelangt (ebd.; vgl. auch Kracht/Rothweiler 2003).

Nicht nur vor dem Hintergrund dieser Ergebnisse erscheint es sinnvoll, eine Trennlinie zwischen dem frühen ZSE und dem ZSE zu einem späteren Zeitpunkt zu ziehen. Auch andere Gründe sprechen dafür: So findet der frühe ZSE parallel zu zentralen kognitiven Entwicklungsprozessen statt; in dieser Phase erfolgt die erste Ablösung von der Familie als primärer Sozialisationsinstanz, und auch die ES befindet sich noch im Aufbau. Für Kinder im frühen ZSE liegen also in vielen Punkten andere Ausgangsbedingungen vor als für Kinder, die bereits alphabetisiert sind, oder für Erwachsene mit bereits ausgeprägten Einstellungen und Motivationslagen. Diese Unterschiede dürften sich auch in der Aneignung der ZS widerspiegeln.[15]

Unklar ist, bis zu welchem Alter man von einem frühen ZSE ausgehen kann, der dem simultanen ähnelt. Dahinter steht die Frage, wie lange einem Kind die gleichen sprachlichen Erwerbsstrategien zur Verfügung stehen wie beim ESE (oder beim simultanen ZSE), um sich eine weitere Sprache anzueignen. McLaughlin (1984) etwa markiert das dritte Lebensjahr als Grenze; Krashen (1973) hingegen setzt sie beim Erreichen des fünften Lebensjahres, Kracht und Rothweiler (2003) und Rothweiler (2006) sprechen vom dritten bis vierten Lebensjahr. Diese Unterschiede zeigen, dass die Festlegung der Altersgrenzen (noch) nicht auf empirischer Evidenz basiert und dass unterschiedliche methodische Vorgehensweisen in dieser Frage zu unterschiedlichen Ergebnissen führen (vgl. hierzu ausführlich Oksaar 2003, S. 49ff.; Meisel 2007).

Häufig wird pauschal angenommen, kleine Kinder würden weitere Sprachen leichter und schneller lernen als ältere und dabei vor allem eine so genannte muttersprachliche Kompetenz erlangen. Jeuk (2003, S. 46) geht jedoch davon aus, dass „der Eindruck der Mühelosigkeit des Zweitspracherwerbs vieler Vorschulkinder vor dem Hintergrund des weitgehend unproblematischen Erwerbs des phonologischen Systems" entsteht, d.h. der erfolgreiche Erwerb wird mit einer mutter-

---

15 Neurowissenschaftliche Befunde stützen diese Annahme bezogen auf die Aktivierung der Hirnareale. Nitsch (2007, S. 59) zeigt anhand von Ergebnissen aus ihrer Studie, an der u.a. simultan Bilinguale, sukzessiv Mehrsprachige und späte Mehrsprachige teilgenommen haben, dass es einen „graduellen Wechsel von der gemeinsamen Aktivierung für alle Sprachen bei simultan Mehrsprachigen zu einer verstreuten diversen Aktivierung bei späten Mehrsprachigen" gibt.

sprachlichen Sprechweise ohne Akzent gleichgesetzt.[16] Die Frage nach dem günstigsten Erwerbsalter kann mit der skizzierten Annahme nicht beantwortet werden; sie erfordert eine differenzierte Betrachtung (vgl. Dimroth 2007, Singleton/Ryan 2004).

So geht Oksaar (2003, S. 53) ebenso wie Wode (1993, S. 318) davon aus, dass das Lebensalter als biologische Eigenschaft nicht direkt auf den Erwerb weiterer Sprachen einwirkt, sondern nur indirekt über reifungs- und sozialisationsbedingte Entwicklungen des Gedächtnisses und der intellektuellen, sozialen und affektiven Dimension. Zusätzlich scheint das günstigste Lernalter für die verschiedenen sprachlichen Strukturbereiche (Phonologie, Syntax, Lexikon) unterschiedlich zu sein. Man kann also nicht von *dem günstigsten* Zeitpunkt sprechen, vielmehr kommen offenbar je nach Entwicklungsphase unterschiedliche Sprachlernfähigkeiten zur Geltung (Reich/Roth 2002, S. 11). Daher sollte man nicht nach dem optimalen Alter fragen, sondern danach, wie jeweils eine Umgebung zum effektiven und erfolgreichen Sprachlernen geschaffen werden kann (vgl. Oksaar 2003).

Dennoch gibt es beim frühen ZSE einige Besonderheiten. So scheint es, dass „die sensumotorischen Aspekte der Sprache, z.B. Aussprache und Intonation, desto besser sein können, je früher man mit der zweiten Sprache anfängt" (ebd., S. 56). Auch hinsichtlich des Erwerbs einer idiomatischen Ausdrucksweise sollen Kinder im frühen ZSE Vorteile haben, da sie auf „bessere Fähigkeiten zur Imitation als die Schulkinder, größere kognitive Flexibilität und Spontaneität" zurückgreifen können (ebd., S. 57). Diese beiden Vorteile scheinen damit zusammenzuhängen, dass Kinder im frühen ZSE von Fähigkeiten Gebrauch machen, mit denen sie sich Wissen unbewusst aneignen (vgl. List 2006). So nimmt auch Wode (1993, S. 309) an, dass sich altersbedingt die „Zugriffsmöglichkeit bzw. die Möglichkeit, diese linguo-kognitiven Fähigkeiten zu aktivieren", verändert. Kracht und Rothweiler (2003) und Rothweiler (2006) gehen davon aus, dass Kindern bezogen auf den Erwerb des strukturellen Regelwerks noch jene Fähigkeiten zur Sprachverarbeitung zur Verfügung stehen, die auch den ESE steuern. Es scheint sich hier also um ein zeitliches Fenster zu handeln, in dem implizites Lernen stattfinden kann.

---

16 Singleton und Ryan (2004, S. 87) geben dabei zu bedenken, dass Aspekte wie „foreign versus native accent" in multilingualen Ländern ihre Bedeutung verlieren (können) oder aber als zu unterscheidende Konzepte überhaupt nicht existieren. Sie verdeutlichen damit auch die kulturelle Abhängigkeit beider Aspekte. In dominant einsprachigen Ländern und Regionen zeigt sich in der kulturellen Lebenspraxis, dass der Akzent als Abweichung erkannt und eingestuft wird und dies die Kommunikation beeinflusst. In Bezug auf die Zweitsprachen*kenntnisse* spielt der Akzent allerdings keine nennenswerte Rolle (ebd.).

2.3.2 Vom impliziten zum expliziten Sprachlernen

Eine entscheidende Frage ist somit, welche Art des Lernens im ZSE dominiert: das implizite oder das explizite Lernen. Implizite Lernvorgänge finden im ESE und bei automatisierten motorischen Abläufen wie dem Laufen statt.[17] Beim Sprachlernen zeigt sich implizites Lernen darin, dass die Aufmerksamkeit nicht auf das gerichtet ist, was erlernt wird; das Lernen geschieht „auf gänzlich beiläufige Weise" (List 2006, S. 9) durch die Notwendigkeit, mit der sozialen Umwelt in Austausch zu treten. Insbesondere der Sprachrhythmus und die Aussprache profitieren von diesen impliziten Vorgängen. Auch im frühen ZSE kann man von implizitem Lernen ausgehen, unabhängig von der jeweiligen Sprachenkonstellation.[18]

> Kinder lernen bis zu einem Alter von 3, 4 Jahren *anders* als ältere Kinder und Erwachsene und erobern sich erst ab dann zusätzlich die Verfahren, mit denen wir uns angewöhnt haben, auf die Welt – und auch auf Sprachen – zuzugreifen. (…) [Es bedarf am Anfang] der direkten Zuwendung und der natürlich intonierten Ansprache in unmittelbarer Interaktion – ganz gleich ob sie hochsprachlich organisiert ist oder nicht. Denn Kinder schlüpfen über die *Melodien* in die direkt an sie gerichteten Sprachen hinein. Und da alle menschlichen Lautsprachen ganz spezifische Klangkonturen haben, die Wort- und Satzbetonungsmuster zur Gliederung und Sinngestaltung der Rede benutzen, darf man die Aussage machen (…): Kinder lernen die grammatischen Grundstrukturen der sie umgebenden Sprachen ganz unbewusst, und sie beginnen damit bereits *vor* dem Verständnis irgendwelcher sprachlich übermittelten Inhalte. (List 2007, S. 1f., Hervorh. i. Orig.)

Im Übergang zum Vorschulalter tritt zum impliziten Lernen das explizite hinzu. Es ist laut List (2006, S. 57) ein „dialektisches Gegenstück" zum impliziten Lernen und beinhaltet die sich entwickelnde Fähigkeit, „mit Vorsatz Informationen zu vorab imaginierten Zielen aufzusuchen und Aufmerksamkeit dann zu mobilisieren, wenn sich dem gewohnten Handeln Barrieren entgegenstellen". Die bereits entwickelten Basiskompetenzen in der ES und die erlebte kommunikative Effizienz in der ZS ermöglichen es dem Kind somit, Formen des sprachlichen Handelns zu entfalten, die es bewusst erfährt und ausübt. Dieser Vorgang ist eng an die kognitive Entwicklung gebunden.

---

17 Implizites Lernen steht in manchen Handlungsbereichen lebenslang zur Verfügung (List 2006, S. 54ff.). Im Gegensatz zum expliziten Lernen lässt es sich durch Ausschlusskriterien bestimmen: Es „bestärkt oder verändert Verhaltensweisen (produziert also beobachtbare Effekte), ohne dass der Vorgang selbst oder die Einzelheiten seiner behavioralen Folgen ins Bewusstsein der Lernenden gelangen oder aus dem (prozeduralen) Gedächtnis dorthin zurückzuholen sind" (ebd.).

18 Damit diese impliziten Mechanismen und die damit verbundenen Chancen allerdings wirksam werden können, ist quantitativer und qualitativer Input notwendig, der beständig und zuverlässig ist. Daher müssen Anregungen zum impliziten Lernen inszeniert werden (s.u. Kap. 6, Kap. 9).

Solches Lernen ist mit seinen Zielen, Bedingungen und regelhaften Prozessen für die Kinder zunehmend der Reflexion zugänglich, kann im Langzeitgedächtnis in Form von ‚Weltwissen' verankert werden und ist damit in seinen Ergebnissen auch sprachlich ‚explizierbar' (daher der Fachterminus: explizites Lernen). (ebd., S. 12)

Am expliziten Lernen ist somit das Bewusstsein beteiligt, das mittels Sprache entsteht (s.u. Kap. 3). Seine Wirkungen zeigen sich in einer zunehmende Flexibilität bei der Gestaltung von Äußerungen (Grammatikalisierung), der Entdeckung von Perspektivenvielfalt und der steigenden Fähigkeit, Abfolgen von Äußerungen im Diskurs zu organisieren, und letztlich auch in der Entwicklung der metasprachlichen Fähigkeiten.

Dieses bewusste oder auch formale Lernen dominiert im höheren Alter (im ZSE): Im Vordergrund stehen dann die Begegnung mit kulturell ungewohnten Lebensformen sowie eine auf Sprache als Gegenstand der Aufmerksamkeit gerichtete Motivation. Das heißt aber nicht, dass das Lernen weiterer Sprachen im höheren Alter in jedem Fall geringere Aussicht auf Erfolg hat. Mit steigender Lebenserfahrung wirken Motivationen, Neigungen oder Ängste beim Lernen anderer Sprachen biografisch individuell sehr unterschiedlich und beeinflussen dementsprechend das Maß an Authentizität, das in der jeweiligen Sprache gewonnen wird (List 2003, S. 27ff.).

Zu bedenken ist allerdings, dass die Vorgänge des ESE im frühen ZSE nicht wiederholbar sind, auch wenn Mechanismen des impliziten Lernens wirksam sind (ebd.; vgl. List 2007). Die Kinder verändern gerade durch den ESE ihren Zugriff auf Informationen fast jeder Art, da „eine Reihe mentaler Mechanismen im Rahmen der Entwicklung einer Sprache, also sprachspezifisch" ausgebildet werden (Rehbein/Grießhaber 1996, S. 73). Das Lernen wird danach also grundsätzlich anders organisiert und es besteht eine Abhängigkeit bzw. ein Wechselverhältnis zwischen den Sprachen, das sich auf der Sprachoberfläche ausdrücken kann.

Abschließend soll auf die Imitation und ihre Bedeutung im Spracherwerb eingegangen werden. Oksaar (2003) verweist darauf, dass es bereits in der Erstspracherwerbsforschung (ESEF) kontroverse Diskussionen über die Rolle der Imitation gibt. Das liegt vor allem daran, dass es keine einheitliche Definition gibt; häufig wird Imitation mit Repetition gleichgesetzt und ihre Rolle damit unterschätzt.

Imitation an sich ist bereits ein komplexer Prozess, der mit der Aktivität des Subjekts und mit Kreativität einhergeht. So wird nicht alles auf die gleiche Art und in beliebiger Weise nachgeahmt, sondern bestimmte Aspekte werden ausgewählt und dann auf individuelle Weise imitiert, es handelt sich somit um ein schöpferisches Abweichen vom Modell. Letztlich ermöglicht die Imitation auch, das individuelle Versuchslernen abzukürzen (ebd., S. 58f.).

40

Im ZSE ist Imitation insbesondere im phonetischen Bereich zentral, auch kann sich der Lerner dadurch gewisse Sprechweisen aneignen. Imitative Akte drücken sich auch darin aus, dass Kinder (Teil-)Äußerungen, die in ihren sozialen Routinen immer wieder auftreten, zunächst als Formeln aufnehmen, bevor sie sie analysieren. „A formulaic sequence (...) appears to be prefabricated: that is stored and retrieved whole from memory at the time of use, rather than being subject to generation or analysis by the language grammar (Wray 2002, S. 9, zit. n. List 2006, S. 15f.). Sowohl die Rolle des imitativen Lernens wie auch die kommunikativen Funktionen, die Imitationen erfüllen können, sind jedoch im Hinblick auf den ZSE noch weitgehend unerforscht (Oksaar 2003, S. 57f.). Jeuk (2003, S. 286) kommt nach einer Longitudinal-Studie über den ZSE zu dem Schluss, dass die Imitation „auch in Bezug auf längere Strukturen eine große Rolle" spielt.

Für Tomasello (2002) ist das Imitationslernen ein herausragender Aspekt der kulturellen Evolution, der mit Vorgängen der Symbolfähigkeit des Menschen verbunden ist. Für ihn ist der Ausgangspunkt der sprachlichen Entwicklung die Fähigkeit des Menschen, den anderen als intentional handelndes Wesen zu erkennen. Mitglied einer Kultur zu werden bedeutet für ihn, etwas von anderen Menschen zu lernen. Über die Imitation lernen Kinder „etwas über menschliche intentionale Handlungen" (ebd., S. 101).[19] Unterschieden werden muss dabei, ob die Kinder das zielgerichtete Handeln von Erwachsenen oder lediglich die durch die Handlungen erzielten Wirkungen auf Gegenstände (re-) produzieren. Das Imitationslernen als Einstieg in die spezifische kulturelle Lebenswelt ermöglicht den Kindern, „durch die Erwachsenen" kognitiv zu lernen (ebd.). Bei der Aneignung sprachlicher Symbole kommt ein weiterer Aspekt hinzu:

> Wenn das Kind z.B. sieht, wie ein Erwachsener auf eine bestimmte Weise mit einem neuen Spielzeug umgeht, und dann durch Imitation lernt, dasselbe zu tun, gibt es eine Parallele zwischen dem, was der Erwachsene und das Kind mit dem Spielzeug tun: Das Kind setzt sich einfach an die Stelle des Erwachsenen. Wenn sich jedoch ein Erwachsener mit einem neuen kommunikativen Symbol an das Kind wendet, das seine Aufmerksamkeit auf dieses Spielzeug lenken soll, und das Kind dieses Kommunikationsverhalten durch Imitation lernen will, ändert sich die Sachlage. (...) Um die Verwendung eines kommunikativen Symbols in einer konventionell angemessenen Weise zu lernen, muß das Kind in einen Prozeß eintreten, den ich Imitation durch Rollentausch genannt habe. Das bedeutet, daß das Kind lernen muß, ein Symbol gegenüber dem Erwachsenen auf dieselbe Weise zu gebrauchen, wie es der Erwachsene ihm gegenüber gebraucht hat. Dabei handelt es sich eindeutig um den Prozeß des Imitationslernens, bei dem das Kind sich am Erwachsenen ausrichtet, und zwar sowohl im Hinblick auf das Ziel als auch auf die Mittel zur Zielerreichung. (ebd., S. 126f.)

---

19 Sich und andere als intentionale Wesen zu erkennen und sich somit mit anderen identifizieren zu können, ist nach Tomasellos Ansicht die entscheidende sozio-kognitive Fähigkeit, die den Menschen zum Menschen macht (ebd., S. 111).

Der Imitation kommt also eine wichtige Rolle nicht nur im Spracherwerb zu. Sie ist in der Spracherwerbsforschung jedoch lange Zeit kaum beachtet worden, da der so genannte referentielle Stil (Nelson 1973) im Fokus des Erkenntnisinteresses lag. Dieser Begriff bezeichnet eine Art des impliziten Lernens, bei der Kinder Namen- und Objektwörter, also nominale Formen verwenden und sich so die Welt um sie herum sprachlich erschließen. Dieser Stil geht einher mit einem schnellen Wachstum des Wortschatzes, der vorrangig Nomina enthält.

> Sie fragen und imitieren vergleichsweise weniger, verwenden persönlich-soziale Ausdrücke (z.b. Grußformeln) und verfügen über eine geringere Anzahl unterschiedlicher Sprechakttypen (z.b. Handlungsaufforderung, Protestieren, Information erfragen usw.). Ihre Äußerungen sind im allgemeinen klar und verständlich, jedoch in der Sprechmelodie eher uneinheitlich. In gewissem Sinn scheinen sie die Aufgabe des Spracherwerbs vorsichtiger, methodischer und effektiver anzugehen. (Dannenbauer 1997, S. 126)

Der referentielle Stil wird vorrangig von den (erstgeborenen) Kindern gebraucht, die von ihren engen Bezugspersonen gezielt auf „Assoziationen zwischen Wörtern und Dingen aufmerksam gemacht" (List 2006, S. 13) und somit darin gefördert werden, Sprache als Mittel zu benutzen, um Einzelheiten der Erfahrungswelt zu benennen. Er ist zergliedernd und grammatikalisierend konstruktiv.

Der expressive oder holistische Stil, in dem Imitationslernen eine bedeutsame Rolle spielt, scheint dagegen von Kindern bevorzugt zu werden, die Sprache nicht als gezielt an sie gerichtet, sondern in Alltagsroutinen und interaktive Formen eingebettet erfahren. Er ist somit eher mit einer Erwerbssituation verknüpft, in der die Bezugspersonen Sprache nicht gezielt einsetzen, um Objekte in der Erfahrungswelt des Kindes zu benennen. Kinder, die diesen Stil gebrauchen, handeln vor allem mit sozialen Wendungen, um Kontakte zu knüpfen und die Aufmerksamkeit der Bezugspersonen zu gewinnen, und setzen weniger Nomina, dafür mehr Pronomina ein. Es handelt sich dabei laut List (ebd.) um eine perzeptive und reproduzierende Strategie.

> Ihre Tendenz zu imitieren ist wesentlich ausgeprägter, wobei sie auch Phrasen oder ganze Äußerungen als unanalysierte Ganzheiten oder Sprachformeln übernehmen. Ihre Ausdrucksweise ist zwar flüssig, aber weniger gut verständlich. Ihr Stil scheint risikofreudiger, unsystematischer und für das Lernen von Regeln weniger effektiv zu sein. Im Gegensatz zu referentiellen Kindern benützen sie Sprache vermutlich weniger in intellektueller als vielmehr in sozialer Funktion. (Dannenbauer 1997, S. 126f.)

Beide Stile – List spricht von Strategien – sind im Spracherwerb nötig und ergänzen sich. Sie kommen im ESE zum Tragen und können im frühen ZSE ebenfalls zur Geltung kommen. Da viele Kinder sich ihre zweite Sprache in der Kita aneignen, liegt die Vermutung nahe, dass für sie besonders die holistische Strategie zentral ist. Die zweite Sprache umgibt sie dort von Anfang an, ohne dass

Erwachsene sie in besonderer Weise an sie richten. So scheint der „ungegliederte, melodische und formelhafte Sprachfluss" (List 2006, S. 14) derjenige zu sein, mit dem sie in die Welt der ZS eintauchen. Als Orientierung in ihrem ZSE dient daher nicht die Objektbezeichnung, sondern die kohärente Äußerung, mit der etwas Bedeutsames mitgeteilt wird. Diese basalen Spracheinheiten werden von den Kindern (bruchstückhaft) imitiert und als Ganzes im Sinne einer Formel aufgenommen.

Der Abruf solcher Formeln (z.B. Metaphern, Idiome, pragmatische Wendungen), die eben nicht „von Grund auf" neu konstruiert werden, spielt eine erhebliche Rolle für die Verständigung in einer Sprachgemeinschaft (ebd.). Kinder verwenden zunächst das Ganze vor den Teilen, d.h. sie filtern aus dem sie umgebenden Sprachfluss ganze Äußerungen oder Bruchstücke heraus, die sie häufig hören, und versuchen, ihre Bedeutung herauszufinden und für den zukünftigen Gebrauch zu erhalten. So ist es für die Kinder in der Kita ganz entscheidend, dass sie aus dem dort herrschenden sprachlichen Angebot die Formeln aufnehmen und imitieren, mit denen sie ihre Zugehörigkeit zur Kitagruppe signalisieren. Die Imitation spielt zu Beginn des ZSE als soziale Strategie eine gewichtige Rolle, um Beziehungen aufbauen und an Routinen teilhaben zu können. Als Strategie zum Wortschatzerwerb ist sie ebenfalls wichtig. Anhand zweier Einzelfallstudien, die sich speziell dem frühen sukzessiven ZSE in der Kita widmen, zeigt List (2006, S. 43), dass die holistische Strategie hier als

> wirksames Vorgehen im Kontakt mit Erzieherinnen und anderen Kindern eingesetzt wird. Die Kinder hören ganze, mit Situationen gekoppelte ‚Brocken' der neuen Sprache heraus, setzen sie imitierend gezielt ein und segmentieren die Einheiten allmählich so, dass sie mit verschiedenen Platzhaltern unterschiedliche Aussagen ermöglichen.

Eine andere Studie, die dieses Verhalten genauer beschreibt, ist die von Wong-Fillmore (1979). Alle von ihr beobachteten Kinder haben innerhalb eines Jahres den Weg der Imitation und der allmählichen Zerlegung von formelhaften Äußerungen beschritten, deren Bedeutung sie zunächst nur der Situation und dem Verhalten ihrer Spielkameraden entnehmen konnten. Die Formeln halfen den Kindern, aktiv an Interaktionen teilzunehmen und ihre Bedürfnisse mitzuteilen. Erst allmählich konnten sie sie dann flexibler einsetzen und sich somit immer situationsadäquater ausdrücken. Neben dieser Entwicklung, die alle Kinder durchlebten, zeigten sich in Wong-Fillmores Studie allerdings deutliche interindividuelle Unterschiede im Umfang der erworbenen Kenntnisse, die die Autorin darauf zurückführt, dass unterschiedliche soziale und kognitive Strategien (d.h. eigene Ressourcen, mit denen im ZSE umgegangen werden kann) zur Verfügung stehen. Dies entspricht den Ausführungen zum ZSE in einer mehrsprachigen Umgebung von Denison (1984), die annimmt, dass die individuellen Prioritäten des Kindes für den Verlauf des Spracherwerbsprozesses ausschlaggebend sind.

Nachdem Kinder also in dieser Weise auf eine neue Sprache zugreifen, lernen sie die Formeln zu flexibilisieren und beginnen, komplexe und hierarchisch organisierte Äußerungen zu verarbeiten und zu produzieren. Daran zeigt sich,

> dass sie in ihrer kognitiven Entwicklung einen Stand erreicht haben, der die jeweilige momentane Situation transzendieren kann. (…) so werden nun im Grundsatz die Reflexion vergangener Erfahrung und ein Denken ‚in die Zukunft' hinein möglich und sprachlich umsetzbar. Damit wird die Sprache zum Instrument geistiger Operationen. (List 2006, S. 22)[20]

Eine spracherwerbstheoretische Perspektive, die Formen des imitativen und formelhaften Lernens, also den holistischen Stil im Spracherwerb genauer betrachtet, sind die „usage-based theories" (Lanacker 1987). Sie basieren auf Ansätzen der kognitiven Linguistik, in der Sprache als kulturelles Produkt und Problemlösungsaktivität angesehen wird.

> Putting together novel (linguistic) expressions is something that speakers do, not grammars. It is a problem-solving activity that demands a constructive effort and occurs when linguistic convention is put to use in specific circumstances. Creating novel expression is not necessarily different in fundamental character from problem-solving activity in general, and the speaker's knowledge of linguistic convention is but one of the many resources he brings to bear in finding a solution. (Langacker 1987, S. 65)[21]

Tomasello (1992, 2002, 2003) nimmt an, dass Kinder auf das Erlernen und den Gebrauch konventioneller Symbole und die Konstruktion von Kategorien dieser Symbole vorbereitet sind, ebenso wie darauf, mit Menschen in sozialen Begegnungen zu interagieren, ihre Aufmerksamkeit auf diesen Prozess zu richten und andere zu imitieren. Auf dieser Grundlage beschreiben „usage-based theories" den Erwerb sprachlicher Handlungsfähigkeit vor dem Hintergrund der jeweiligen interaktiven und sprachlichen Erfahrungen. Ziel ist es, bezogen auf den Spracherwerb die Details und Idiosynkrasien, also den jeweils individuellen Sprachgebrauch offen zu legen und Sprache stärker vom Standpunkt derjenigen zu beleuchten, die sie gebrauchen. Dabei werden ‚durchlässige' Kategorien zur Beschreibung von Entwicklungsprozessen verwendet. Der Fokus liegt hier auf den Veränderungen im Entwicklungsprozess, um aufzuzeigen, welche Schritte durchlaufen werden müssen. Die „usage-based theories" heben demnach auf eine

---

20 „Kinder können in der Regel etwa ab dem 4. Jahr auf Repräsentationen nicht nur von dem zurückgreifen, was sie selbst wissen, denken, glauben, sondern auch von dem, was sie an Geschehen in den Köpfen anderer Menschen vermuten. Diese Fähigkeit wird auch in der deutschen Fachliteratur häufig mit dem englischen Terminus ‚theory of mind' benannt." (List 2006, S. 23; vgl. dazu auch Andresen 2005)

21 Hier sind Verbindungen zur kulturhistorischen Schule (s.u. Kap. 3), aber auch zum Konstruktivismus zu sehen (vgl. Tomasello 1992, 2002, 2003).

mit der Umgebung interagierende Entwicklung ab, bei der es die *Aktivität* der Aufnahme und Verarbeitung von Informationen ist, die die Entwicklung vorantreibt: Ein Kind (…) „erarbeitet" sich *durch interaktive Tätigkeit* seine neuronale, kognitive, sprachliche und soziale Kompetenz in dem Erfahrungsraum, der ihm zur Verfügung steht. (List 2006, S. 9, Hervorh. i. Orig.)

Diese Perspektive erscheint angemessen, um die Interaktionsprozesse in der Kita im Hinblick auf den frühen ZSE zu beleuchten.

2.4 Migration und Mehrsprachigkeit

In diesem Abschnitt werden die Rahmenbedingungen des mehrsprachigen Aufwachsens im Falle der Migration beleuchtet. Die Ausführungen zur Mehrsprachigkeit und zum (frühen) Zweitspracherwerb haben bereits deutlich gemacht, dass die soziolinguistische Dimension stets mitbedacht werden muss. Diese Dimension umfasst unter anderem das elterliche Sprachverhalten und Spracherziehungsprinzip sowie die gesellschaftlichen Rahmen- und die familiären Lebensbedingungen. Demgemäß ist die forschungsrelevante Frage: „*Wer* erwirbt *welche* Sprache *wie, wo, wann*, bei *welcher Erstsprache*, unter welchen *gesellschaftlichen* und *bildungspolitischen* Bedingungen und mit welchem *Resultat?*" (Oksaar 2003, S. 61, Hervorh. i. Orig.) Eine solche Herangehensweise ist insbesondere deshalb erforderlich, weil Mehrsprachigkeit in der Vergangenheit oftmals für Risken verantwortlich gemacht wurde, die sich bei näherem Hinsehen eher als Folgen soziokultureller und -ökonomischer Faktoren unter schwierigen gesellschaftlichen Rahmen- und Akzeptanzbedingungen darstellten (Lengyel 2002, S. 198). Die soziale Lebenswelt einer Familie – also die Sprachlernbedingungen, die ein Kind vorfindet – beeinflusst, ob das mehrsprachige Aufwachsen mit ‚Chancen' oder ‚Risiken' und damit einhergehend mit höherem oder geringerem Bildungserfolg verbunden ist. Dieses komplexe Bedingungsgefüge wird im Folgenden skizziert und die für diese Studie relevanten Aspekte herausgearbeitet.

2.4.1 Migration als Normalfall

Migration in verschiedenen Formen und ihre Folgen stellen Gemeinschaften in allen Bereichen seit jeher vor besondere Herausforderungen. Wanderungsgeschehen und damit verbundene gesellschaftliche Veränderungen stellen keine historische Ausnahmesituation oder einen Spezialfall dar, wie häufig suggeriert wird, sondern eine zentrale Form der Mobilität sowohl in historischen wie auch in modernen Gesellschaften (Bade/Bommes 1996, S. 17ff., Gogolin/Neumann/Roth 2003, S. 21).

In einer historischen und sozialwissenschaftlichen Perspektive öffnet Kracht (2000, S. 50ff., 68ff.) den Blick auf Migration als „soziales Phänomen" (ebd., S. 92). Anhand eines prozesssoziologischen Gesellschaftsbegriffs und eines dynamischen Kulturverständnisses hebt sie die „soziale Grundlage menschlicher Gesellschaften durch menschliche Beziehungen" hervor, die „den dynamischen Aspekt der Gesellschaft" ausmachen (ebd.). Der Blick wird also nicht einseitig auf eine Gruppe – die der Migranten – gerichtet, sondern auf die Zuwanderungsgesellschaft insgesamt, „die sowohl die Mitglieder der gesellschaftlichen Mehrheit als auch die Mitglieder der gesellschaftlichen Minderheiten und die Verflechtungen untereinander umfaßt" (ebd.). In diesem Verständnis ist Migration keine ‚Störung‘, sondern „Ausdruck sich verändernder menschlicher Beziehungen und damit veränderter gesellschaftlicher Strukturen" (ebd.). Ausgehend von dieser Sichtweise lässt sich mit Rückgriff auf Hoffmann-Nowotny (1973) und Heckmann (1981) die Migrationssituation charakterisieren durch die Phänomene der Unterschichtung (Eintreten der Arbeitsmigranten in die untersten Bereiche der Beschäftigungsstruktur und damit verbunden Aufstiegschancen der einheimischen Arbeitnehmer), Ethnisierung (soziale Zuschreibungsprozesse) und ethnischer Koloniebildung (ethnic communities). Damit wird deutlich, dass ein Machtdifferenzial zwischen Zugewanderten im Vergleich zur Mehrheit der Einheimischen vorliegt. Für die sprach(heil)pädagogische Praxis resultiert daraus im Sinne von Kracht, dass sie das Machtdifferenzial nicht reproduzieren darf, sondern die Bedingungen derart gestalten muss, dass Bildungs- und Entwicklungsvoraussetzungen der Kinder mit Migrationshintergrund berücksichtigt werden. Damit ist die „pädagogische Kategorie der Lebensweltbezogenheit" (Kracht 2000, S. 94) angesprochen, die durch das oben dargelegte Verständnis konkretisiert werden kann. Die pädagogische Praxis ist mit „individualisierten Subjekten" (ebd.) konfrontiert, daher ist die Erschließung der individuellen Biografien Voraussetzung für die Lebensweltbezogenheit des pädagogischen Handelns. Dies ist auch insofern wichtig, als man davon ausgehen muss, dass die Heterogenität der Lebenslagen, sprachlich-kulturellen Erfahrungen und Praxen nicht abnehmen wird.

Die Dynamik des Konzepts von Migration zeigt sich auch an einem anderen Beispiel:

> Seit Mitte des 20. Jahrhunderts bis gegen Ende der 1990er Jahre stehen den ca. 24 Millionen Zuzügen nach Deutschland etwa 17 Millionen Fortzüge gegenüber. Deutschland besitzt den höchsten ‚turnover‘ der Migrantenpopulation unter allen ‚klassischen‘ und neuen Zuwanderungsländern. (Gogolin/ Neumann/Roth 2003, S. 28f., Hervorh. i. Orig.)

Diese hohe Fluktuation von Bevölkerungsgruppen trägt dazu bei, dass sich die Gesellschaft – also die menschlichen Beziehungen – in einem stetigen Wandel befindet. Somit ist die traditionelle Sicht auf Prozesse der Migration im Sinne von dauerhaft ansässigen und sich allmählich assimilierenden Bevölkerungsgruppen, deren Anpassung dann in der ‚dritten Generation' vollzogen sei, heute überholt. Gleiches gilt folglich auch für die von den Zuwandernden mitgebrachten Sprachen: Ihre Vitalität bleibt erhalten und wird zusätzlich unterstützt durch technische Kommunikationsmittel, Medien und eine erleichterte Mobilität (ebd., S. 29; vgl. auch Reich/Roth 2002).

In Deutschland liegen bislang lediglich zwei regionale Untersuchungen (Sprachbestandsaufnahmen) aus Hamburg (Fürstenau/Gogolin/Yağmur 2003) und Essen (Chlosta/Ostermann/Schroeder 2003) vor, die der Frage nachgehen, „welche Sprachen in welchem Ausmaß und mit welcher Vitalität unter Schulkindern" vorhanden sind (Gogolin/Neumann/Roth 2003, S. 39). Die Ergebnisse zeigen, dass die Kinder etwa 100 verschiedene Sprachen mitbringen, wobei deren Vitalität nicht von der Größe der Sprachgruppe abhängig ist. Die regionale Sprachverteilung spielt dabei ebenfalls eine Rolle. So ist beispielsweise Romanes in Hamburg eine besonders lebendige Sprache und gehört dort zu den 20 meistgesprochenen Sprachen, während sie deutschlandweit vermutlich eher zu den kleineren Minderheitensprachen gehört. Die Sprachen der Zugewanderten unterliegen dabei einem stetigen Wandel, der sich von dem im Herkunftsland unterscheidet und sich aus der Lebenslage im Einwanderungsland ergibt. Die Menschen passen ihre Sprachen im Gebrauch den Verhältnissen und ihren Bedürfnissen an. Zusätzlich werden sie von der Umgebungssprache beeinflusst, was sich vor allem in Veränderungen des Wortbestands ausdrückt, aber auch in die syntaktischen Strukturen der Sprachen hineinreicht und auch die Aussprache und Prosodie berührt (vgl. Pfaff 1994, 1999).

Neben dem Konzept der Vitalität der Minderheitensprachen ist auch das der Transmigration hilfreich, um die Dynamik von Migration zu verdeutlichen. Die Forschung in diesem Bereich zeigt, dass die Lebensweisen zahlreicher Migranten dauerhaft von Mobilität geprägt sind und es zu unabgeschlossenen Wanderungsprozessen kommt, wobei dies nicht im Widerspruch zu Integration steht (vgl. Gogolin/Neumann/Roth 2003, S. 53; vgl. auch Herwartz-Emden 2003, S. 673ff.). Dies betrifft aber nicht nur die Zugewanderten, sondern auch die Alteingesessenen, die ebenfalls, z.B. infolge von Problemen am nationalen Arbeitsmarkt, zunehmend bereit sind, im Ausland zu arbeiten und dabei gleichzeitig die sozialen und familiären Beziehungen am Herkunftsort aufrechtzuerhalten.

2.4.2 Migration, Bildungsstatus und Bildungsbeteiligung

Zur Darstellung der aktuellen Migrationssituation in Deutschland wird im Folgenden auf den Mikrozensus 2005 (Statistisches Bundesamt 2006) zurückgegriffen. Dies ist insofern von Bedeutung, als hier erstmals die Bevölkerungsanteile differenziert erfasst werden, die direkt oder indirekt (über die Eltern) Migrationserfahrungen aufweisen. Darin ist ein Umdenken vom „Ausländerkonzept" zu einem „Migrationskonzept" zu erkennen (Konsortium Bildungsberichterstattung 2006,

S. 139).[22] So weist der Mikrozensus 2005 18,6 Prozent (15,3 Mio.) Menschen mit Migrationshintergrund aus, das sind doppelt so viele, wie mit dem bisherigen Verfahren erfasst wurden.

Die kulturelle Binnendifferenzierung der Migrationspopulation erfolgt nach Herkunftsländern in fünf Gruppen. Es zeigt sich, dass die ehemaligen ‚Gastarbeiter‘ aus den Anwerbestaaten, allen voran der Türkei, und die Aussiedler die größten Gruppen darstellen. Bezogen auf die Altersstruktur weisen über 30 von 100 Kindern bis sechs Jahre einen Migrationshintergrund auf (32,5 Prozent). Dieses Verhältnis nimmt mit dem Alter sukzessive ab, so sind es bei den 6- bis 10-Jährigen noch 29,2 Prozent. Die Verteilung auf die Bundesländer ist dabei unterschiedlich: In Hamburg und Bremen macht der Anteil junger Menschen (0 bis 25 Jahre) mit Migrationshintergrund 40 Prozent aus, in Baden-Württemberg, Berlin, Hessen und Nordrhein-Westfalen noch über ein Drittel.

Aufgrund der Zusammenhänge zwischen Bildungsferne bzw. -nähe, dem sozioökonomischen Status und den familiären schriftkulturellen Erfahrungen (family literacy) wird an dieser Stelle kurz auf den Bildungsstand der Bevölkerung mit Migrationshintergrund eingegangen. Anhand der Daten des Mikrozensus lässt sich insgesamt sagen, dass die Migranten im Vergleich zu den Deutschen ohne Migrationshintergrund ein niedrigeres Bildungsniveau aufweisen. Exemplarisch sei dies an den Personen im Alter von 25 bis 35 Jahren ohne beruflichen Bildungsabschluss dargestellt: Während der Anteil in dieser Altersgruppe bei den Deutschen ohne Migrationshintergrund bei 15 Prozent liegt, sind es bei den Migranten 41 Prozent. Der Mikrozensus liefert darüber hinaus innerhalb der Gruppe der Migranten eine differenzierte Analyse des Bildungsstandes nach Migrationshintergrund, Herkunftsregion und Alter. Das Bildungskonsortium konstatiert:

> Innerhalb der Bevölkerung mit Migrationshintergrund verfügt die Gruppe der Ausländer tendenziell über das niedrigste, die ‚Sonstigen Deutschen mit Migrationshintergrund‘ über das relativ höchste, die (Spät-)Aussiedler und die Eingebürgerten – mit einer gewissen internen Differenz – über ein mittleres Bildungsniveau. (…) Differenziert man bei Ausländern und Eingebürgerten weiter nach (früherer) Staatsangehörigkeit, so wird deutlich, dass die Migranten aus den ehemaligen Anwerbestaaten, insbesondere aus der Türkei, über das niedrigste Qualifikationsniveau verfügen. Diese Migranten wurden früher angeworben, um in Deutschland gering qualifizierte Arbeiten auszu-

---

22 Das Statistische Bundesamt (2006, S. 73f.) trifft folgende Unterscheidung: Personen mit Migrationshintergrund sind (a) Ausländer: zugewanderte Ausländer bzw. Ausländer der 1. Generation *und* in Deutschland geborene Ausländer, d.h. Ausländer der 2. und 3. Generation; (b) Deutsche: zugewanderte Deutsche wie Spätaussiedler und eingebürgerte zugewanderte Ausländer *und* nicht zugewanderte Deutsche, wie eingebürgerte, nicht zugewanderte Ausländer, Kinder zugewanderter Spätaussiedler oder Kinder zugewanderter oder in Deutschland geborener Ausländer, Kinder von Ausländern, die bei Geburt zusätzlich die deutsche Staatsangehörigkeit nach dem „Jus Soli" erhalten haben, Kinder, bei denen nur ein Elternteil Migrant oder in Deutschland geborener Eingebürgerter oder Ausländer ist.

führen. Es fällt auf, dass Personen aus sonstigen Staaten bei der Hochschul-
reife und den Hochschulabschlüssen sogar besser abschneiden als Deutsche
ohne Migrationshintergrund. (ebd., S. 147)

Diese Beobachtung deckt sich mit der von Hoffmann-Nowotny (s.o. Kap. 2.4.1)
festgestellten Unterschichtung der Arbeitnehmerschaft, die sich infolge der
Anwerbung ausländischer Arbeitnehmer für un- bzw. angelernte Arbeiten entwickelte. Gleichzeitig muss aber von einer erheblichen „Statusdifferenzierung und
sozialen Schichtung" (Gogolin/Neumann/Roth 2003, S. 56) ausgegangen werden,
die nicht nur die Gruppe der Migranten der früheren Anwerbestaaten insgesamt
betrifft, sondern auch die jeweilige Zuwanderergruppe an sich.

Die hier knapp skizzierten Daten zur Migration zeigen, dass die Bevölkerungs-
gruppe ‚der Migranten' hinsichtlich ihrer Herkunftsgruppen, ihrer Wanderungs-
geschichten und ihres Bildungsstandes äußerst differenziert betrachtet werden
muss. Nichtsdestotrotz bedeutet ein Migrationshintergrund meist im Vergleich zu
Menschen ohne Migrationshintergrund niedrigere Schulabschlüsse. Dies hängt zudem eng zusammen mit höherer Arbeitslosigkeit oder Erwerbstätigkeit unter be-
lastenden Arbeitsbedingungen sowie einem Leben in abgegrenzten und unter-
versorgten Wohnbezirken. Auch ist ein Migrationshintergrund „überproportional
verbunden mit einem *Leben in prekären Einkommensverhältnissen*, unabhängig
davon, ob es sich um Ausländer oder Deutsche mit Migrationshintergrund handelt"
(Marbach 2006, S. 9, Hervorh. i. Orig.). Das Armutsrisiko ist laut Herwartz-Emden
(2003) vergleichsweise hoch, insbesondere für Familien mit mehr als vier Kindern.
Eine im Vergleich zu den ‚Einheimischen' hohe Jugendarbeitslosigkeit sowie die
Überrepräsentation von Kindern und Jugendlichen mit Migrationshintergrund an
Hauptschulen spiegeln die geringen Bildungs- und Aufstiegschancen wider (vgl.
Jeuk 2003). Auch gehören Ausgrenzung, Stigmatisierung und Ghettoisierung für
viele Kinder und Jugendliche mit Migrationshintergrund zum Alltag (Warzecha
2003, S. 16).

Während sich Politik und Öffentlichkeit lange Zeit damit aufhielten, „Merkmale
und Eigenschaften der Gewanderten selbst für ihr Scheitern verantwortlich zu
machen" (Gogolin/Neumann/Roth 2003, S. 18), hat sich inzwischen gezeigt, dass
Nationalität oder Herkunft höhere oder niedrigere Bildungserfolge von Kindern
und Jugendlichen mit Migrationshintergrund nur höchst unzureichend und unbe-
friedigend erklären können. Stattdessen kommt den sozialen und ökonomischen
Verhältnissen, unter denen Migranten leben, neben anderen sozialisatorischen
Faktoren ein besonderer Stellenwert zu (ebd., S. 19). Nicht die Nationalität oder
Herkunft ist also für den Bildungserfolg entscheidend, sondern das „Verfügen über
ökonomisches, soziales und kulturelles Kapital" (ebd., S. 56).

Andere Studien wie die von Gomolla und Radtke (2002) heben die strukturelle und institutionelle Diskriminierung zugewanderter Schüler hervor. Ihnen zufolge resultiert die Benachteiligung aus dem lokalen System des Bildungsangebots und aus den Besonderheiten der Selektionspraxis. Gogolin (1994) verweist auf den „monolingualen Habitus der multilingualen Schule" und drückt damit aus, dass in den Bildungsinstitutionen lange Zeit keine systematischen Anstrengungen unternommen wurden, auf sprachliche und kulturelle Heterogenität einzugehen.

2.4.3 Bildungsbeteiligung im Elementarbereich und Übergang in die Primarstufe

Eine positive Entwicklung ist in Bezug auf die Inanspruchnahme von Kitas durch Familien mit Migrationshintergrund zu verzeichnen: Die Beteiligung im Elementarbereich hat sich in den vergangenen 15 Jahren der der ‚einheimisch' deutschen Kinder angenähert, rund 80 Prozent der Kinder mit Migrationshintergrund ab vier Jahren besuchen eine Einrichtung. Eine zentrale Rolle spielt dabei der Bildungsabschluss der Eltern: So verringert sich, ähnlich wie bei den ‚einheimisch' deutschen Familien, der Kitabesuch von Kindern aus Familien, in denen die Eltern höchstens einen Hauptschulabschluss haben, um fünf Prozent (Konsortium Bildungsberichterstattung 2006, S. 150).

In ihrem Bericht weisen die Autoren auf einen interessanten Umstand hin. Da zum Schuleintritt kaum Daten vorliegen, haben sie – exemplarisch für das Land Nordrhein-Westfalen – die vorzeitigen und verspäteten Einschulungen statistisch zusammengefasst und dabei festgestellt,

> dass die Zunahme vorzeitiger Einschulungen und die Abnahme von Zurückstellungen bei ausländischen Kindern parallel zur Entwicklung bei deutschen Kindern verläuft, nur dass der Anteil vorzeitiger Einschulungen bei ausländischen Kindern um etwa ein Drittel geringer ausfällt und die Zurückstellungen etwa doppelt so hoch sind. (ebd., S. 151)

Nicht ausgewiesen wird dabei, inwieweit dies mit Einschätzungen über (fehlende) Sprachkompetenzen in der ZS Deutsch zusammenhängt. Da heutzutage aber der Sprachentwicklungsstand als Entwicklungsindex dient, kann man annehmen, dass er mit den Zurückstellungen von Kindern mit Migrationshintergrund zusammenhängt. Schuck (2003, S. 44) geht davon aus, dass es ein größeres Problem ist, „die Einschulung von diagnostischen Daten abhängig zu machen (…), als alle Kinder unabhängig von ihren Lernvoraussetzungen einzuschulen". Denn grundsätzlich sei jede Entwicklung retrospektiv in ihrer Genese und ihrer Logik gut rekonstruierbar. Eine Prognose kurz- oder mittelfristiger Entwicklungen hingegen könne sich im nächsten Moment als falsch erweisen. Als zweites Problem im Zusammenhang mit Zurückstellungen stellt Schuck fest:

Wer überaltert in der Grundschule startet, hat je nach Schulgruppierung ein drei- bzw. sechsmal höheres Risiko für die Zuweisung eines sonderpädagogischen Förderbedarfs am Ende der Grundschulzeit als normalaltrig eingeschulte Kinder. (ebd.)

Schuck erklärt dieses Problem damit, dass Lehrkräfte ihre Erwartungen an Schulleistungen aus dem Lebensalter ableiten. So werden ältere Kinder, die die gleichen Schulleistungen zeigen wie jüngere Kinder der gleichen Klasse, strenger beurteilt. Dies sei ein „typisch reifungstheoretischer und eigenschaftsorientierter Gedanke, der nicht von einer Wertschätzung der Heterogenität zeugt und für ältere, zurückgestellte Kinder Erwartungsniveaus definiert, die sie nicht erfüllen können" (ebd., S. 47). Dies gilt m.E. nicht nur für Schulleistungen, sondern auch für eine ausschließlich am Alter orientierte Erwartung an das sprachliche Können. So werden bei mehrsprachigen Kindern sprachliche Differenzen häufig als ein im Vergleich zu einsprachigen Gleichaltrigen niedriger (monolingualer) Sprachentwicklungsstand gedeutet. Darum muss ein Bewusstsein dafür entwickelt werden, dass eine starre Altersorientierung bei Mehrsprachigkeit nicht ‚greift'.

Die überproportional hohe Zurückstellung von Kindern mit Migrationshintergrund belastet diese also in zweifacher Hinsicht: Zum einen ist die Chance auf eine ‚normale Schullaufbahn' wie eben skizziert deutlich geringer, zum anderen führt die (Zweit-)Spracherwerbssituation zusätzlich zu erschwerten Startbedingungen, da sich die schulischen Erwartungen an der homogenen, muttersprachlich deutschen Schülerschaft orientieren und Schule die schwierige außerschulische Lernsituation vieler Kinder nicht ausgleicht. So werden gesellschaftliche und strukturelle Missstände auf dem Rücken der Kinder ausgetragen und damit individualisiert. Schuck (ebd., S. 49) sieht hierin „eine Strategie der Beschaffung von Alibis für ein missliches schulisches und gesellschaftliches System". Das vermeintliche Versagen kann als individuelles Problem erklärt werden, das erspart es, die tatsächlichen Ursachen zu berühren. Einen wichtigen Befund, der die skizzierte doppelte Belastung für die Kinder bestätigt und konkretisiert, liefert das Konsortium Bildungsberichterstattung (2006, S. 151):

Zudem durchlaufen Schülerinnen und Schüler mit Migrationshintergrund das Schulsystem aufgrund von Zurückstellungen und/oder Klassenwiederholungen mit deutlich größerer Verzögerung als deutsche Schüler. Analysen der Daten aus PISA 2000 zeigen, dass die schulischen Misserfolgserlebnisse in Form von Klassenwiederholungen bei Jungen und Mädchen mit Migrationshintergrund in der Grundschule beginnen. In den Jahrgangsstufen 1 bis 3 ist das Wiederholungsrisiko von Kindern mit Migrationshintergrund viermal höher als das von Nichtmigranten. (...) In einigen Ländern ist der Anteil von Kindern mit Migrationshintergrund, die eine verzögerte Schullaufbahn aufweisen, doppelt so hoch wie von Kindern ohne Migrationshintergrund. Die türkischen Kinder weisen hierbei die höchsten Anteile auf; auch bei den (Spät-)Aussiedlerkindern sowie denen aus den restlichen Anwerbestaaten finden sich relativ hohe Anteile.

Diese Tendenzen setzen sich auch im Übergang in die Sekundarstufe I fort und spiegeln sich in den Übergangsempfehlungen wider. Da viele Migranteneltern hohe Bildungsaspirationen für ihre Kinder haben und diese wiederum eine „wiederholt nachgewiesene hohe Lernmotivation" (ebd., S. 165), setzen sich die Eltern mitunter auch über die Empfehlung hinweg. „Ohne diese Tendenz wäre der Anteil der Jugendlichen mit Migrationshintergrund in höher qualifizierenden weiterführenden Schulen noch geringer, als er jetzt ist" (ebd.).

Weniger beachtet, jedoch eine besondere Problematik abbildend sind die hohen Übergangsquoten von Kindern mit Migrationshintergrund auf Sonder- und Förderschulen. Hier gibt es Hinweise darauf, dass Fehlentscheidungen zum einen durch die Anwendung von Überprüfungsverfahren zustande kommen, die kaum sprach- und kulturgerecht (culture fair) sind und die skizzierte ‚Schieflage' (bias) reproduzieren (vgl. Hollenweger 1996). Zum anderen werden die Entscheidungen auch durch spezifische Interessen der Einrichtungen bestimmt. Es gibt Anhaltspunkte dafür, dass Fragen der Auslastung und Existenz der Bildungseinrichtungen Übergangsentscheidungen beeinflussen (vgl. Gomolla/Radtke 2002).

2.4.4 Soziale Herkunft und Sprachkompetenz

Der folgende Abschnitt widmet sich dem Zusammenhang zwischen sozialer Herkunft und Sprachkompetenz, der im Bereich der komplexeren schriftsprachlichen Leistungen durch die PISA-Studien zu Tage trat (Jeuk 2003, S. 8). Im schriftlichen Bereich zeigen sich Probleme, die in der mündlichen Alltagskommunikation nicht zum Tragen kommen. Im dialektalen Sprachgebrauch beispielsweise werden

> die korrekten Artikel und Kasusendungen häufig verschliffen. Kinder, die im Elternhaus nicht schriftsprachlich sozialisiert wurden, haben oft Schwierigkeiten beim Gebrauch von Determinationselementen und Deklinationsformen, was sich dann erst im Laufe der Schulzeit zeigt. (ebd.)

Auch in der Sprachheilpädagogik ist bekannt, dass sprachliche Beeinträchtigungen bei Kindern sozial schwacher Schichten häufiger auftreten als bei Kindern aus bildungsorientierten Elternhäusern (vgl. Cloerkes 2000). Aus soziolinguistischer Perspektive wird angenommen, dass jedes Lernen – auch das Sprachlernen – ein sozialer Vorgang ist und dass die soziale Struktur von Gemeinschaften und die Machtverhältnisse, die in diesen vorherrschen, die Lerngelegenheiten für die Mitglieder nachhaltig beeinflussen.

An dieser Stelle ist auf die Sprachbarrierentheorie von Bernstein (1971, 1972) zu verweisen, die auch als Defizithypothese in die Literatur eingegangen und auf massive Kritik gestoßen ist (vgl. z.B. Crystal 1995). Nach dieser Theorie determiniert die Sozialstruktur das Sprachverhalten, das wiederum die Sozialstruktur reproduziert. Bernstein unterscheidet den restringierten und den elaborierten Kode. Diese Kodes seien die Ursache für vorhandene gesellschaftliche Ungleichheit: Gesellschaftliche Vor- und Nachteile gingen einher mit einem größeren oder geringeren Ausdrucksvermögen. Daher müsse das defizitäre Sprachverhalten der Unterschicht durch kompensatorischen Sprachunterricht abgebaut werden, um die Chancenungleichheit zu beseitigen. Dies ersceint Bernstein notwendig, da der restringierte Sprechkode ihm zufolge den Zugang zu gesellschaftlichen Privilegien verhindert.

Ausgangspunkt dieser Theorie ist also die Feststellung, dass Kinder aus bildungsfernen Milieus in der Regel nicht über dasselbe reiche und differenzierte verbale Repertoire (der formalen Hochsprache) verfügen wie Kinder aus bildungsnahen und sozioökonomisch gut gestellten Familien. Diese unterschiedlichen ‚Sprechkodes', also sozialen Varietäten oder Soziolekte, werden auf spezifische soziale Bedingungsfaktoren zurückgeführt und als Auswirkungen sozialer und gesellschaftlicher Beziehungen aufgefasst. Helbig (1986) konstatiert daher folgerichtig, dass das, was Bernstein als Sprachbarriere bezeichnet, eigentlich als sozioökonomisch bedingte Barriere angesehen werden müsse.

Auch wenn von ‚Determinierung' in diesem Zusammenhang sicherlich nicht gesprochen werden kann, sind doch die von Bernstein beschriebenen Konstellationseffekte in zahlreichen Studien für unterschiedliche Gruppen nachgewiesen worden (vgl. Reich/Roth 2002). Der Kern der Theorie besitzt somit nach wie vor Gültigkeit; dies zeigt sich auch in den PISA-Ergebnissen. Es gelingt den Bildungsinstitutionen nicht, diese zirkulären Sozialisationsprozesse zu durchbrechen; die Zusammenhänge zwischen sozialen Disparitäten und Bildungsbeteiligung erweisen sich als „außerordentlich zäh" (Baumert/Cortina/Leschinsky 2003, S. 118). Um sie zu erklären, muss die von Jeuk skizzierte, oben angeführte Problemlage spezifiziert werden: Die in der Institution Schule geforderte Sprache ist eine schriftförmige, auch wenn sie mündlich gebraucht wird (vgl. Gogolin/Roth 2007, S. 40ff.). Gogolin (2004, S. 106) beschreibt sie als situationsentbundene Sprache, die mit symbolischen und kohärenzbildenden Mitteln (z.B. mit Funktionswörtern wie Pronomen) arbeitet.[23] Damit besitzt sie die Merkmale einer „Sprache der Distanz" (vgl. Koch und Oesterreicher 1985). Sie unterscheidet sich somit in erheblichem Maße von der in der Alltagskommunikation verwendeten „Sprache der Nähe" (ebd.). Während Kinder aus bildungsnahen Elternhäusern die Möglichkeit haben, sich schriftförmige Sprache z.B. im Rahmen der häuslichen Lesesozialisation anzu-

---

23 Portman-Tselikas (1998, S. 24f.) nennt vier Merkmale des schulischen Sprachgebrauchs: Themengebundenes Sprechen und Denken (Fokussierung auf einen Gegenstand); nicht direkt von praktischen Zielen bestimmtes Sprechen, Denken und Lernen; Verstehen und Produktion textuell geformter Sprache (schriftliche Sprache mit ihren Anforderungen an Logik, Nachvollziehbarkeit usw.); komplexe Sprach- und Denkanforderungen auch im Mündlichen.

eignen, ist das bei Kindern aus weniger schriftkulturell geprägten Familien häufig nicht der Fall. Für sie ist die Schule der oftmals einzige Ort, um sich diese Kompetenzen anzueignen.

Wir haben es hier also mit zwei unterschiedlichen Sprachmodi zu tun und damit auch mit unterschiedlichen Funktionen. Diese werden in den Abschnitten 2.4.5 und 2.4.6 genauer betrachtet; doch kann bereits Folgendes festgehalten werden: Die Sprache der Schule, die Bildungssprache (vgl. Gogolin/Roth 2007), ist der für den Bildungserfolg relevante Sprachmodus, den Kinder aus bildungsfernen Familien erwerben müssen. Dabei werden sie von der Schule nur unzureichend unterstützt. Dies wirkt sich insbesondere auf die (mehrsprachigen) Kinder und Jugendlichen mit Migrationshintergrund und ihre Bildungschancen aus.

2.4.5 Bildungsbiografische Zusammenhänge und verdeckte Sprachschwierigkeiten

In diesem Abschnitt werden die komplexen Zusammenhänge zwischen erst- und zweitsprachlichen Kompetenzen näher erläutert. Dazu wird der ‚sprachliche Weg' der Kinder vom Eintritt in das Bildungswesen bis zur Sekundarstufe I beleuchtet. Anhand einer Studie von Knapp (1998) wird die oben skizzierte Problematik im Zusammenhang mit Mehrsprachigkeit differenziert.

Kinder aus Migrantenfamilien stehen in der Regel beim Eintritt in die elementare Bildungsinstitution vor dem Problem, dass Kommunikation in ihrer ES hier aufgrund der Monopolstellung der Umgebungssprache Deutsch kaum möglich und/oder explizit nicht erwünscht ist. Die Erstsprachen erfahren so einen Funktionsverlust, der oftmals mit einem geringen Sprachprestige einhergeht. Wie die DJI-Studie (2000, s.o. Kap. 2.2) belegen konnte, führt dies häufig dazu, dass Kinder ihre ES und ihre beginnende Mehrsprachigkeit nicht als Wert und eigene Kompetenz erleben (vgl. auch Jampert 2002).

Da noch wenig darüber bekannt ist, wie sich der ‚normale' kindliche ZSE gestaltet, und vor dem Hintergrund der kurzen Zeitspanne, die den Kindern zur Aneignung der ZS zur Verfügung steht, wird beim Übergang in die Schule häufig auf ein unzureichendes allgemeines Sprachvermögen geschlossen. Dabei kann man davon ausgehen, dass sich bei den meisten Kindern die Fähigkeiten in der ES unauffällig entwickeln (vgl. Reich/Roth 2002). So stellte Karasu (1995) in seiner Untersuchung zur Wortschatzentwicklung bei türkischsprachigen Kindern vor und nach ihrem Schuleintritt fest, dass der Umfang der Korpora (d.h. die Gesamtzahl der Tokens) vor der Einschulung im Türkischen und nach der Einschulung im Deutschen größer ist. Der Wortschatzstand (d.h. die Zahl der verwendeten Types) bleibt jedoch zu beiden Untersuchungszeitpunkten im Türkischen höher.

Die Kinder kommen in der ES mit einer „relativ hoch entwickelten Sprachkompetenz im alltagsdialogischen, handlungsbezogenen Bereich in die Schule" und
haben unterschiedliche Erfahrungsspektren im diskursiv-monologischen (z.B.
Erzählen) und textuellen Bereich sowie im „handlungsabgewandten, objekt- und
themenzentrierten" Sprechen und Verstehen (Portman-Tselikas 1998, S. 31). In der
ZS liegt bezogen auf diese alltagskommunikative Kompetenz eine hohe Streuung
vor (vgl. Reich/Roth 2002). Dies hängt insbesondere mit den unterschiedlichen
Sprachlernbedingungen und Wegen des mehrsprachigen Aufwachsens zusammen.

Im Laufe der Schulzeit nimmt die Kompetenzentwicklung in beiden Sprachen
einen ungünstigen Verlauf, der auch in fehlenden Möglichkeiten des Zugangs zur
Schriftsprachkultur seinen Ursprung hat. So geht Siebert-Ott (1998) davon aus,
dass „am Beginn einer schwierigen Lernentwicklung bei Kindern aus Sprachminderheiten häufig ein fehlender Zugang zu elementaren Formen der Schriftkultur
steht" (ebd. S. 151). In vielen Familien wachsen Kinder in einem von Mündlichkeit
geprägten Umfeld auf und verfügen nur über geringe Erfahrungen mit Schrift als
Medium und mit konzeptioneller Schriftlichkeit. Dies hängt damit zusammen, dass
viele Familien ursprünglich aus Regionen stammen, die noch relativ stark durch
eine Kultur der Mündlichkeit geprägt sind (vgl. Steinig 1998). Die ES bleibt durch
ihren Funktionsverlust im Einwanderungsland Zwecken der Alltagskommunikation
vorbehalten. Sie wird in den Bildungseinrichtungen in begrifflicher und struk-
tureller Hinsicht nicht weiter ausgebaut und steht somit als „Instrument für den
Wissenserwerb" (Siebert-Ott 1998, S. 158) nur begrenzt zur Verfügung.

Gleichzeitig haben sich die zweitsprachlichen Fähigkeiten vieler Kinder noch
nicht so entfaltet, dass für schulische Zwecke darauf aufgebaut werden könnte.
Dies zeigt sich beispielsweise im begrifflichen Bereich folgendermaßen:

> Während der Grundschulzeit vollzieht sich ein Prozess zunehmender
> Abstraktheit der Begriffsbildung, dem viele Migrantenkinder aufgrund ihrer
> Spracherfahrungen nicht folgen können. Das bedeutet, dass Kinder dann in
> der Schule auffällig werden, wenn die schriftlichen und damit die begrifflich-
> abstrakten Anteile zunehmen. (Jeuk 2003, S. 59)

Dieses Problem spitzt sich im Laufe der Schulzeit zu, da die sprachlichen An-
sprüche immer komplexer werden und Lerninhalte sich hinter immer komplizier-
teren sprachlichen Strukturen und abstrakteren textlichen Formen verbergen (vgl.
Gogolin 2004, S. 106f.). So haben die Kinder und Jugendlichen mit Migrationshintergrund, die ihre Schullaufbahn in Deutschland begonnen haben, in der Sekundarstufe I geringere textuelle Kompetenzen als Kinder, die bereits im Herkunftsland alphabetisiert wurden und erst nach Beginn ihrer Bildungskarriere nach
Deutschland eingewandert sind (vgl. PISA-Konsortium 2003). Diesen Sprach-
schwierigkeiten, die oft durch angemessene alltagskommunikative und kontextgebundene Fähigkeiten verdeckt werden, widmet sich Knapp (1998) in seiner
Untersuchung zur Textproduktion von türkisch-deutschsprachigen Schülern in der

fünften und sechsten Klasse. Er untersucht die Texte der hier Geborenen anhand von Modellen zur Erzähl- und Textkompetenz und die der neueingewanderten Schüler anhand von Schreibprozessmodellen. In Schreibprozessmodellen werden vier Teilprozesse unterschieden: konzeptionelle, motorische und innersprachliche Prozesse sowie redigierende Tätigkeiten. Der innersprachliche Teilprozess, der für Knapp zentral ist, beinhaltet, wie „mentale Strukturen ‚veräußerlicht', wie vernetzte kognitive Strukturen in lineare sprachliche Sequenzen, d.h. in Formulierungen umgewandelt werden. Hierzu müssen Gruppen von Wörtern gebildet und diese zu Sätzen zusammengefügt werden" (ebd., S. 230). Dieser Prozess wird erleichtert, wenn der Schreiber auf Routineformeln, Redewendungen bzw. idiomatische Wendungen und vorgefertigte Muster zurückgreifen kann und Teilsätze oder Sätze vollständig oder weitgehend aus dem Gedächtnis abgerufen werden können. Werden diese Konventionen automatisiert angewandt, so bleibt mehr Kapazität für konzeptionelle Entscheidungen, die zentral sind für die Kohärenz und Kohäsion eines Textes. Im Umkehrschluss bedeutet dies: Wenn nur geringes Wissen über Konventionen der (geschriebenen) ZS automatisiert und abrufbar ist, muss jeder Satz eigens konstruiert werden. Zusätzliche Erschwernisse kommen hinzu, wenn Unsicherheiten beim Flektieren von Wörtern, beim Satzaufbau oder in der Orthographie bestehen. Dies führt dazu, dass die neueingewanderten Schüler viel Energie auf Formulierungsprozesse verwenden müssen (ebd.).

Bei den Kindern, die ihre Schullaufbahn von Anfang an in Deutschland absolviert haben, liegen die Probleme in einem anderen Bereich. Knapp beobachtet drei Aspekte:

1. Manchmal gelingt es den Schülern nicht, die erzählten Ereignisse in einer verständlichen, handlungslogisch nachvollziehbaren Abfolge zu präsentieren. Wichtige Inhaltsaspekte bleiben unklar.
2. In einigen Texten sind Einleitung und Schluss nicht aufeinander bezogen, es findet keine inhaltliche Verknüpfung zwischen dem Hauptteil und dem Rahmen der Geschichte statt. Es gelingt nicht, einen inhaltlichen Zusammenhang zwischen verschiedenen Textsequenzen herzustellen und so einen kohärenten Text zu schaffen.
3. Manche Texte haben eine lineare Textstruktur: Ein Objekt folgt auf das andere und wird dann nicht mehr berücksichtigt. Es fehlen Strukturen, auf die durch Herstellung von Referenz Bezug genommen wird.

Angesichts dieser Beobachtungen kommt Knapp (1998, S. 233) zu dem Schluss, dass die Textkompetenz bei den hier Geborenen weniger ausgeprägt ist als bei denen, die erst während der Schulzeit zugewandert sind. Aus dem (häufigen) Fehlen narrativer Muster in diesen Texten folgert er zudem, dass diese Kinder nur über eine gering ausgeprägte Erzählkompetenz verfügen.

Zur Sprachentwicklung im Grundschulalter gehört unter anderem der Erwerb von textsortenspezifischen Schemata, zu denen auch die oben genannten narrativen Muster zu zählen sind. Bei Kindern aus Sprachminderheiten, bei denen weder die Erstsprache noch die Zweitsprache in besonderem Maße gefördert wird, scheint der Erwerb der narrativen Muster beeinträchtigt zu sein. (ebd., S. 235)

Zusammenfassend lässt sich anhand der vorliegenden Befunde sagen, dass die neueingewanderten Schüler aus ihrer ES zumindest ansatzweise eine Diskurs- und Textkompetenz mitbringen. Ihnen mangelt es auf der Ebene der innersprachlichen Prozesse eher an Formulierungsfähigkeit. Bei den Schülern hingegen, die vom Beginn ihrer Bildungskarriere an die deutsche Schule besuchen, fehlt es an Diskurs- und Textkompetenz, die sie im Unterricht durch die und in der ZS nicht so gut erwerben konnten. „Als solche übergreifen sie Erst- und Zweitsprache, d.h. wenn sie in einer Sprache erworben wurden, können sie in einer anderen relativ leicht angewandt werden" (ebd., S. 236). Diese Kompetenzen stehen für das, was hier bereits als Bildungssprache erwähnt wurde und was Jim Cummins (1982) als „cognitive-academic language proficiency" (CALP) einführte.

2.4.6 Kontextgebundene und dekontextualisierte Sprachleistungen

Vor einem bildungspolitischen Hintergrund – es ging um widersprüchliche Ergebnisse unterschiedlicher Beschulungsmodelle für Schüler mit Migrationshintergrund – entwickelte Cummins (1982) u.a. die so genannte Interdependenzhypothese (vgl. ausführlicher Kracht 2000, S. 171-175; Mertens 1996). Darin unterscheidet er zwei Dimensionen der Sprachkompetenz und damit zwei unterschiedliche Sprachfunktionen respektive Leistungen, die durch die jeweils verwendete Sprache erbracht werden:

„Basic interpersonal communication skills" (BICS) beinhalten Fertigkeiten der mündlichen dialogischen Kommunikation und werden überwiegend kontextgebunden in Alltagssituationen angewendet, während „cognitive-academic language proficiency" (CALP) textuelle und diskursive Fähigkeiten umfasst, die für die Teilnahme an sachbezogenen Auseinandersetzungen in formelleren Kontexten (z.B. in der Schule) notwendig sind und die durch „dekontextualisierten Sprachgebrauch und Schriftlichkeit" gekennzeichnet sind (Jeuk 2003, S. 26). CALP stellt die Fähigkeit dar, Sprache als Werkzeug der Kognition einzusetzen. In späteren Veröffentlichungen (z.B. Cummins 2000, S. 57ff.) spricht er von „academic language proficiency" und von „conversational language proficiency".

Cummins (2000, S. 68) führt zwei Kontinua ein: ein horizontales Kontinuum, das sich auf die Kontextgebundenheit von Sprache („context-embedded vs. context-reduced") bezieht, und ein vertikales Kontinuum, das die kognitiven Anforderungen („cognitively demanding vs. cognitively undemanding") abbildet. Kontextbindung liegt dann vor, wenn Personen sozial interagieren. „Neben rein sprachlichen Mitteln tragen hier die soziale Situation sowie Gesten und Mimik zur Vermittlung der Inhalte bei" (Mertens 1996, S. 26). Kontextreduziert muss Sprache dann gebraucht werden, wenn die sprachlichen Mittel im Vordergrund stehen (müssen), um die kommunikativen Intention zu übermitteln, z.B. beim Schreiben.

Cummins ging in seiner Interdependenzhypothese zunächst davon aus, dass der Erwerb von CALP-Anteilen in der ES den Erwerb dieser Funktionen in der ZS fördert. Die Hypothese und theoretischen Prämissen stießen allerdings auf Kritik: Sie seien zu allgemein und lediglich ein Erklärungsversuch, keine empirisch gesicherte Theorie (vgl. ausführlich Graf 1987). Jeuk (2003, S. 27) konstatiert, dass der Umkehrschluss, eine mangelnde Beherrschung der ZS in jedem Fall aus Defiziten in der ES resultiere, nicht zulässig sei, da von einem Zusammenhang nicht auf Determiniertheit geschlossen werden könne. Kritisiert wurden auch eine mangelnde Berücksichtigung des Alters sowie der von Cummins dargestellte Zusammenhang von Sprache und Kognition bzw. die Vermischung sprachlicher und kognitiver Faktoren. Zu diesem Punkt ist allerdings anzumerken, dass „aufgrund der engen Interdependenz von Sprache und Kognition keine Trennung dieser beiden Variablen in abhängige und unabhängige möglich" ist (Mertens 1996, S. 28).

Cummins nahm also einen eher globalen Transfer erstsprachlicher Fähigkeiten auf die ZS an, relativierte dies aber später dahingehend, dass „sich auch Fähigkeiten in der Zweitsprache positiv auf erstsprachliche Fähigkeiten auswirken" (Kracht 2000, S. 173). Diese Wechselwirkung bezüglich des Transfers sprachlicher und literaler Fähigkeiten untersuchte Verhoeven (1994) empirisch mit türkisch und holländisch sprechenden Kindern aus zugewanderten Familien mit dem Ergebnis, dass die Annahme eines globalen Transfers nicht haltbar sei. „Different patterns of interdependence can be observed for different linguistic levels of L1 and L2 proficiency" (ebd., S. 409). So konnte er eine Interdependenz für phonologische und schriftsprachliche Fähigkeiten bestätigen, stellte allerdings für die Bereiche Grammatik und Lexikon relativ autonome Entwicklungen fest. Cummins Ausführungen scheinen sich durch empirische Befunde also für den schriftsprachlichen Bereich zu bestätigen, d.h. für die sprachlichen Bereiche, „die durch Abstraktheit im Sinne metasprachlicher Bewusstheit und Dekontextualisierung gekennzeichnet sind" (Kracht 2000, S. 174).

Siebert-Ott (1998, S. 159f.) meint, dass der Mangel an begrifflicher Klarheit und die fehlende Unterscheidung zwischen Medium und Konzeption im Modus der Mündlichkeit und im Modus der Schriftlichkeit zu Missverständnissen in der Diskussion um das Für und Wider des Cumminsschen Ansatzes geführt hätten: Medial bezieht sich auf die (graphische oder phonische) Realisierung, konzeptionell auf die den Aufbau und die Gestaltung eines Diskurses oder Textes. Konzeptionell mündlich und konzeptionell schriftlich sind nicht dichotomisch zu denken, sondern als Pole einer Skala, auf der eine Äußerung, die schriftlich oder mündlich getätigt wird, angesiedelt werden kann. Das Verfassen eines Briefs etwa ist nach Siebert-Ott eindeutig im graphischen Bereich angesiedelt, hinsichtlich der Konzeption allerdings eher an Mündlichkeit orientiert. Das Gespräch ist phonisch und konzeptionell noch näher an der Mündlichkeit zu verorten. Ein Vortrag ist medial phonisch, konzeptionell aber eher der Schriftlichkeit zuzuordnen, während das Verfassen eines Fachaufsatzes graphisch ist und auf der Skala noch stärker als der Vortrag der Schriftlichkeit zugeordnet werden muss. Bestimmte Kommunikationsformen sind also in bestimmten Situationen typischerweise mit einem bestimmten (Register im) Sprachgebrauch verbunden (vgl. grundlegend hierzu Koch/Oesterreicher 1985).

Diese Unterscheidung, die sich auch in den bereits genannten Konzepten der Diskurs- bzw. Textkompetenz findet, verdeutlicht noch einmal, dass es Cummins um die konzeptionelle Schriftlichkeit geht, der ein kognitiv anspruchsvoller, dekontextualisierter Sprachgebrauch inhärent ist. Dass sich diese Kognitionen anscheinend von einer Sprache auf die andere übertragen lassen, also weitgehend transferierbar und insofern sprachübergreifend sind, zeigen u.a. die oben skizzierten Ergebnisse von Verhoeven (1994) und Knapp (1998).

Ein weiterer wichtiger Kompetenzbereich, der mit der im schulischen Kontext gebrauchten Sprache zusammenhängt, ist der strategische: Strategien werden z.B. eingesetzt, um „Probleme der sprachlichen Verständigung und des Sprachlernens anzugehen" (Portmann-Tselikas 1998, S. 51). Sie gehören ins Feld der Metakognition, d.h. des bewussten Wahrnehmens und Steuerns der eigenen Tätigkeit. Die strategische Kompetenz „scheint ein Schlüssel zu erfolgreichem Lernen zu sein" (ebd.). Strategien stellen eine weitere Schnittstelle zwischen Kognition und Sprache dar und sind sprachübergreifend, d.h. unabhängig von der gebrauchten Sprache (allerdings abhängig vom Grad der Sprachkompetenz) einsetzbar (s.u. Kap. 5.2). Schmölzer-Eibinger (2008, S. 53ff.), die Textkompetenz in einzelne Teilfähigkeiten zergliedert, zählt hierzu auch die strategische Kompetenz.

2.5 Zusammenfassung

In diesem Kapitel wurde gezeigt, dass Mehrsprachigkeit ein dynamisches Konstrukt ist, dass sie sich biografischen und sozialen Konstellationen und den daraus entspringenden individuellen Bedürfnissen anpasst und sich vor diesem Hintergrund entwickelt. Hinsichtlich des ZSE wurde gezeigt, dass die Alltagsmeinung, der ZSE verlaufe bei kleinen Kindern mühelos und unkompliziert, differenzierter betrachtet werden muss. So hängt der ZSE weniger mit dem Alter an sich zusammen als mit dem in den verschiedenen Entwicklungsphasen jeweils möglichen Zugriff auf die eigenen Sprachlernfähigkeiten. Im frühen ZSE scheinen die Mechanismen des impliziten Lernens zu wirken, die dann durch Vorgänge expliziten Lernens ergänzt werden. Dem imitativ-formelhaften Lernen (als Teil einer holistischen Strategie des Zugriffs auf Sprache) scheint im ZSE aufgrund der besonderen Erwerbssituation in der Kita eine wichtige Rolle zuzukommen, die bislang nicht ausreichend untersucht wurde. Zur Flexibilisierung (Grammatikalisierung) im ZSE bedarf es aber auch der referentiellen Strategie, die analytisch geprägt ist.

Hinsichtlich der Frage nach Migration und Bildungsbeteiligung sowie ihren Zusammenhängen zu Mehrsprachigkeit und sprachlicher Kompetenz zeigt sich, dass Mechanismen der sozialen und ökonomischen Auslese wirken, wobei die Effekte der Mehrsprachigkeit und der Migration als solcher zu vernachlässigen sind. Dies spiegelt sich auch im Mikrozensus 2005 wider: Die Erfassung der Bevölkerungsanteile mit Migrationshintergrund zeigt zunächst einmal deren Vielfältigkeit auf. Die immer noch vorherrschende Bildungsbenachteiligung besteht vor allem bei den Kindern und Jugendlichen aus der Türkei und aus den ehemaligen Anwerbestaaten. Die Elterngeneration dieser Kinder hat – im Vergleich zu den Einheimischen sowie zu den anderen Migrantengruppen – überwiegend einen niedrigen Bildungsstatus, womit ein geringerer sozioökonomischer Status und weitere Belastungen einhergehen. Der hohe Anteil der Zurückstellungen und Wiederholungen in der Schule bei Kindern und Jugendlichen dieser Gruppe verdeutlicht den engen Zusammenhang dieser Faktoren eindringlich.

Die Probleme, vor denen Kinder und Jugendliche im schulischen Kontext stehen, sind nicht auf die Mehrsprachigkeit als solche zurückzuführen, sondern auf bestimmte Arten von Sprachleistungen, die von ihnen gefordert werden. Insbesondere die dekontextualisierten, kognitiv anspruchsvollen sprachlichen Leistungen bereiten Schwierigkeiten, wobei hier wiederum ein (enger) Zusammenhang zur sozial prekären bildungsfernen Situation zu bestehen scheint. Aufgrund der Forschungslage kann man davon ausgehen, dass die Entfaltung sprachlicher, besonders diskursiver und textueller Kompetenzen vom familialen Anregungspotenzial sowie von den sozialen Lebensverhältnissen insgesamt abhängt. Dies ist auch bei mehrsprachigen Gruppen anzunehmen (Reich/Roth 2002, S. 12).

Zusätzlich kommt hier zum Tragen, dass nicht an die Bildungsvoraussetzung Mehrsprachigkeit angeknüpft wird. Die Mehrsprachigkeit der Individuen wirkt sich somit zusätzlich zur sozialen Lage nachteilig auf die Bildungschancen und die Entwicklung der dekontextualisierten Sprachfähigkeiten aus. Dies ist allerdings – wie schon mehrfach erwähnt – nicht als Problem von Mehrsprachigkeit an sich zu sehen, sondern beschreibt die unangemessene Reaktion der einsprachigen Mehrheitsgesellschaft und ihrer Bildungseinrichtungen auf Mehrsprachigkeit. Demzufolge konstatiert das Konsortium Bildungsberichterstattung (2006, S. 149):

Je besser die Integration bereits bei Kindern unter zehn Jahren gelingt, desto größere Chancen bieten sich für diese zur gleichberechtigten Bildungsbeteiligung und für die Gesellschaft, die Potenziale zu entwickeln und zu nutzen, welche die Migration eröffnet.

Vor diesem Hintergrund kommt der Arbeit in den Kitas und Grundschulen insbesondere hinsichtlich der sprachlichen Bildung eine hohe Bedeutung zu. Darum muss vor allem die Erwerbssituation in diesen Institutionen genauer untersucht werden, um zu ermitteln, wie auf die dort stattfindenden Aneignungs- und Lernprozesse sprachfördernd und -bildend eingegangen werden kann. Im folgenden zweiten Teil werden daher Grundlagen für die Analyse von sprachlich-interaktiven Prozessen in der Kita und am Übergang in den Primarbereich aufgearbeitet.

Teil II Grundlagen zur Erforschung sprachlich-
interaktiver Prozesse

> Unterschiedliche Entwicklungswege unter unterschiedlichen Bedingungen
> können nicht zu völlig gleichen Ergebnissen führen. (…) Diese Unterschiede,
> so groß sie auch sein mögen, dürfen jedoch die Tatsache nicht verdecken,
> dass (…) Entwicklungsprozesse so viel gemeinsam haben. (Vygotskij 2002,
> S. 272)

Im Folgenden werden die Grundlagen zur Erfassung und Analyse sprachlich-interaktiver Prozesse erarbeitet. Dabei wird der Blick besonders auf das Zusammenspiel
sprachlicher und kognitiver Prozesse gelegt.

3. Vygotskijs Entwicklungs- und Zeichentheorie

> Natürlich bedeutet diese Rückkehr nicht die Auferstehung alter Theorien,
> deren Haltlosigkeit seit langem erwiesen ist. Wie oft in der Geschichte des
> wissenschaftlichen, sich dialektisch entwickelnden Denkens, führt die Revi-
> sion einer Theorie von einem inzwischen erreichten höheren Standpunkt der
> Wissenschaft zur Wiederherstellung einiger richtiger Thesen früherer
> Theorien. (Vygotskij 2002, S. 307)

Dieses Kapitel widmet sich Vygotskijs psychologischen Untersuchungen zum
Sprechen und Denken. Zunächst wird in die Grundlagen seiner Entwicklungs- und
Zeichentheorie eingeführt, dann erfolgt eine Auseinandersetzung mit zentralen
Untersuchungsgegenständen: der Begriffsbildung, der Zone der nächsten Entwick-
lung und dem egozentrischen Sprechen.

3.1 Grundgedanken und Kernbegriffe der
kulturhistorischen Schule

Die als kulturhistorische Schule bekannt gewordene Disziplin geht auf die Arbeiten
des Psychologen Vygotskij und seiner Mitarbeiter bzw. Schüler Lurija und
Leont'ev am Institut für Psychologie der Moskauer Universität zurück.[24] Vygotskij
wollte mit seiner Theorie der kulturhistorischen Psychologie die Beziehungen
zwischen biologischen, evolutionären und kulturellen sowie gesellschaftlichen

---

24 In der Sprachheilpädagogik wurde Vygotskijs Theorie bereits in den 1970er und 1980er
Jahren in der Diskussion um die „wissenschaftstheoretische Standortbestimmung" rezipiert
(Grohnfeldt 1981, S. 21ff.). Im Zuge dessen wurde die Relevanz ihrer handlungstheoreti-
schen Orientierung für die Praxisfelder Didaktik, Diagnostik und Therapie untersucht.

Faktoren in der menschlichen Entwicklung und darin besonders in der des Denkens klären. Vor diesem Hintergrund analysierte er die Besonderheiten des kindlichen Sprachgebrauchs sowie Veränderungen im kindlichen Denken und Erleben durch das Medium Sprache bzw. das Sprechen. Alle Prozesse werden sowohl in ihrem Kontext wie auch in ihrer ‚Gewordenheit' betrachtet. Vygotskijs Theorie ist somit eine Entwicklungstheorie, deren dynamischer und prozessualer Charakter immer wieder hervortritt. Der Entwicklungsgedanke ist für ihn ein Schlüssel zum Verständnis der Menschwerdung und aller höheren psychischen Prozesse.

Dieser Untersuchung liegt die im Jahr 2002 von Joachim Lompscher und Georg Rückriem herausgegebene deutschsprachige Übersetzung des von Vygotskij 1934 noch auf dem Sterbebett redigierten Werks „Denken und Sprechen" zugrunde. Diese neue Übersetzung unterscheidet sich von früheren darin, dass erstmals das Original – und nicht eine um die Hälfte gekürzte englischsprachige Fassung – ins Deutsche übersetzt werden konnte. Die Herausgeber haben darüber hinaus zahlreiche Quellen und Hintergrundinformationen zusammengetragen, die dazu beitragen, dass „viele Unklarheiten präzisiert bzw. geklärt" werden konnten (Lompscher/Rückriem 2002, S. 27). Ihre große Sorgfalt im Umgang mit dem Übersetzungsproblem zeigt sich u.a. darin, dass sie russische Begrifflichkeiten, die kaum ins Deutsche zu übertragen sind, im Editorial mit Übersetzungsvorschlägen und Erläuterungen versehen.[25]

Die Herausgeber merken ferner an, dass Vygotskijs Begrifflichkeiten einem überholten Stand der Theoriebildung entsprächen, sie die Begriffe in der Übersetzung aber nicht dem heutigen Sprachgebrauch angepasst hätten, um die Authentizität zu wahren. Dies ist m.E. durchaus vorteilhaft, denn durch die verwendeten Begrifflichkeiten treten besondere Probleme in der Beziehung von Sprechen und Denken (z.B. „äußeres" und „inneres" Sprechen) und unterschiedliche Funktionen des Sprechens (z.B. „schriftliches Sprechen") deutlich hervor.

Vygotskij (1896-1934) lebte und forschte in der damals marxistisch-leninistisch, ab Anfang der 1930er Jahre stalinistisch geprägten Sowjetunion. Insofern sind Bezüge zur marxistischen Theorie und einem darauf basierenden Gesellschaftsbegriff Teil seiner Forschungen und seines Ansatzes. Das heißt nicht, dass er dieser Theorie unkritisch gegenüberstand oder ideologische Versatzstücke unreflektiert in seine Theorie einflocht. Vygotskij nutzte Verfahren der marxistischen Theorie und damit verbundene Vorteile, z.B. die historische Analysemethode, setzte sich aber gleichzeitig mit zahlreichen Quellen, Konzepten, Theorien und Erkenntnissen von Wissenschaftlern aus anderen Gesellschaftssystemen auseinander und band sie in seine Forschungen ein. Insgesamt hat, so scheint es, trotz dieser von Kriegen und ideologischen Auseinandersetzungen geprägten Zeit ein durchaus offener und

---

25 Dieses Problem zeigt sich schon bei dem für Vygotskijs Theorie zentralen Wort *reč* (Sprechen im Sinne des Gebrauchs von Sprache), für das es keine angemessene Übersetzung gibt.

überaus gewinnbringender Austausch über die (System-)Grenzen hinweg stattgefunden.

Ausgehend vom marxistischen Materialismus (vgl. für die Sonderpädagogik z.B. Balgo 2002, S. 40ff.; Jantzen 1992) postuliert Vygotskij, dass die höheren Formen der Bewusstseinstätigkeit zeichenvermittelt sind und in den gesellschaftlichen Beziehungen des Individuums zu seiner Umwelt gesucht werden müssen, wobei davon ausgegangen wird, dass der Mensch als tätiges Wesen seine Umwelt aktiv gestaltet. Zur Erforschung der Bewusstseinstätigkeit bedient sich Vygotskij der von Marx auf die Entwicklung der Arbeit angewandten historischen Analysemethode, einen Gegenstand aus seiner Gewordenheit (Genese) heraus zu begreifen und die allmähliche Entwicklung strukturell komplexer funktionaler Systeme zu verfolgen, wie z.B. die Genese des inneren Sprechens oder die Genese der Begriffs- und Bedeutungsentwicklung (vgl. Vygotskij 2002). Dieser Ansatz geht also über das Subjekt hinaus und betrachtet die Phylogenese und die Ontogenese seiner Bewusstseinstätigkeit (Holtz 1989, S. 98f.). Vygotskij kritisiert, dass die Psychologie und die bis dahin aufgestellten „Denk- und Sprechtheorien" durch einen „tiefen und prinzipiellen Antihistorismus" gekennzeichnet sind und Denken und Sprechen außerhalb ihrer Entstehungsgeschichte betrachten. Dem setzt er seine historische Psychologie entgegen, „eine historische Theorie", mit der die Beziehung und Entwicklung von Sprechen und Denken verfolgt und erklärt werden kann (Vygotskij 2002, S. 465). Der Weg, den er hier einschlägt, ist begründet durch den historischen Materialismus als dominierende Forschungsmethode in der postrevolutionären Sowjetunion.

In dieser materialistischen Handlungstheorie ist der Begriff der Tätigkeit zentral und wird ebenfalls historisch betrachtet. Tätigkeit ist zunächst als Orientierungstätigkeit zu verstehen in der Weise, dass der Mensch „ein Motiv, das Bedürfnis, tätig zu werden", entwickelt (Holtz 1989, S. 99). Bevor eine Tätigkeit ausgeführt wird, vollzieht sich ein innerer Prozess, in dem die Tätigkeit bereits als Idee im Kopf entwickelt wird. Die Transformation dieses inneren, ideellen Entwurfs in seine Verwirklichung erfolgt dann in der Ausführungstätigkeit. „Determinante der psychischen Entwicklung des Menschen ist die durch Werkzeuge vermittelte Arbeitstätigkeit des Menschen" (Leont'ev 1985, S. 33).[26] Da der Mensch in der Lage ist, etwas zu planen und zu antizipieren, kann er Werkzeuge nicht nur benutzen, sondern auch produzieren und entsprechend seinen Bedürfnissen aufbewahren. So existieren sie auch nach ihrem Gebrauch weiter, werden fortentwickelt und

---

26 „Man hat gesagt, am Anfang der Menschwerdung stehe die Sprache; mag sein, aber vor ihr noch ist das *Werkzeugdenken*, d.h. das Erfassen mechanischer Zusammenhänge und das Ausdenken mechanischer Mittel zu mechanischen Endzwecken, wie man kurz sagen könnte; vor dem Sprechen wird das Handeln *subjektiv sinnvoll*, d.h. soviel wie bewußt-zweckvoll." (Bühler 1930, S. 88, zit. n. Vygotskij 2002, S. 152, Hervorh. i. Orig.)

komprimieren auf diese Weise die „historisch kulminierten Erfahrungen" und Erkenntnisse des Menschen (Holtz 1989, S. 100).

Der Mensch besitzt demnach die Fähigkeit zur Planung und Ausführung und auch zur Kontrolle. Kontrolltätigkeit besteht in der Beurteilung eines Ergebnisses. Die Beherrschung von Werkzeugen ermöglicht dem Menschen, sich seine Kultur anzueignen, auf die Natur und andere Menschen einzuwirken und sie und sich selbst zu verändern.

Tätigkeit ist für Leont'ev ein Oberbegriff: Sie stellt ein übergreifendes Geschehen dar, das durch eine Reihe einzelner Prozesse verwirklicht wird. Tätigkeit kann nur im Zusammenhang mit dem Begriff des Motivs verstanden werden; dieses wiederum ist aus den Bedürfnissen des Individuums verständlich, die sich auf die Aneignung von Gegenständen beziehen. Die Ausführung einer Tätigkeit, die auf etwas gerichtet ist, wird als das „was" derselben angesehen, die Orientierung der Operation an Bedingungen und Mitteln stellt das „wie" der Tätigkeit dar. Somit ist die Handlung abhängig von den Operationen, d.h. von den Mitteln und Bedingungen, die zu ihrem Ziel führen. Zu bestimmten Zeitpunkten der Ontogenese herrschen zwei Tätigkeitsformen vor, nämlich das Spiel und das Lernen, die später in die dominierende Tätigkeit der Arbeit münden und zur Umgestaltung der psychischen Vorgänge führen (vgl. Holtz 1989).

Zusammenfassend kann gesagt werden, dass Handlungen bzw. Tätigkeiten[27] durch zwei Merkmale gekennzeichnet sind, nämlich Zielgerichtetheit und Gegenstandsbezug. Dies zeigt sich in der Ontogenese schon ab dem zweiten Lebensjahr, wo kaum mehr Verhaltensweisen zu erkennen sind, die nicht als Aktion interpretiert werden können, der eine Absicht zugrunde liegt. Diese Deutung ermöglicht soziale Interaktion.[28] Die Zielgerichtetheit beinhaltet als Merkmale des Handelns
- die zeitliche Vorwegnahme der Handlung und des Handlungsziels (Motiv);
- die Beibehaltung des Handlungsziels (Absicht);
- die Kontrolle (Monitoring) der Handlung durch den Vergleich des Ist-Zustandes mit dem Soll-Zustand.

---

27 Die beiden Begriffe werden hier synonym verwendet.
28 Soziale Interaktion zeichnet sich durch den Bezug zu einem gemeinsamen Objekt (Gegenstand, Thema, Ziel) aus. Die Interaktionspartner wirken über Gegenstände aufeinander ein. Der gemeinsame Gegenstandsbezug deckt dabei nie alle Aspekte des Objekts ab, die Partner erzielen aber über eine Teilmenge der Eigenschaften (Handlungsmöglichkeiten) einen Konsens. Die Beziehung zum Gegenstand kann objektzentriert (Interesse und Ziel gelten dem Gegenstand) oder partnerzentriert sein (das Interesse gilt dem Partner, der Gegenstand ist nur Mittel zum Zweck) und bezüglich der Regeln zur Herstellung und Aufrechterhaltung des Gegenstandsbezugs konservativ (Nutzung vorhandener Regeln) oder innovativ (Schaffung neuer Regeln). Dieser gemeinsame Nenner des Gegenstandsbezugs ist die Voraussetzung für eine gelingende Interaktion. Eine weitere Bedingung für einen gemeinsamen (gleichen oder komplementären) Gegenstandsbezug ist das Abstimmen der Handlungen (vgl. dazu auch Halliday/Hasan 1991).

Gegenstände (Werkzeuge) bilden von Anfang an den Kristallisationspunkt für Tätigkeiten, d.h. alles Handeln ist auf Gegenstände gerichtet (Gegenstandsbezug). Bei Kindern ist dies besonders augenfällig, weil ihr Handeln noch äußerlich ist und sich auf konkrete Spielobjekte richtet. Auch später, wenn große Anteile des Handelns als Vorstellungstätigkeit und als Denken ablaufen, bleibt der Gegenstandsbezug erhalten: Zum einen kann der Mensch mit Gegenständen gedanklich umgehen, zum anderen sind diese häufig keine materiellen mehr, sondern Ideen, Werte, Ordnungen oder Regeln. Der Gegenstand ist für den Akteur stets im Wandel: Die auf ihn gerichtete Tätigkeit wird durch die Beschaffenheit diktiert, die er als kulturelles Erzeugnis der Gesellschaft erhalten hat, aber auch durch die Valenzen und Merkmale, die er zum jeweiligen Zeitpunkt für den jeweiligen Menschen besitzt (vgl. Oerter 1997).

3.2 Theorie des Bewusstseins als Entwicklungs- und Zeichentheorie

3.2.1 Wortbedeutung als zentrale Einheit von Sprechen und Denken

Vygotskij hat es sich zur Aufgabe gemacht, die Beziehung zwischen Denken und Sprechen (Gedanke und Wort) in ihrer Genese nachzuvollziehen. Diese Beziehung offenbart sich, wenn man den Untersuchungsgegenstand ‚Gedanke und Wort' anstatt in einzelne Elemente in Einheiten zerlegt. Die kleinste, nicht weiter zerlegbare Einheit, „in der die Eigenschaften des sprachlichen Denkens als eines Ganzen enthalten sind", ist die „innere Seite des Wortes", also seine Bedeutung (Vygotskij 2002, S. 48). Die Wortbedeutung gehört sowohl zur sprachlichen wie auch zur gedanklichen (kognitiven) Seite des Wortes: „Ein Wort ohne Bedeutung ist kein Wort, sondern ein leerer Laut. Ein Wort, dessen Bedeutung abhanden gekommen ist, gehört schon nicht mehr zum Bereich des Sprechens" (ebd., S. 49). Um an diesen Kern zu kommen, schlägt Vygotskij eine semantische Analyse vor, also eine Untersuchung der Wortbedeutung und ihrer Genese.

> Die ursprüngliche Funktion des Sprechens ist Kommunikation. Das Sprechen ist zuallererst ein *Mittel des sozialen Verkehrs*, der Äußerung und des Verstehens. Diese Funktion riss man gewöhnlich bei der Analyse durch Zerlegung in Elemente von der intellektuellen Funktion los und schrieb beide Funktionen dem Sprechen gewissermaßen parallel und unabhängig voneinander zu. (ebd., S. 50, Hervorh. i. Orig.)

Die Frage, in welcher Beziehung diese beiden Funktionen zueinander stehen und wie sie strukturell miteinander verbunden sind, blieb unberücksichtigt. Vygotskij wollte diese Beziehung über die Analyse der Wortbedeutung als Einheit für beide Funktionen des Sprechens aufdecken.

Eine Voraussetzung für Kommunikation ist Verallgemeinerung (im sprachlichen Sinne die Konventionalisierung), die im Kern jeder Wortbedeutung und somit im Denken enthalten ist. Nur so können Bewusstseinsinhalte symbolhaft (also in Form von Zeichen) vermittelt werden. Die Verallgemeinerung ist dabei nicht allgemeingültig und für immer gegeben, sondern Ausdruck der Gruppe und der Verhältnisse, aus der sie erwachsen ist:

> Die elementare Sprache muß mit einer ganzen Gruppe, mit einer bestimmten Klasse unserer Erfahrung verbunden sein. Die Erfahrungswelt muß außerordentlich vereinfacht und verallgemeinert werden, damit sie symbolisiert werden kann. Nur so wird Kommunikation möglich, denn die einzelne Erfahrung lebt im einzelnen Bewusstsein und ist, streng genommen, nicht mitteilbar. Damit sie mitteilbar wird, muß sie einer gewissen Klasse zugeordnet werden, die nach stillschweigender Übereinkunft von der Gesellschaft als Einheit betrachtet wird. (Sapir 1961, S. 21, zit. n. Vygotskij 2002, S. 51)

Es bedarf also auf Konvention basierender Verallgemeinerungen, damit Erfahrungen symbolisiert, mitgeteilt und somit weitergegeben werden können. Probleme in der Kommunikation entstehen nicht dadurch, dass z.B. ein Wort missverständlich ist oder es an der lautlichen Produktion mangelt, sondern dass der Begriff, also die Verallgemeinerung oder Bedeutung fehlt, die durch das Wort ausgedrückt werden soll. „Es gibt deshalb allen Grund, die Wortbedeutung nicht nur als *Einheit von Denken und Sprechen* zu betrachten, sondern auch als *Einheit von Verallgemeinerung und Verkehr*, von Kommunikation und Denken" (ebd., S. 52, Hervorh. i. Orig.). Dieser Zusammenhang ist es, der Vygotskij interessiert und den er als für die Betrachtung der kognitiven, sprachlichen und sozialen Entwicklung des Kindes unabdingbar ansieht.

3.2.2 Ontogenetische Wurzeln des Sprechens und Denkens

Vygotskij (2002, S. 136ff.) rezipiert ausführlich die Forschungslage zum kindlichen Spracherwerb und zu Experimenten mit Tieren (z.B. Schimpansen, Bienen), in denen der Frage nachgegangen wurde, ob diese Sprechen respektive Sprache lernen können und intellektuelle Fähigkeiten besitzen. Aufgrund dieser Untersuchungen sowie seiner eigenen Erkenntnisse durch den Vergleich der Phylo- und Ontogenese (von Sprechen und Denken) kommt er zu dem Schluss, dass die beiden Dimensionen der Tätigkeit, also Sprechen und Denken, verschiedene Wurzeln haben und sich zunächst unterschiedlich entwickeln. Im Alter von etwa zwei Jahren kreuzen sich ihre Entwicklungslinien, die bis dahin getrennt verlaufen, und bilden „den Anfang einer völlig neuen Verhaltensform (…), die so charakteristisch für den Menschen ist" (ebd., S. 153).[29] Dies markiert einen Wendepunkt, von dem an „*das*

---

29 Damit ist nicht gemeint, dass sie ab diesem Zeitpunkt eine einzige Entwicklungslinie bilden, sondern hier verbinden sie sich das erste Mal.

Sprechen intellektuell und *das Denken sprachlich* wird" (ebd., S. 154, Hervorh. i. Orig.). Dies zeigt sich in der aktiven Erweiterung des Wortschatzes und in dessen sprunghaftem Anwachsen durch die kindliche Aktivität. Die beiden Prozesse beeinflussen sich im Weiteren wechselseitig. Mit dieser Beobachtung wendet sich Vygotskij gegen eine vereinfachte Darstellung der ablaufenden Prozesse:

> Die Entwicklung der Zeichenverwendung und der Übergang zu Zeichenoperationen (signifikative Funktionen) sind niemals (...) das einfache Ergebnis einer einmaligen Entdeckung oder Erfindung des Kindes, vollziehen sich nie ad hoc. Das Kind entdeckt die Bedeutung der Sprache nicht plötzlich und für sein ganzes Leben (...). Im Gegenteil, es geht hier um einen außerordentlich komplizierten genetischen Prozess, der seine „natürliche Geschichte der Zeichen", d.h. natürliche Wurzeln und Übergangsformen in primitiveren Schichten des Verhaltens (z.B. die so genannte illusionäre Bedeutung der Gegenstände im Spiel, noch früher die hinweisende Geste usw.), und seine „Kulturgeschichte der Zeichen" hat, die in eine Reihe von Phasen und Etappen zerfällt, welche eigene quantitative, qualitative und funktionale Veränderungen, Wachstum und Metamorphosen, Dynamik und Gesetzmäßigkeiten aufweisen. (ebd., S. 127)

Die hier gebrauchten Ausdrücke Zeichenverwendung und Zeichenoperation – wobei mit letzterem der tatsächlich bezeichnende Gebrauch und somit eine höhere Form der Zeichenverwendung gemeint ist – verweisen darauf, dass sich eine Entwicklung von der ‚reinen' (mechanischen) Verwendung zur tatsächlichen funktionalen Aneignung vollzieht. Die Entdeckung der Sprache ist nicht ein einmaliges Erlebnis des Kindes. Die Verbindung zwischen Wort und Ding, die es entdeckt, bleibt für das Kind noch lange Zeit ein Attribut bzw. eine Eigenschaft des Dings. Das Kind eignet sich die äußere Struktur ‚Gegenstand – Wort' an, nicht aber das Wort als Symbol und damit die innere Beziehung ‚Zeichen – Bedeutung'. Dies ist ein langwieriger, durch vielfältige Veränderungen hervorgerufener Prozess. Vygotskij verdeutlicht dies noch einmal anhand der grammatischen Entwicklung: So beherrscht das Kind grammatische Formen und Strukturen, bevor es mit diesen auch logisch operieren kann.

> Es erlernt den Nebensatz und solche Sprachformen wie „weil", „da", „demgegenüber", „aber", lange bevor es kausale, temporale, konditionale Verhältnisse, Gegenüberstellungen usw. beherrscht. Das Kind lernt die Syntax des Sprechens früher als die Syntax des Denkens. (ebd., S. 160)

Das Kind eignet sich also zunächst die rein äußere Struktur des Zeichens an und verwendet diese adäquat. Erst durch die weitere Verwendung und voranschreitende kognitive Entwicklung eignet es sich allmählich den richtigen funktionalen Gebrauch, die innere Struktur des Zeichens, an.

3.2.3 Bewusstsein und Bewusstwerdung

Das menschliche Bewusstsein kann in verschiedene Funktionen gegliedert werden: Wahrnehmung, Gedächtnis, Sprache, Aufmerksamkeit und Denken. In der kindlichen Entwicklung sind verschiedene Phasen dadurch gekennzeichnet, dass eine Bewusstseinsfunktion die anderen dominiert. Unter Bewusstwerdung versteht Vygotskij den „(...) Bewusstseinsakt, dessen Gegenstand die Bewusstseinstätigkeit selbst ist" (Vygotskij 2002, S. 292). So versteht ein Kind im Vorschulalter zwar einfache Ursachen und Zusammenhänge, es ist sich aber seines Verstehens als solches noch nicht bewusst. Daher stellt sich die Frage, wie die Bewusstwerdung eigener psychischer Prozesse erfolgt und welche Mittel dafür notwendig sind.

Während Piaget meint, dass die Nichtbewusstheit mit Überresten des egozentrischen Denkens des Kindes zu erklären sei, kommt Vygotskij aufgrund seiner Untersuchungen zu einer grundlegend anderen Auffassung: Wenn im Schulalter (in der Phase der Begriffsbildung) die höheren psychischen Funktionen wie Willkürlichkeit ins Zentrum der Entwicklung treten, dann vollzieht sich ein Übergang von den unteren Aufmerksamkeits- und Gedächtnisfunktionen hin zur willkürlichen Aufmerksamkeit und zum logischen Gedächtnis. Die willkürliche Ausübung einer Tätigkeit ist immer mit deren Bewusstwerdung verbunden, wobei die Aufmerksamkeitslenkung letztlich bestimmt, welcher Akt ins Bewusstsein gelangt:

> Ich binde einen Knoten. Ich mache das bewusst. Ich kann aber nicht sagen, wie ich das gemacht habe. Meine bewusste Handlung erweist sich als nicht bewusst geworden, weil meine Aufmerksamkeit auf den Akt des Bindens selbst gerichtet ist und nicht darauf, wie ich das mache. (...) Gegenstand meines Bewusstseins ist das Binden des Knotens – der Knoten und was mit ihm geschieht – nicht aber die Handlungen, die ich beim Binden ausführe, nicht, wie ich es mache. Gegenstand des Bewusstseins kann aber auch werden, wie ich es mache, und in diesem Fall sprechen wir von Bewusstwerdung. Sie ist jener Bewusstseinsakt, dessen Gegenstand die Tätigkeit des Bewusstseins selbst ist. (Vygotskij 2002, S. 292)

Vygotskij versteht Bewusstwerdung als Verallgemeinerung (und Systematisierung), die zur Beherrschung führt. Beherrschung ist mit willkürlicher Steuerung verbunden, was wiederum voraussetzt, dass man die eigene Bewusstseinstätigkeit gezielt zum Gegenstand der Aufmerksamkeit machen kann. Die Aufmerksamkeit hat dabei die Funktion, das vom Gedächtnis Wahrgenommene und Vorgestellte zu strukturieren. Die Bewusstwerdung führt nicht nur zu einer Herauslösung aus der „Gesamttätigkeit des Bewußtseins", sondern auch zur Herauslösung der „bewusst gewordenen Tätigkeit aus den Handlungszusammenhängen, in denen sie wirksam ist" (Andresen 2002, S. 20f.). Diese Funktion bildet sich erst im Schulalter aus; diese Entwicklung ist analog zu vorherigen Übergängen vom Säuglings- ins frühe Kindesalter und von dort zum Vorschulalter. In der ersten Übergangsphase besteht die entscheidende Veränderung darin, von der nicht sprachgebundenen und nicht-sinnhaften Wahrnehmung zur „sinnerfüllten, sprachgebundenen und gegenständlichen" (Vygotskij 2002, S. 293) zu gelangen. An der Schwelle zum Schulalter geht das Kind „von nichtsprachlichen zu sprachgebundenen Introspektionen über. Es entwickelt die innere, sinnerfüllte Wahrnehmung seiner eigenen psychischen Prozesse" (ebd.).

Vygotskij stellt daher die These auf, dass es bei der Bewusstseinsentwicklung des Kindes weniger darum geht, die einzelnen Funktionen zu vervollkommnen. Vielmehr beruhe die Entwicklung auf Veränderungen der interfunktionellen Verbindungen und Beziehungen zwischen Wahrnehmung, Aufmerksamkeit und Gedächtnis usw. „Das Bewusstsein entwickelt sich als Ganzes und verändert auf jeder neuen Etappe seine innere Struktur und die Verbindung der Teile – aber nicht als Summe einzelner Veränderungen in der Entwicklung jeder einzelnen Funktion" (ebd., S. 288).

Die Veränderung der funktionalen Struktur des Bewusstseins bildet demnach das zentrale Element der gesamten kognitiven Entwicklung. Um sich einer Sache – beispielsweise einer Tätigkeit – bewusst zu werden, muss diese zunächst vorhanden sein; der Bewusstwerdung, also der willkürlichen Beherrschung einer entsprechenden Tätigkeit, muss daher ein Stadium des nichtbewussten und unwillkürlichen Funktionierens/Agierens vorangehen. Dieses Entwicklungsprinzip lässt sich in der Ontogenese verfolgen: Im Säuglingsalter ist die Entwicklung des Bewusstseins durch „Undifferenzierung der einzelnen Funktionen gekennzeichnet" (ebd., S. 190). In der frühen Kindheit differenziert sich zunächst die Wahrnehmungsfunktion, die gleichzeitig die „interfunktionalen Beziehungen in diesem Alter dominiert und als zentrale Funktion die Tätigkeit und Entwicklung des gesamten Bewusstseins bestimmt" (ebd.). In dieser Phase bilden Wahrnehmung, Handlung und Affekt eine sensomotorische Einheit. Das Kind kann die sprachliche Äußerung nicht von der Wahrnehmung des nichtsprachlichen Kontextes trennen und passt sie der Situation und dem, was wahrgenommen wird, an. Im Vorschulalter hingegen wird die Gedächtnisentwicklung zur dominierenden Funktion, dadurch verändert sich die symbiotische Verbindung zwischen Sprache und nichtsprachlichem Kontext. Die eigene Bewusstseinstätigkeit kann erst dann Gegenstand der eigenen Aufmerksamkeit werden, wenn Zeichen aus dieser Verbindung gelöst und auf andere Zeichen bezogen werden können. Im Übergang zum Schulalter haben Aufmerksamkeit und Gedächtnis also bereits einen langen Entwicklungsweg hinter sich und das Kind verfügt über die Funktionen, derer es sich bewusst werden soll. Die Fähigkeit, seine Aufmerksamkeit willkürlich einzusetzen und von den Dingen fort auf die Zeichen zu lenken, setzt voraus, die eigene psychische Tätigkeit bewusst steuern zu können. Hierfür ist die Ausbildung der inneren Sprache bedeutsam (s.u. Kap. 3.5).

Die Kategorie der Bewusstwerdung psychischer Funktionen stellt also in Vygotskijs Theorie eine wichtige Größe dar. Funktionen können erst dann bewusst werden, wenn sie weit entwickelt sind; daher ist die Wahrnehmung die erste Funktion, die bewusst wird, das Denken die letzte. Bewusstwerdung ist sprachlich vermittelt, erfordert Introspektion und Verallgemeinerung der eigenen Bewusstseinstätigkeit. Sie führt zur Beherrschung der eigenen psychischen Prozesse. Von diesem Zeitpunkt an kann also die eigene Bewusstseinstätigkeit vom Individuum willkürlich gesteuert werden. Die Bewusstwerdung psychischer Funktionen hängt eng mit der Begriffsentwicklung zusammen und geht einher mit der Herauslösung sprachlicher Zeichen aus dem situativen Kontext. Diese wiederum ist Voraussetzung für das logisch-begriffliche Denken.

Zusammenfassend kann demnach gesagt werden, dass Vygotskijs Theorie des menschlichen Bewusstseins eine genetische und semiotische, d.h. eine Entwicklungs- und Zeichentheorie ist, „da er die höheren psychischen Funktionen als zeichenvermittelt versteht und annimmt, dass reifere Formen der Bewusstseinstätigkeit nur auf der Grundlage ihrer Genese angemessen analysiert werden können" (Andresen 2002, S. 18). Der Mensch ist im Gegensatz zu anderen biologischen Organismen in der Lage, etwas zu planen; dazu bedarf es einer inneren Repräsentation des herzustellenden Produkts. Diese mentale Repräsentation ist auf Zeichen angewiesen und selbst zeichenvermittelt. Sprachliche Zeichen sind demnach immaterielle Werkzeuge; sie werden von Vygotskij als Einheiten aufgefasst, durch die entscheidende Vermittlungen geschehen: „vom Sozialen zum Individuellen, von außen nach innen, vom Einzelnen zum Allgemeinen" (Rissom 1989, S. 16). Ihr sozialer Ursprung zeigt sich in der Ontogenese: Zunächst verwendet das Kind Zeichen für die Kommunikation (Subjekt-Subjekt-Regulation), Sprache hat hier eine interpsychische Funktion. Im Laufe der Entwicklung verlagert das Kind seine Sprachtätigkeit weiter nach innen und vollzieht die Prozesse intrapsychisch. Damit ist der Schritt vollzogen, Sprache zur Steuerung des eigenen Verhaltens und der inneren Prozesse (Bewusstseinstätigkeit, Erkenntnistätigkeit) zu verwenden. So wird auch verständlich, weshalb Lurija (1993) Vygotskijs Theorie in Bezug auf den Sprachgebrauch nicht nur als kulturell und historisch bezeichnet (die jeweilige Gemeinschaft stellt den Heranwachsenden die Werkzeuge zur Verfügung, die im geschichtlichen Prozess entwickelt wurden), sondern auch als instrumentell, womit gemeint ist, dass der Mensch durch Symbolsysteme sein eigenes Verhalten steuern kann. Indem der Mensch die Mittel seiner Tätigkeit selbst wählt, liegt auch die Entscheidung über die Art der Tätigkeit bei ihm selbst.

Vygotskijs Sprachkonstrukt ist somit explizit funktional ausgelegt. Sprache als historisches Werkzeug ist ein Produkt der Kultur und dient der Strukturierung und Tradierung von Kultur. In ihr sammeln sich die gesellschaftlichen Erfahrungen als „verallgemeinertes Substrat" (Jampert 2002, S. 30). Sprache als symbolisches Werkzeug wird von Menschen benutzt, um mit der sozialen Umwelt zu interagieren. Als psychologisches Werkzeug dient Sprache nicht nur der Kontrolle und Organisation der sozialen Umwelt, sondern auch der Vermittlung interpersonaler und kognitiver Tätigkeiten und der Bewusstwerdung psychischer Funktionen (vgl. Ahmed 1994).

3.3 Der Prozess der Begriffsbildung

Bei der Begriffsbildung handelt es sich um einen produktiven und zielgerichteten Prozess.[30] Der Begriff entsteht in einer auf die Lösung einer Aufgabe gerichteten Tätigkeit. Vygotskij (2002, S. 176) unterstreicht, dass es sich dabei nicht um die „mechanische Herstellung einer Verbindung zwischen dem Wort und den Gegenständen" handelt. Eine rein assoziative Tätigkeit reicht zur Begriffsbildung ebenso wenig aus wie das Moment der Zielgerichtetheit; diese entwickelt sich ja bereits in der frühen Kindheit, dennoch ist das Kleinkind und auch das Vorschulkind noch nicht in der Lage, eine gestellte Aufgabe bewusst zu erfassen und einen Begriff zu bilden. Es bedarf daher auch sprachlicher Mittel sowie der Mitteilung und der wechselseitigen Verständigung mit Hilfe des Sprechens. Als Beispiel zielgerichteter Tätigkeit zieht Vygotskij die Arbeit heran. Diese sei nicht allein durch bestimmte Ziele und Aufgaben erklärt, die der Mensch sich stelle, sondern setze die Nutzung von Mitteln voraus, in diesem Fall den Gebrauch von Werkzeugen, ohne die die zielgerichtete Tätigkeit der Arbeit nie hätte entstehen können. Um also den Prozess der Begriffsbildung als höhere psychische Form zu erklären, müssten die sprachlichen Mittel einbezogen werden, denn mit diesen lerne der Mensch sein eigenes Verhalten zu beherrschen. Vygotskij und seine Mitarbeiter führten daher eine Untersuchungsreihe durch, in der sich zeigte,

> dass die funktionale Verwendung des Wortes oder eines anderen Zeichens als Mittel zur aktiven Ausrichtung der Aufmerksamkeit, zur Gliederung und Aussonderung von Merkmalen und zu ihrer Abstraktion und Synthese ein notwendiger Grundbestandteil des ganzen Prozesses ist. (ebd., S. 187f.)

Bei der Begriffsbildung handelt es sich also um einen vermittelten Prozess, was bedeutet, „dass der Gebrauch von Zeichen als Hauptmittel zur Ausrichtung und Beherrschung psychischer Prozesse der zentrale und grundlegende Teil ihrer Struktur ist" (ebd., S. 181). Das sprachliche Zeichen, also das Wort, dient gleichzeitig als Mittel zur Bildung von Konzepten (Begriffen), mit denen das Wort zum Symbol wird. Die tatsächliche Begriffsbildung kann somit erst einsetzen, wenn die eigenen psychischen Prozesse mit Hilfe des funktionalen Gebrauchs von Zeichen beherrscht werden.

---

30 Der Prozess wird an dieser Stelle aufgegriffen, um die jeweils unterschiedlichen kognitiven Operationen und den Weg vom Konkreten zum Abstrakten zu veranschaulichen. Auf die wissenschaftlichen Begriffe (vgl. Vygotskij 2002, S. 251ff.) wird hier nicht eingegangen.

Anhand der Ergebnisse der Untersuchungsreihe entwickelte Vygotskijs Forscher-
gruppe ein dreistufiges Modell der Begriffsbildung, wobei jede Stufe in weitere
Phasen unterteilt ist (auf diese gehe ich nachfolgend nicht näher ein, da sie für das
hier behandelte Thema nicht zentral sind). Die Stufen orientieren sich an
verschiedenen Altersphasen: der frühen Kindheit, dem Vorschulalter, dem Schulalter und dem Eintritt in die Pubertät. Erst in der letzten Phase sind alle psychischen
Funktionen so weit gereift, dass begriffliches Denken möglich wird.[31]

Die *erste Stufe* der Begriffsbildung ist assoziativ und unstrukturiert und vollzieht
sich über praktische Tätigkeiten. Das Kind ordnet auf der Grundlage seiner sinnlichen Wahrnehmung Gegenstände zu ‚Klassen‘, indem es willkürliche, für sich
bedeutsame Merkmale (Farbe, Größe usw.) herausfiltert. Auf dieser Stufe ist die
Wortbedeutung instabil und gleicht einer „synkretischen Verkettung einzelner
Gegenstände, die sich in der Vorstellung und Wahrnehmung des Kindes irgendwie
zu einem zusammenhängenden Bild verbunden haben" (Vygotskij 2002, S. 193).
Ausgangspunkt ist hier also der Synkretismus im Denken und in der Wahrnehmung
des Kindes, d.h. die Verkettung ohne innere Einheit. Der Umfang des kindlichen
Synkretismus wird dabei von der kindlichen Erfahrung bestimmt:

> Synkretisch denkt das Kind da, wo es noch nicht in der Lage ist, zusammen-
> hängend und logisch zu denken. Wenn man ein Kind fragt, warum die Sonne
> nicht herunterfällt, gibt es natürlich eine synkretische Antwort. Solche Ant-
> worten dienen als wichtiges Symptom, um Tendenzen zu erkennen, nach
> denen sich das kindliche Denken richtet, wenn es sich in einer von der Erfah-
> rung abgetrennten Sphäre bewegt. Wenn man aber ein Kind zu Dingen be-
> fragt, die seiner Erfahrung und praktischen Erprobung zugänglich sind, was
> von der Erziehung abhängt, so würde man kaum eine synkretische Antwort
> erwarten. (ebd., S. 119, Hervorh. i. Orig.)

Die Individualität[32] ist somit Bezugspunkt und Grundlage der Wortbedeutung und
ihres Gebrauchs. Darin offenbart sich aber bereits ein allgemeiner Entwicklungsgedanke: Das Kind stellt mit der identischen Benennung verschiedener Erscheinungen eine Gemeinsamkeit her und verallgemeinert somit, wenn auch nach rein
subjektiven Gesichtspunkten. Dieser erste Umgang mit Wörtern beinhaltet also be-

---

31 Vygotskijs Mitarbeiter führten nach seinem Tod weitere Untersuchungen durch, in denen sich
   zeigte, dass das begriffliche Denken schon im frühen Schulalter einsetzen kann, allerdings
   unter besonderen Bedingungen. Zu ähnlichen Ergebnissen in Bezug auf Alter und Phasen-
   einteilungen kam auch Piaget, so dass Altersangaben nach unten korrigiert werden mussten.
   Es stellt sich also grundsätzlich die Frage, wie Altersbezüge zu interpretieren sind. Meines
   Erachtens müssen sie immer im historischen Kontext ihrer Erarbeitung gesehen werden, wobei gleichzeitig zu berücksichtigen ist, wie sich gesellschaftliche Erwartungen und Anforderungen sowie Sozialisations- und Bildungsbedingungen an sich verändert haben.
32 Mit Individualität ist hier nicht individuelles Denken gemeint, sondern das je Spezifische
   beim Kind, also seine Erfahrungen, sozialen Beziehungen, Handlungen usw.

reits eine erste (individuelle) Systematisierung und Ordnung einzelner Erfahrungen. Synkretische Wörter spiegeln dabei häufig die ‚logischen' Verbindungen der Erwachsenen wider. Dies hängt zum einen damit zusammen, dass die Eindrücke und Wahrnehmungen des Kindes mit denen zusammenfallen, die den Begriff des Erwachsenen prägen, was insbesondere bei konkreten Gegenständen der realen Umwelt der Fall ist. Zum anderen gebraucht das Kind Sprache und somit Wörter mit Bedeutung in der Interaktion mit Erwachsenen, eine Schnittmenge an ‚geteilten' Bedeutungen muss also vorhanden sein.

Die *zweite Stufe* der Begriffsbildung erreicht das Kind etwa mit Beginn seines vierten Lebensjahres. Das Kind denkt in Komplexen, d.h. es nimmt anhand einzelner konkreter Eigenschaften von Gegenständen Verallgemeinerungen vor. Es stellt nicht mehr ausschließlich individuell-assoziative, also auf seinem rein subjektiven Eindruck basierende Beziehungen zwischen Gegenständen her, sondern bildet Komplexe aufgrund der ‚objektiven' Beziehungen zwischen Gegenständen und Sachverhalten. Diese Beziehungen resultieren aus der konkreten sinnlichen Wahrnehmung, der eigenen Erfahrung und der Interaktion mit anderen. Das Kind beginnt sich in dieser Phase vom Egozentrismus und Synkretismus seines Denkens zu lösen, und kooperative Peer-Interaktionen nehmen zu. Es tritt deutlich hervor, dass ebenso wie bei älteren Kindern oder Erwachsenen ein Gegenstandsbezug vorherrscht (und vorherrschen muss, um voranzuschreiten), auch wenn die Kinder in dieser Phase einem Begriff noch nicht die gleiche Bedeutung zugrunde legen wie Erwachsene. Die kindlichen Begriffe stellen eher ‚Synonyme' dar, indem sie auf den gleichen Gegenstand verweisen (die nominative Funktion ist also identisch). Die Denkoperationen unterscheiden sich aber von (denen von) Erwachsenen.

Wichtig ist, dass die Bildung der Begriffe nicht auf hierarchischen Beziehungen beruht, d.h. alle Eigenschaften, mit denen ein Ding sprachlich gefasst wird, sind für das Kind gleichwertig. Es können also auch Beziehungen hergestellt werden, die vom rein logischen Standpunkt aus gar nicht möglich sind. Dies verdeutlicht, dass der Begriffsbildung in dieser Phase keine logisch-abstrakten Lernprozesse zugrunde liegen, sondern die Aneignung der Welt durch Kommunikations- und Handlungsprozesse („konkret-empirische Ebene", Vygotskij 2002, S. 198). Das zeigt sich auch darin, dass ein Kind zur Bestimmung bzw. Kennzeichnung eines Begriffs oder eines Gegenstandes sagt, was dieser macht oder was man damit machen kann.

Gegen Ende dieser zweiten Stufe entwickelt sich der „Pseudobegriff" (ebd., S. 207), der äußerlich einem abstrakten Begriff ähnelt, aber auf anderen Prozessen basiert als dieser und ebenfalls einen Komplex bildet. Vygotskij erklärt den Unterschied zwischen den beiden folgendermaßen:

Urteilt man nach der äußeren Ähnlichkeit, hat der Pseudobegriff mit dem echten Begriff genauso viel Ähnlichkeit wie ein Wal mit einem Fisch. Wendet man sich aber der „Entstehung der Arten" intellektueller und tierischer Formen zu, dann muss der Pseudobegriff mit der gleichen Eindeutigkeit dem Komplexdenken zugeordnet werden wie der Wal den Säugetieren. (ebd., S. 211.)

Pseudobegriffe sind die dominierende Form des Begriffsdenkens bei Kindern im Vorschulalter. Vygotskij sieht dies darin begründet, dass sich Wortbedeutungen nicht spontan und frei, vom Kind selbst bestimmt entwickeln können, sondern auf kulturellen Konventionen beruhen. Auch durch die Interaktion mit Erwachsenen wird die Richtung, in die sich die Wortbedeutungen entwickeln sollen, bestimmt. Konvention und Interaktion binden die Eigenaktivität des Kindes somit an einen bestimmten Verlauf bei der Entwicklung von Wortbedeutungen.

Die Entwicklung von Pseudobegriffen ist das Bindeglied, der Übergang zwischen dem Komplexdenken und dem Denken in Begriffen, zwischen dem konkreten, anschaulich-bildhaften und dem abstrakten Denken. Auch hier wird wieder das allgemeine Entwicklungsgesetz deutlich, dass das Kind Begriffe früher praktisch verwendet, als es sich ihrer bewusst ist. „Die Begriffe ‚an sich' und ‚für andere' entwickeln sich früher als der Begriff ‚für mich'" (ebd., S. 214). Im Pseudobegriff sind die Begriffe ‚an sich' und ‚für andere' bereits vorhanden, dies bildet die Grundvoraussetzung für die Ausbildung der abstrakten Begriffe ‚für mich'. Neben dem Pseudobegriff ist der potenzielle Begriff, der eine Ausgliederung einiger allgemeiner Merkmale eines Gegenstandes darstellt, die zweite Wurzel der Begriffsbildung. Beide Entwicklungsprozesse sind Voraussetzung für die letzte Stufe.

Die *dritte und letzte Stufe* in der Begriffsbildung ist an der Schwelle zur Pubertät erreicht. Hier werden ‚echte' Begriffe auf Grundlage abstrakter Denkprozesse gebildet, die es dem Kind ermöglichen, Wahrnehmungen nach logischen Gesichtspunkten neu zu ordnen.

> Der Begriff (…) setzt nicht nur die Zusammenfassung und Verallgemeinerung einzelner konkreter Erfahrungselemente voraus, sondern auch die Hervorhebung, Abstraktion und Isolierung einzelner Elemente sowie die Fähigkeit, diese hervorgehobenen, abstrahierten Elemente außerhalb der konkreten und tatsächlichen Verbindung zu betrachten, in der sie gegeben sind. (Vygotskij 2002, S. 233)

Das wesentliche Neue in dieser Stufe ist also die Entwicklung der Fähigkeit zu Zergliederung, Analyse und Abstraktion. Die Beherrschung des Abstraktionsprozesses gekoppelt mit der Fähigkeit, in Komplexen zu denken, ermöglicht dem Kind die Bildung dieser Begriffe. Hierbei kommt den sprachlichen Mitteln eine besondere Bedeutung zu. Mit Hilfe des Zeichens richtet das Kind seine Aufmerksamkeit willkürlich auf bestimmte Merkmale, synthetisiert diese, symbolisiert den abstrakten Begriff und operiert mit ihm. Wichtig ist, dass es sich in dieser Phase nicht von den elementaren Begriffsformen löst, sondern diese weiterhin viele seiner Erfahrungsbereiche dominieren. Diese Stufe des Begriffsbildungsprozesses setzt eine Reihe von kognitiven Funktionen voraus: die willkürliche Aufmerksamkeit, das logische Gedächtnis, die Abstraktionsfähigkeit usw.

Die Übergänge zwischen diesen drei Stufen sind fließend. Eine alte Stufe wird nicht überwunden, sondern die neue baut darauf auf und für eine Zeit existieren beide zusammen. Bedeutungsentwicklung ist ein nie abgeschlossener, über die gesamte Lebenszeit hinweg stattfindender Prozess. Immer neue Erfahrungen werden in einen Begriff integriert, so dass dessen Bedeutung erweitert, korrigiert oder ergänzt wird. Die Vorstellungen (mentale Repräsentationen), durch die ein Wort eine Bedeutung bekommt und zum Begriff wird, haben einen subjektiven und individuellen Ursprung und werden im weiteren Verlauf durch einen erweiterten Erfahrungshorizont, den Ausbau der kognitiven Funktionen und die interaktiven Tätigkeiten abstrakter und allgemeiner. Es handelt sich somit um eine qualitative Veränderung des Prinzips der Verallgemeinerung (Jampert 2002, S. 25). Hierfür ist der Zugewinn an Erfahrungen des Kindes in praktischen Tätigkeiten in einer Bandbreite von Situationen maßgeblich.

3.4 Die Zone der nächsten Entwicklung

Mit der Einführung der Zone der nächsten Entwicklung (ZNE) zielt Vygotskij (2002) auf die Zusammenarbeit von Erwachsenem und Kind ab, also auf einen spezifischen sozial-interaktiven Kontext.[33] In diesem Kontext werden Funktionen interpsychisch erzeugt, bevor sie intrapsychisch werden und dem Kind mental zur Verfügung stehen. Es werden neue und schwierige (sprachliche) Tätigkeiten von einem kompetenten Partner angeregt und gemeinsam mit dem Kind bewältigt. Das Kind wird auf diese Weise gefordert und auf den Weg gebracht, Handlungen selbst zu initiieren, zu kontrollieren und sprachlich zu vermitteln. In diesem sozial-interaktiven Prozess ist es dem Kind also möglich, nicht nur in der aktuellen Zone dessen, was es bereits kann, zu agieren, sondern darüber hinauszugehen und andere Aufgaben, die es ohne Unterstützung nicht lösen könnte, erfolgreich zu bewältigen.[34] Zentral ist das Konzept der ZNE im Zusammenhang mit Unterricht und Entwicklung:

---

33 Vygotskij und seine Mitarbeiter haben die ZNE als Forschungsmethode in ihrer Untersuchungsreihe über wissenschaftliche Begriffe und Alltagsbegriffe eingeführt mit dem Ziel, die Dynamik der psychischen Entwicklungsprozesse und den Lernerfolg genauer zu fassen.

34 „Ein Kind wird erst gefordert, wenn es sich mit konkreten Problemen auseinandersetzen muss. (...) Das Kind muss anhand seiner konkreten Problemsituation Möglichkeiten des Ausprobierens erhalten" (Sassenroth 2002, S. 216). Auf diese Weise wird es zu neuen Denkwegen und kognitiven Operationen angeregt. Der kompetente Partner ist hierbei Begleiter bis das Kind den Prozess des Problemlösens eigenständig steuern kann (Selbstregulation).

Unterricht beeinflusst irgendwie die Reifung und Reifung beeinflusst irgendwie den Unterricht. (...) Wenn er [der Unterricht, D.L.] einen bestimmten Punkt des kindlichen Denkens beeinflusst, verändert und gestaltet er auch viele andere Punkte um. Er kann in der Entwicklung weit entfernte, nicht nur nahe liegende Folgen zeitigen. Der Unterricht muss demnach nicht nur der Entwicklung folgen oder mit ihr gleichauf gehen, sondern kann ihr auch vorauseilen, sie weiter voranbringen und Neubildungen hervorrufen. (ebd., S. 305ff.)

Der Unterricht fällt nicht mit der Entwicklung zusammen, sondern bereitet etwas vor, das sich gerade erst zu entwickeln beginnt (beispielsweise einen Begriff). Daher muss die innere Logik, der innere Verlauf von Entwicklungsprozessen aufgedeckt werden, um diese dann durch Unterrichtsprozesse ‚stimulieren' zu können. Es geht also darum, Entwicklungslogik und institutionalisierte Lehr-Lern-Prozesse aufeinander abzustimmen.

Angesichts der komplizierten Beziehung zwischen Unterricht und Entwicklung ist die ZNE für das Lernen bedeutsam. Vygotskij kritisiert, dass durch Tests lediglich der „Ist-Stand" einer sich entwickelnden Funktion erhoben wird, da nur Aufgaben berücksichtigt werden, die ein Kind selbstständig lösen kann. Damit sind nur Aussagen über seine bereits ausgebildeten Funktionen möglich. Dies sei aber unzureichend:

Wir bestimmen so nur sein aktuelles Entwicklungsniveau. Der Entwicklungsstand wird jedoch niemals nur durch den bereits herangereiften Teil bestimmt. Wie ein Gärtner, der den Zustand seines Gartens bewerten möchte, nicht Recht hat, wenn er glaubt, dies nur anhand der reifen und Früchte tragenden Bäume bewerten zu können, obwohl er auch die noch erst reifenden Bäume berücksichtigen müsste, so muss auch der Psychologe bei der Einschätzung eines Entwicklungsstandes nicht nur die reifen, sondern unbedingt auch die noch reifenden Funktionen berücksichtigen, nicht nur das aktuelle Niveau, sondern auch die Zone der nächsten Entwicklung. (ebd., S. 326)

An einem Beispiel erläutert Vygotskij die Bedeutung der ZNE bei der Einschätzung des Entwicklungsstandes von Kindern: Man stelle sich zwei gleichaltrige Kinder vor, die Aufgaben lösen sollen. Das eine Kind löst mit Unterstützung solche Tests, die nur knapp über seinem aktuellen kognitiven Entwicklungsstand liegen, während das andere Kind mit Hilfe auch solche Aufgaben löst, die eigentlich für sehr viel ältere Kinder gedacht sind. Die Unterschiede in der kognitiven Entwicklung zwischen den beiden Gleichaltrigen, die durch das Lösen von Aufgaben in der ZNE bestimmt wurden, sind demnach viel größer als die durch Überprüfung des aktuellen Niveaus festgestellten Übereinstimmungen. Somit, folgert Vygotskij (2002, S. 327), „hat die Zone der nächsten Entwicklung unmittelbarere Bedeutung für die Dynamik der intellektuellen Entwicklung und des Lernerfolgs als das aktuelle Entwicklungsniveau".

Es geht bei der ZNE also darum zu bestimmen, zu welchen Operationen das Kind in der Lage ist, wenn es Unterstützung bekommt. Dies können aber nur solche sein, die in erreichbarer Nähe liegen, d.h. bei denen es noch eine Verbindung zu den eigenständig ausgeführten Tätigkeiten gibt. Dadurch sind Grenzen natürlich vorbestimmt, diese können aber individuell höchst unterschiedlich ausfallen. Die ZNE beschreibt also das Entwicklungspotenzial, das die aktuelle Zone nicht erfassen kann.

Im Zusammenhang mit der ZNE beschäftigt man sich zwangsläufig mit Nachahmung bzw. Imitation im Rahmen von Entwicklung (s.o. Kap. 2.3.2). Nachahmung wird häufig als eine rein mechanische Tätigkeit verstanden, die nicht mit selbstständiger und -tätiger Aneignung gleichzusetzen ist. Entsprechend geht man davon aus, dass Imitationsfähigkeit nicht die kognitive Entwicklung oder einen Entwicklungsstand an sich beschreiben könne. Vygotskij sieht dies anders: Er geht davon aus, dass ein Kind nur das nachahmen kann, was in seiner ZNE liegt. So kann ein Kind in der Kooperation mit kompetenten anderen Partnern mehr leisten als allein, aber nicht beliebig viel mehr, sondern nur so viel mehr, wie sein Entwicklungsstand und seine Möglichkeiten innerhalb der Grenzen seiner ZNE es ihm erlauben.

In dem oben angeführten Beispiel der zwei Kinder wird deutlich, dass bei einem Kind die obere Grenze weiter von seinem aktuellen Entwicklungsstand entfernt ist als bei dem anderen Kind, wo sie verhältnismäßig nah an dem erreichten Entwicklungsstand liegt. Trotz gleichen Entwicklungsstandes sind die Grenzen der ZNE bei den beiden Kindern unterschiedlich. Diese beiden jeweils unterschiedlichen oberen Grenzen der ZNE verdeutlichen, dass nicht alles beliebig nachgeahmt und in Zusammenarbeit gelöst werden kann, sondern nur Aufgaben, die innerhalb dieser Grenzen liegen.

> (…) es zeigt sich auch, dass in Zusammenarbeit das Kind die seinem Entwicklungsstand näheren Aufgaben leichter löst, die Schwierigkeiten bei der Lösung der Aufgaben dann weiter ansteigen und schließlich für eine gemeinschaftliche Lösung unüberwindbar werden. Die größere oder geringere Möglichkeit des Kindes, von dem, was es selbstständig kann, zu dem überzugehen, was es in Zusammenarbeit kann, erweist sich als das sensibelste Symptom, um die Entwicklungsdynamik und den Lernerfolg eines Kindes zu kennzeichnen. Diese Möglichkeit des Kindes ist mit seiner Zone der nächsten Entwicklung identisch. (ebd., S. 329)

Das Besondere ist, dass ein Kind, das durch Nachahmung lernt, sich weiterentwickelt; Vygotskij geht sogar davon aus, dass „Nachahmung die Quelle aller spezifisch menschlichen Eigenschaften des Bewusstseins" ist (ebd., S. 330; vgl. auch Tomasello 2002). Der Unterricht muss also so beschaffen sein, dass der Lehrer mit dem Kind zusammenarbeitet und ihm dabei Lösungswege für bestimmte

Aufgaben aufzeigt, die das Kind erproben und sich aneignen kann.[35] Darin sieht er seine zentrale Bedeutung: „Nachahmung, im weiten Sinne verstanden, ist die Hauptform, in der der Unterricht die Entwicklung beeinflusst" (ebd.). Denn das Kind lernt in der Schule ja nicht nur, was es bereits kann, sondern etwas Neues, „was aber in Zusammenarbeit mit dem Lehrer und unter seiner Anleitung zugänglich ist" (ebd.).

Vygotskij kommt daher zu dem Schluss, dass die ZNE den entscheidenden Faktor im Verhältnis von Unterricht und Entwicklung darstellt, denn über sie kann der Bereich der „zugänglichen Übergänge" (ebd.) bestimmt werden. Unterricht und Entwicklung stehen im gleichen Verhältnis zueinander wie die ZNE und die Zone der aktuellen Entwicklung.

> Nur *der* Unterricht im Kindesalter ist gut, der der Entwicklung vorauseilt und sie nach sich zieht. Man kann ein Kind jedoch nur in dem unterrichten, was es zu lernen fähig ist. Unterricht ist dort möglich, wo eine Möglichkeit der Nachahmung besteht. (ebd., S. 331, Hervorh. i. Orig.)

Unterricht darf sich also nicht auf die bereits gereiften Funktionen beschränken, sondern muss immer die reifenden Funktionen im Auge haben. Die Kenntnis der reifen Funktionen ist wichtig, um die untere Schwelle des Unterrichts festzulegen; aber auch die obere Schwelle muss bestimmt werden, und dies ist mit Hilfe der ZNE möglich. In diesen Grenzen ist Unterricht fruchtbar und kann Entwicklungsprozesse anregen und somit als „Schrittmacher der Entwicklung" (ebd., S. 333) beim individuellen Kind fungieren. Dadurch fallen zwangsläufig nicht nur die Schwächen des Kindes ins Auge, sondern vielmehr auch seine Stärken, das Potenzial, das in ihm steckt und in seiner individuellen ZNE zum Ausdruck kommt.

Wie nun aber die ZNE bestimmt werden kann, anhand welcher Kriterien und mit welchen Methoden, führt Vygotskij nur vage aus (vgl. ebd., S. 314). Er verweist darauf, dass er und seine Mitarbeiter die ZNE in Untersuchungsreihen bestimmt haben, erklärt jedoch nicht, wie dies geschah, welchen Weg sie dazu beschritten und welche Methoden sie dabei angewendet haben.

---

35 Dies bedeutet nicht, dass die eigenen Ideen der Kinder ignoriert werden. Im Gegenteil: Unterricht sollte gerade auch eigene Wege der Kinder provozieren und fördern. Die Kinder müssen aber auch Gelegenheit haben, Lösungswege im intermentalen Austausch nachzuahmen, also zu erproben.

3.5 Egozentrisches Sprechen

Wo es keine Selbstbewegung gibt, ist auch kein Platz für Entwicklung im tiefen und wahren Sinne des Wortes: Dort verdrängt eins das andere, aber entsteht nichts aus diesem anderen. (Vygotskij 2002, S. 119)

Vygotskij geht davon aus, dass, um das Verhältnis von Sprechen und Denken angemessen zu betrachten, bei der Entwicklung des Denkens die Entwicklung des inneren Sprechens einbezogen werden muss. Zur Untersuchung des Wesens des inneren Sprechens analysiert Vygotskij das egozentrische Sprechen; Dieses ist für ihn also eher Mittel zum Zweck. Er wendet sich gegen die zur damaligen Zeit verbreitete Vorstellung, dass sich das äußere Sprechen und das innere Sprechen (als Denken) parallel entwickeln und das Flüstern als drittes Element das Verbindungsglied zwischen den beiden Entwicklungen darstellt. Stattdessen sucht er den Übergang vom äußeren zum inneren Sprechen im so genannten egozentrischen Sprechen der Kinder. Dieses ist seiner Funktion nach inneres Sprechen, das noch äußerlich ist, sich aber auf dem Weg zum Inneren befindet und „die Grundlage seines [des Kindes, D.L.] Denkens" bildet (ebd., S. 95).

In diesem Abschnitt sollen die verschiedenen Arten des Sprechens nach Vygotskij – soziales, egozentrisches, mündliches, inneres und schriftliches Sprechen – skizziert werden, um das Wesen des egozentrischen Sprechens und seine Rolle in der sprachlichen und kognitiven Entwicklung darstellen zu können.

Das *soziale Sprechen* (das äußere Sprechen) ist die erste Sprechfunktion, die das Kind sich aneignet. Diese Erkenntnis basiert auf der Feststellung, dass die „Ursprungsfunktion des Sprechens die Funktion der Mitteilung, der sozialen Beziehung" ist (ebd., S. 94). Das Sprechen des Kindes ist also zunächst sozial, in der Entwicklung differenzieren sich weitere Funktionen des Sprechens aus, z.B. das kommunikative (also das Sprechen für andere und mit anderen) und das egozentrische Sprechen (also das Sprechen für sich).

Egozentrisches Sprechen (Vygotskij spricht auch von lautem Denken, vgl. ebd., S. 87, S. 95) tritt bei Kindern zwischen dem 3. und dem 7. Lebensjahr zu Tage. Es stellt eine Übergangsform zwischen der sozialen und der inneren Sprache dar, die die Fähigkeit, kognitive Tätigkeiten selbst (und bewusst) zu steuern, vorantreibt. Zu Beginn ist das egozentrische Sprechen strukturell mit dem sozialen Sprechen verschmolzen. Es äußert sich in der Form, dass Kinder handlungsbegleitend scheinbar eher mit sich selbst und für sich selbst sprechen als mit anderen und für andere. Im weiteren Verlauf entwickelt es sich als autonome Form des Sprechens, tendiert zu Verkürzungen und wird für andere unverständlich, sofern die Situation und die Handlung, in der es auftritt, nicht bekannt sind. Der Übergang vom egozentrischen Sprechen zum *inneren Sprechen*, das im Schulalter entsteht, stellt ein Phänomen des Übergangs von interpsychischen zu intrapsychischen Funktionen dar, d.h. von Formen der sozialen, kollektiven Tätigkeit des Kindes zu individuellen Formen. Dieser Übergang ist (…) ein allgemeines Gesetz der Entwicklung aller höheren psychischen Funktionen, die zunächst als kooperative Formen der Tätigkeit entstehen und erst danach vom Kind in die Sphäre seiner psychischen Tätigkeitsformen übertragen werden. (ebd., S. 416f.)

In dieser Übergangsphase weist das egozentrische Sprechen die strukturellen Besonderheiten des inneren Sprechens auf. Es lässt sich als eine verdichtete, syntaktisch verkürzte, lückenhafte und fragmentarische, also elliptische Sprechweise beschreiben. Hinsichtlich der Besonderheiten der syntaktischen Verkürzung ist die Tendenz zur „Prädikativität der Syntax" (ebd., S. 432) von Interesse. Sie äußert sich bereits im egozentrischen Sprechen in der Beibehaltung des Verbs und der Vernachlässigung des Subjekts und der dazugehörigen Teilphrasen und nimmt in der Entwicklung zu. Entsprechend liegt die maximale syntaktische Vereinfachung beim inneren Sprechen vor. Dieses kommt ohne zusätzliche Erläuterungen aus und stellt die „absolute Verdichtung des Gedankens" (ebd., S. 445) dar. „Uns selbst müssen wir nie mitteilen, um was es geht. Das wird mitgedacht und bildet den Hintergrund des Bewusstseins." (ebd., S. 317)

Dieses Phänomen zeigt sich in vergleichbarer Weise in besonderen Situationen, in denen *mündlich* (im Vygotskijschen Vokabular: äußerlich) gesprochen wird und zur Klärung bestimmter Sachverhalte keine Hintergrundinformationen gegeben werden müssen. Um dies an einem Beispiel von Bühler (1982; s.u. Kap. 4.1) zu veranschaulichen: Ein Fahrgast will beim Schaffner eine Fahrkarte lösen. In dieser Sprechsituation reicht die Äußerung *Einmal umsteigen bitte* völlig aus, um die Intention zu übermitteln. Beim mündlichen Sprechen können die sprachlichen Mittel also dann auf das Notwendigste (‚Nichtoffensichtliche') reduziert werden, wenn sich die Gesprächspartner in der gleichen (vorgestellten, gedanklichen) Situation befinden, die Gerichtetheit ihres Bewusstseins ‚übereinstimmt' und beide somit erschließen können ‚worum es geht'.

> Im Grunde verlangt alles, was wir sagen, einen Hörer, der versteht „um was es geht". Wenn alles, was wir aussagen wollen, in den formalen Bedeutungen der von uns benutzten Wörter enthalten wäre, müssten wir für jeden einzelnen Gedanken erheblich viel mehr Wörter verwenden, als es in Wirklichkeit geschieht. Wir sprechen nur in notwendigen Andeutungen. (Polivanov 1919, zit. n. Vygotskij 2002, S. 436)

Ein weiterer wichtiger Aspekt ist, dass im mündlichen Sprechen die Intonation „den inneren psychischen Kontext des Sprechers wiedergibt" (Vygotskij 2002, S. 440), was erheblich zur Erfassung des Sinns von Äußerungen beiträgt. Gleiches gilt für Gestik und Mimik.

Die Bedeutung, Struktur und Funktionsweise dieser Form der Mündlichkeit wird besonders deutlich, wenn das *schriftliche Sprechen* herangezogen wird und beide mit dem inneren Sprechen verglichen werden. Beim schriftlichen Sprechen muss der Sprecher über die notwendigen Andeutungen oder prädikativen Aussagen, die in der gemeinsamen Gesprächssituation ausreichen, hinausgehen, da der Partner nicht unmittelbar anwesend ist; es ist „ein Gespräch mit einem weißen Papierblatt, mit einem imaginierten oder nur vorgestellten Gesprächspartner" (ebd., S. 315). Darum erreicht die syntaktische Gliederung und Verknüpfung hier ihre maximale Entfaltung. Zugleich erfordert das schriftliche Sprechen eine hohe Stufe der Abstraktion, da ihm die lautliche Seite vollständig fehlt. „Es ist ein Sprechen im Denken, in der Vorstellung (...)" (ebd., S. 314). Das Kind muss daher beim Schriftspracherwerb lernen, Vorstellungen von Wörtern zu verwenden. Ein weiterer Unterschied besteht im Sprechmotiv. Während beim mündlichen Sprechen die Motivation durch den Dialog reguliert wird, muss sie beim Schreiben erst geschaffen bzw. gedanklich vorgestellt werden. Dies erfordert Willkürlichkeit im Aufbau der einzelnen Wörter und Sätze und in der Arbeit an Begriffen und der Entfaltung ihrer Bedeutungen. Willkürlichkeit und Absicht (Teilfunktionen von Bewusstheit, s.o. Kap. 3.2.3) steuern das schriftliche Sprechen also von Anfang an. Das Kind muss somit stärker intellektuell handeln und sich den Prozess des schriftlichen Sprechens bewusst machen, die Motive sind abstrakter, kognitiv anspruchsvoller und weniger direkt mit einem (naheliegenden) Bedürfnis verbunden.

Das folgende Schaubild macht zusammenfassend deutlich, in welchem Verhältnis diese unterschiedlichen Funktionen des Sprechens zueinander stehen:

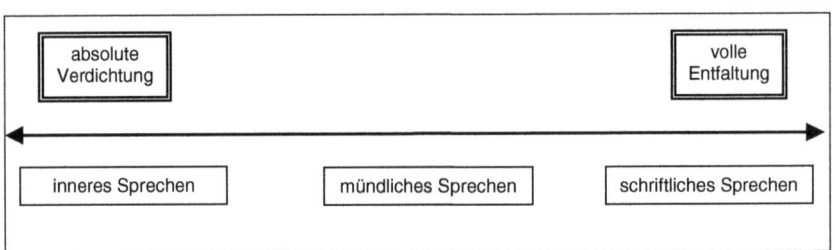

Abbildung 1: Das Verhältnis von innerem, mündlichem und schriftlichem Sprechen

Das schriftliche Sprechen bildet also den zum inneren Sprechen entgegengesetzten Pol, während das mündliche Sprechen auf der Skala eine mittlere Position einnimmt. Das schriftliche Sprechen ist maximal entfaltet, das innere Sprechen hingegen maximal verdichtet (ebd., S. 443f.).

Wenden wir uns vor diesem Hintergrund nun wieder dem egozentrischen Sprechen zu. Die Steuerungsfunktion des egozentrischen Sprechens, das den Beginn der Bewusstwerdung markiert, kann anhand der Spieltätigkeit des Kindes nachvollzogen werden (ebd., S. 101, S. 116). Das egozentrische Sprechen ist nicht nur etwas, womit Kinder ihre Handlungen sprachlich begleiten, sondern es ist auch ein zentrales Mittel, um diese zu strukturieren und in den Anfängen zu steuern. Es wird zu einem Mittel des Denkens, „d.h. es beginnt, die Funktion der Planung zur Lösung einer Aufgabe, die im Verhalten entsteht, zu übernehmen" (ebd., S. 87). Anhand von Untersuchungen, in denen Kinder unter erschwerten Bedingungen eine Tätigkeit ausführen sollten, erkannte Vygotskij Folgendes:

> (…) in allen Fällen, in denen die Kinder auf Schwierigkeiten trafen, verstärkte sich ihr egozentrisches Sprechen. Konfrontiert mit einer Schwierigkeit, versuchten sie, die Lage zu verstehen: „Wo ist der Stift, ich brauche jetzt einen blauen; na gut, dann nehme ich einen roten und mach ihn mit Wasser nass, das wird dunkler und sieht wie blau aus." Das sind Überlegungen mit sich selbst. (ebd., S. 86)

Das egozentrische Sprechen dient den Kindern als ‚Steigbügel', um das eigene Verhalten z.B. beim Malen eines Bildes oder beim Basteln zu strukturieren und zu steuern oder aber auch zu planen, um sich also dieses Verhaltens bewusst zu werden. Es wird insbesondere dann gebraucht, wenn Störungen in einer routiniert durchgeführten Tätigkeit oder Schwierigkeiten bei der Ausübung der Tätigkeit auftreten. Das Sprechen in solchen Situationen zeugt dabei von einem Prozess der Bewusstwerdung bzw. diese Tätigkeiten erfordern Bewusstwerdung und Überlegung. Das folgende Beispiel veranschaulicht dies:

> Ein Kind (5;6 Jahre) zeichnet in unserem Versuch eine Straßenbahn. Mit dem Stift zeichnet es eine Linie, die ein Rad darstellt, und drückt dabei kräftig auf. Die Spitze bricht ab. Trotzdem versucht das Kind, den Kreis zu vollenden, indem es den Bleistift mit Gewalt auf das Papier drückt. Auf dem Papier bleibt aber nichts als die Spur des zerbrochenen Bleistifts. Das Kind sagt leise, wie für sich „ist abgebrochen", legt den Stift zur Seite und beginnt, mit Farben einen nach einem Unfall beschädigten, in die Werkstatt gebrachten Wagen zu malen. (…) Diese zufällig entstehende egozentrische Äußerung des Kindes ist so klar mit dem ganzen Ablauf seiner Tätigkeit verbunden, stellt offensichtlich einen Wendepunkt seines Zeichnens dar, spricht so offensichtlich für das Bewusstwerden der Situation und der Schwierigkeit, für die Suche nach einem Ausweg und die Schaffung eines Plans und einer neuen Absicht, die den ganzen Weg des weiteren Verhaltens bestimmten (…). (ebd., S. 87)

Vygotskij konnte also in seinen Experimenten nachweisen, dass eine Zunahme egozentrischen Sprechens mit einem erhöhten Schwierigkeitsgrad von Aufgaben zusammenhängt. Außerdem stellte er fest, dass die egozentrischen Äußerungen das Resultat der Tätigkeit des Kindes und die „hauptsächlichen Wendemomente seines praktischen Operierens" (ebd., S. 88) abbilden und fixieren. In der weiteren Entwicklung dieses Sprechens verschiebt es sich zur Mitte bis hin zum Anfang der

Ausführung der Tätigkeit, so dass es als Mittler deren Planung und Lenkung übernimmt. Gegen Ende seines äußeren Auftretens nimmt schließlich die Vokalisation deutlich ab, das Sprechen wird zunehmend innerlich, und „die vom Kind angeeigneten Strukturen werden zu Grundstrukturen seines Denkens" (ebd., S. 169). Vygotskij kommentiert dies sehr anschaulich:

> Im Rückgang des Koeffizienten des egozentrischen Sprechens bis auf Null ein Symptom für das Absterben des egozentrischen Sprechens zu sehen, wäre dasselbe, wie den Moment, an dem Kinder aufhören, an den Fingern zu zählen und vom lauten Rechnen zum Kopfrechnen überzugehen, als Symptom für das Absterben des Rechnens überhaupt zu betrachten. (…) Die Verringerung äußerer Erscheinungen des egozentrischen Sprechens muss man als Äußerung der sich entwickelnden Abstraktion von der Lautseite des Sprechens betrachten, die ein grundlegendes, konstituierendes Merkmal des inneren Sprechens ist, als progressierende Differenzierung des egozentrischen Sprechens vom kommunikativen, als Merkmal der sich entwickelnden Fähigkeit des Kindes, Wörter zu denken, sie sich vorzustellen, statt sie auszusprechen, und mit Wortbildern an Stelle der Wörter selbst zu operieren. (ebd., S. 421f.)

Wenn man das innere Sprechen und die Beziehung zwischen Sprechen und Denken untersuchen will, ist es sinnvoll, egozentrisches Sprechen zu analysieren; Vygotskij sieht darin folgende Vorteile: Ein Vorteil ist, dass es sich um „vokalisiertes, lautes Sprechen" (ebd., S. 415) handelt und darin die äußere Seite eines inneren Vorgangs sichtbar wird. Egozentrischen Sprechens ist also der direkten Beobachtung „zugängliches inneres Sprechen" (ebd.). Ein weiterer Vorteil besteht darin, dass egozentrisches Sprechen eine dynamische Analyse erlaubt. Der Prozess der Entwicklung kann in den Blick genommen werden, z.B. die Verschiebung von der Versprachlichung des Resultats über die Versprachlichung des Plans bis hin zum allmählichen Verschwinden egozentrischen Sprechens im Schulalter.

Diese Vorteile werden für die vorliegende Untersuchung genutzt. Gleichzeitig soll das zentrale Moment hervorgehoben werden, das m.E. lange Zeit nicht im Fokus der Betrachtung stand: die „(…) selbstständige Funktion, die den Zielen der geistigen Orientierung, des Bewusstwerdens, der Überwindung von Schwierigkeiten und Hemmnissen, des Überlegens und Denkens dient" (ebd., S. 417). Wird egozentrisches Sprechen, wie es häufig geschieht, lediglich als Handlungsbegleitung betrachtet, verstellt das den Blick auf diese Funktion und auf die Bedeutung, die das egozentrische Sprechen für die sprachlich-kognitive Entwicklung des Kindes hat. Darüber hinaus wird das egozentrische Sprechen in dieser Arbeit als eigenaktive Tätigkeit des Kindes aufgefasst. Dieser Gedanke geht mit den Aussagen Vygotskijs konform: „Vielmehr erinnert es [das egozentrische Sprechen, D.L.] an alle Prozesse der kindlichen Entwicklung, die vorwärts gerichtet und ihrer Natur nach konstruktive, kreative Entwicklungsprozesse voller positiver Bedeutung sind" (ebd., S. 418).

Abschließend soll noch auf drei Momente eingegangen werden, die laut Vygotskij für das egozentrische Sprechen konstitutiv sind:

a) Egozentrisches Sprechen äußert sich im kollektiven Monolog, d.h. im Beisein anderer Personen, vorrangig anderer Kinder, die mit der gleichen Tätigkeit beschäftigt sind.

b) Dieser Monolog wird von einer so genannten „Verstehensillusion" begleitet (ebd., S. 424), d.h. das Kind ist davon überzeugt, dass seine an niemanden im Besonderen gerichteten Äußerungen verstanden werden.

c) Das Sprechen stellt sich genauso dar wie das mündliche, an andere gerichtete Sprechen; es wird weder flüsternd noch besonders unklar gesprochen.

Vygotskij und seine Mitarbeiter führten eine Versuchsreihe durch, in der sie die Bedingungen a) bis c) jeweils änderten: Einmal hoben sie die Voraussetzung für den kollektiven Monolog auf (a), indem das Kind allein in einem Raum spielte, ein anderes Mal die Verstehensillusion (b), indem es im Beisein anderssprachiger Kinder spielte, und einmal erzeugten sie so viel Lärm, dass seine Stimme übertönt wurde, oder wiesen es an, nur lautlos zu flüstern (c). In allen Versuchen dieser Reihe ging der Anteil des egozentrischen Sprechens deutlich zurück, daher wurde davon ausgegangen, dass es sich hier um konstituierende Momente für das egozentrische Sprechen handelt. Es müssen mit anderen Worten alle drei Kriterien erfüllt sein, damit egozentrisches Sprechen stattfindet: Es müssen andere Personen anwesend sein, das Kind muss das Gefühl haben, dass es verstanden wird, und es muss sich selbst hören können.

Diese drei Bedingungen für das Auftreten von egozentrischem Sprechen werfen auch ein neues Licht auf das kindliche Denken und kindliche Interaktionsprozesse: Was oberflächlich wie ein Beispiel für den ausgeprägten kindlichen Egozentrismus im Denken aussieht, ist laut Vygotskij „ein Beweis für die soziale Eingebundenheit der kindlichen Psyche" (ebd., S. 425). So stimme es zwar, dass sich die Kinder zueinander so verhalten, als nähmen sie die anderen nicht wahr, dies liege aber nur daran, dass sie davon ausgingen, „dass jeder ihrer Gedanken, die nicht oder nur ungenügend ausgedrückt sind, trotzdem Gemeingut" sei (ebd., S. 426). In diesem Alter sind die Kinder also noch nicht in der Lage, von sich selbst zu abstrahieren, ihr Denken von dem anderer abzutrennen: Ihre Perspektive ist die der anderen. Erst mit Voranschreiten der kognitiven Entwicklung und der damit verbundenen interaktiven Tätigkeit löst sich dies zugunsten einer zunehmenden Perspektivungebundenheit auf.

3.6 Zusammenfassung

Abschließend sollen die wichtigsten Aspekte der Begriffsbildung, der Zone der nächsten Entwicklung und des egozentrischen Sprechens knapp zusammengefasst werden.

Die Begriffsbildung ist ein zielgerichteter, langwieriger und produktiver Prozess, vermittelt durch Sprache und Interaktion. Zu Beginn seiner Entwicklung filtert das Kind auf der Grundlage seiner Wahrnehmung (als dominierende psychische Funktion in dieser Phase) bedeutsame Merkmale von Gegenständen heraus und verkettet diese ohne einen inneren oder logischen Zusammenhang. Ein erster Akt von subjektiver Verallgemeinerung zeigt sich darin, dass das Kind verschiedene Gegenstände und Erscheinungen identisch benennt. Im Übergang vom Kleinkind- zum Vorschulalter, in dem das Gedächtnis beginnt, die Wahrnehmung als dominierende psychische Funktion abzulösen, denkt das Kind in Komplexen und nicht mehr rein assoziativ. Es schafft Beziehungen zwischen bestimmten Gegenstandsmerkmalen, die aus seiner konkreten Erfahrung und aus seinem sozialen Austausch mit anderen entspringen. In dieser Phase kennzeichnet das Kind einen Gegenstand dadurch, dass es äußert, was man damit machen kann; die rein subjektive Form der Verallgemeinerung wird nun also abgelöst. Hier liegt noch kein logisch-abstrakter Lernprozess vor, sondern ein anschaulich-konkreter. Im Übergang zum Schulalter entwickeln sich dann die Pseudobegriffe, also jene Begriffe, die ihrer Form nach und in ihren Wortbedeutungen denen der Erwachsenen entsprechen. Dennoch sind die Kinder weiterhin im Komplexdenken verhaftet, d.h. sie nehmen andere kognitive Operationen vor als Erwachsene, nämlich weiterhin bildhafte, anschauliche, konkrete. Die Pseudobegriffe entstehen vor allem dadurch, dass Kinder mit Erwachsenen interagieren und sich in diesen Situationen die kulturell festgelegten Bedeutungen offenbaren. Die Pseudobegriffe sind das Bindeglied im Übergang zur Bildung echter Begriffe, die erst im späteren Schulalter einsetzt. Die echten Begriffe werden durch abstrakt-logische Denkprozesse gebildet. In diesem Prozess kommt den sprachlichen Zeichen große Bedeutung zu, da sie der willkürlichen Aufmerksamkeitssteuerung dienen und gleichzeitig den Begriff symbolisieren.

Die Übergänge zwischen den Phasen sind fließend und zeugen letztlich von einer qualitativen Veränderung des Verallgemeinerungsprinzips (Bewusstwerdung) und somit von Veränderungen der jeweils auf den unteren Stufen aufbauenden kognitiv-sprachlichen Funktionen und Prozesse. Haben die mentalen Repräsentationen (Vorstellungen) zu Beginn ausschließlich subjektive Komponenten, erfahren sie im weiteren Verlauf Umstrukturierungen durch die Erweiterung des Erfahrungshorizonts und den Ausbau der kognitiven und interaktiven Tätigkeiten.

Die ZNE beschreibt die an den aktuellen Entwicklungsstand des Kindes (dem Bereich, in dem es Aufgaben selbstständig lösen kann) angrenzende Zone, also sein

Entwicklungspotenzial. Dieses zeigt sich in interaktiven Settings, in denen es Probleme, die über seinen aktuellen Entwicklungsstand hinausgehen, mit Unterstützung erfolgreich bewältigen kann. Die ZNE ist individuell höchst verschieden; sie befindet sich jeweils dort, wo noch eine Verbindung zu den eigenständig ausgeführten Tätigkeiten besteht. Sie liegt für das Individuum also in erreichbarer Nähe. Die ZNE spiegelt die Dynamik der Entwicklung wider und variiert interindividuell in viel stärkerem Maße als das aktuelle Entwicklungsniveau. Es ist somit ein Konstrukt, das die individuellen Potenziale und Möglichkeiten eines Subjekts offenlegt. In der ZNE erhält die Fähigkeit zur Imitation ein besonderes Gewicht, denn diese ist gefordert, wenn das Kind beim Problemlösen Hilfe erhält. Das Kind kann dabei nur das nachahmen, was im Bereich seines Entwicklungspotenzials liegt. Die ZNE ist ein entscheidender Faktor im Hinblick auf die Abstimmung von individuellen Entwicklungswegen mit institutionellen Lehr-Lernprozessen, da mit ihr die für den Unterricht und die Durchdringung von Lerninhalten jeweils zugänglichen Übergänge bestimmt werden können.

Das egozentrische Sprechen tritt am Übergang zum Vorschulalter auf und geht im Schulalter in inneres Sprechen über. Es kennzeichnet die Eigenaktivität in einem kreativen und konstruktiven Entwicklungsprozess und erfüllt eine Reihe von Funktionen für die sprachlich-kognitive Entwicklung: Es dient der Begleitung, Steuerung und Strukturierung eigener Tätigkeiten, der Planung und Lösung von Aufgaben sowie der Bewusstwerdung psychischer Prozesse, was sich insbesondere bei Aufgaben mit erhöhtem Schwierigkeitsgrad zeigt. Das egozentrische Sprechen ‚wandert‘ in der Entwicklung von der Versprachlichung des Resultats weiter bis zur Versprachlichung des Handlungsplans und ermöglicht daher, die Entwicklungsdynamik zu bestimmen. Es ist nach außen hörbar, wird also nicht geflüstert, aber es ist dennoch ein Sprechen für sich selbst. Die kognitive Involviertheit in eine Tätigkeit ist somit durch egozentrisches Sprechen der Beobachtung zugänglich. Das egozentrische Sprechen ist für andere nicht verständlich, sofern die Tätigkeit und die Situation nicht bekannt sind, da es sich durch Verkürzung und Verdichtung auszeichnet. Egozentrisches Sprechen üben Kinder aus, wenn sie mit anderen Kindern zusammen sind, die ebenfalls einer Spieltätigkeit nachgehen (kollektiver Monolog), und wenn sie überzeugt sind, dass ihre Äußerungen von den anderen verstanden werden (obwohl sie sie nicht an diese richten).

Damit sind alle für die vorliegende Untersuchung relevanten Vygotskijschen Grundgedanken dargelegt, die für die Entwicklung von Kategorien zur Analyse sprachlich-interaktiver Prozesse notwendig sind (s.u. Kap. 8). Ein Zitat soll abschließend angeführt werden, es verweist darauf, dass eine wichtige Komponente der kognitiven und sprachlich-interaktiven Entwicklung sich noch weitgehend dem wissenschaftlichen Zugriff entzieht:

Es verbleibt ein letzter abschließender Schritt in unserer Analyse der inneren Ebenen des verbalen Denkens. Der Gedanke ist noch nicht die letzte Instanz in diesem ganzen Prozess. Der Gedanke selbst wird nicht aus einem anderen Gedanken geboren, sondern aus der Motivationssphäre unseres Bewusstseins, die unsere Triebe und Bedürfnisse, unsere Interessen und Strebungen, unsere Affekte und Emotionen umfasst. Hinter dem Gedanken stehen affektive und volitive Tendenzen. Nur sie können Antwort auf das letzte Warum in der Analyse des Denkens geben. (ebd., S. 461)

4. Von der kontextverwobenen Sprache zur Dekontextualisierung

Sprache aus dem außersprachlichen Kontext zu lösen ist ein zentraler Entwicklungsschritt im Spracherwerb, der mit Perspektiverweiterung (sozio-kognitiven Fähigkeiten), Dekontextualisierung und Abstraktionsleistungen zusammenhängt. Dekontextualisierung ist zugleich ein zentrales Merkmal des Schriftsprachgebrauchs und zeugt von einer kognitiv anspruchsvollen Tätigkeit, die sprachliches Denken erfordert (s.o. Kap. 2.4.6). Anhand der Theorie des Interaktionisten und Sprachpsychologen Karl Bühler und darauf basierender Weiterentwicklungen der Funktionalen Pragmatik werden in diesem Kapitel zunächst die wesentlichen Unterschiede zwischen Kontextverwobenheit[36] und Dekontextualisierung dargestellt. Anschließend wird die kindliche Entwicklung von der Kontextverwobenheit sprachlicher Äußerungen über die Kontextlösung hin zu Dekontextualisierungsprozessen in der Sprachaneignung und im Sprachgebrauch dargestellt. Dazu wird auf die Spielentwicklung eingegangen und die Entwicklung dann vor dem Hintergrund unterschiedlicher Spielformen nachvollzogen.

4.1 Die Zweifeldertheorie von Karl Bühler

Karl Bühler (1879-1963) beschäftigte sich mit Sprache aus sozialpsychologischer Perspektive. Bis zum 2. Weltkrieg hatte er großen Einfluss auf sie, doch im Zuge der sich entwickelnden Vormachtstellung der strukturalistischen und später der generativen Sprachwissenschaft gerieten seine Werke weitgehend in Vergessenheit. „Erst seit der sog. pragmatischen Wende in den 1970er Jahren gilt seine *Sprachtheorie* zumindest in Deutschland als einer der bedeutendsten Beiträge zur Sprachwissenschaft" (Auer 1999, S. 19).

Sprache ist für Bühler ein Werkzeug, mit dem eine Person einer anderen etwas mitteilen kann. Dies kommt in seinem Werkzeugmodell (Organonmodell) zum Ausdruck, in dem er sprachliche Zeichen zum Sender, dem Empfänger und den Gegenständen und Sachverhalten der Welt in Beziehung setzt. Diese drei Grundgrößen bilden den Bezugsrahmen, mit dem sich alle Funktionsbestimmungen von Sprache aufzeigen lassen (Bühler 1982, S. 25).[37] Damit war auch das situations-

---

36 Ich verwende den Begriff der Kontextverwobenheit, weil ich der Ansicht bin, dass er die Vielschichtigkeit der Verbindungen von Kontext, Handlung und Sprache in der kindlichen Entwicklung deutlicher zum Ausdruck bringt, als der Terminus Kontextgebundenheit es vermag.

37 Kritisch ist anzumerken, dass Bühler in seinem Modell von einer direkten Übermittlung (im Sinne eines nachrichtentechnischen Sender-Empfänger-Modells) ausgeht. Neuere Kommunikationsmodelle (z.B. Rusch 2002) wenden sich gegen diese klassische Vorstellung und zeigen, dass eine direkte Übertragung von Bedeutungen zwischen kognitiven Systemen nicht möglich ist.

gebundene sprachliche Handeln gemeint, das laut Bühler von der damaligen Sprachwissenschaft kaum beachtet wurde. Er meinte dagegen, es dürfe nicht außer Acht gelassen werden, denn schließlich sei es Teil der menschlichen Fähigkeit, mit Sprache zeichenhaft zu handeln.

Auf das Organonmodell soll hier nicht im Einzelnen eingegangen werden. Es soll lediglich ein für diese Arbeit relevanter Aspekt daraus betrachtet werden, der das Modell von gängigen Zeichenmodellen und -auffassungen unterscheidet:

> Das Zeichen, das in der Mitte des Modells steht, ist zugleich „token", also konkrete Zeichenverwendung (also Teil der „parole" im Sinne Saussures), und „type", also ein Teil des Sprachsystems. (…) das situative Umfeld aus Sprecher und Hörer ist nicht Teil einer irgendwie gearteten additiven Pragmatik, die die von ihr unabhängigen Sprachzeichen, die ein autonomes grammatisches System produziert hat, nachträglich in ihren situativen Kontext einpaßt, vielmehr geht das Umfeld von Anfang an in die Konstitution der sprachlichen Zeichen ein. (Auer 1999, S. 25)

Bühler geht es also nicht um eine isolierte Betrachtung der Zeichen um ihrer selbst willen, sondern um ihre Betrachtung im Gebrauch. Er macht deutlich, dass Sprache die Realität nicht einfach abbildet. Nur durch die Zeichenbenutzer und -hörer in der spezifischen Gebrauchssituation werden Zeichen zu Zeichen, d.h. sie unterscheiden sich je nach dem Kontext, in dem sie gebraucht werden. Dieser Gedanke ist in der Zweifeldertheorie enthalten, in der Bühler ein Kontinuum von situationsgebundener zu situationsenthobener Rede entwickelte. Ausgangspunkt seiner Theorie war die Frage nach koordiniertem Handeln des Menschen bzw. das Problem des gesteuerten menschlichen Handelns. „Seine Lösung für das Problem der koordinierten Steuerung sozialen Verhaltens setzt bei der spezifischen Natur der *Zeichen* an, mit denen sprachlich Handelnde umgehen" (Auer 1999, S. 20). So versuchte er eine „Theorie des Ko(n)textes" (ebd.) zu entwickeln, in der er detailliert die Verfahren darlegte, durch die sprachliche Äußerungen zu Zeichen werden. Er ging davon aus, dass „alle sprachlichen Zeichen ihre Bedeutung in Relation zu bestimmten (Um-)Feldern beziehen, in die sie sich einbetten (d.h., die zu ihrem Ko(n)text werden)" (ebd., S. 21).

Bühler unterscheidet auf dieser Basis zwischen Zeichen im Zeigfeld und Zeichen im Symbolfeld. Die deiktischen Zeichen, die Zeigwörter, können nur in ihrem sympraktischen bzw. empraktischen Umfeld verstanden werden, also im Situations- und Handlungszusammenhang, in dem sie entstehen – es handelt sich um situationsgebundene Zeichen. Sie dienen als eine Art Wegweiser, die in einem gegebenen situativen Kontext die Bedeutung der sprachlichen Handlungen bestimmen. Davon grenzt Bühler die Zeichen im Symbolfeld ab:

> Genau so wie die Zeigwörter fordern, dass man sie als Signale bestimmt, verlangen die Nennwörter eine andere, den Signalen inadäquate Bestimmung; nämlich die herkömmliche. Die Nennwörter fungieren als *Symbole* und

erfahren ihre spezifische Bedeutungserfüllung und -präzision im synsemantischen Umfeld; ich schlage den Namen Symbolfeld für diese andere, keineswegs mit den Situationsmomenten zu verwechselnde Ordnung vor. (Bühler 1982, S. 81, Hervorh. i. Orig.)

Es handelt sich also um einen gänzlich anderen Typ sprachlicher Einheiten, mit deren Hilfe man sein Sprechen von der Situation ablöst. Mit solchen Zeichen verweisen wir auf Dinge unabhängig vom Handlungsumfeld oder von dem in der jeweiligen Sprechsituation Sichtbaren, „(…) indem wir Vergangenes erzählen, uns die Zukunft ausmalen, über Dinge reden, die weder uns noch unseren Zuhörern vor Augen stehen, oder über allgemeine Wahrheiten reden" (Auer 1999, S. 21). Die Situationsentbundenheit des Sprechens erfordert daher nicht-deiktische Ausdrucksmittel, so genannte Nenn- oder Begriffswörter. Es handelt sich dabei um Gegenstandssymbole, die eines Umfelds bedürfen, in dem sie angeordnet werden. Dieses Umfeld wird durch die Relation zwischen lexikalischen und syntaktischen Mitteln gebildet, d.h. diese konstituieren das Symbolfeld und geben den synsemantischen Kontext für das einzelne Zeichen an.[38] Die dem Zeigfeld und Symbolfeld zugeordneten sprachlichen Einheiten ergänzen somit einander.

Ein für den intersubjektiven Austausch brauchbares ‚Begriffszeichen' muß die Eigenschaft haben, dass es im Munde jedes und aller als Symbol für *denselben* Gegenstand verwendet wird, und das ist (wenn wir vorerst von den Eigennamen absehen) nur dann der Fall, wenn das Wort eine Wasbestimmtheit des Gegenstandes trifft; d.h. wenn es dem Gegenstand beigelegt, für ihn verwendet wird, sofern er die und die nicht grundsätzlich mit dem Gebrauchsfall wechselnden Eigenschaften hat. Das gilt für kein Zeigwort und kann auch gar nicht gelten. Denn *ich* kann jeder sagen und jeder, der es sagt, weist auf einen anderen Gegenstand hin als der andere. (Bühler 1982, S. 103, Hervorh. i. Orig.)

Das Zeigfeld bietet eine Ordnung der zeigenden Ausdrücke. Ich, Hier-und-Jetzt, d.h. der Sprecher, der Ort und die Zeit des Sprechereignisses, stellen als eine Art „Koordinatensystem der subjektiven Orientierung" (Bühler 1982, S. 102) den Bezugsrahmen (Origo) für die Bedeutung der verwendeten Zeigwörter dar. Zeigwörter oder deiktische Ausdrücke helfen dem Interaktionspartner, sich in der Sprechsituation zu orientieren, sie steuern den Interaktionspartner und seine Interpretationstätigkeit „in zweckmäßiger Weise" (ebd., S. 105) und erfüllen die elementarsten praktischen Mitteilungsbedürfnisse des Menschen. Zeigwörter *bezeichnen* nicht, sondern sie weisen auf etwas oder jemanden hin. Erst durch die Verbindung von sprachlichem Ereignis und Hinweisen, die im geteilten Wahrnehmungsfeld der Interaktionspartner liegen, kann die Bedeutung von Zeigwörtern erschlossen werden.

---

38 Dieses entspricht den „para- und syntagmatischen Beziehungen, die das Einzelwort im Sprachsystem einnimmt, also lexikalischen Feldbeziehungen, grammatischen Relationen etc." (Auer 1999, S. 22).

Die Zeigwörter bedürfen nicht des Symbolfeldes der Sprache, um ihre volle und präzise Leistung zu erfüllen; sie bedürfen aber des Zeigfeldes und der Determination von Fall zu Fall aus dem Zeigfeld oder (...) der anschaulichen Momente einer gegebenen Sprechsituation. (ebd., S. 119)

Bühler unterscheidet drei Modi des Zeigens: das „demonstratio ad oculos", die Anapher und die Deixis am Phantasma, die auch als „Deixis am Abwesenden" (Andresen 2002, S. 29) bezeichnet wird.

Im grundlegenden Modus des „demonstratio ad oculos" muss die betreffende Einheit unmittelbar präsent sein. Die Bedeutung der Zeigwörter lässt sich nur unter Bezug auf die Sprechsituation und die Position des Sprechers entschlüsseln. So kann die Referenz deiktischer Ausdrücke im dialogischen Wechsel und mit Veränderungen der räumlichen und zeitlichen Position der Handelnden wechseln. „Was ‚hier' und ‚dort' ist, wechselt mit der Position des Sprechers genau so, wie das ‚ich' und ‚du' mit dem Umschlag der Sender- und Empfängerrolle von einem auf den anderen Sprechpartner überspringt" (Bühler 1982, S. 80). Verständigungsprobleme sind reduziert, da die Handelnden das Wahrnehmungsfeld teilen und ihre Sprechhandlung durch natürliche Zeigehilfen wie Gesten (z.B. „dort" + Finger- oder Armbewegung) oder mimische Bewegungen unterstützen, die die Deutung und Interpretation erleichtern.

Bei der Deixis am Phantasma wird in einem imaginären Wahrnehmungsfeld gezeigt, d.h. die Zeigwörter beziehen sich auf etwas, das nicht im wahrgenommenen Zeigfeld liegt. Andresen (2002, S. 29) gibt hierfür folgendes Beispiel: Man wird nach dem Weg zum Bahnhof gefragt, der nicht im Sichtbereich liegt. Für die Beantwortung der Frage stellt man sich den Weg innerlich vor, geht ihn gedanklich und beschreibt ihn so, dass der Fragende die notwendigen Informationen erhält:

Die Beschreibung beginnt meist damit, dass man sich in die Richtung dreht, die eingeschlagen werden muss. Diese ermöglicht die Orientierung „ad oculos", also im geteilten Wahrnehmungsfeld von Fragendem und Informanten. Es ist möglich zu sagen: „Sie gehen in diese Richtung geradeaus", wobei das Zeigwort „diese" durch Blickrichtung und Zeigegeste verdeutlicht wird. Als Null- und Orientierungspunkt wird das Ich-Hier-Jetzt des Sprechereignisses angesetzt. Im Folgenden muss es dem Auskunft-Gebenden gelingen, sich den Weg innerlich vorzustellen, so dass Zeigwörter wie „links", „rechts", „geradeaus" auf das vorgestellte Bild bezogen werden können. Dieses geschieht, indem der Sprecher sein eigenes „Körpertastbild" in der Vorstellung ‚mitnimmt' und damit als Bezugspunkt zur Verfügung hat. Darüber hinaus muss es ihm gelingen, den Weg so zu beschreiben, dass der Fragende eine innere Wegkarte konstruieren kann. Dazu ist es notwendig „Nennwörter" zu gebrauchen, auf die die Zeigwörter dann innersprachlich verweisen können, wie z.B. „An der großen Kirche biegen Sie links ab." (ebd.)

Die Deixis am Phantasma kann demnach als Übertragung der „demonstratio ad oculos" in die Vorstellung angesehen werden.

Beim anaphorischen Zeigen wird nicht wie bei der demonstratio ad oculos im dinglichen, sondern im „kontextlichen Zeigfeld" gehandelt (Bühler 1982, S. 124). Damit meint Bühler nicht den außersprachlichen Kontext, sondern die *sprachliche* Umgebung eines sprachlichen Zeichens: sprachliche Ausdrücke, auf die mit Zeig-wörtern wie Demonstrativpronomen (z.b. dieser, jener, da) oder Personalpronomen (er, sie) und Zwischenformen (der, die) verwiesen wird. „Logisch korrekter erscheint es mir, dies dritte nicht als ein neues Feld, sondern als eine Unterart des einen Zeigfeldes zu charakterisieren; denn neu und eigenartig ist nur das Moment der *Reflexion*, durch welche es gewonnen wird" (ebd., Hervorh. D.L.). Sprache selbst wird zum Zeigfeld: Anaphern, deren „Bedeutung eben in dem Verweisen auf andere sprachlichen Ausdrücke besteht" (Andresen 2002, S. 31), verbinden das Zeigen mit dem Darstellen, das dingliche Zeigfeld mit dem Symbolfeld der Sprache. Gestische und mimische Zeighilfen beim ersten Modus (ad oculos) bzw. die Vorstellung von Zeighilfen beim zweiten Modus (am Phantasma) werden hier ersetzt durch Hinweise im sprachlichen Kontext, etwa die zeitliche Nähe und Über-einstimmung grammatischer Merkmale (Genus, Numerus, Kasus) zwischen Be-zugswort und Anapher.

> Psychologisch betrachtet setzt jeder anaphorische Gebrauch der Zeigwörter das eine voraus, dass Sender und Empfänger den Redeabfluß als ein Ganzes vor sich haben, auf dessen Teile man zurück- und vorgreifen kann. Sender und Empfänger müssen also dies Ganze soweit präsent haben, dass ein Wan-dern möglich ist, vergleichbar mit dem Wandern des Blickes an einem optisch präsenten Gegenstand. (Bühler 1982, S. 121f.)

Im Zeigfeld finden wir also drei unterschiedliche Zeigmodi vor, die sich aus deikti-schen Einheiten und ,Übergangsformen' zu verweisenden sprachlichen Symbolen zusammensetzen. Beim sympraktischen bzw. empraktischen Sprachgebrauch kann eine Äußerung nur verstanden werden, wenn zur Interpretation die Handlungs-situation herangezogen wird. Wird die Äußerung nicht als Teil der Handlungs-situation verstanden, wird sie mehrdeutig und es müssen Informationen sprachlich dargelegt werden, die ansonsten aus der Handlungssituation erschlossen werden können. Insofern sieht Bühler Gemeinsamkeiten zwischen dem sympraktischen und dem zeigenden Sprachgebrauch im Modus demonstratio ad oculos, da beide mit dem außersprachlichen Kontext verknüpft sind und diesen pragmatisch präsup-ponieren.

4.2 Entwicklung diskursiver Kompetenz

Bühlers Erkenntnisse zum Zeichengebrauch sowie seine Zweifeldertheorie wurden im deutschsprachigen Raum im Rahmen der Funktionalen Pragmatik weiter-entwickelt und auch auf Fragen der diskursiven Kompetenzentwicklung bezogen (vgl. Ehlich 1991). In einem weiten Verständnis stellt dieser Ansatz eine Zugriffsweise auf Sprache dar, die die Komplexität der kognitiven, sozialen und kulturellen Funktionen von Sprache widerspiegelt. Er kann somit als umfassendes Konzept verstanden werden, das Erkenntnisse aus unterschiedlichen Bereichen integriert und die traditionellen Restriktionen der linguistischen Teilbereiche überwinden kann.

Im Folgenden werden zunächst die Begriffe Diskurs und diskursive Kompetenz erläutert und anschließend dargelegt, wie das Kind sich vor dem Hintergrund seiner allgemeinen Entwicklung einzelne Teilbereiche der Diskurskompetenz aneignet.

Ehlich versteht sprachliches Handeln als Sprecher-Hörer-Interaktion, d.h. als gemeinsame Handlung und Handlungsfolge der an der Interaktion Beteiligten, die „in der Kategorie des Zweckes der sprachlichen Handlung" kulminiert (Ehlich 1991, S. 131). Sprachliches Handeln ist demnach durch Zwecke organisiert und gesteuert. Es werden zwei Ebenen sprachlichen Handelns unterschieden: eine Oberflächenstruktur, die tatsächliche Realisierung der sprachlichen Handlung, und eine Tiefenstruktur, die auf sprachlichen Handlungsmustern basiert. Solche Handlungsmuster sind z.B. Vortragen, Berichten, Begründen (vgl. Ehlich/Rehbein 1986), sie stellen historisch-kulturell erzeugte und anerkannte Tätigkeitsabfolgen dar; Ehlich bezeichnet sie als „Organisationsformen sprachlichen Handelns" (1991, S. 132). Im Zuge der Sprachaneignung wird solch ein Musterwissen erworben, das es ermöglicht, in konkreten Situationen sprachlich zu handeln.

Der Terminus Diskurs[39] bezeichnet in der Funktionalen Pragmatik also einfache oder komplexe Abfolgen von Sprechhandlungen.[40] Die Struktur dieser kommunikativen Formen bestimmt sich über die einzelnen daran beteiligten sprachlichen Handlungen und ihre spezifische Organisation. Werden also Musterabfolgen, die durch die verfolgten Zwecke der Beteiligten konstituiert sind, als sich an der sprachlichen Oberfläche darstellende Abfolge sprachlicher Handlungen realisiert, so liegt ein Diskurs vor. Ehlich (1991) unterscheidet zwei Diskursarten:[41]

---

39 Im angelsächsischen Raum ist „discourse" nahezu identisch mit Text und bezeichnet satzübergreifende sprachliche Erscheinungen. „Discourse" wird aber auch für alle Formen sprachlicher Kommunikation gebraucht. Im Französischen bezieht sich dieser Terminus stärker auf den Zusammenhang von Sprechen und Denken. Im deutschsprachigen Raum sind mindestens zwei Gebrauchsweisen von Diskurs zu erkennen: eine in der Tradition von Konversationsanalyse und Ethnomethodologie und eine in der Tradition der Funktionalen Pragmatik (vgl. Glück 2000).

40 Auf die Unterscheidung von Sprechhandlung und Sprachhandlung wird in diesem Buch nicht eingegangen.

41 Ehlich und Rehbein (1986) beziehen sich mit ihrer Definition auf Diskurse in Institutionen, während Vertreter der Konversationsanalyse explizit Alltagsinteraktionen fokussieren. Diese Trennung wird hier aus verschiedenen Gründen nicht verfolgt: Zum einen geht es hier um Interaktionen, die in der Kita und somit in einer Institution stattfinden. Zum anderen handelt es sich um Alltagsinteraktionen, da die Beteiligten im Wesentlichen ihren Alltag, ihre Lebenswelt und ihre Handlungen zum Gegenstand der Interaktion machen. Hinzu kommt, dass die hier untersuchten Interaktionen mit Spiel verbunden sind, der für Kinder zentralen Tätigkeitsform sowohl in der Institution wie auch außerhalb.

a) Sprechhandlungssequenzen mit systematischen Sprecherwechseln (dialogische Kommunikation, z.B. Frage-Antwort)
b) Sprechhandlungsverkettung ohne systematische Sprecherwechsel (monologische Kommunikation, z.B. Vortrag, Erzählen)

Unter diskursiver Kompetenz versteht Ehlich (2005) die Aneignung von Strukturen der formalen sprachlichen Kooperation. Sie schließt auch die „Befähigung zum egozentrischen handlungsbegleitenden Sprechen und zur sprachlichen Kooperation im Zusammenhang mit aktionalem Handeln, zur Narration, zum kommunikativen Aufbau von Spiel- und Phantasiewelten" ein (ebd., S. 12). Sowohl interaktive wie auch egozentrische sprachliche Aktivitäten stellen wichtige Schritte auf dem Weg zum kompetenten Gebrauch des sprachlichen Systems dar. Zur Aneignung von Strukturen formaler sprachlicher Kooperation gehört die Fähigkeit, (pragmatisch) zu präsupponieren.[42] Diese Fähigkeit geht einher mit dem Ausbau des Weltwissens, der Entwicklung der Fähigkeit, andere Perspektiven einzunehmen, sowie der zunehmenden Fähigkeit, in eigenen Beiträgen syntaktische und semantische Beziehungen herzustellen.

Die Entwicklung der Diskurskompetenz wird nun vor dem Hintergrund der kindlichen Entwicklung insgesamt eingeordnet. Im Rahmen dieser lösen Kinder sich sozial-kognitiv und sprachlich-kognitiv aus der Symbiose zwischen Umwelt und Organismus bzw. zwischen Kontext/Gegenstand und Handlung. Dabei handelt es sich um Dekontextualisierungsprozesse, denn hier wird die Fähigkeit erworben, von konkreten Denkhilfen allmählich unabhängig zu werden.

Das Situations- und Weltwissen der Kinder ist zu Beginn der Sprachaneignung noch gering. Es erweitert sich dann rasch in kommunikativen Routinen und sozialen Praktiken, die von den Bezugspersonen aufgebaut werden (im Sinne Bruners (1987) „Formate", s.u. Kap. 4.3.1) und deren Strukturen sich die Kinder aneignen. Die Kinder handeln sympraktisch über das körperliche Zeigen begleitet von Zeigwörtern (deiktischen Ausdrücken). Ihre sprachlichen Äußerungen sind Teil der nichtsprachlichen Handlungen und nur im Zusammenhang mit diesen zu verstehen. Sie entwickeln die Fähigkeit, Sprache zum Erreichen eigener Ziele zu gebrauchen und die Handlungsziele von anderen durch deren sprachliche Handlungen zu entschlüsseln. Dadurch differenzieren sie zunehmend ihre intentionalen Sprachhandlungen und bauen das egozentrische Denken ab. Um das eigene Verstehen von Äußerungen und die Verständlichkeit eigener Äußerungen sicher-

---

42 „Ein Sprecher präsupponiert mit seiner Äußerung eine Proposition p [mit Proposition ist die Bedeutungsstruktur eines Prädikats und seiner Argumente gemeint, D.L.], wenn er davon ausgeht, daß diese den Gesprächspartnern wechselseitig bekannt ist oder als gegeben akzeptiert wird" (Meibauer 2001, S. 54). Präsuppositionen haben eine sprachliche Basis, sind aber gleichzeitig abhängig vom jeweiligen gemeinsamen Hintergrundwissen. Dies zeigt sich an der so genannten pragmatischen Akkomodation, der Anpassung der Gesprächspartner an die jeweils nötigen präsuppositionalen Wissensbestände (ebd.).

zustellen, stellen sie sich immer stärker auf den Zuhörer ein und entwickeln dabei die Fähigkeit, die Perspektive des Gesprächspartners zu berücksichtigen.[43] Dadurch lernen sie einzuschätzen wann sie auf Hintergrundinformationen zum propositionalen Gehalt ihrer Äußerung verzichten können, da sie dieses Wissen beim Gesprächspartner als bekannt voraussetzen können, und wann sie dem Zuhörer explizite Informationen und Orientierung zum Hintergrund ihrer Äußerung geben müssen (vgl. Füssenich 1996). Sie lernen, einen eigenen Wirklichkeitsentwurf zu konstruieren und diesen durch konventionalisierte Bedeutungen mitzuteilen.

Die Kinder müssen also erkennen, dass es Unterschiede zwischen dem eigenen Standpunkt und dem des Zuhörers geben kann und dass das eigene Wissen um einen Sachverhalt nicht unbedingt auch dem Zuhörer zur Verfügung steht. Im weiteren Entwicklungsverlauf sind sie mehr und mehr in der Lage, soziale Aspekte des Sprachgebrauchs zu beachten, also etwa wie bestimmte Sprachhandlungen in der Gemeinschaft ausgeführt werden. Diese spätere Entwicklung scheint in starkem Maße abhängig zu sein vom Erwerb grammatischer Kenntnisse und vom Ausbau des Situations- und Weltwissens (vgl. Ochs 1979). Dabei werden auch die pragmatischen Prinzipien erworben, die einerseits regulieren, wie Informationen über Äußerungen hinweg organisiert werden (nach Ehlich Diskursart a), und andererseits die Konstruktion eines zusammenhängenden Diskurses ermöglichen (nach Ehlich Diskursart b). Die Kinder lernen so, kohärente, also konzeptionell zusammenhängende Beiträge und Texte (Narrationen) zu formulieren, z.B. wenn sie über Gegebenheiten sprechen, die nicht in der unmittelbaren Sprechsituation auffindbar sind, und auf die in der jeweiligen Sprache dafür zur Verfügung stehenden Mittel zurückzugreifen (Kohäsion).[44]

Cohesion occurs where the interpretation of some element in the discourse is dependent on that of another (across clauses). The one presupposes the other in the sense that it cannot be effectively (or can only be partially) decoded, except by recourse to it. When this happens, a relation of cohesion is set up and the elements, the presupposing and the presupposed, are thereby at least potentially integrated into a text. (Halliday/Hasan 1976, S. 4)

---

43 Die Berücksichtigung der Perspektive des Zuhörers zeigt sich auch in Selbstkorrekturen. Das Auftreten von Korrekturen gilt als Indiz für die Auseinandersetzung mit Sprache (und ihrer Form) und ist Ausdruck einer sich entwickelnden Sprachbewusstheit. Der Sprecher vergleicht sein Wissen über Sprache mit den Angeboten aus der Umwelt, und wenn er hier eine Diskrepanz feststellt, führt er eine spontane Korrektur durch. Das Bewusstwerden des Auseinanderklaffens der eigenen sprachlichen Fähigkeiten und der Fähigkeiten der Umwelt ist also für die Kinder eine Motivation, ihre sprachlichen Fähigkeiten zu verbessern (vgl. Füssenich 1987, 1990).

44 Hier zeigen sich Zusammenhänge zwischen der diskursiven und der literalen Entwicklung. Literale Fähigkeiten sind solche, „die auf einen Umgang mit Sprache zielen, der nicht situativ gesteuert ist (‚dezentriert' ist)" (Schroeder/Stölting 2005, S. 69). Proliterale Fähigkeiten bereiten dementsprechend auf literale vor. Darunter werden neben der phonologischen Bewusstheit insbesondere Vorerfahrungen mit Schrift sowie kontextentbundene narrative Fähigkeiten gefasst (vgl. dazu auch List 2006, S. 24ff.).

Der Beginn dieser Entwicklung wird durch den Gebrauch von Anaphern als sprachlichen Verweisformen (im kontextlichen Zeigfeld im Sinne Bühlers) gekennzeichnet. Der Schritt bzw. der Übergang von sympraktischen zu synsemantisch selbstständigen Sprachprodukten liegt in der „Befreiung (...) *von den Situationshilfen* (...)" (Bühler 1982, S. 367, Hervorh. i. Orig.). Äußerungen werden nun im Symbolfeld der Sprache verankert, es bedarf zu ihrem Verständnis weder der örtlichen noch der zeitlichen Umstände der Sprechsituation. Die Fähigkeit, komplexe Diskurse kohärent zu organisieren, baut auf diesen Veränderungen auf, doch reicht diese eine Entwicklungsaufgabe noch weit ins Primarschulalter hinein.[45] Dies ist eine entscheidende Vorläuferfunktion bei der Entwicklung textueller Fähigkeiten, wie sie in den Abschnitten 2.4.5 und 2.4.6 beschrieben wurden.

Sprachvergleichende Studien zur Entwicklung von diskursiver Kompetenz und Diskursorganisation zeigen, dass Kindern bis zum sechsten oder siebten Lebensjahr die Einführung von Personen (mit Ausnahme von Protagonisten), Raum und Zeit und ihre weitere Entfaltung in Erzählungen nicht angemessen gelingt, sondern dass sie dabei auf deiktische Elemente zurückgreifen. Unabhängig von der jeweiligen Sprache sind Kinder zu diesem Zeitpunkt noch nicht in der Lage, zwischen erster und nachfolgender Erwähnung im Diskurs zu unterscheiden und Relationen eindeutig zu formulieren. Gleichzeitig werden aber auch einzelsprachenspezifische Unterschiede offensichtlich, die von dem jeweiligen Merkmalsystem abhängen, das den Kindern in ihrer Sprache zur Verfügung steht (vgl. Hickmann 1995, S. 204ff.; 2003).

Der funktional-pragmatische Zugriff auf Fragen des Spracherwerbs erwies sich als sehr fruchtbar. Sprachentwicklung wird hier als interaktives Geschehen konzipiert, das durch gemeinsames Handeln strukturiert ist. Grundlage für die Entwicklung von Sprachhandlungsfähigkeit sind demnach Interaktionsprozesse, die wiederum die Basis für die Koordination der kommunikativen Absichten von Bezugspersonen und Kind bilden (vgl. Bruner 1987). So wird die Entwicklung der Sprachhandlungsfähigkeit auch nicht „so sehr im Bereich von Wohlgeformtheit, sondern in der Wirksamkeit von Äußerungen" gesehen (Füssenich 1990, S. 58). Problematisch ist, dass es nur vereinzelte Studien gibt, die sich mit der Entwicklung der Diskurskompetenz befassen. Die meisten vorliegenden Untersuchungen beziehen sich auf (elizitiertes) Erzählen und die Kooperation in Rollenspielen, außerhalb dieser beiden Bereiche liegen kaum Befunde vor (vgl. Ehlich 2005).

Die funktional-pragmatische Herangehensweise bietet die Möglichkeit, auf das einzugehen, was hinter einer Äußerung steht und mit der Person, ihren Zielen und

---

45 Während Erwachsene zwischen synsemantischem und sympraktischem Sprachgebrauch wechseln können, sind Kleinkinder dazu nur begrenzt in der Lage, ihr Sprachgebrauch ist noch weitgehend situationsverhaftet.

Bedürfnissen zusammenhängt (in sensu Ehlichs „Tiefenstruktur"), und somit das Kind und sein Aneignungsverhalten stärker in den Mittelpunkt zu rücken. Dies ist aus (sonder-)pädagogischer Perspektive wichtig: Kinder eignen sich Sprache an, weil sie sich mitteilen möchten und weil im sozialen Austausch, in dem sie sprachliche Handlungsmuster und deren (formale) Realisationsmöglichkeiten kennenlernen, Probleme gelöst werden müssen (s.o. Kap. 2.3.2, Kap. 3). Dabei erweitern sie nach und nach ihren (sprachlichen) Handlungsradius.

4.3 Kontextverwobenheit und Kontextlösung im Spiel

Die Entwicklung von Kontextabhängigkeit und Dekontextualisierung sprachlicher Handlungen wird im Folgenden vor dem Hintergrund unterschiedlicher Spiel- und Interaktionsformen diskutiert. Damit wird nun stärker auf sprachliche Handlungen wie das egozentrische Sprechen und auf die kooperativen Interaktionen in Spielhandlungen eingegangen.

4.3.1 Das Spiel als kindliche Lernform

Spielen ist eine frei gewählte Tätigkeit, die intrinsisch motiviert ist und frei von äußeren Zwecken verläuft. Spielen ist mit Neugier verbunden sowie mit dem Erleben von emotionalen Zuständen und der Suche nach Spannung. Spielen heißt auch, sich auf eine fantasievolle und kreative Auseinandersetzung mit der Umwelt einzulassen und dabei die Räumlichkeit und Zeitlichkeit des Lebens zu überwinden (z.B. Autofahren spielen). Spielen heißt Kommunikation mit Dingen und Personen, wobei die Spielbeziehungen häufig partnerschaftliche Interaktionen darstellen. Spielen ist zielgerichtet, das Ziel bleibt dabei aber flexibel, denn das Spiel ist stärker auf den Prozess gerichtet als auf das Spielergebnis. Spielen ist Ausdruck des individuellen Selbst und Gestaltung der individuellen Wirklichkeit (vgl. Mogel 1994, Einsiedler 1994). Im Spiel macht das Kind einerseits die Erfahrung, in der Umwelt aufzugehen und mit ihr zu verschmelzen, andererseits die gegensätzliche Erfahrung von Heraushebung des Ichs und Selbsterweiterung (vgl. Oerter 1997). Diese Merkmale zeigen bereits, welche Bedeutung das Spielen für Kinder hat. Es ist die zentrale eigenaktive Tätigkeitsform kindlichen Lernens bzw. die „kindgemäße Form des Wissens- und Fähigkeitserwerbs zur Problembewältigung" (Einsiedler 1994, S. 117). Das Spiel schafft darüber hinaus eine Rahmenbedingung für die Entwicklung von Vorstellung und Fantasie (vgl. Vygotskij 1981).

Unterschiedliche Spielformen sind zum einen mit den jeweiligen Phasen der kindlichen Entwicklung verbunden, zum anderen mit dem kulturspezifischen Kontext, in dem die entstehen und der sie beeinflusst. Das Kind eignet sich durch Imitation und Modellierung die kulturell und sozial bedeutsamen Positionen, Rollen und Verhaltensmuster an, die in ausgereifter Form im Rollenspiel zum Tragen kommen. Die enge Verflochtenheit mit Kultur und Gesellschaft zeigt sich auch in den Gegenständen der Umwelt, mit denen das Kind spielt. Diese spiegeln in der Regel die kulturellen und sozialen Errungenschaften einer Gemeinschaft wider. Das Besondere am Spiel ist aber, dass die Kinder innerhalb dieses Rahmens mit den kulturellen und sozialen Normen schöpferisch und kreativ umgehen und sich auch über sie hinwegsetzen können.

Während in der wissenschaftlichen Betrachtung des Spiels zunächst personen-zentrierte Ansätze dominierten, wurden in den vergangenen Jahren ökologische, systemische und handlungsorientierte Theorien aufgegriffen und für die Bestimmung und Erklärung des Spiels nutzbar gemacht. Es wurden zentrale Aspekte – die Konstruktion von Realität im Spiel, die Bedeutung von Wiederholungen und Ritualen sowie von Skripts – herausgearbeitet:

Konstruktion von Realität im Spiel

Im Spiel setzen sich die Spielenden über die Realität hinweg und konstruieren eine neue Realität, die ihren momentanen Bedürfnissen und Zielsetzungen entspricht. „Die Spielsituation erzeugt in der ‚Einbildung' eine neue Realität, in der Tätig-keiten, die aus der ursprünglichen (gesellschaftlichen) Realität stammen, heraus-gelöst und ausgeführt, eben gespielt werden können" (Oerter 1997, S. 9). Indem das Kind im Spiel Realität neu erschafft, erfährt es Realität als eine Konstruktion von Akteuren. Auf diese Weise lernt es, seine Bedürfnisse zu befriedigen und Probleme zu meistern, und entwickelt die Fähigkeit, sich aus der Symbiose von Umwelt und Organismus zu lösen und seinen eigenen Entwurf der Wirklichkeit zu konstruieren.

Wiederholung und Ritual

Die Wiederholung von Handlungen gilt als ein basales Merkmal menschlicher Tätigkeit, dadurch wird Erfahrung gefestigt und ein Flusserlebnis vermittelt. Bei Kleinkindern sind Wiederholungen besonders ausgeprägt. Ihre höhere Form ist die Variation, z.B. wenn das Kind ein Handlungsschema auf verschiedene Gegen-stände anwendet.

Rituale haben auch heute eine große Bedeutung im sozialen Leben. Sie sind festgelegte Formen sozialer Verhaltensweisen, die zu bestimmten Anlässen in im-mer gleicher Weise reproduziert werden (Oerter 1997, S. 17). Durch ihre anti-zipierbare Wiederholung geben sie Sicherheit und ordnen menschliches Leben. Die Funktion von Ritualen im Spiel liegt daher in der festgelegten Ordnung, die Sicher-heit und Geborgenheit vermittelt und dadurch die Nutzung des Spielraums für die

Erprobung neuer Verhaltensweisen ermöglicht (ebd.). Das Kind benutzt die im Spiel gewonnene Freiheit jedoch oft dazu, seinem Handeln Zwang aufzuerlegen und die Regeln, die die Rituale ausmachen, zu reproduzieren. Meines Erachtens hängen diese beiden Aspekte – Wiederholung und Ritual – eng mit dem Imitationslernen (s.o. Kap. 2.3.2) zusammen.

Skript und Handlungsplanung im Spiel

Ein Skript kann man sich als eine Art „schematisiertes Drehbuch" für kulturell standardisierte Handlungsabläufe vorstellen (Oerter 1997, S. 69). Solche Skripts legen die Reihenfolge der Handlungen und die Funktion der einbezogenen Gegenstände weitgehend fest. Sie sind eine Sonderform kognitiver Landkarten, d.h. Repräsentationen von Handlungsabläufen des Alltags bzw. von routinierten Ereignissen. Mit Hilfe solcher Skripts können sozial verbindliche Verhaltensregeln, Normen und Werte auf Interaktions- und Verhaltensregeln im Spiel übertragen und dabei gleichzeitig kreativ erweitert oder verändert werden. Sie sind somit eine wichtige Voraussetzung für das gemeinsame Spiel und die kooperative Handlungsplanung.[46] Das Konzept des Skripts

> erklärt besser als andere theoretische Ansätze, warum Kinder sowohl innerhalb als auch außerhalb des Spiels relativ früh Handlungsketten richtig durchführen. Ihr Wissen, vor allem das der sozialen Konventionen, wird in Skripts organisiert. Man denke nur daran, wie frühzeitig Kinder das Begrüßen und Verabschieden gelehrt wird, wie bald sie die Essensregeln und den gesamten Ablauf der Tischzeit kennen lernen. Das Ausspielen von Skripts bedeutet für Kinder, selbst Szenen aus dem Leben der Erwachsenen inszenieren zu können. (ebd., S. 70)

4.3.1.1 Zum Wandel des kindlichen Spiels

Das kindliche Spiel unterliegt einem Wandel, der auf entwicklungsbedingten sprachlichen, kognitiven und interaktiven Veränderungen beruht. Dieser Wandel drückt sich auch im Umgang mit Gegenständen aus. Die Entwicklung verläuft einerseits vom unangemessenen zum angemessenen und geschickten Umgang mit dem Gegenstand: Gebrauchsgegenstände werden zunehmend sachgerecht behandelt; dabei eignet sich das Kind nicht nur den Umgang mit dem jeweiligen Gegenstand an, sondern auch ein Wissen darüber, das in die aktuelle Handlung

---

46 Zur Kritik an Skripts vgl. Andresen (2002, S. 154ff.). Sie geht davon aus, dass z.B. in Rollenspielen die Handlungsfolgen interaktiv und über Metakommunikation entwickelt und weniger über vorgefertigte Skripts realisiert werden. Meines Erachtens müssen aber bestimmte (ggf. rudimentäre) Skripts vorliegen, um überhaupt ins Rollenspiel zu kommen; dies bedeutet nicht, dass die Spielenden sich dann strikt daran halten oder dass nicht neu-schöpferisch gespielt, entwickelt und ausgehandelt wird. Ohne ein gewisses Skript im Kopf zu entwickeln, erscheint es kaum möglich, komplementäre Rollen einzunehmen.

eingebaut werden kann. Andererseits erfolgt ausgehend vom angemessenen Umgang mit dem Gegenstand dessen Handhabung nach eigenem Gutdünken. Im Symbolspiel wird diese Entwicklung sichtbar als die zunehmende Fähigkeit, die Handlung vom konkreten Gegenstand zu lösen, Gegenstände durch andere zu ersetzen oder ganz auf sie zu verzichten.

Die Handlung selbst ist zunächst das Wichtigste im Spiel; erst später wird ihre Bedeutung wichtiger, die durch Gesten oder Sprache dargestellt werden kann (vgl. Vygotskij 1981). Die Handlung ist zunächst kontextverwoben, Tätigkeit und Gegenstand sind nicht getrennt. Durch Wiederholung, Variation und aktives Experimentieren vollzieht sich zunehmend eine Trennung von Gegenstand und Handlung und damit auch eine erste Form der Dekontextualisierung, d.h. der Herauslösung von Handlung und Gegenstand aus dem Umweltbezug.

Diese Entwicklung drückt sich sprachlich in der Benennung von Gegenständen aus, mit denen später auch sprachlich operiert werden kann unabhängig davon, ob sie in der Situation existieren oder nicht. Wie ein Wort für einen Gegenstand steht, kann eine Handlung oder ein Objekt für etwas anderes stehen. Die Substitution von Gegenständen dient dazu, eine gewünschte Handlung (z.B. sich rasieren) durchzuführen. Je wichtiger Sprache in konkreten Handlungssituationen wird, desto mehr tritt der Umgang mit materiellen Gegenständen in den Hintergrund. Dies zeigt sich gerade in komplexeren Rollenspielen von Fünf- bis Sechsjährigen: Hier werden viele Handlungen nur noch angedeutet und die Kinder verzichten oft auf Gegenstände, da diese für den flüssigen Handlungsablauf und die Spielinteraktion hinderlich sind, während Gespräche zwischen den Rollenträgern und die Interpretation der Rollen zunehmend wichtiger werden (vgl. Oerter 1997; s.u. Kap. 4.3.2). Der ‚Endpunkt‘ dieser Entwicklung liegt im vorgestellten Handeln und im abstrahierten inneren Handeln (Denken). Somit ist das Als-ob-Handeln ein wichtiger Vorläufer des Denkens (vgl. auch Vygotskij 1981).

4.3.1.2 Zone der nächsten Entwicklung im Spiel

Im Spiel bewegt sich das Kind, wenn es mit Eltern oder mit kompetenteren Partnern spielt, immer wieder in seiner ZNE. Die Partner, die das Kind bewusst oder unbewusst fördern, regen neue und schwierigere Handlungen (Problemlösen) an und konstruieren gemeinsam mit ihm eine Aufgabe und deren Lösung.[47] Das Spiel ist also eine Art früher und informeller Lehr-Lern-Prozess. Das Konzept der ZNE erweitert die konstruktivistische entwicklungspsychologische Annahme (in sensu Piaget) also durch das Konzept der Ko-Konstruktion, denn die Entwicklung

---

47 Oerter (1997, S. 154) geht davon aus, dass der Umgang mit Symbolen und Vorstellungen nicht aus der spontanen Aktivität des Kindes allein entsteht, und vertritt die These, dass „ohne soziale Interaktion und ohne die Errichtung einer ZNE solche Leistungen, insbesondere das Als-ob-Spiel, nicht auftreten".

psychischer Funktionen bedeutet die Internalisierung vormals externer sozialer Interaktion (Oerter 1997, S. 149; s.o. Kap. 3.4).

Vygotskij (1980, 1981) zufolge ist das Spiel als kindliche Lernform, vor allem das Rollenspiel, besonders geeignet, um in der ZNE zu agieren. Da Spiel aber oft auf einem niedrigeren als dem bereits erreichten Niveau stattfindet, muss diese allgemeine Aussage spezifiziert werden. Einen idealen Rahmen für die Förderung der Entwicklung in der ZNE bildet Spiel vor allem dann, wenn Kinder mit kompetenten Partnern agieren und diese einen Unterstützungsrahmen schaffen und aufrechterhalten, innerhalb dessen die Handlungen des Kindes im Entwicklungsniveau ,angehoben' werden können. Die wichtigste Form der Rahmenbildung im Spiel ist die Einführung und Aufrechterhaltung eines Spielthemas, das von der Spielidee des Kindes ausgeht. Die Unterstützung der kindlichen Handlung zeigt laut Oerter (1997, S. 154f.) eine Reihe von wiederkehrenden Merkmalen wie
- das Erfragen der Handlung bzw. der Handlungsabsicht;
- die Handlungsaufforderung;
- die sprachliche Begleitung der Handlung;
- die Kennzeichnung des Abschlusses einer Handlung;
- die Erklärung eines Vorgangs oder Sachverhalts;
- die Unterstützung der materiellen Handlung;
- die Steuerung der Aufmerksamkeit.

Oerter (1997, S. 163) meint, dass auch Peers die Rolle des kompetenten Interaktionspartners übernehmen können, merkt dazu jedoch an, dass die Anregung zu höheren Spielniveaus in der Regel nur gelingt, wenn das fördernde Kind einen Kompetenzvorsprung hat, der sich meist auch in einem deutlichen Altersunterschied bemerkbar macht. Andresen (2002) hingegen zeigt Möglichkeiten auf, wie Peers gemeinsam in der ZNE handeln können: Gehen Kinder im Spiel aufeinander ein und helfen sich gegenseitig in der Ausführung (und Planung) ihrer Handlungen, agieren sie in der ZNE. Wird im Spiel eine Gesamtidee von beiden Partnern getragen, wie z.B. im Rollenspiel, so zeigt sich das Handeln in der ZNE noch ausgeprägter (s.u. Kap. 4.3.2.2).

4.3.1.3 Kindliche Entwicklung und Spielformen

Im Verlauf der kindlichen Entwicklung differenziert sich die Interaktion des Kindes mit seiner materiellen, personalen, sozialen und kulturellen Umwelt. Es zeigen sich Veränderungen im kindlichen Gefühlsleben, in den kognitiven Aktivitäten, in der Zielorientierung (Motivation) und in den Handlungen, durch die das Kind seine Ziele zu erreichen versucht (Handlungsregulation). Diese Veränderungen erfolgen immer auf der Basis der inneren Organisation bisheriger Erfahrungen und der inneren ‚Bewertung‘ der gegenwärtigen Umwelt.

Jedes Entwicklungsniveau der Differenzierung, Organisation und Integration von psychischen Funktionen „scheint seine eigenen (typischen) Spiele zu haben" (Mogel 1994, S. 53), wobei sich die unterschiedlichen Spielformen vielfach überlappen. Grundsätzlich kann man eine allgemeine Abfolge von einfachen zu komplexen Spielen erkennen, dennoch „liegt [es] in der Freiheit der Spielsituation begründet, dass Kinder, die schon ‚anspruchsvolle‘ Spielformen spielen, immer wieder auch ‚einfachere‘ Spiele bevorzugen" (Einsiedler 1994, S. 27). Unterschiedliche Spielformen und ihre Anteile am Gesamtspiel hängen auch immer vom Spielzeugangebot, den Materialgegebenheiten, der Geschicklichkeit der Kinder und nicht zuletzt den verschiedenen „Spielertypen" (ebd., S. 111) und ihren unterschiedlichen Spielpräferenzen ab. Die unterschiedlichen Spielformen werden nun skizziert.

Funktionsspiele

Funktionsspiele und Formate (z.B. geben – nehmen; zeigen – verstecken) bilden die ersten Spiele des Kleinkindes. Sie führen in die grundlegende Erfahrung der Gegenstandswelt und ihrer Funktionen ein. Der gemeinsame Gegenstandsbezug wird durch Wiederholung und Ritualisierung unterstützt. Über Sprache lenken die Bezugspersonen die Aufmerksamkeit des Kindes auf den wesentlichen Aspekt der Handlung oder des Objekts und stellen so geteilte Aufmerksamkeit her (Triangulation Ich-Du-Gegenstand). Sprache dient hier zur „Markierung der Struktur nichtsprachlicher Handlungen" (Andresen 2002, S. 58). Zusammenfassend kann mit Elkonin (1980) gesagt werden: Kleinkinder führen zu Beginn Spiele in Kooperation und in ritualisierter Interaktion vorzugsweise mit Erwachsenen oder älteren Geschwistern durch. Diese übernehmen die Koordination der Handlungen zu einer gemeinsamen Spielhandlung. Der entscheidende Umschlag zum typisch menschlichen Spielen wird im Übergang zur Symbolisierung gesehen. Diese setzt synchrone Identifikation voraus, d.h. die Fähigkeit, identische Phänomene in unterschiedlichen Situationen wiederzuerkennen (Objektpermanenz).

Symbolspiele

In Symbolspielen wird ein gemeinsamer Gegenstandsbezug hergestellt, indem die Akteure ‚Regeln‘ für den Umgang mit dem Gegenstand festlegen, an denen sich die Beteiligten orientieren. Kompetente Partner enaktieren bestimmte Skripts (z.B. Füttern, Baden), und das Kind beginnt diese nachzuahmen und weiterzuentwickeln. Die Partner einigen sich auf die Deutung des Gegenstandsbezugs (vgl. Oerter 1997).

Die Symbolfunktion ist die Entwicklungsgrundlage für die weiteren, differenzierteren Spielarten wie etwa das Rollenspiel. Sie ist die Fähigkeit, einen Gegenstand oder ein Ereignis durch einen anderen Gegenstand oder ein anderes Ereignis zu ersetzen. Ist das Kind dazu in der Lage, kann es den verschiedensten Gegenständen Eigenschaften und Verhaltensweisen zusprechen, die zur Gestaltung des Spiels und zur Umsetzung seiner Ziele notwendig sind. Zunächst führen Kinder Symbolspiele nur mit realitätsnahen, prototypischen Spielzeugen durch. Im weiteren Verlauf kommen sie auch mit realitätsfernen Objekten zurecht, und später deuten sie Gegenstände nur noch mit Gesten an. Diese Entwicklung hängt mit der wachsenden Fähigkeit zusammen, Gegenstände in der Vorstellung zu repräsentieren. Hinzu kommt, dass die Bedeutung eines Gegenstandes zunehmend wichtiger wird als der Gegenstand selbst. Wenn im Symbolspiel ein beliebiger Gegenstand zu einem Becher umfunktioniert wird, dann ist das Kind „Schöpfer neuer Gegenstände. Es erschafft Objekte, indem es ihnen fiktiv Bedeutung verleiht" (Oerter 1997, S. 54), und erfährt so die Möglichkeit, selbst über die Bedeutung von Handlungen, Gegenständen usw. zu bestimmen. In dieser Phase schließt das Kind – gemäß Vygotskijs Darstellung der kognitiven Entwicklung – vom Besonderen auf das Allgemeine und verwendet Analogien, es ist aber noch auf die Handlung mit Gegenständen angewiesen.

> Ich würde sagen, daß im Spiel das Kind mit der Bedeutung operiert, die vom Gegenstand losgelöst ist, während sie jedoch von der realen Handlung mit einem Gegenstand nicht losgelöst ist. Auf diese Weise entsteht ein äußerst interessanter Widerspruch, daß nämlich das Kind mit den von den entsprechenden Gegenständen und Handlungen losgelösten Bedeutungen operiert, jedoch nicht abgelöst von einer bestimmten Handlung und von einem bestimmten anderen realen Gegenstand mit ihnen operiert. Hierin besteht der Übergangscharakter des Spiels, der es zum Zwischenglied zwischen der reinen situationellen Gebundenheit im frühen Kindesalter und dem von der realen Situation losgelösten Denken macht. (Vygotskij 1981, S. 139)

Das Symbolspiel ist für Kinder der erste Schritt, sich mit Zeichen auseinanderzusetzen und Bedeutung von Gegenständen abzulösen, d.h. Abstraktionen vorzunehmen.

Konstruktionsspiele

Konstruktionsspiele, auch Bauspiele genannt, haben bereits eine zielbezogene Handlungsstruktur. Sie ist dadurch motiviert, dass das Kind ein besonderes Gegenstandsgefüge herstellen möchte und die Erfahrung macht, dass es in der Lage ist, dieses selbst herzustellen. Der Gegenstand an sich steht im Dienst der Konstruktion, die Motivation ist auf die kreative Darstellung und eigene Gestaltung gerichtet. Diese Spielform hat weitreichende Einflüsse auf die Differenzierung der psychischen Funktionen und auf die Handlungskompetenzen sowie die Erwartungen an den eigenen Handlungserfolg. Das Kind bildet wichtige psychische

Funktionen wie Planen, Strukturieren, Kalkulieren und Anspannung, Ausdauer, Erwartung aus (vgl. Mogel 1994, Oerter 1997).

Vor allem in der mittleren Kindheit gibt es eine enge Verbindung zwischen dem Konstruktionsspiel und dem Symbolspiel. Kinder bauen häufig Landschaften und Szenen auf, in denen sie ihre Fantasiespiele inszenieren; später gewinnt das Herstellen eines Produkts einen Eigenwert. Puzzles zählen nach Einsiedler (1994) ebenfalls zu den Bauspielen. Die Phase der beabsichtigten Herstellung eines darstellenden Werkes beginnt mit dem Übergang in das Vorschulalter. Es ist eine klare Bauabsicht erkennbar und die Kinder folgen einem Handlungsplan. Diese zeigt sich auch im vorherigen Benennen des Konstruktionsthemas.[48] Der intentionale Bezug beim Bauen, d.h. die beabsichtigte Darstellung eines eigenen Themas ist ein wichtiger Indikator für die Entwicklung des Sinnverständnisses beim Kind (vgl. Einsiedler 1994).

Parallelspiele

Parallelspiele haben eine wichtige Übergangsfunktion im Aufbau des gemeinsamen Gegenstandsbezugs unter Peers. Sie gelten als Vorläufer des sozialen Spiels und des Rollenspiels und bereiten die dafür notwendige Kooperation mit Interaktionspartnern vor (vgl. Elkonin 1980, Oerter 1997). Die Kinder spielen nebeneinander, beobachten sich gegenseitig, greifen aber nicht in das Spiel des anderen ein. Für den Aufbau eines gemeinsamen Gegenstandsbezugs ist entscheidend, dass in der Situation zwei oder mehr Kinder mit den gleichen Gegenständen spielen. Die Transformation in einen gemeinsamen Bezug gelingt dann, wenn Handlungsfunktionen am Gegenstand entdeckt werden, die sich ergänzen oder in anderer Weise erlauben, dass zwei oder mehr Personen sich auf den gleichen Gegenstand beziehen können.

Die Interaktion besteht zunächst in der Beobachtung und Imitation der Handlungen des anderen. Dadurch lernt das eine Kind den Umgang des anderen mit dem Gegenstand kennen und probiert diese Handlungsmöglichkeit am eigenen Gegenstand aus. Dies zeigt, dass in dieser Entwicklungsphase die Wahrnehmung dominiert (s.o. Kap. 3.2.3). Das gemeinsame Handeln zeichnet sich dadurch aus, dass es zwar nebeneinander läuft, aber Anzeichen aufeinander bezogener Koordination zeigt, indem die Bezüge zum Objekt parallelisiert werden.

Das Parallelspiel ist bei Kleinkindern die häufigste Spielform, es tritt aber in Kindergartensettings auch bei den Vier- bis Fünfjährigen noch häufig auf (vgl. Oerter 1997). Entscheidend für das Parallelspiel ist, dass die Kinder ihre Handlungen noch nicht aufeinander abstimmen und noch nicht miteinander kooperieren. „Kooperation wäre dann gegeben, wenn sie gemeinsam, mit jeweils komplementären Handlungen, ein Thema entwickeln würden" (Andresen 2005, S. 107).

---

48 Hier werden Verbindungen zum egozentrischen Sprechen (s.o. Kap. 3.5) offensichtlich.

Rollenspiele

Das Rollenspiel, auch Illusions- oder Fiktionsspiel genannt, ist „(...) eine konventionelle Bezeichnung für Spielaktivitäten, die eine Nachahmung oder Nachgestaltung typischer Handlungen der Erwachsenenwelt enthalten" (Mogel 1994, S. 58). Andresen (2005, S. 120) meint, dass der Kern des Rollenspiels „im Erobern von Neuem" liegt. Das Rollenspiel ist die differenziertere Form des Symbolspiels und setzt eine fortgeschrittene Entwicklung kindlicher Spielkompetenzen voraus, die vor allem die Sprache und die Rollenübernahme (Einnehmen komplementärer Rollen, die ausgehandelt werden müssen) sowie die Planung und Ausführung der kooperativen Spielhandlungen betreffen. Die persönliche Bedeutung dieser Spielart für Kinder lässt sich an ihrem Engagement, der Exaktheit und der Vehemenz des aktiven Rollenspiels ablesen.[49] Dabei sind sich die Kinder aber der Grenzen zwischen Spiel und Nichtspiel bewusst.

Der gemeinsame Gegenstandsbezug im Rollenspiel wird durch Handlungsmuster gestützt, durch die bestimmte Rollen definiert sind, z.B. ist beim Baden des Babys die Mutter die Akteurin; beim Autofahren sitzen die Erwachsenen vorne, die Kinder in der hinteren Sitzreihe. Das gemeinsame Spiel setzt daher die Kenntnis dieser Handlungsmuster (Skripts) voraus bzw. wird durch das Skript erleichtert. Nur wenn sich die Beteiligten an die Regeln halten oder aber Regeländerungen gemeinsam abstimmen, kann ein gemeinsamer Gegenstandsbezug aufrechterhalten werden. Ziel der gemeinsamen Handlungen ist die Entwicklung und Weiterführung einer Spielidee und eines Spielthemas. Damit ist der Gegenstand des Spiels bereits recht komplex (vgl. Oerter 1997).

Das Rollenspiel trägt damit entscheidend zur Lösung von der eigenen egozentrischen Erkenntnishaltung bei: Ein Wechsel der Perspektive wird erlernt, da zum einen das eigene Ich in der Rolle dargestellt wird und zum anderen die symbolisierte Person, in dessen Rolle das Kind schlüpft. Schon Vygotskij (1981) sieht in der Erzeugung von Fiktion im Spiel die sich entwickelnde Fähigkeit zur Verallgemeinerung, da es dabei nicht um die Widerspiegelung eines singulären Bedürfnisses oder Wunsches oder einer singulären Handlung geht, sondern um das Hineinschlüpfen in die und das Ausschmücken der Rolle. Die Kinder konstruieren eine Persönlichkeit und verallgemeinern damit ihre Erfahrungen.

Wichtig ist auch hier, dass Kinder nicht immer auf der höchsten Entwicklungsstufe spielen, sondern zwischen verschiedenen Stufen wechseln (Oerter 1997, S. 103ff.). Insbesondere im spontanen unbeeinflussten Spiel ohne kompetentere Spielpartner spielen sie meist unter ihrem aktuellen Entwicklungsniveau.

In Rollenspielen wird somit eine Entwicklung fortgesetzt, die in der frühen Kindheit mit der Aneignung der Symbolfunktion (Umdeutung von Gegenständen)

---

49 Andresen (2002, 2005) sieht in der affektiven Motivation, die Kinder im Rollenspiel aufweisen, ein entscheidendes Moment und die Antriebskraft sowohl für die Erzeugung von Fiktion wie auch für Dekontextualisierungsprozesse.

beginnt und über die gesamte Kindheit andauert. Die zunehmende Dekontextualisierung ermöglicht es, unabhängig von konkreten Kontextmerkmalen Fantasiesituationen zu erzeugen und Objekte und Handlungen mental zu repräsentieren. Das Kind handelt mit vielen Gegenständen, nutzt deren Funktion oder deutet sie um und wiederholt Gegenstandsbezüge. So werden Gegenstände und Handlungen permanent neu geordnet. Solche Ordnungen orientieren sich an funktionalen und perzeptuellen Merkmalen des Gegenstandes sowie an Handlungszusammenhängen und beinhalten somit auch Begriffsbildungen (s.o. Kap. 3.3). Durch die Handlung im Spiel vollzieht sich auch ein Bedeutungswandel. Aus „Puppe die Flasche geben" wird zum Beispiel „füttern" (Elkonin 1980, S. 273). Einzelne Handlungsschemata werden aneinandergereiht und bilden sinnvolle Handlungssequenzen. Hier kommt die „planende Vorausschau auf eine Kette von Tätigkeiten" zum Ausdruck (Einsiedler 1994, S. 88).

Regelspiele

Es gibt eine große Bandbreite von Regelspielen: von einfachen sozialen Regelspielen (Guck-guck, Verstecken und Suchen, Blindekuh usw.) über einfache Kartenspiele (Schnipp Schnapp, Schwarzer Peter, Quartett), Geschicklichkeitsspiele (Mikado, Murmelspiele, Angelspiele) bis zu Brettspielen, Denkspielen (Memory, Domino, Differix) und Glücksspielen sowie Sport-, Ball- und Mannschaftsspielen. Hier muss unterschieden werden zwischen dem Praktizieren von Regelspielen und dem Regelbewusstsein. Zunächst findet ein eher nachahmendes Spiel ohne Verständnis der Bedeutung von Regeln statt, erst später wird deren Sinn klar (vgl. Oerter 1997). Einsiedler (1994, S. 126) bezeichnet solche Spiele als Regelspiele,

> (…) die durch ein mehr oder weniger komplexes Regelwerk organisiert sind, wobei die Regeln entweder einen Wettbewerb mit einem Zielzustand normieren oder einen Spielablauf ohne Wettbewerb sichern und meist das Zusammenspiel mehrerer Spieler, in gesonderten Fällen das Spiel des einzelnen, festlegen.

Vygotskij (1981) sieht eine Entwicklungskontinuität vom Fantasie- zum Regelspiel. Es ist ein günstiger Vorläufer, denn das Kind erfährt dabei, dass es sich in Rollen an bestimmten (festgelegten) Verhaltensweisen orientieren muss. Das Regelspiel hat große Bedeutung für die Entwicklung des Kindes: Ein Teil dieser Spiele (z.B. bestimmte Spieltechniken) fördert die kindliche Bewegung und Motorik; andere fördern durch die Anwendung von Spielstrategien intellektuelle Tätigkeiten, z.B. Kombinationsfähigkeit, Strukturierung der Handlungsplanung usw.; Regelspiele, die vor allem auf Gewinnen angelegt sind, fördern das Erleben positiver und negativer Emotionen und deren Bewältigung. Darüber hinaus sind Regelspiele geeignet, kommunikativ-kooperative Handlungen als Teil der sozialen Kompetenz zu fördern: Die Spieler müssen sich beraten, planen, die Regeln festlegen. Auch für das Revidieren und Variieren von Regeln sind Kooperation und Koordination erforderlich.

Einige Regelspiele, die Kinder im Vorschul- und Grundschulalter spielen, stellen sozial-kognitive Anforderungen, die vor allem die Abstimmung der eigenen Spielstrategie auf die des Gegners betreffen. Hierfür ist die Fähigkeit zum Perspektivwechsel maßgeblich, die wiederum den Abbau des kindlichen Egozentrismus im Denken voraussetzt: Der Spieler muss sich in die Position des anderen hineinversetzen und versuchen, dessen Spielplan zu verstehen und seine Einzelspielzüge zu antizipieren. Es scheint erst ab Mitte des Grundschulalters möglich, die Perspektive flexibel zu wechseln, um Spielzüge zu antizipieren (vgl. Einsiedler 1994).

4.3.2 Sprachgebrauch und Interaktion im Spiel

Im Folgenden werden der Sprachgebrauch und die Interaktion in den erläuterten unterschiedlichen Spielformen betrachtet. Der Fokus liegt dabei auf der Entwicklung vom sympraktischen Sprachgebrauch, bei dem die sprachlichen Zeichen mit dem außersprachlichen Kontext verwoben sind, hin zu (Vor-)Formen des dekontextualisierten Sprachgebrauchs, in dem sprachliche Zeichen innersprachlich aufeinander verweisen, unabhängig vom außersprachlichen Kontext.

4.3.2.1 Sprachgebrauch im Parallel- und Konstruktionsspiel

Der Sprachgebrauch im Parallelspiel, das häufig bei Konstruktionsspielen wie Bauen oder Malen, Zeichnen und Basteln stattfindet, lässt sich als weitgehend sympraktisch bezeichnen. In diesen Spielformen sind die Kinder vorwiegend mit ihrer eigenen Handlung beschäftigt und beobachten dabei ihre Partner und deren Handlungen. Dass sie nicht ,aneinander vorbei' spielen, zeigt sich darin, dass sie ihre Handlungen aufeinander ausrichten, etwa indem sie sich gegenseitig imitieren. Die Handlungen der Kinder sind nicht komplementär, die Kinder sind stärker auf ihre eigene Handlung und ihr Spielobjekt ausgerichtet als auf den Spielpartner. So wird z.B. beim Malen eines Bildes erst dann Kooperation nötig, wenn das Kind weitere Materialien oder Hilfe von einem anderen Kind benötigt. Damit wird der Rahmen des Parallelspiels allerdings bereits verlassen.

Wenn sich Kinder im Parallelspiel sprachlich äußern, werden häufig deiktische Elemente verwendet, da das geteilte Wahrnehmungsfeld der Situation vorliegt. Andresen (2002, S. 85ff.) zeigt in einem Interaktionsbeispiel von zwei dreijährigen Jungen, dass verbale und nonverbale Äußerungen der beiden nur indirekt aufeinander bezogen sind und sie sich nicht direkt ansprechen. Stattdessen werden Äußerungen des anderen ganz oder teilweise wiederholt und imitiert, zusätzlich finden Lautmalereien statt.

Im Parallelspiel wie auch im Konstruktionsspiel findet häufig egozentrisches Sprechen statt. Dieses hat, wie bereits in den Ausführungen zum egozentrischen Sprechen gezeigt, für das Kind eine wichtige Funktion, da es Wahrnehmungen und Aktivitäten sprachlich kennzeichnet und somit die äußere Welt als innere (geistige) Welt konstruiert. Auf diese Weise lernt das Kind über sein Handeln zu reflektieren. Damit verinnerlicht es Sprache und entwickelt gleichzeitig das sprachliche Denken (Jampert 2002, S. 24). Zudem kommt dem egozentrischen Sprechen durch die Handlungsbegleitung und die Versprachlichung des Handlungsplans eine wichtige steuernde Funktion zu.

Gleichzeitig dient es der Vorbereitung dekontextualisierter Zeichen-Zeichen-Beziehungen. So ist nach Andresen (2002, S. 25f.) das egozentrische Sprechen „einerseits mit Dekontextualisierung von Sprache verbunden, weil die sprachliche Tätigkeit aus der Interaktion mit anderen Menschen herausgelöst wird. Andererseits ist es hochgradig mit dem nichtsprachlichen Kontext verbunden." Letzteres erklärt sich dadurch, dass nur Teile der durchgeführten nichtsprachlichen Handlungen versprachlicht werden, während weite Teile pragmatisch präsupponiert[50] werden und aus dem situativen Kontext erschlossen werden müssen.

> Die Fähigkeit, seine Aufmerksamkeit von den Dingen ab- und auf die Zeichen hinzulenken, setzt die Fähigkeit voraus, seine eigene psychische Tätigkeit bewusst steuern zu können. Die Entwicklung dieser Fähigkeit ist verbunden mit der Entwicklung der inneren Sprache. (Andresen 2002, S. 23)

Damit Sprache diese Funktion übernehmen kann, muss das Kind kontextualisierte Zeichen-Zeichen-Beziehungen (in sensu Bühler mit Anaphern im kontextlichen Zeigfeld) beherrschen, die wiederum eine Voraussetzung für die Aneignung dekontextualisierter Zeichen-Zeichen-Beziehungen sind. „Dekontextualisiert meint dabei, dass die Bedeutungen der Zeichen durch die Relation innerhalb des Begriffssystems bestimmt werden und nicht von den aktuellen Gebrauchskontexten abhängen" (Andresen 2002, S. 25). Das egozentrische Sprechen ist der Beginn der Dekontextualisierung von Sprache, da die sprachliche Handlung nicht mehr mit

---

50 Pragmatische Präsuppositionen beziehen sich hier auf die Relation zwischen Zeichen und Kontext: Der Kontext und die Information daraus sind erforderlich, um den Referenzwert einer Äußerung zu ermitteln, wobei der Kontext außer- und innersprachlich sein kann. So wird bei der Verwendung des Zeigwortes ‚da' in Verbindung mit dem Zeigegeste der Referent pragmatisch präsupponiert und muss aus dem situativen Kontext erschlossen werden. Hier handelt es sich demnach um einen Typ der diskursiven Referenz, bei der sich sprachliche Zeichen direkt auf den außersprachlichen Kontext beziehen und somit eine Zeichen-Objekt-Beziehung vorliegt. Der Gebrauch von Pronomina hingegen stellt eine Beziehung zwischen sprachlichen Zeichen her; hierbei handelt es sich daher um kontextualisierte Zeichen-Zeichen-Beziehungen. Die Beherrschung dieser Zeichen ist nach Wertsch (1996) Voraussetzung für die Aneignung dekontextualisierter Zeichen-Zeichen-Beziehungen.

Interaktion verbunden ist und die Kinder sich damit die Voraussetzungen aneignen, um ihre Handlungen zu steuern und zu planen. Es bleibt aber aufgrund seiner besonderen Beschaffenheit und dadurch, dass es ein Sprechen für sich selbst ist, stark mit dem nichtsprachlichen Kontext verbunden.

Das Parallelspiel und das Konstruktionsspiel haben auch dann noch einen wichtigen Platz im kindlichen Spiel, wenn neue Spielformen wie das Rollenspiel hinzukommen. So sagt die Beobachtung, dass ein Kind im Vorschulalter sich im Parallelspiel lediglich sympraktisch äußert, (noch) nichts darüber aus, ob es bereits in der Lage ist, Sprache aus dem Kontext zu lösen.

Speziell zum Sprachgebrauch in Konstruktionsspielen stellt Pellegrini (1982, 1985) fest, dass Kinder dabei überwiegend deiktische Ausdrücke gebrauchen, deren Referenz über das geteilte Wahrnehmungsfeld der Situation hergestellt wird. Es liegt also sympraktischer Sprachgebrauch im dinglichen Zeigfeld nach Bühler vor. Kontextinformationen werden nicht oder nur mit deiktischen Ausdrücken versprachlicht, da sie als bekannt und allen durch die Wahrnehmung zugänglich vorausgesetzt werden. Konstruktionsspiele können auch mit Fiktions- und Rollenspielen einhergehen, wobei sich der Sprachgebrauch entsprechend verändert.

4.3.2.2 Metakommunikation, Dekontextualisierung und Zone der nächsten Entwicklung im Rollenspiel

Der folgende Abschnitt basiert vorrangig auf den Studienergebnissen von Helga Andresen (2002, 2005), die sich mit Dekontextualisierungsprozessen im Sprachgebrauch von einsprachigen Kindern befasst. Andresen untersuchte die Entwicklung des Rollenspiels in Verbindung mit der Sprachentwicklung. Zu diesem Zweck wurden Kindergartenkinder bei ihren Rollenspielen in der Puppenecke gefilmt.

Andresen (2002, S. 43) begreift Dekontextualisierung als „Herauslösung von Handlung oder Zeichen aus einem bestimmten Kontext und Herstellung eines neuen Kontextes". Danach ist Dekontextualisierung nicht auf die Herauslösung einer Handlung oder eines sprachlichen Zeichens aus dem Kontext beschränkt, sondern das zentrale Merkmal ist die Überführung in einen *neuen* Kontext. Ein entscheidendes Anzeichen für diese Überführung sieht Andresen in der Metakommunikation. In der Herleitung des Begriffs bezieht sie sich auf Bateson (1983). Dieser geht davon aus, dass menschliche, und damit bezeichnende Kommunikation nur möglich ist „nach der Entwicklung einer komplexen Menge von metasprachlichen (aber nicht verbalisierten) Regeln, die bestimmen, wie sich Worte und Sätze auf Gegenstände und Geschehnisse beziehen" (ebd., S. 245). Bateson differenziert zwischen Mitteilungen auf der Bezeichnungsebene, Mitteilungen, die Sprache zum

Gegenstand haben und solchen, die Beziehungen zwischen den Sprechern aufzeigen. Die ersten beiden dieser Mitteilungsarten sind metasprachlich, während die dritte metakommunikativ ist. Metakommunikative Äußerungen können explizit oder implizit sein, wobei Bateson davon ausgeht, dass in der Alltagskommunikation die meisten metakommunikativen Mitteilungen implizit sind. Logisch zu differenzierende Ebenen sind dabei faktisch miteinander verflochten, was zu paradoxen Äußerungen führen kann. Andresen (2002, S. 33) führt dazu das Beispiel einer Mutter an, die zu ihrer Tochter sagt: *Du sollst mir nicht immer gehorchen.* Hier handelt es sich um eine paradoxe Äußerung, weil sie der Tochter keine Handlungsoption bietet, denn wenn sie „der Mutter gehorchen will, so müsste sie ihr gleichzeitig nicht gehorchen und umgekehrt" (ebd.).

Für Bateson ist das Spiel eine paradoxe Kommunikationssituation, die die Fähigkeit zur Metakommunikation voraussetzt, da mitgeteilt werden muss, dass die getätigten Äußerungen nicht ernst gemeint sind. So bedeutet die Äußerung *Das ist ein Spiel*: „Diese Handlungen, in die wir jetzt verwickelt sind, bedeuten nicht, was jene Handlungen, für die sie stehen, bezeichnen würden" (Bateson 1983, S. 244).

Im Spiel werden somit Mitteilungen ausgetauscht, die unwahr oder nicht ernst gemeint sind. Außerdem existiert das, was mit ihnen bezeichnet wird, nicht. Die Partner verhalten sich im Spiel metakommunikativ und errichten bzw. markieren so den paradoxen Rahmen, in dem ihr Verhalten interpretiert werden muss. Damit wird transportiert, dass das Verhalten in diesem Rahmen nicht ernst gemeint ist, aber so getan wird, als ob es ernst gemeint sei. Insbesondere im Fiktionsspiel ist dies augenfällig. Mit der metakommunikativen Mitteilung *Das ist ein Spiel* werden Fiktion und Realität voneinander abgegrenzt und gleichzeitig miteinander verbunden, da sie zueinander in Beziehung gesetzt werden. So sind sich die Kinder des fiktiven Charakters ihres Spiels bewusst, fordern aber gleichzeitig dazu auf, innerhalb dieses Spielrahmens so zu tun, „als handele man tatsächlich so, wie man vorgibt zu handeln" (Andresen 2002, S. 35). Mitteilungen werden aus ihrem gewohnten Kontext, in dem sie tatsächlich das bedeuten, was sie bedeuten, herausgenommen und in einen neuen eingeführt, in dem sie nur scheinbar das bedeuten, was sie bedeuten. So versetzen sich die Kinder in die Lage, selbst neue Bedeutungen zu setzen. Der neue Rahmen wird also verbal geschaffen. Andresen (ebd.) schlussfolgert:

> Die aktive Konstruktion eines anderen Kontextes ist daher verbunden mit Dekontextualisierung der Handlungen, weil der primäre Deutungsrahmen durch einen anderen ersetzt wird, der die Bedeutungen der Handlungen verändert. Damit geht die Erkenntnis einher, dass Bedeutungen immer kontextabhängig sind.

Da die Kinder den Spielrahmen selbst entwickeln und gemeinsam planen, können sie ihn entsprechend pragmatisch präsupponieren, d.h. als geteiltes Wissen voraussetzen. Dabei ist der Spielrahmen störanfällig und kann auch zusammenbrechen, z.B. wenn ein Spielpartner die Grenze überschreitet und den Rahmen wechselt oder

der andere die Handlung so auffasst, als sei sie ernst gemeint und nicht eine Spiel-handlung. Daher ist es im Spielprozess wichtig, dass metakommunikative Mitteilungen nicht nur zu Beginn den Spielrahmen markieren, sondern parallel zum Spiel immer wieder geäußert werden.[51]

Andresen (2002) unterscheidet wie Bateson zwischen expliziter und impliziter Metakommunikation.

> Bei solchen Äußerungen wie „Ich bin wohl der Vater" handelt es sich um explizite verbale Metakommunikation, weil hier explizit die Rolle, die das Kind übernehmen will und unter deren Perspektive sein Handeln im Spiel gedeutet werden soll, angegeben wird. Das Wort „wohl" markiert dabei den fiktiven Charakter der Aussage und damit den Kontext für das künftige Verhalten. Hier wird sprachlich der Kontext „Spiel" erzeugt. (ebd., S. 41)

Mit expliziter Metakommunikation werden also der Spielrahmen verlassen und die Rollen sowie die Aus- und Weiterführung der Vorgänge ausgehandelt. Weitere Merkmale für explizite Metakommunikation sind:

- Ansprache mit dem richtigen Namen anstelle des Rollennamens;
- Anrede mit du, wenn man sich im Spiel siezt;
- Äußerungen, die sich auf das Spielgeschehen beziehen, wie *dann sind das meine Oma und das mein Opa, du spielst nicht richtig* etc. (Andresen 2002, S. 106);
- Äußerungen, die sich auf eine vorangehende metakommunikative Äußerung beziehen.

Implizite Metakommunikation hingegen findet innerhalb des Spielrahmens statt, führt die Handlung weiter und gibt dem Spielpartner die notwendigen Informationen zur Deutung der Handlungen. Sie macht den Großteil des Spiels aus, allerdings wird sie erst später in der Entwicklung gebraucht und scheint auch abhängig von der Spielerfahrung der Spieler zu sein (vgl. Oerter 1997). So setzen vor allem besonders gewandte Spieler häufiger implizite sprachliche Metakommunikation ein. Andresen gibt ein Beispiel für einen Dialog vor, der davon geprägt ist:

> In einem Mann-und-Frau-Spiel zweier sechsjähriger Jungen [redet] derjenige, der den Mann spielt, den anderen mit *Mister* an. Dieser korrigiert ihn daraufhin *Nein ich bin ne Frau hören Sie doch*. Die Anrede *Sie* zeigt, dass der Junge die Klärung innerhalb seiner Rolle vornimmt. Für Vierjährige wäre es dagegen typisch, den Spielrahmen kurz zu verlassen und richtigzustellen: *Im Spiel bin ich ne Frau*. (Andresen 2005, S. 126)

---

51 Auch Oerter (1997, S. 117) behandelt in seinen Ausführungen zum Spiel die Rolle der Meta-kommunikation. Er zeigt, dass entscheidende Fakten während des Spiels, z.B. Rollen-veränderungen, oft durch das Handeln an sich oder andere Ausdruckssignale und nicht durch sprachliches Handeln geschaffen werden. Hingegen werden der Eintritt ins Spiel, die Fortführung und ebenso der Abschluss meist durch verbale Metakommunikation markiert (*ich spiel nicht mehr mit*).

Beide Formen – explizite und implizite Metakommunikation – dienen der Planung und Steuerung von Spielhandlungen einerseits und andererseits dazu, zu geteilten (Be-)Deutungen der Handlungen zu gelangen.

Andresen stellt die These auf, „dass die Erzeugung eines sprachlichen Rahmens für die Kommunikation im Spiel nicht nur für den Bereich der Spielentwicklung eine Neuerung darstellt, sondern für die gesamte Sprachentwicklung" (2002, S. 123). Sie untersucht daher, wie Kinder ab vier Jahren metakommunikativ Personen in ihr Spiel einführen und wie sie auf diese referieren. Wenn diese Personen pragmatisch präsupponiert werden, wäre dies ein Beleg dafür, dass der Sprachgebrauch der Kinder nicht mehr von Zeichen-Objekt-Beziehungen, sondern von (kontextlichen) Zeichen-Zeichen-Beziehungen geprägt ist, d.h. die Kinder wären in der Lage, Beziehungen zwischen sprachlichen Zeichen herzustellen. Dies wäre ein wichtiger Schritt zur Dekontextualisierung, die für die Steuerung der Bewusstseinstätigkeit und für die Begriffsentwicklung wichtig ist.

In ihren Analysen zeigt Andresen, dass die Kinder im Rollenspiel in der expliziten Metakommunikation in der Lage sind, personale Referenz herzustellen (z.B. das Baby – es, die Großeltern – sie), d.h. dass sie die Personen pragmatisch präsupponieren. Auch hinsichtlich personaler Referenz in der impliziten Metakommunikation zeigt sich in der Analyse einer Situation mit zwei Mädchen (4;8 und 5;0 Jahre), dass diese in der Lage sind, Personen einzuführen, die lediglich in ihrer Vorstellung erzeugt werden, und diese dann im weiteren Spielverlauf als bekannt voraussetzen können.

Explizite Metakommunikation findet sich vorrangig bei den Kindern, die erst beginnen, Rollenspiele auszuführen, d.h. im frühen Vorschulalter mit etwa vier Jahren. Die Kinder, die an der Schwelle zum Schuleintritt stehen, handeln hingegen auch implizit metakommunikativ. Sie verlassen den Spielrahmen nicht, sondern handeln ihre Rollen und Spielideen innerhalb dieses Rahmens aus, während sie gleichzeitig die von ihnen übernommenen Rollen weiterführen. Andresen sieht in dieser Entwicklung von expliziter zu impliziter Metakommunikation das von Vygotskij postulierte Gesetz der Interiorisierung bestätigt, dass intrapsychische Prozesse in einer früheren Entwicklungsphase interpsychisch, also durch sozialen Austausch vollzogen werden. Äußere und somit explizite Vorgänge werden nach innen verlagert und mental vollzogen.

Andresen konnte also ihre These belegen, dass Kinder den Kontext „Spiel" sprachlich erzeugen, dieser pragmatisch präsupponiert wird und im Spiel sprachlich durch Anaphern auf andere Zeichen verwiesen wird, z.B. auf metakommunikativ eingeführte Personen. Mit dem Gebrauch dieser Zeichen liegt folglich das sprachliche Agieren im kontextlichen Zeigfeld, also die Brücke zwischen sympraktischem und synsemantischem Zeichengebrauch nach Bühler vor. Das Besondere hierbei ist, dass die Interaktion und der Zeichengebrauch im Spiel unter Gleichaltrigen so eine neue Qualität erhalten. Die kindlichen Äußerungen zeigen nicht nur auf den situativen dinglichen Kontext, sondern verweisen auch auf den sprachlichen, der metakommunikativ errichtet wurde. Die mit sprachlichen Mitteln errichteten Kontexte entstehen zuerst im Kopf und die Rollen und Handlungen werden vor ihrer tatsächlichen Ausführung mental erzeugt. Hier zeigt sich erneut die planerische und lenkende Funktion, die Sprache für die am Rollenspiel beteiligten Kinder hat. Ihre kognitive Bereitschaft für explizite Lernprozesse wird damit signalisiert (s.o. Kap. 2.3.2).

Verbale Metakommunikation in Rollenspielen hat demnach eine besondere Bedeutung. Sie steht nach Andresen (2002, 2005) für das sprachliche Agieren in der ZNE[52] im Vorschulalter, da Kinder einen neuen Kontext erzeugen und innerhalb dieses Kontextes (kontextliche) Zeichen-Zeichen-Beziehungen herstellen: Sie führen Personen ein und verweisen sprachlich auf diese, eine Fähigkeit, die sie in anderen Kontexten und Spielhandlungen erst im Alter von sechs bis sieben Jahren zeigen (vgl. Hickmann 2003). Sie lösen ihre Äußerungen aus dem nichtsprachlichen Kontext des sympraktischen Sprachgebrauchs und erlangen damit die Möglichkeit, Sprache als Werkzeug zu nutzen. Damit erwerben sie eine Voraussetzung für die Aneignung dekontextualisierter Zeichen-Zeichen-Beziehungen. Hinzu kommt, dass im Rollenspiel durch die Rollenübernahme auch ein Perspektivwechsel stattfindet, ebenfalls ein Zeichen für das Agieren in der ZNE und für den Abbau des kindlichen Egozentrismus.

Pellegrini (1982, 1984, 1985) stellte in seinen Untersuchungen zum Sprachgebrauch in Rollenspielen ebenfalls fest, dass hier mehr endophorische Ausdrücke verwendet werden, also solche, die auf Zeichen-Zeichen-Beziehungen basieren, als in anderen Spielen. Die Kinder produzieren komplexere Nominalphrasen als im Konstruktionsspiel und bilden bereits hypotaktische Sätze mit subordinierenden Konnektoren. Je komplexer das Rollenspiel war, umso elaborierter war der Sprachgebrauch. Er kommt ebenfalls zu dem Schluss, dass Kinder durch die Notwendigkeit, in Rollen zu schlüpfen und sich über das Spiel und seinen Rahmen zu verständigen, ihre Sprache bis zu einem gewissen Grad aus der engen Verflechtung mit dem situativen Kontext herauslösen.[53]

Um der Gleichsetzung mit der Form sprachlicher Dekontextualisierung vorzubeugen, die im Schulalter durch den Schrifterwerb einsetzt und die gemeinhin als Schriftlichkeit bezeichnet wird, stellt Andresen (2002, S. 220) abschließend noch

---

52 Vygotskij sieht Rollenspiel grundsätzlich als Handeln in der ZNE.
53 Andresen (2005, S. 197) berichtet von einer anderen Studie von Pellegrini und Galda (1990), die die in Rollenspielen beobachteten interaktiven Äußerungen von Kindern zu deren Lese- und Rechtschreibfähigkeiten in Beziehung setzen und feststellen, dass „neben dem Intelligenzquotienten das Ausmaß an expliziten Umdeutungen beim Spiel das beste Vorhersagekriterium für die Leistungen der Kinder zu Beginn des Schreiblernprozesses war".

einmal heraus, um welche Form der Dekontextualisierung es sich in der Vorschulzeit handelt. Danach geht es um die

> Konstruktion eines von den bislang gekannten Kontexten grundlegend verschiedenen Kontexts, Transponierung sprachlicher und nichtsprachlicher Handlungen in diesen Kontext und Interpretation der Bedeutungen relativ zum neuen Kontext. (…) Die Kontexte werden flexibler bzw. das Kind agiert flexibler in Relation zu verschiedenen Kontexten und wird dadurch freier in seinen Handlungen und seinem Zeichengebrauch. Das zeigt, dass die Kinder dabei sind, sich den Zeichencharakter von Sprache anzueignen (…).

4.4   Zusammenfassung

Auf der Basis der Zweifeldertheorie von Bühler kann der kindliche Sprachgebrauch in Abhängigkeit von seinem (Gebrauchs-)Kontext betrachtet werden. Die Zeichen, so Bühler, erhalten ihre jeweilige Bedeutung aus ihrem Umfeld, in das sie eingebettet sind. Im Zeigfeld werden Zeigwörter (deiktische Ausdrücke) verwendet. Sie bezeichnen nicht, sondern sie weisen auf etwas hin, das innerhalb des Wahrnehmungsfelds der Interaktionspartner liegt. Im Symbolfeld hingegen werden Nennwörter gebraucht, die ihre Bedeutung in Relation zu den sie umgebenden lexikalischen und syntaktischen Mitteln erhalten. Der Anapherngebrauch stellt die Brücke zwischen Zeig- und Symbolfeld dar, da hier kontextliche Zeichen-Zeichen-Beziehungen hergestellt werden. Der sympraktische Sprachgebrauch ist eng mit dem außersprachlichen Kontext verknüpft, während der synsemantische Gebrauch mit dem Symbolfeld, d.h. mit seinem sprachlichen Umfeld verhaftet ist.

Diese Betrachtungsweise ermöglicht es, die diskursive Entwicklung genauer zu untersuchen und den Blick auf die qualitativen Veränderungen bei der Aneignung von Strukturen der formalen sprachlichen Kooperation zu richten. Es wurde dargelegt, wie die Fähigkeit, in Sprechhandlungssequenzen und -verkettungen zunehmend syntaktische und semantische Beziehungen herzustellen und somit kohärente und kohäsive Beiträge zu leisten und zu verstehen, mit dem Ausbau des Situations- und Weltwissens, der Übernahme von Perspektiven und der (pragmatischen) Präsupposition zusammenhängt. Vor dem Hintergrund der allgemeinen kindlichen Entwicklung, insbesondere aber der Spielentwicklung lassen sich diese Dekontextualisierungsprozesse, d.h. die abnehmende Abhängigkeit vom Hier-und-Jetzt, zusammenfassend folgendermaßen beschreiben:

Zu Beginn bilden Sprache, Handlung und Situation eine Einheit, in der die Sprache zunächst nur eine untergeordnete Rolle spielt. Mit Entwicklung der Triangulation (gerichtete Aufmerksamkeit auf Ich-Du-Gegenstand) und der Objektpermanenz werden Handlung und Sprache zunehmend aus der Symbiose mit der Umwelt gelöst. Im Symbolspiel beginnt das Kind, Gegenstände umzudeuten und neue Handlungen auszuführen. Damit macht es einen wichtigen Schritt dahin, den Begriff vom Gegenstand abzukoppeln, und beginnt willkürlich mit Sprache umzugehen:

> In dem Moment, da der Stock, das heißt der Gegenstand, zu einer Stütze wird, die Bedeutung Pferd vom realen Pferd loszulösen, in diesem kritischen Moment verändert sich grundlegend eine der wichtigsten psychologischen Strukturen, die die Beziehung des Kindes zur Realität bestimmt. Das Kind vermag noch nicht ohne weiteres den Gedanken vom Gegenstand zu lösen, es muß sich dabei auf einen anderen Gegenstand stützen können. Um an das Pferd denken zu können, um die eigenen Handlungen mit diesem Pferd festzulegen, braucht es als Stütze einen Stock. (Vygotskij 1980, S. 453)

Gleichzeitig beginnt das Kind mit dem egozentrischen Sprechen und beginnt darüber ebenfalls seine Handlungen zu steuern und sich ihrer Ausführung bewusst zu werden. Hierfür ist besonders das Parallelspiel, aber auch das Konstruktionsspiel geeignet, in dem Kinder mit gleichen Gegenständen handeln, sich gegenseitig beobachten, Äußerungen imitieren und kollektiv monologisieren. Bis in diese Phase hinein ist der Sprachgebrauch noch weitgehend sympraktisch. Dies hängt auch damit zusammen, dass ein gemeinsamer Gegenstandsbezug zwischen Gleichaltrigen als Voraussetzung sozialer Interaktion noch kaum vorliegt. Daher müssen die Spielpartner noch nicht verbal kooperieren.

In der Vorschulzeit sind Spielverhalten und Sprachgebrauch der Kinder zunehmend von einem gemeinsamen Gegenstandsbezug, verbaler Kooperation und kognitiver Steuerung geprägt, die durch die subjektive Zwecksetzung und die zunehmende Zielgerichtetheit der Handlung motiviert sind. In dieser Zeit nehmen Konstruktions- und Regelspiele zu und fördern die verbale Kooperation und die Koordination der Spielhandlungen, ebenso wie Rollenspiele, deren Spielthemen und aufeinander aufbauende Handlungsschritte komplexer werden. In dieser Phase können Kinder insbesondere in Rollenspielen kontextualisierte Zeichen-Zeichen-Beziehungen herstellen, indem sie durch metakommunikative Akte Zeichen in einen neuen Kontext stellen, in dem sie neue Gültigkeit erhalten.

Der Zusammenhang von Spiel- und Sprachentwicklung ist bei einsprachigen Kindern bereits verschiedentlich untersucht worden (vgl. Elkonin 1980, Vygotskij 1981, Bruner 1987, Pellegrini 1982, 1985, Oerter 1997, Andresen 2002, 2005). Dabei wurde auch Fragen der Veränderungen des Sprachgebrauchs von Zeichen-Objekt-Beziehungen im dinglichen Zeigfeld hin zu Zeichen-Zeichen-Beziehungen im kontextlichen Zeigfeld nachgegangen. So konnte Andresen jüngst zeigen, dass Kinder im Vorschulalter Sprache im Rollenspiel dekontextualisiert gebrauchen können, vor allem in der expliziten und impliziten Metakommunikation durch Verweise auf nicht anwesende Personen und deren pragmatisches Präsupponieren im weiteren Spielverlauf. Es wurde auch deutlich, dass die Kinder dann in der ZNE handeln. Die in der Schulzeit durch den Schriftspracherwerb einsetzenden Dekontextualisierungsprozesse können auf diesen Vorläuferfähigkeiten aufbauen.

Wie sieht nun bei mehrsprachigen Kindern diese Entwicklung in der ZS aus, die viele von ihnen erst mit dem Eintritt in die Kita (meist mit drei Jahren) erwerben, also zu einem Zeitpunkt, wo sie in ihren Erstsprachen erste Ablösungsprozesse von der Sprache-Handlung-Situation vollziehen? Es kann zunächst angenommen werden, dass eine Verflechtung mit dem außersprachlichen Kontext in der ZS länger bestehen bleibt und eine Ablösung von diesem erst später erfolgt. Gleichzeitig ist aber davon auszugehen, dass die Kinder aufgrund ihrer kognitiven Entwicklung in der Lage sind, stärker vom situativen Kontext zu abstrahieren. Wahrscheinlich ist jedoch auch, dass ihnen diese zunehmende Abstraktion aufgrund der Beschränktheit ihrer zweitsprachlichen Kompetenzen sprachlich nicht oder nur in Ansätzen gelingt. In Bezug auf den ZSE fehlen Untersuchungen zur Spiel- und Sprachentwicklung, die auf diese Fragen näher eingehen und die sprachlich-kognitive Entwicklung in der Interaktion beleuchten. Mit diesem Buch soll ein Anfang dazu gemacht werden, indem ausgehend von den dargelegten theoretischen Grundlagen und anhand von Interaktionsbeobachtungen in der Kita Kategorien zur Analyse der sprachlich-kognitiven und sprachlich-interaktiven Prozesse entwickelt und erprobt werden. Da mehrsprachige Kinder ihre ZS weitgehend im Rahmen von Spielhandlungen in der (Peer-)Interaktion erwerben, sollen diese im Mittelpunkt stehen. Außerdem soll damit der Frage nachgegangen werden, ob eine solche integrative und stärker entwicklungspsychologisch orientierte Perspektive es ermöglicht, die Fähigkeiten der Kinder anstelle von Defiziten in den Mittelpunkt zu rücken.

Bevor auf diese Fragen im ‚Brückenkapitel' und im empirischen Teil eingegangen wird, sollen für die hier diskutierte Thematik relevante Befunde aus unterschiedlichen Richtungen der ZSEF diskutiert werden.

5. Befunde der Zweitspracherwerbsforschung

In der Spracherwerbsforschung gibt es eine Reihe von konkurrierenden Modellen zur Erklärung des Spracherwerbs. Die ihnen zugrunde liegenden Forschungstraditionen unterscheiden sich vor allem darin, welche Aspekte von Sprache und Spracherwerb sie erklären wollen und welche Faktoren des vielschichtigen Erwerbsprozesses sie dabei in den Mittelpunkt stellen. Diese unterschiedlichen Zugriffsweisen finden sich auch in der ZSEF wieder. Ihre Vielfalt verdeutlicht, dass ein einzelner Forschungszweig kaum in der Lage scheint, den ZSE in seiner Gänze angemessen zu untersuchen und Theorien und Modelle zu entwickeln, die der Bandbreite der Fragestellungen sowie verschiedenen Lernern mit unterschiedlichen Erstsprachen, Erwerbskontexten, Motivationslagen, Altersstufen usw. gerecht werden können. Trotz der intensiven Forschung der letzten Jahrzehnte gibt es auf viele zentrale Fragen bisher kaum zufrieden stellende Antworten, auch nicht über die Rolle der ES im ZSE.[54]

In diesem Kapitel werden Befunde aus verschiedenen Forschungsrichtungen vorgestellt, deren Auswahl sich aus der hier verfolgten integrativen Betrachtung von Sprache und dem frühen ZSE begründet.[55] Dabei werden die üblichen disziplinären Beschränkungen überschritten. Das Bindeglied in der Darstellung ist die Frage nach der sprachlich-kognitiven Entwicklung im Rahmen interaktiver Austauschprozesse.

---

54 Einen Überblick über die vorherrschenden Modelle (Nativismus, Behaviorismus, Interaktionismus, Kognitivismus sowie weitere, heterogene Ansätze) geben Larsen-Freemann und Long (1991) sowie Oksaar (2003) und Mitchell und Myles (2004), die auch neuere Entwicklungen einbeziehen.

55 Ansätze, die der Sprachtheorie Chomskys verpflichtet sind, werden hier nicht weiter verfolgt, da sie zur Klärung der Frage nach der Sprachfähigkeit des Menschen sowie der Entwicklung einer Sprachtheorie Sprache als abstraktes Regelwissen konzipieren und unabhängig von ihrem Gebrauch beschreiben und erklären (vgl. Housen 1996). In dieser Tradition wird mit einem eng gefassten Kompetenzbegriff gearbeitet, der auf die Grammatik beschränkt ist. Die Stärke dieser Theorie liegt in ihrer hohen Explizitheit und Konsistenz, doch bleibt als zentraler Kritikpunkt, dass sie die Ansicht forciert, die „Wurzeln der Sprache" seien in dieser selbst zu finden (Bruner 1979, S. 10). Indem sprachliche Daten isoliert gesammelt und analysiert werden, bleiben die kulturell-sozialisatorischen, interaktiven und psychologischen Prozesse der Aneignung dieser sprachlichen Strukturen unberücksichtigt. Zur Erhellung individueller und soziokulturell bedingter Erwerbsunterschiede oder zur Deutung individueller Kreativität und Flexibilität im Spracherwerb kann diese Perspektive kaum etwas beitragen. Aus (sonder-)pädagogischer Sicht sind aber gerade diese Aspekte von Interesse (vgl. Jeuk 2005).

5.1 Befunde aus soziolinguistischer Perspektive

Soziolinguistische Ansätze beschäftigen sich mit den Beziehungen zwischen Sprache und Gesellschaft; sie entwickelten sich in den 1960er und 1970er Jahren ausgehend von einer Kritik an der traditionellen Linguistik (Strukturalismus und generative Grammatik), aber auch an der individuell orientierten Psycholinguistik. Ein wichtiges Ziel dieser Ansätze ist, die wechselseitige Abhängigkeit von historischen und sozialen Bedingungen einerseits und sprachlicher Kommunikation andererseits zu untersuchen. Zentraler Untersuchungsgegenstand ist somit die Entwicklung einer Sprachkompetenz, die darin besteht, die gesellschaftlich angemessenen Varianten von Sprache (Varietäten und Register) zu verstehen und zu gebrauchen. Sprachliche Verschiedenheit sowohl in Bezug auf Einsprachigkeit wie auch auf Mehrsprachigkeit, verbunden mit der Frage, wer wann zu wem in welcher Sprache spricht, wird vor diesem Hintergrund untersucht (vgl. Mitchell/Myles 2004). Der vielschichtige Gegenstandsbereich und die damit verbundenen Erkenntnisinteressen zeigen sich auch in der Methodenvielfalt, die in der Soziolinguistik angewendet wird. Da sie gleichzeitig auf Dynamik und Wandel, Sprecher und Hörer sowie den Kontext blickt und noch dazu sprachliche Heterogenität als einen Wesenszug von Kommunikation ansieht, sind ihre Herangehensweisen besonderes geeignet, um Fragen der Mehrsprachigkeit zu untersuchen.[56]

In diesem Kontext gehören auch kulturvergleichende Sprachsozialisationsstudien, die darauf abzielen, die sozialen Situationen, in denen Interaktionen stattfinden, systematisch zu erfassen. Dabei wird angenommen, dass es eine strukturierte Beziehung zwischen der Sprachaneignung und kulturell organisierten Gebrauchssituationen gibt (s.o. Kap. 1.2.3). Kulturvergleichende Studien liefern wertvolle Hinweise zur kulturspezifischen Sicht auf Kinder (‚Spracherziehung') und ihre sprachliche Entwicklung. Dies ist für den ZSE von Bedeutung, da das Kind in seiner Biografie verschiedene, auf bestimmte Zwecke und Bedürfnisse, Rollenverständnisse und Beziehungen abgestimmte sprachliche Varietäten internalisiert.[57] Dieses Set an sprachlichen Praktiken beeinflusst den Erwerb der weiteren Sprache, der wiederum mit der Dynamik unterschiedlicher Interaktionssituationen, den Gesprächspartnern und ihren Bedürfnissen sowie Beziehungen und Rollenvorstellungen zusammenhängt.

---

56 So konnten diese Ansätze auch mit der in anderen linguistischen Traditionen vorherrschenden Vorstellung brechen, Mehrsprachigkeit sei etwas Ungewöhnliches.

57 Meines Wissens fehlen Sozialisationsstudien, die sich auf die für Deutschland relevanten Sprachgruppen wie Türkisch und Russisch beziehen und Aufschluss darüber geben, wie hier die sprachlich-kulturelle Sozialisation erfolgt. Einflussreiche Sprachsozialisationsstudien aus dem englischsprachigen Raum stammen u.a. von Ochs (1988) über die Sprachsozialisation in West-Samoa und von Schieffelin (1990) über die Kaluli in Papua-Neuguinea sowie von Heath (1983, 1986) über die Sozialisation in ‚working class communities' im Südosten der USA.

5.1.1 Studien zur zweitsprachlichen Sozialisation

Auf den ZSE wird das soziolinguistische Forschungsparadigma von den Forschern angewandt, die ihn als einen in erster Linie sozialen Prozess ansehen. Es gibt eine Reihe von ethnografischen Studien, die Praktiken in der zweitsprachlichen Sozialisation herausarbeiten und dabei auch Unterschiede zu solchen in der erstsprachlichen Sozialisation herausfiltern (vgl. Tarone 1997).

> The ethnographers of second language communication (…) explore complete speech events in a much more holistic way. They take a multi-level view of conversational interaction; they are concerned with the relationships between linguistic and non-linguistic aspects of communication, and with the development of pragmatic and discourse competence appropriate to particular identities and communities of practice, rather than centering on the linguistic aspect *per se*, which is not seen as autonomous or pre-eminent. (Mitchell/ Myles 2004, S. 255f., Hervorh. i. Orig.)

Crago (1992) beispielsweise untersuchte in einer Inuit-Gemeinschaft in Kanada Praktiken der Spracherziehung. Die meisten Kinder wachsen hier in Mehrgenerationenfamilien auf. Sie hören die Gespräche zwischen den Erwachsenen, doch wird nicht erwartet, dass sie sich daran beteiligen. Die Erwachsenen stellen den Kindern in der Regel keine Fragen zur Wissensüberprüfung und auch keine, auf die sie die Antworten kennen. Insgesamt werden Fähigkeiten des *Zuhörens* und *Verstehens* in der Gemeinschaft besonders wertgeschätzt. Hierzu werden Kinder angehalten und motiviert, sie sind also Zuhörer und Beobachter. Die Lehrkräfte in der englischsprachigen Schule (die alle nicht der Gruppe der Inuit angehören) erwarten hingegen von den Kindern eine aktive Fragehaltung und Beteiligung im Unterricht und setzen das ihnen vertraute Frage-Antwort-Diskursmuster voraus, mit dem die Kinder aber in ihrer erstsprachlichen Sozialisation nicht konfrontiert wurden. Während die Lehrkräfte die Kinder als zu schüchtern, schweigsam oder zurückhaltend einschätzten, empfanden die Eltern das kindliche Sprachverhalten als angemessen (ebd.).

Pallotti (2001) interessierte sich für die zweitsprachliche Sozialisation in der Kita und beobachtete in ihrer longitudinalen Fallstudie, wie sich ein fünfjähriges Mädchen aus Marokko (Fatma) in der ZS Italienisch innerhalb von acht Monaten zu einer von anderen Kindern akzeptierten Gesprächspartnerin entwickelte: Zu Beginn setzte sie die Strategie ein, komplette Äußerungen oder Fragmente zu wiederholen, und beteiligte sich hauptsächlich an Gruppenaktivitäten wie Sing- oder Frage-Antwort-Spielen (s. imitatives Lernen in 2.3.2). Nach und nach gelang es Fatma, eigene Gesprächsbeiträge einzubringen, sich an Gesprächen zu beteiligen und Äußerungen zu produzieren, die einerseits zur Fortführung des Gesprächsthemas beitrugen und andererseits für die Gesprächspartner interessant waren. Da die Interaktionen im Kindergarten in der Regel im Hier-und-Jetzt stattfinden, konnte sie auch auf Gestik zurückgreifen und auf diese Weise Referenz zum Kontext herstellen. Bald bestanden ihre Beiträge nicht mehr nur aus Wiederholungen, sondern enthielten auch neue Elemente (s. Flexibilisierung in 2.3.2). Pallotti geht davon aus, dass das Setting in der Kleingruppe und die dort stattfindenden Routinen Fatma dabei unterstützten, sich aktiv einzubringen.

Die Rolle der sozialen Gruppe während der zweitsprachlichen Sozialisation kann mit Hilfe des Konzepts der ‚community of practice' noch genauer untersucht werden. Es wurde von Lave und Wenger (1991) eingeführt, um den Prozess der Interaktion und der Entwicklung in dynamischen, sich verändernden Gruppen oder Situationen zu beschreiben und zu erklären. Das Konzept ist flexibler als klassische Konzepte von Gemeinschaften (z.B. Sprach- oder Kulturgemeinschaften) und wird von Eckhert und McConnell-Ginet (1992, S. 464) folgendermaßen definiert:

> An aggregate of people who come together around mutual engagement in an endeavour. Ways of doing things, ways of talking, beliefs, values, power relations – in short, practices – emerge in the course of this mutual endeavour. As a social construct, a community of practice is different from the traditional community, primarily because it is defined simultaneously by its membership and by the practice in which that membership engages.

Die Individuen können in dieser Gemeinschaft entweder periphere Mitglieder oder Kernmitglieder sein und sich in unterschiedlichem Maße und auf unterschiedliche Art in die Unternehmungen einbringen. Gleichzeitig haben sie einen unterschiedlichen Zugang zum z.B. sprachlichen oder materiellen Ressourcenrepertoire, das in der Gemeinschaft akkumuliert wurde.

Studien, die mit dem Konzept der ‚communities of practice' arbeiten, betrachten den ZSE als eine Form sozialer Praxis. Aus dieser Perspektive können unterschiedliche Positionen von Zweisprachigen in verschiedenen Gruppen abgebildet und Erwerbserfolge oder -misserfolge beleuchtet und erklärt werden. Das Konzept war ursprünglich auf Arbeitsvorgänge in Erwachsenengruppen bezogen, wurde aber auf Kitagruppen und Schulklassen, also pädagogisch relevante Settings, erweitert.

Toohey (2000, 2001) beispielsweise begleitete sechs mehrsprachige Kinder über drei Jahre vom letzten Kindergartenjahr bis zum 2. Schuljahr in ihrer Kitagruppe und in ihrer Klasse. Die Kinder entwickelten sich in der ZS unterschiedlich: Während sich für einige kein Zugang zur ‚community of practice' eröffnete, gelang es anderen, sich als periphere Mitglieder in der Gemeinschaft zu etablieren. Dies beeinflusste das Ausmaß der kommunikativen und anderer Gelegenheiten zum sprachlichen Lernen und eröffnete gleichzeitig den Zugang zu den in der Klasse vorhandenen Ressourcen. Während sich beispielsweise Julie, ein Mädchen mit der ES Polnisch, einen Platz als peripheres Mitglied sichern konnte und im ZSE erfolgreich war, gelang dies Surjeet, einem Mädchen mit der ES Pandschabi, nicht im gleichen Maße und sie war weniger erfolgreich in ihrem ZSE. Toohey erklärt dies folgendermaßen:

Julie's relatively aggressive and skilful responses to threats of subordination allowed her to develop a more powerful place in classroom community, and consequently to win access to resources and conversational opportunities (…). Surjeet, on the other hand, was regularly subordinated by peers and excluded from conversation. (Toohey 2001, S. 265)

Dadurch, dass es Julie – im Gegensatz zu Surjeet – gelang, von den anderen als legitime Sprecherin akzeptiert zu werden und sich einen Platz in der Gemeinschaft zu sichern, ergaben sich für sie mehr Gelegenheiten zum Kommunizieren in der ZS als für Surjeet. Der Lernerfolg von Sprechern wie Julie kann daher nicht nur auf ihre eigenen Aktionen und ihr verfügbares kulturelles Wissen z.b. hinsichtlich anerkannter Verhaltensweisen in der ‚community of practice' zurückgeführt werden.

Die Untersuchung sozialer Praxen in den ‚communities of practice' zeigt, dass die Akzeptanz durch andere Mitglieder große Bedeutung für das Ausmaß der sich ergebenden kommunikativen und sprachlichen Lerngelegenheiten hat. Somit sind es nicht nur individuelle ‚Eigenschaften' und Aktionen des Einzelnen, die den ZSE bestimmen, sondern in hohem Maße auch die Reaktionen und Aktionen der anderen.

5.1.2 Resümee

Die hier skizzierten soziolinguistischen Untersuchungen erforschen den ZSE im sozialen und kulturellen Kontext. Sie gehen davon aus, dass Sprachaneignung bedeutet, an kulturellen Praktiken zu partizipieren sowie neue soziale Interaktionen einzugehen und liefern der Sprach(heil)pädagogik wichtige Befunde. Zum einen zeigen sie, dass unterschiedliche kulturelle Praxen in der erst- und zweitsprachlichen Sozialisation auch zu unterschiedlichen Wissensbeständen führen können, z.B. im Hinblick auf Diskursmuster. Zum anderen werden unterstützende soziale Kontextbedingungen offen gelegt, von der gerade Kinder im frühen ZSE profitieren können. Konzepte wie das der ‚community of practice' helfen dabei, den ZSE als soziale Praxis theoretisch genauer zu modellieren. Die Idee von Lerngelegenheiten, die mit unterschiedlichen (sozialen) Positionen einhergehen, wird herangezogen, um Unterschiede im Erwerbserfolg – trotz vergleichbar hoher Motivation – zu erklären. Diese Forschungsperspektive trägt insgesamt dazu bei, auch den sozialen Druck deutlich zu machen, unter dem der Lerner bei der Aneignung der ZS steht. Dies betrifft vor allem den Erwerb einer zweiten Sprache in (Migrations-)Situationen, in denen der soziale Wert der ES und ZS sich stark unterscheidet wie z.B. beim Türkischen im Vergleich zum Deutschen.

Da in dieser Perspektive die soziale Natur des Sprachgebrauchs anerkannt ist und Sprache als gesellschaftlich verankertes Instrument gesehen wird, geht es nicht darum, richtige oder falsche, bessere oder schlechtere Varietäten von Sprache zu identifizieren, indem an einem übergeordneten Standard gemessen wird. Der Maßstab ist eher die kommunikative Effizienz und soziale Angemessenheit zweitsprachlicher Äußerungen.

Kritisiert wird an soziolinguistischen Studien allerdings, dass sie sich stärker für den Gebrauch als den Erwerb interessierten und daher lediglich Befunde bereitstellten, die für den Gebrauch relevant seien (vgl. Kasper 1997, Long 1997).

5.2 Kommunikationsstrategien im ZSE

Das Augenmerk der psycholinguistischen Kommunikationsstrategieforschung richtet sich auf die Erforschung der dem aktuellen Sprachverhalten zugrunde liegenden Strategien und damit auf die mentalen Prozesse beim Einsatz der Strategien. Kommunikationsstrategien können zu verschiedenen Zwecken eingesetzt werden, z.B. um eine Äußerung zu korrigieren oder einen in dem Moment nicht verfügbaren Begriff zu umschreiben. Solche Strategien sind aus dem ESE bekannt und erfüllen eine wichtige Funktion beim Schließen semantischer Lücken (vgl. Bialystok 1990, Füssenich 1997, Jeuk 2003). Im Hinblick auf den ZSE ist von Bedeutung, dass diese sowohl in der ES wie auch in der ZS zur Verfügung stehen und angewendet werden können (s.o. Kap. 2). Es wird angenommen, es handelt sich dabei um übergeordnete psychische Prozesse, die nicht einzelsprachenspezifisch erworben und repräsentiert sind. Dies zeigt sich auch daran, dass diese Strategien von Lernern unterschiedlicher ES eingesetzt werden. Ziel der Forschung ist es daher zu klären, welche Prozesse dafür verantwortlich sind, dass Interaktanten in bestimmten Situationen ein ähnliches Set von Strategien anwenden. Einige Befunde zum Strategieneinsatz werden im Folgenden vorgestellt.

5.2.1 Befunde zu Vermeidungs- und Lösungsstrategien

Das Paradigma der strategischen Kompetenz wurde von Selinker (1972), dem Begründer des Interlanguage-Ansatzes, aufgegriffen mit dem Ziel, so genannte lernersprachliche Abweichungen in der zweiten Sprache angemessen zu erklären. Selinker beschreibt fünf psycholinguistische Prozesse, die beim Lernen der ZS eine Rolle spielen, darunter auch den Einsatz von Kommunikationsstrategien.[58] Eine Typologie derselben stammt von Tarone (1977), die fünf Hauptkategorien unterscheidet:

---

[58] Es gibt Uneinigkeit darüber, ob es sich bei Kommunikationsstrategien auch um Lernstrategien handelt bzw. wie sich die beiden unterscheiden. Auch ist nicht hinreichend geklärt, welchen Status Strategien im Erwerbsprozess haben. Clark (1993) sieht sie als Problemlöseverhalten.

a) *Vermeidungsstrategien* liegen dann vor, wenn Lerner die Entscheidung treffen, nicht zu sprechen bzw. bestimmte Themen zu vermeiden oder auf eine Aussage zu einem bestimmten Thema zu verzichten. Diese Strategie ermöglicht, dass die Kommunikation problemlos weiterläuft; doch schränkt sie den Lerner ein, da Gespräche sich auf die Themen beschränken, die er sprachlich kontrollieren kann.

b) *Paraphrasen* sind sinngemäße Umschreibungen, die durchaus akzeptiert sind und es dem Interaktionspartner ermöglichen, den Inhalt einer Äußerung nachzuvollziehen. Sie werden dann eingesetzt, wenn die richtige Form oder ein Begriff nicht verfügbar ist. Hier finden sich auch Wortneuschöpfungen (*Ich bin ein guter Dreiecker* für *Ich kann gut Dreiecke malen*).

c) Beim *bewussten Transfer* wird unterschieden zwischen wörtlicher Übersetzung aus der ES in die ZS und Sprachwechsel, bei dem Wörter aus der ES in die ZS einbezogen werden.

d) Eine *Bitte um Hilfestellung* kann auf ganz unterschiedliche Arten geschehen, etwa durch direktes Nachfragen oder durch Anheben der Tonhöhe, um implizit Hilfe anzufordern.

e) Im Bereich der *Mimik und Gestik* spielen alle nonverbalen Elemente der Kommunikation eine Rolle, die in der ZS den Platz von ausgelassenen Wörtern einnehmen.

Während Tarone hier nach kommunikativen Gesichtspunkten unterteilt, unterscheidet Bialystok (1990) in ihrer Taxonomie zwischen ES-Strategien wie der Übersetzung und ZS-Strategien wie der Umschreibung. Sie kategorisiert die Strategien nach der sprachlichen Informationsquelle, die der Lerner verwendet.

Faerch und Kasper (1983) hingegen unterteilen je nach Vermeidung oder Lösung des Kommunikationsproblems in „reduction and achievement strategies" und fokussieren somit stärker auf die psychologischen Prozesse und die Absicht des Sprechers, sein kommunikatives Ziel aufzugeben oder beizubehalten. Eine empirische Basis für diese Klassifizierung liefern z.B. die Befunde von Marrie und Netten (1991). Sie untersuchten bei Kindern der 3. Klasse mit Englisch als ES, die ein Immersionsprogramm in Französisch durchliefen, ob die erfolgreichen Lerner andere Strategien einsetzten als die weniger erfolgreichen. In der Häufigkeit der Strategieverwendung stellten sie keine wesentlichen Unterschiede fest, aber in Bezug auf die Qualität der Strategien. So verwendeten die erfolgreichen Lerner häufig die Lösungsstrategien, also begriffliche Annäherung und Umschreibung sowie Selbstkorrekturen und Wortneuschöpfungen. Die weniger erfolgreichen Lerner hingegen gebrauchten häufiger Reduktionsstrategien wie etwa die Themenvermeidung. Die Autorinnen deuten diesen Befund so, dass die erfolgreicheren Lerner eher dazu bereit sind, in der Kommunikation Risiken einzugehen. Da sie im tatsächlichen kommunikativen Geschehen mit der Anwendung dieser Strategien erfolgreicher sind, wird ein Zusammenhang zwischen Strategieneinsatz und Sprachlernerfolg angenommen.

Ähnliche Ergebnisse brachte die Longitudinalstudie von Jeuk (2003). Dieser untersuchte die lexikalisch-semantische Entwicklung von neun Kindern mit Migrationshintergrund, die Türkisch als ES sprachen und Deutsch als ZS in der Kita lernten. Anhand einer detaillierten Analyse der in Kommunikationssituationen mit dem Forscher von dem jeweiligen Kind eingesetzten Strategien zeigt Jeuk, dass diejenigen Kinder in der Aneignung begrifflichen Wissens erfolgreicher sind, die produktive Strategien (im Sinne der achievement-Strategien) wie z.B. Paraphrasen, Wortneuschöpfungen und Selbstkorrektur einsetzen. Diejenigen, die sich vorrangig mit Strategien behelfen, die besonders zu Beginn des ZSE eingesetzt werden (z.B. Gestik oder Passepartout-Wörter wie *machen*), kommen in Wortschatzentwicklung und Ausdifferenzierung der Wortbedeutungen vom Synkretischen hin zum Allgemein-Abstrakten langsamer voran (ebd.).

Diese Ergebnisse schließen also an die Befunde von Marrie und Netten (1991) an und können vor diesem Hintergrund weiter interpretiert werden: Die Kinder, die in der Kommunikation aktiver sind und durch die Anwendung produktiver Strategien mehr Risiken eingehen, sind insgesamt auch kompetentere Lerner der ZS. Der Gebrauch von Strategien scheint also auch ihre Qualität, die (Eigen-)Aktivität und das Vertrauen des Kindes in seine sprachlichen Kompetenzen widerzuspiegeln. Die Aneignung und Anwendung strategischen Wissens stellt eine eigene Ressource des Lerners dar, auf die es zurückgreifen kann oder die, falls nur unzureichend vorhanden, aktiviert und ausgebaut werden kann. Im pädagogischen Kontext ist dies von besonderem Interesse, da hier ein Anknüpfungspunkt sowohl für die Sprachdiagnose (vgl. Reich/Roth 2004) wie auch für die individuelle Förderung gegeben ist. Darüber hinaus ist, wie in 2.4.6 erläutert, der Ausbau der strategischen Kompetenz eine wichtige Quelle für das erfolgreiche Sachlernen.

Aufschluss über die den Strategien zugrunde liegenden psycholinguistischen Prozesse geben Kellermann et al. (1990). Sie widmen sich dem Problem, dass die angewandte Strategie nicht (zwangsläufig) aus der sprachlichen Oberfläche erschlossen werden kann bzw. dass von einer sprachlichen Äußerung nicht unbedingt auf die Verwendung einer bestimmten Strategie geschlossen werden kann. Die Autoren führten eine Untersuchung mit holländischen Studenten durch, die Englisch als Fremdsprache gelernt hatten. Sie sollten in beiden Sprachen geometrische Figuren beschreiben. Es zeigte sich, dass die Mehrzahl der Studenten in der ES und ZS die gleichen Strategien anwendete. Dabei ließ sich eine Hierarchie im Strategieneinsatz beobachten: von einer holistischen Strategie[59] (Beschreibung der geometrischen Figuren durch andere Begriffe) über eine partielle (Beschreibung der geo-

---

59 Die „holistische Strategie" ist nicht mit dem holistischen Stil zu verwechseln, der im Abschnitt 2.3.2 vorgestellt wurde. Während der holistische Stil im Spracherwerb eng an das Imitationslernen gekoppelt ist und den (kindlichen) Sprechern einen ersten Zugang zu Sprache ermöglicht, kann die von Kellermann et al. beschriebene Strategie erst dann eingesetzt werden, wenn Sprecher über ausreichende sprachliche Mittel verfügen.

metrischen Figuren durch ihre speziellen Eigenschaften) zu einer linearen (Beschreibung der geometrischen Figuren durch vom Sprecher ausgewählte Eigenschaften). Nur bei wenigen Probanden wichen die Strategien, die in ES und ZS gebraucht wurden, voneinander ab; die Autoren führten dies auf unterschiedliche Kompetenzen in ES und ZS zurück. Sei die Kompetenz in der ZS geringer als in der ES, könne auf die in der Hierarchie nächste untergeordnete Strategie zurückgegriffen werden. Anstelle also holistisch vorzugehen und einen Begriff mit einem anderen zu beschreiben, werde auf die partielle Strategie zurückgegriffen und der Gegenstand durch seine spezifischen Merkmale beschrieben. Welche Strategien eingesetzt werden, sei also vorhersagbar, ihre Reihenfolge sei durch die – empirisch beobachtete – Hierarchisierung quasi erzwungen.[60] Die Unterscheidung zwischen referentieller Strategie und sprachlicher Realisierung ist demnach wichtig, um den hinter der sprachlichen Oberfläche liegenden Prozess zu erkennen. Damit lässt sich auch erklären, dass Strategien sprachübergreifend bzw. sprachunabhängig eingesetzt werden können. Sie stellen mentale Prozesse dar, die unabhängig von der jeweiligen Einzelsprache aktiviert werden. Somit spiegeln sie das Gemeinsame und die Verbindung zwischen den Sprachen wider. Sind die Mittel in einer Sprache nicht verfügbar, kann ohne Weiteres auf die nächstuntere Strategie in der Hierarchie zurückgegriffen werden.

5.2.2 Resümee

Das Verdienst der psycholinguistischen Kommunikationsstrategieforschung ist die Berücksichtigung der Tatsache, dass Strategien Bestandteil der Kommunikation sind und aktive Verhaltensweisen von Lernern darstellen. In diesem Sinne sind die oben dargelegten Ergebnisse auch für die Sprach(heil)pädagogik relevant und gewinnbringend.

Der in diesem Paradigma verwendete Kommunikationsbegriff ist allerdings weitgehend individuumzentriert, mechanistisch und auf den Input beschränkt. Der Blick ist stärker auf ‚zielsprachenkonforme' Sprachstrukturen gerichtet als auf den kommunikativen Austausch an sich. Grundsätzlich vernachlässigt wird die Tat-

---

60 Interessant sind an dieser Stelle die deutlichen Bezüge zu Vygotskijs Untersuchungen zur Begriffsbildung beim Kind (s.o. Kap. 3): Die höchste Form der Begriffsbildung ist die abstrakte, dann folgt die Phase, in der die Begriffe nach konventionellen (d.h. bereits verallgemeinerten und logischen) Merkmalen geordnet sind. In der hierarchisch untersten Stufe (und somit zu Beginn der Entwicklung) wird der Begriff mit den als herausragend empfundenen Merkmalen gebildet. Da die Begriffsbildung durch Sprache vermittelt erfolgt, geht diese Entwicklung mit einem Zuwachs der sprachlichen Mittel einher. Die gleiche Tendenz in der Rangfolge und den sprachlichen Mitteln zeigt sich in der vorliegenden Untersuchung. Die Auswahl der Strategie ist zum einen durch die Hierarchie derselben bestimmt, zum anderen durch die in einer Sprache verfügbaren Mittel. Dies würde z.B. erklären, dass ein Kind im frühen ZSE vorrangig Imitationen einsetzt, da es noch nicht die Mittel hat, um zu paraphrasieren, auch wenn es das in der ES bereits kann.

sache, dass es Menschen trotz limitierter sprachlicher und kommunikativer Mittel häufig gelingt, ihr Anliegen zu kommunizieren, während es umgekehrt immer wieder vorkommt, dass kommunikative Intentionen trotz guter Sprachkenntnisse aller Gesprächsbeteiligten nicht übermittelt werden können. Prinzipiell bedarf jede Äußerung der Interpretation durch das Gegenüber, denn die Bedeutung von Äußerungen wird nicht von ‚Gehirn zu Gehirn' übertragen, sondern ist ein soziales und verhandelbares Produkt der Interaktion, das über individuelle Intentionen und Verhaltensweisen hinausgeht. Äußerungen von Interaktionspartnern müssten also stärker als soziale Handlungen angesehen werden, die in einem spezifischen Kontext vollzogen werden und bei denen es vor allem darum geht, soziale Beziehungen zwischen den Beteiligten zu entwickeln oder auszubauen (vgl. Liddicoat 1997). Aus einer solchen Perspektive wären Kommunikationsprobleme nicht im Individuum zu verorten, sondern als intersubjektive Probleme zu sehen, die aus der Interaktion selbst resultieren.

5.3   Befunde aus soziokulturellen Ansätzen

Die kulturhistorische Psychologie (Vygotskij) und die Tätigkeitstheorie (Leont'ev) sind die Basis für vielseitige Studien zum ZSE mit dem Ziel, diesen unter sozialen und kognitiven Aspekten zu fassen. Im angloamerikanischen Raum ist die vygotskijsche Tradition insbesondere zur Erforschung des ZSE in Lehr-Lern-Prozessen aufgegriffen worden.

In der soziokulturellen Perspektive wird das Individuum, das sich eine zweite Sprache aneignet, als aktiv Handelnder in seiner eigenen Entwicklung angesehen (Mitchell/Myles 2004, S. 200). Es erschließt sich dadurch potenziell ein weiteres kulturelles Werkzeug und einen neuen Weg zur (verbal-kognitiven) Sinnerzeugung, indem es in gemeinsame Aktivitäten mit anderen involviert ist, die die ZS gebrauchen. In solchen Aushandlungsprozessen (Ko-Konstruktionsprozessen) werden durch gemeinsames sprachliches Agieren im Zuge des Problemlösens (als höhere, zeichenvermittelte Funktion) neue Handlungen angeregt und neues Sprachwissen ko-konstruiert. Entsprechend spielt die sprachliche Interaktion für die Sprachaneignung insofern eine zentrale Rolle, als sie selbst den Aneignungs- und Lernprozess ausmacht. Mit Rückgriff auf die Tätigkeitstheorie wird darüber hinaus vorgeschlagen, die sprachliche Aktivität in Interaktionen über die Vermittlung kommunikativer Intentionen hinaus zu betrachten als „(...) cognitive activity that humans press into service in order to solve problems, regardless of its communicative intent" (Platt/Brooks 1994, S. 499, zit. n. Mitchell/Myles 2004, S. 206). Im Folgenden werden Befunde zu diesen Ko-Konstruktionsprozessen vorgestellt.

5.3.1 Ko-Konstruktion, Scaffolding und die ZNE

Schinke-Llano (1994) untersuchte in zwei Studien zum einen Interaktionen von Kindern mit und ohne Lernbehinderung mit ihren Müttern, zum anderen Interaktionen von Schülern mit Englisch als Zweitsprache (English as second language – ESL) und Englisch als Muttersprache (native speaker) mit ihren Lehrerinnen. Das Ziel war herauszufinden, wie sich die Interaktionen hinsichtlich der Struktur von Problemlösungsprozessen unterscheiden und ob sich das Sprachverhalten der Lehrerinnen bzw. der Mütter je nach Interaktionspartner unterscheidet. Zwei Ergebnisse von Schinke-Llanos Studien sind hier von Interesse:

Zwischen den Interaktionen von Müttern mit ihren lernbehinderten Kindern und denen von Müttern mit ihren nicht lernbehinderten Kindern zeigten sich systematische Unterschiede. Die Mütter der lernbehinderten Kinder strukturierten den Aushandlungsprozess anders, indem sie ihn stärker regulierten; so gaben sie z.B. explizitere Anweisungen, beschrieben die Aufgaben ausführlicher und stellten die Lösungsschritte ausdrücklich dar. Ihr Sprachgebrauch war dabei nicht verkürzt, im Gegenteil: Mehrere Aufgabenschritte wurden ausführlich verbalisiert und bearbeitet, um die Aufgabe deutlicher zu machen.

Zwischen den Interaktionen von Lehrerinnen mit „native-speakern" und „ESL"-Schülern zeigten sich ebenfalls Unterschiede. So war der sprachliche Input der Lehrerinnen in der Interaktion mit Zweitsprachlern signifikant größer. „In other words, the interactions are more teacher-regulated, and the steps of the task are made more explicit, than they are for the native speakers" (Schinke-Llano 1994, S. 62).

Schinke-Llano wirft die Frage auf, ob die beobachtete stärkere Strukturierung, Regulierung und höhere verbale Aktivität der Mütter bzw. der Lehrerinnen die Kinder nicht in ihrer sprachlich-kognitiven (Weiter-)Entwicklung einschränke, da ihre eigene Auseinandersetzung mit dem Gegenstand und dem Lösungsprozess zurückgedrängt werde zugunsten einer verbal-kognitiven Vorwegnahme der Lösungsschritte durch die Erwachsenen (ebd.). Dies führe nicht zu unabhängigerem Lernen in dem Sinne, dass interpsychische Funktionen intrapsychisch werden, sondern fördere die Abhängigkeit der Kinder von der Unterstützung der Erwachsenen.

Die Ergebnisse dieser Studie zeigen also, dass nicht jeder Ko-Konstruktionsprozess mit einem (Sprach-)Lernzuwachs verbunden sein muss und dass im Prozess sensibles (Sprach-)Handeln erforderlich ist, damit die Unterstützung nicht in eine vollständige Übernahme der Verantwortung umschlägt. Denn dadurch kann die Eigenaktivität und die eigene Auseinandersetzung mit dem Lerngegenstand zurückgedrängt werden. Um den Ko-Konstruktionsprozess tatsächlich zum (Sprach-) Lernprozess zu machen, ist entscheidend, dass die ZNE berücksichtigt und darin sinnvolle Unterstützung im Sinne eines Scaffoldings (Gerüst) geleistet wird. Dieser

Sammelbegriff für Unterstützungsmethoden stammt aus der Kognitionspsychologie und Spracherwerbsforschung und wurde in der ‚neovygotskijschen' Tradition aufgegriffen.[61] In der interaktionistisch ausgerichteten Spracherwerbsforschung wird die sprachliche Anpassung an den Interaktionspartner als gemeinsame Anstrengung aufgefasst (vgl. Bruner 1987, Snow 1995). Insbesondere in Studien, die die so genannte ‚child-directed speech' zu Beginn des Spracherwerbs untersuchten, zeigte sich, dass das „kommunikative Unterstützungssystem", das die Bezugspersonen aufbauen, eine „Rahmenbedingung des Spracherwerbs darstellt" (Kauschke 2007, S. 6; für einen Überblick zum Spracherwerb aus interaktionistischer Sicht vgl. Klann-Delius 1999).

Aus der Sicht der neovygotskijschen Ansätze lernt das Kind über den Prozess der Fremdsteuerung (other regulation), der durch Sprache vermittelt ist. Durch den Austausch gewinnt das Kind Einsichten darüber, wie z.B. eine Aufgabe zu bewältigen ist, bevor es in der Lage ist, das neue Wissen in sein vorhandenes zu integrieren (self regulation, vgl. Lantolf/Appel 1994). Der unterstützende Dialog, der die Aufmerksamkeit des Lerners lenkt und ihm hilft, erfolgreiche Schritte der Problemlösung zu gehen, wird als Scaffolding bezeichnet (vgl. Wood et al. 1976): Der kompetente Partner erzeugt in der Interaktion – vermittelt durch Sprechen – unterstützende Bedingungen, die den Lernenden anregen, seine aktuellen Fertigkeiten und sein vorhandenes (Sprach-)Wissen zu erweitern (vgl. Donato 1994). Dies gelingt in der Regel aber nur, wenn es in der Domäne der ZNE stattfindet, in der das Lernen am produktivsten ist.[62]

Die Art des Scaffoldings in der ZNE, bei der davon ausgegangen wird, dass sie am hilfreichsten ist, um neue Konzepte in bereits vorhandene zu integrieren, zeichnet sich durch folgende Qualitäten aus:
- Erzeugen bzw. Wecken von Interesse für die Aufgabe;
- Vereinfachen der Aufgabe;
- Aufzeigen des (Lern-)Ziels und Aufrechterhalten dieser Zielvorstellung im Austausch;

---

61 Das Scaffolding wird mittlerweile auch im deutschsprachigen Raum in der Didaktik zur Unterstützung der Sprachbildung von Kindern und Jugendlichen mit Deutsch als Zweitsprache näher erforscht. Hierbei wird besonders auf den Scaffoldingansatz der Australierin Pauline Gibbons zurückgegriffen, die sich zwar auch auf Vygotskij bezieht, jedoch die funktionale Grammatik von Halliday und Hasan (1991) als Ausgangspunkt ihrer Betrachtungen wählt. Bislang fehlt eine systematische theoretische Aufarbeitung des Sammelbegriffs Scaffolding, in der solche (feinen) Unterschiede verdeutlicht werden.

62 Washburn (1994) legt eine Studie vor, in der anhand der Bestimmung der ZNE überprüft wird, ob Lerner in ihrer ZS voranschreiten oder stagnieren und Sprachstrukturen sich verfestigt haben (Fossilierung). Washburns Befunde implizieren, dass bei Sprechern mit Fossilierungen andere Wege der Sprachbildung und -förderung gegangen werden müssen, da sie für Input in der ZNE kaum empfänglich sind und ihre zugrunde liegenden Sprachlernstrategien somit besonders aktiviert werden müssen.

- Aufzeigen schwieriger Schritte oder von Einzelaspekten und explizites Markieren der Diskrepanz zwischen dem, was produziert wurde, und dem, was idealerweise hätte erreicht werden können;
- aufkommende Frustrationserlebnisse während des Problemlösungsprozesses unter Kontrolle halten;
- Aufzeigen bzw. Demonstrieren einer idealtypischen Version der auszuführenden Handlung (vgl. Donato 1994, S. 41).

Der kompetente Partner bleibt während des gesamten Prozesses aktiv und unterzieht das Unterstützungsgerüst einer ständigen Revision in Abhängigkeit von den sich entfaltenden Fähigkeiten des lernenden Kindes. Hat das Kind Schwierigkeiten mit der Aufgabe, ist das Scaffolding zu erhöhen. Beginnt das Kind hingegen, zunehmend Verantwortung für das Geschehen zu übernehmen und seine Tätigkeit selbst zu steuern, kann der Partner das Gerüst nach und nach abbauen.

In der ZSEF wurde das Scaffolding-Konzept erweitert: Danach findet Scaffolding nicht nur zwischen kompetenten Partnern (,Experten') und Lernenden statt, sondern auch zwischen Peers, die sich gegenseitig assistieren und so voneinander lernen (vgl. Ohta 2000, 2001). Donato (1994, S. 42ff.) zeigte anhand von Protokollauszügen, wie sich jugendliche Interaktionspartner bei der Lösung einer Aufgabe in der zweiten Sprache gegenseitig unterstützen: Sie imitierten Modelläußerungen, initiierten gemeinsam ein Sprachspiel und lenkten dabei die Aufmerksamkeit auf formale Sprachaspekte. Mitchell und Myles berichten von einer Studie von Swain und Lapkin, die u.a. dokumentiert haben, wie zwei Schüler in ihrer ZS eine Partnerarbeit ausführen. Sie zeigten im Detail, welche Strategien eingesetzt wurden: „generating and assessing alternatives, correcting each other's second language production, and also using the first language as a tool to regulate their behaviour" (Mitchell/Myles 2004, S. 217). Diese Beobachtungen sind insofern bemerkenswert, als hier demonstriert wird, dass der Rückgriff auf die ES für die Partner eine effektive Strategie der Problemlösung darstellt, um Kontrolle über die auszuführende Handlung zu erlangen.

Es stellt sich die Frage, ob Scaffolding auch tatsächlich zur Sprachaneignung führt. Dies kann in Scaffolding-Situationen selbst nicht untersucht werden, da sich erst später, in Situationen ohne Unterstützung, zeigt, ob die durch Scaffolding hervorgerufenen Elemente tatsächlich angeeignet wurden. Dieser Frage ging Donato (1994) in seiner Studie ebenfalls nach. Bei der Bearbeitung einer interaktiven Lernaufgabe unter Zweitsprachlern wurden 32 Fälle so genannter „scaffolded utterances" dokumentiert. In einer später mündlich bearbeiteten Aufgabe wurde beobachtet, dass 24 der 32 mit Unterstützung getätigten Äußerungen selbstständig ausgeführt wurden. Donato deutet dies so, dass in 24 von 32 Fällen das Scaffolding zur Erweiterung des sprachlichen Wissens geführt hat.

Eine andere Studie widmet sich dem Erwerb von Fragewörtern. Mackey (1999) lies erwachsene Lerner eine Reihe von Lückentests bearbeiten. Einige Studienteilnehmer durften sich mit muttersprachlichen Interaktionspartnern über die Aufgaben austauschen, während andere die Aufgaben ohne Aushandlungen lösen sollten. Es wurden Pre- und Posttests erhoben. Die Resultate zeigten bei den Lernern, die an Aushandlungen teilgenommen hatten, bezogen auf die Formulierung von Fragen und die Verwendung von Fragewörtern eine Entwicklung in statistisch signifikanter Weise. In der Vergleichsgruppe hingegen war keine signifikante Progression zu verzeichnen. Die Studie belegt, dass „taking part in interaction can facilitate second language development" (Mackey 1999, S. 565).

McCafferty et al. (2001) führten eine Studie mit zwei Lerngruppen zum Zusammenhang von Wortschatzerwerb in der ZS und Sprachlerngelegenheiten durch. Gruppe 1 erhielt eine Liste mit unbekannten Tiernamen und der Anweisung, einen Aufsatz zum Thema Zoo zu schreiben und diese Begriffe einzubauen. In Gruppe 2 sollten Interviews mit anderen Lernern geführt werden. Dabei sollten Verbindungen zu eigenen Sprachlernerfahrungen hergestellt und die Bedeutung unbekannter Begriffe erfragt werden. In einem Post-Test zeigte sich, dass die Mitglieder der Gruppe 2, die in Interaktion involviert waren und Bezüge zu eigenen Erfahrungen herstellen konnten, über die vorher unbekannten Begriffe verfügten, während dies bei Gruppe 1 nicht der Fall war. Das Ergebnis dieser Studie ist also dem von Mackey vergleichbar.

Wenn Partner interagieren, d.h. ihre Aufmerksamkeit gemeinsam auf einen Gegenstand richten und kooperieren, führt dies zu einem Aneignungs- bzw. Lernerfolg, wenn es in den Grenzen der ZNE erfolgt, in der der Lerner, z.B. das Kind, für bestimmte sprachliche Konstruktionen empfänglich ist und kognitiv an bereits Vorhandenes angeknüpft wird. Werden diese Grenzen also ausgelotet, so ist es möglich, das Kind in seiner Sprachwerdung sinnvoll zu begleiten. Dabei muss das Unterstützungssystem in sprachlicher Hinsicht je spezifisch aufgebaut werden, denn nur wenn neue Begriffe, Wendungen, grammatische Formen in Reichweite der individuellen Entwicklung liegen, kann das Kind sie auch tatsächlich übernehmen, kreativ weiterverarbeiten und in anderen Kontexten anwenden. Auch sprachliche Anpassungen wie Umgestaltungen oder Erweiterungen kindlicher Äußerungen oder einzelner Äußerungsbestandteile, die der kompetente Partner anbietet, scheinen nur dann unterstützend eingesetzt werden zu können, wenn sie im Bereich der in der ZS erreichten Sprachverarbeitungskapazitäten liegen (vgl. Oliver 1995). Im Hinblick auf diese Anpassungen sind zwei Aspekte zu berücksichtigen:

Zum einen muss der Lerner seine Aufmerksamkeit auf das jeweils angebotene Feedback, also auf Umformungen, Erweiterungen, einzelne sprachliche Formen usw. richten. Bei jüngeren Kindern, die ihre Aufmerksamkeit noch kaum auf formale Aspekte der Sprache richten können, stellt sich allerdings die Frage, in welchem Ausmaß dieser Aspekt eine Rolle spielt. Für sie steht vermutlich eher die

Bedeutung im Zentrum, die einer besonderen (neuen) sprachlichen Konstruktion bei der Ausübung einer Tätigkeit zukommt. Zum anderen hängt die Effektivität des Feedbacks auch damit zusammen, wie deutlich eine Form hervortritt bzw. herausgehoben werden und damit in den Fokus Aufmerksamkeit gerückt werden kann: Umgestaltungen scheinen dann besonders effektiv zu sein, wenn sie mit einem expliziten Hinweis auf den Aspekt, um den es zentral geht, versehen werden (ebd.).

Diese Erkenntnisse können also für die sprachpädagogische Arbeit nutzbringend sein; sie machen vor allem deutlich, wie wichtig es ist, seinen eigenen Sprachgebrauch und sein eigenes Modellverhalten in der Interaktion zu reflektieren und als Werkzeug zur Sprachförderung bewusst einzusetzen (s.u. Kap. 9).

5.3.2 Inneres Sprechen und Engagiertheit in Sprachlerngelegenheiten

Die Untersuchung des inneren Sprechens in der ZS steht ebenfalls in der Tradition Vygotskijs. So versuchte de Guerrero (1994), die Wesensmerkmale des inneren Sprechens in der ZS herauszufinden, indem sie das so genannte „mental rehearsal", also das innere (mentale) Wiederholen, Aufsagen und Einstudieren von Äußerungen, als Sprachlernstrategie bei erwachsenen Zweitsprachlern betrachtete. Neben einer quantitativen Analyse über einen von 426 Zweitsprachlern ausgefüllten Fragebogen, mit dem Formen und Funktionen der inneren Sprache ausfindig gemacht werden sollten, wurden für eine qualitative Analyse zwei kommunikative Aufgaben (Vorstellungsgespräch und Vergleich zweier Bilder) durchgeführt, über die 18 Beteiligte anschließend interviewt wurden. Auf Grundlage dieser Untersuchungen wurde inhaltsanalytisch ein Klassifizierungsschema der formalen und funktionalen Kriterien inneren Sprechens entwickelt (ebd., S. 94ff.). Interessant sind vor allem die Funktionen, die de Guerrero herausgearbeitet hat: So wird das innere Sprechen in der ZS als Werkzeug zur Vorstellung, zur Evaluation, zur Steuerung von Emotionen etwa bei Nervosität sowie zur Selbstinstruktion gebraucht. Es erfüllt demnach in der ZS die gleichen Funktionen wie in der ES, ihm kommt also für die sprachlich-kognitive Entwicklung in der ZS eine ähnliche Bedeutung zu wie in der ES.

De Guerrero fasst ihre Ergebnisse folgendermaßen zusammen (ebd., S. 114): Je höher die sprachliche Kompetenz in der ZS ist, desto eher greifen die Sprecher auf das innere Sprechen zurück. Analog zum inneren Sprechen in der ES, tendieren die Sprecher beim inneren Sprechen in der ZS zur syntaktischen Verkürzung und Vereinfachung; die innere Sprache besteht hauptsächlich aus elliptischen und fragmentarischen Zweitsprachformen, wobei kompetente Zweitsprachler auch Anzeichen expandierter Formen während des ‚mental rehearsals' zeigten. De Guerreros Daten sprechen außerdem dafür, dass das innere Sprechen eine hohe Bedeutung für die Speicherung von Formen und Bedeutungen im Langzeitgedächtnis hat und somit auch erfolgreiches Lernen nach sich ziehen kann.

De Guerreros Ergebnisse sind für die vorliegende Studie und das pädagogische Wirken insofern wichtig, als dass sie einen Zusammenhang herstellt zwischen dem inneren Sprechen in der ZS und der Aneignung der ZS sowie ihrer Verankerung im Gedächtnis. Theoretisch wie auch empirisch arbeitet sie die Rolle des inneren Sprechens als sprachlich-kognitives Werkzeug und seine regulierende Funktion heraus. Im pädagogischen Kontext können Erkenntnisse darüber, welche Funktionen das innere Sprechen bei einem Schüler hat bzw. wie es sich manifestiert, helfen zu bestimmen, inwieweit sich der Schüler sprachlich-kognitiv mit einem Lerngegenstand auseinandersetzt. Auch können sie didaktisch genutzt werden, um das Bewusstsein des Lerners auf den Lernprozess zu lenken. Allerdings muss dazu auf Methoden wie das retrospektive Interview oder „mental rehearsal" oder aber auf das laute Denken (vgl. Speck-Hamdan 2005) zurückgegriffen werden. Bei Kindern im Vorschulalter hingegen bietet es sich an, das egozentrische Sprechen in der ZS als Vorläufer des inneren Sprechens in der ZS zu analysieren. Dies kann wichtige Hinweise auf den Grad der beginnenden inneren Auseinandersetzung mit der ZS und den Grad der Involviertheit und Engagiertheit im Sprachlernprozess liefern.

Ohta (2001) stellt den Zusammenhang zwischen innerem Sprechen und Engagiertheit im Sprachlernprozess noch einmal besonders heraus: Sie begleitete in einer Longitudinalstudie sieben erwachsene Zweitsprachler in verschiedenen Unterrichtssituationen und -settings. Sie fand heraus, dass die beobachteten Zweitsprachler typischerweise dann auf inneres Sprechen zurückgriffen, wenn sie mit neuen oder besonders schwierigen Lerninhalten konfrontiert wurden. Die Aktivierung der inneren Sprache deutet darauf hin, dass sich die Individuen in ihrem ZSE engagieren: So konnten sie in Bezug auf die Artikulation Kontrolle über neue Phonemabfolgen usw. gewinnen, bezüglich der syntaktischen Struktur von Äußerungen Hypothesen überprüfen und sozialen Austausch simulieren.

> Analysis reveals the extent to which *covert learner activity* is a centerpiece of learning processes (…) results show the power of engagement as a factor in L2 acquisition (…) (Ohta 2001, S. 30f., Hervorh. D.L.)

Dieser Befund ist für die sprachpädagogische Praxis bedeutsam, unterstreicht er doch die Relevanz der Eigenaktivität und der Engagiertheit bei der Bearbeitung kommunikativer Aufgaben.

Abschließend soll auf Metakommentare eingegangen werden, zu deren Rolle Frawley und Lantolf (1985) interessante Ergebnisse publizierten. So äußerten Zweitsprachler beim Erzählen einer Geschichte anhand eines Bildimpulses Metakommentare zur Aufgabe (z.B. *Okay, ich soll jetzt also sagen, was die hier machen*), während Erstsprachler keine solchen Kommentare produzierten. Die

Autoren interpretierten dies so, dass die Zweitsprachler die Aufgabe in der ZS versprachlichen, um Kontrolle über die Aufgabe zu erlangen. Indem sie die Aufgabe sprachlich identifizieren, versetzen sie sich selbst in die Lage, damit umzugehen und sie zu lösen. Auch McCafferty (1994) gelangt nach der Re-Analyse verschiedener Studien zu Metakommentaren zu dem Schluss, dass Metakommentare für selbstregulierende sprachlich-kognitive Tätigkeiten stehen und zeigen, dass das Subjekt eine Aufgabe verstanden hat. Hingegen seien dialogische und an sich selbst gerichtete Äußerungen der Art *Was sehe ich da?* ein Anzeichen dafür, dass die Kontrolle über den Problemlösungsprozess erst noch erlangt werden müsse.[63]

5.3.3 Resümee

Sprachaneignung und Sprachlernen werden aus soziokultureller Perspektive als Problemlösungstätigkeiten angesehen. Damit ist es möglich, diese Prozesse mit allgemeinen Konzepten von Kognition und Entwicklung zu verbinden. Der soziale Austauschprozess ist das zentrale Element für die Herstellung gemeinsamen Wissens; dies gilt auch in Bezug auf formales Sprachwissen. Wissen wird zu Beginn der Entwicklung intermental entwickelt und im weiteren Verlauf vom Individuum angeeignet und internalisiert (Prozess der Interiorisierung). Dementsprechend haben das Scaffolding in der ZNE sowie das innere bzw. als Vorläufer das egozentrische Sprechen eine besondere Bedeutung beim ZSE. Sie sind Instrumente zur Entwicklung der Selbstregulation, also der Entwicklung autonomer Kontrolle über neues Wissen – das Scaffolding als ‚äußeres‘, das egozentrische Sprechen als ‚inneres‘ Instrument.

Kritisch ist allerdings die Frage zu betrachten, inwieweit der soziokulturelle Ansatz tatsächlich zur Erklärung des ZSE beitragen kann. Es ist kaum zu überprüfen, ob die erfolgreiche Aneignung einer Form auf effektives Scaffolding zurückzuführen ist oder ob es lediglich an der verstrichenen Zeit und dem weiteren Kontakt mit der ZS (exposure) liegt, dass Fortschritte erzielt wurden. Damit verbunden ist die bislang ebenfalls ungeklärte Frage,

> whether intervention in the zone of proximal development simply scaffolds people more rapidly along common routes of interlanguage development, or whether it can bypass or alter these routes, by skilled co-construction. (Mitchell/Myles 2004, S. 222)

Umstritten ist auch, was als Anzeichen für Lernen angesehen werden kann und was nicht. „In much socio-cultural discussion, the co-construction of new language and

---

63 Hier zeigen sich Parallelen zu dem Befund von Andresen, dass Kinder mit metakommunikativen Handlungen sprachlich-kognitive Kontrolle über ihre Spielhandlungen gewinnen (s.o. Kap. 4.3.2.2).

its immediate use in discourse, is equated with learning" (ebd., S. 221). Hier ist es also erforderlich zu differenzieren.

Für die (Sonder-)Pädagogik ist der Ansatz deshalb besonders interessant, weil sich hieraus neue Möglichkeiten der Sprachförderung und -bildung in sprachlich heterogenen Gruppen ergeben können (vgl. Gibbons 2006). Auch kann die Perspektive dazu beitragen, wichtige Einblicke in den Ko-Konstruktionsprozess im ZSE, die Eigenaktivität und Engagiertheit bei Sprachlerngelegenheiten sowie die beteiligten sprachlich-kognitiven Prozesse zu gewinnen.

5.4 Befunde aus funktional-pragmatischen Ansätzen

It's harmonious to work with countable things (witness the ubiquitous morpheme acquisition studies in language acquisition); when you've finished you have charts and numbers and figures or sets of eloquent rules to show. Everything fits (or can be nicely explained if it doesn't), and the world of data stays put. It doesn't twist or shift under you every time you look at it. Nothing seems nicely defined in discourse analysis, and many feel that all we have so far is „fuzzy thinking" and lots of obvious generalities. (Hatch/Long 1980, S. 35)

Der funktional-pragmatische Zugriff auf die Entwicklung und Organisation von Diskursen im ZSE, wurde in den 1970er Jahren im angloamerikanischen Raum entwickelt (vgl. Hatch 1978, Larsen-Freeman 1980). Hatch vertritt die Ansicht, dass zwischen Interaktion und Entwicklung der ZS enge, komplexe Zusammenhänge bestehen: „(...) one learns how to do conversation, one learns how to interact verbally and out of this interaction syntactic structures are developed" (Hatch 1978, S. 409). Diskursstrukturen (im Sinne von Tiefenstrukturen, vgl. Ehlich 1991; s.o. Kap. 4.2) bilden demnach den Ausgangspunkt der Entwicklung von Satzstrukturen im ZSE. Durch Kommunikationsstrategien und Anpassungen wird der Input so bearbeitet, dass er für den Lerner verständlich wird.[64] Über das Aushandeln von Bedeutungen im Sinne eines erweiterten Feedbacks werden die fremden Strukturen zu geteilten und in der weiteren Entwicklung zu eigenen. Das folgende Beispiel veranschaulicht den Beginn dieses Prozesses, bei dem der Erwachsene Äußerungen anbietet, die das Kind teilen (und bruchstückhaft übernehmen) kann:

Child: *Lookit.* (pointing)
Adult: *Uh-huh, it's a fly.*
C: *Fly.*
A: *What about the fly?*
C: *Eat.*
A: *What's he eating?*

---

64 Dies entspricht dem Scaffolding im soziokulturellen Ansatz (s.o. Kap. 5.3.1).

C: *Flower.*
A: *Mmhmm, he's eating. Oh-oh, there he goes.*
C: *oh-oh go.*
(aus: Hatch/Long 1980, S. 32)

Den Ausgangspunkt der Betrachtung bilden im funktional-pragmatischen Paradigma der Aushandlungsprozess und die kommunikativen Intentionen der Gesprächspartner. Darum werden Sprachhandlungen sowie ihr unmittelbarer sozialer, physischer und diskursiver Kontext, der dem Lerner hilft, Intentionen auszudrücken, beleuchtet und davon ausgehend Form-Funktions-Analysen vorgenommen. Vor diesem Hintergrund diskutiert Hatch (1978) auch Unterschiede zwischen erwachsenen und kindlichen Lernern, die in anderen Forschungsrichtungen häufig ausgeblendet werden: So könne der Erwerb von Erwachsenen nicht mit dem im Kindesalter gleichgesetzt werden, weil erstere auf ein größeres Repertoire an Sprach- und Weltwissen zurückgreifen könnten. Während erwachsene Lerner z.B. schnell mit abstrakten Themen konfrontiert werden, kommen Kinder eher mit solchen in Kontakt, die sich im Hier-und-Jetzt abspielen und bei denen sie Hinweise aus dem außersprachlichen sozialen Kontext zur Orientierung nutzen können, um ihre Bedeutung zu erfassen.

Eine Reihe von Studien liegt zu Fragen der Ausübung von Diskursfunktionen und Diskursorganisation im ZSE vor. Hier wird betrachtet, wie sich Kohäsion und Kohärenz in Erzählungen entwickeln und welche Formen dabei für welche Funktionen verwendet werden. Die Basis der Analyse bilden funktionale Kategorien im Sinne von Akteur/Agent (z.B. Mama) und Aktion/Handlung (z.B. fahren), Thema-Rhema-Gliederung usw. Viele Studien beschäftigen sich darüber hinaus im Detail mit der Entwicklung der Markierung von Temporalität, Raum oder Modalität im Diskurs (vgl. Mitchell/Myles 2004). Im Folgenden wird die Diskursorganisation im ZSE genauer betrachtet. Dabei stehen unterschiedliche Modi des Sprachgebrauchs im Vordergrund.

5.4.1 Parataktischer und syntaktischer Sprachgebrauch

Wie die ESEF nimmt auch die ZSEF auf Bühlers Unterscheidung zwischen Zeig- und Symbolfeld Bezug, um Fragen der Diskursorganisation im ZSE zu beleuchten (s.o. Kap. 4.1). Talmy Givóns (1979, S. 85ff.) Unterscheidung von pragmatischem und syntaktischem Sprachgebrauch bildet die Grundlage für verschiedene Studien. Diese unterschiedlichen Sprachgebrauchsweisen (Modi) lassen sich als die zwei Pole einer Skala darstellen. Zum pragmatischen Modus gehört die informelle Sprache wie auch die Sprache, die Kinder sich aneignen; sie ist im situativen Kontext verankert und von diesem abhängig – unabhängig davon, ob es sich um ES oder ZS handelt. Sprache ist hier konkret und holistisch und nicht abstrakt und regelgeleitet. Im syntaktischen Modus hingegen, der sich durch formale Sprachstile auszeichnet, werden innersprachliche Beziehungen hergestellt, um Bedeutung zu transportieren.

Eine breite Form-Funktions-Analyse wurde von Sato (1990) vorgelegt, die Givóns Sprachgebrauchsmodi adaptierte und konkretisierte. Sie unterscheidet zwischen Parataxe (orientiert am pragmatischen Modus von Givón) und Syntaktisierung (orientiert am syntaktischen Modus von Givón). Der parataktische Gebrauch ist durch die Abhängigkeit von diskurs-pragmatischen Faktoren der face-to-face-Kommunikation geprägt. So ist er etwa abhängig vom geteilten situativen Wissen der Interaktionspartner, deren Zusammenarbeit sowie davon, dass eine Proposition über mehrere Gesprächszüge mitgeteilt wird. Die Sprecher machen nur geringen Gebrauch von morphosyntaktischen Markern. Der syntaktische Gebrauch ist gekennzeichnet durch die zunehmende Verwendung morphosyntaktischer Markierungen und Muster bei gleichzeitigem Rückgang der Abhängigkeit vom diskurs-pragmatischen Kontext. Die Mitteilung einer Proposition erfolgt in einer einzigen Äußerung (ebd., S. 51f.; vgl. Ehlichs Unterscheidung zwischen Sprechhandlungssequenz und Sprechhandlungsverkettung).

Sato führte eine Longitudinalstudie mit zwei Jungen ab dem frühen Teenageralter durch, die als „boat people" in die USA gekommen waren und Englisch als ZS erwarben (ihre ES war Vietnamesisch). Sie begleitete die beiden zehn Monate lang und nahm in wöchentlichem Abstand alltägliche Konversationen auf. Sie untersuchte anhand der Herstellung von Vergangenheitsbeziehungen, wie die beiden vom parataktischen zum syntaktischen Modus gelangten und stellte nur eine geringe Entwicklung fest. Beide Jungen drückten Vergangenes vorrangig durch Adverbien aus oder deduktiv aus dem Diskurskontext. Darüber hinaus wurden Vergangenheitsflexionen kaum gebraucht, was aber selten zu kommunikativen Problemen führte. Die beiden Jungen erlebten so gut wie keinen ‚kommunikativen Druck', um Vergangenheitsbeziehungen durch entsprechende Flexionen zu markieren. Sato wies außerdem darauf hin, dass im Input, den die Jungen erhielten, Vergangenheitsflexionen nicht deutlich hervortraten. Dies habe ebenfalls zu der beobachteten Entwicklung beigetragen.

In Bezug auf die Propositionsmitteilung hatte Sato angenommen, dass der Gebrauch von Konnektoren und anderen Mitteln zur Kohärenzgestaltung im parataktischen Modus gering sein würde, während im syntaktischen Modus die Unterstützung des Gesprächspartners abnehmen und morphosyntaktische Beziehungen hergestellt würden (ebd., S. 93). Ihre Ergebnisse bestätigten diese Annahmen jedoch nicht vollständig. So war zu Beginn der Studie der Anteil an Propositionen auch ohne die Unterstützung der Gesprächsteilnehmer hoch. Sato führte dies auf den ‚kognitiven Reifegrad' der Jungen zurück, der erheblich höher lag als bei den Kindern, die in Untersuchungen zum ESE oder frühen ZSE üblicherweise betrachtet werden (ebd.; vgl. Hatch 1978). Die einfache Nebeneinanderstellung mit dem Konnektor *and* war das dominante Muster und es wurden vor allem unanalysierte Formeln (chunks) oder Äußerungssegmente verwendet. Damit konnte sie zeigen, dass lexikalisch-semantische Einheiten wichtige Startpunkte markieren, um die Grammatik der ZS zu erwerben.[65]

Satos Studie ist für diese Untersuchung in mehrfacher Hinsicht bedeutsam:
- Es wird zwischen Parataxe und Syntaktisierung unterschieden und so der Prozess der sprachlichen Aneignung sowie die Organisation der Diskurse in Abhängigkeit davon auf diesem Kontinuum verdeutlicht.
- Die Bedeutung sprachlicher Formeln und lexikalischer Einheiten für die Entwicklung neuer syntaktischer Muster im ZSE wird aufgezeigt.
- Es wird darauf hingewiesen, dass der Stand der kognitiven Entwicklung berücksichtigt werden muss.
- Es wird auf die Grenzen von Alltagsinteraktion als Motor der syntaktischen Entwicklung hingewiesen: So können kommunikative Probleme in diesen Kontexten routiniert durch diskurspragmatische Mittel gelöst werden.

5.4.2 Resümee

Die zentrale Annahme der funktional-pragmatischen Perspektive ist, dass die sprachliche Entwicklung durch kommunikative Bedürfnisse geleitet wird und dass die Lernenden sich formale sprachliche Ressourcen aneignen, um komplexe Muster der Propositionsmitteilung zu realisieren. Ihr besonderer Beitrag ist, dass sie das Verständnis für die frühen Konversationen, in denen das grammatische System der Lerner noch nicht oder nur rudimentär entwickelt ist, gefördert und das Zusammenspiel formaler und funktionaler Aspekte in der Sprachaneignung überhaupt erst thematisiert hat. So wurde aus dieser Perspektive die Bandbreite sprachlicher Mittel beleuchtet, die Lerner anwenden, um Bedeutung im Kontext auszuhandeln und zu übermitteln. Darüber hinaus wurde in diesem Paradigma der Blick auf die Diskurs-

---

65 Diese Erkenntnis geht auch mit Annahmen von Tomasello (1992, 2003) bezüglich des ESE konform: Er postuliert, dass das Kind sehr eng auf seine sprachliche Umgebung bezogen ist, in der es sprachliche Versatzstücke hört und imitiert. In seinen Experimenten zeigt er, dass Kinder neue Wörter zunächst in den konkreten Konstruktionen übernehmen, in denen sie sie gehört haben. Diese Konstruktionen ließen sich nur schwer verändern. Daher beschreibt er diese frühen Äußerungen als itemgebundene Konstruktionen (Inseln) mit geringer Flexibilität. Mit diesen Konstruktionen kann das Kind entweder schöpferisch oder konservativ umgehen, d.h. wie eng sich das Kind am Input und dem sprachlichen Muster orientiert, zeigt sich in einem eher konservativen oder kreativen Verhalten. Kritik an dieser Auffassung kommt von Kauschke (2007), deren Studien ihrer Ansicht nach belegen, dass der Input zwar ein Modell liefert, an dem sich Kinder orientieren, dass diese aber auch eigendynamische Zwischenschritte durchlaufen, die nicht im Input vorgegeben werden. „Der Erwerbsverlauf ist somit nicht als reine Imitation oder durchgehend enge Inputgebundenheit zu interpretieren, sondern eher als kreative Verarbeitungsleistung, die darin besteht, Informationen zu extrahieren und weiter zu verwenden" (ebd., S. 9).

organisation bei der Sprachaneignung gelenkt, um der Frage nachzugehen, wie Lerner in ihren Beiträgen Kohärenz und Kohäsion erzeugen.

5.5 Abschließende Betrachtung der vorgestellten Ansätze und Befunde

Wie in diesem Kapitel gezeigt wurde, gibt es in der ZSEF vielfältige Forschungsperspektiven. Durchgesetzt hat sich der Blick auf den ZSE als „product of rule formation" (Larsen-Freemann/Long 1991, S.11), der bis heute führend ist. Die hier vorgestellten Perspektiven hingegen richten ihr Augenmerk auf den sozialen Kontext, in dem Sprachaneignung stattfindet, und die Interaktionen, in die Lerner sprachlich-kognitiv involviert sind. Dabei bearbeiten sie diese beiden Aspekte auf die spezifische Art und Weise der jeweils zugrunde liegenden Tradition.

Soziolinguistische Studien heben auf die Einbindung der Lernenden in *kommunikative und kulturelle Praktiken* ab, die in der jeweiligen Gemeinschaft vorherrschen und die sich entsprechend in der erst- und der zweitsprachlichen Sozialisation unterscheiden können. Sie zeigen die Bedeutung von *Routinen* für den frühen ZSE auf und öffnen den Blick für die Gruppe (‚community of practice') und ihren Anteil an der Schaffung von *Sprachlerngelegenheiten*. Die Teilhabe an Ressourcen und Praktiken der Gruppe hängt nicht allein von den Lernern ab, sondern auch von den (Re-)Aktionen der Mitglieder.

In soziokulturellen Ansätzen wird Interaktion als *Ko-Konstruktions- bzw. Aushandlungsprozess* verstanden, in dem die Gesprächspartner durch Austausch ihr sprachliches Wissen erweitern und sich neues Wissen aneignen (Interiorisierung). Dabei bauen die Partner ein Unterstützungssystem (Scaffolding) auf, indem sie sprachliche *Anpassungsleistungen* an den jeweiligen Sprachentwicklungsstand des Lernenden vollziehen, um ihm Verstehen zu ermöglichen. Die Studien zeigen, dass ein sprachliches Durchdringen einer Aufgabe und ein Wissenszuwachs vor allem durch Aushandlungen in der ZNE erfolgen, indem z.B. an eigene Erfahrungen und die in Reichweite liegenden Entwicklungsmöglichkeiten angeknüpft wird. Entscheidend ist, die *Aufmerksamkeit* des Lerners zu wecken und sie auf im Input kaum hervortretende Sprachaspekte zu lenken.

Auch die *kognitive Seite* des Sprachaneignungsprozesses, nämlich der Gebrauch von Sprache als Werkzeug zur Bewusstwerdung, wird im soziokulturellen Paradigma behandelt. Die Befunde zum *inneren Sprechen* als einer bedeutsamen Komponente dieses Prozesses zeigen, dass dessen Funktionen sich in der ES und der ZS gleichen. Ähnliches zeigt die psycholinguistische Forschung zu *Kommunikationsstrategien*, die sprachunabhängig zur Verfügung stehen. Darüber hinaus lassen sich diese Strategien nach den ihnen zugrunde liegenden psychischen

Prozessen hierarchisieren und dadurch die ‚Effektivität' ihres Gebrauchs im Hinblick auf die Aneignung bewerten.

Die funktional-pragmatische Herangehensweise schließlich lenkt den Blick stärker auf die Entwicklung unterschiedlicher *Sprachgebrauchsmodi* und macht deren Abhängigkeit vom Kontext und seiner Form deutlich. So trägt die Alltagsinteraktion im ZSE wenig dazu bei, dass Lerner ihre Äußerungen syntaktisieren. Deutlich wurde auch die Bedeutung von Formeln und lexikalischer Einheiten im ZSE.

In diesem Kapitel wurde eine Reihe von Ergebnissen zusammengetragen, die eine Basis bieten, um im sprach(heil)pädagogischen Rahmen sprachlich-kognitive Entwicklungswege von Kindern im ZSE nachzuzeichnen und fördernd zu begleiten. Damit verschiebt sich der Fokus von Merkmalen des ‚Fremden' und ‚Anderen' im Sprachgebrauch und Sprachaneignungsprozess von mehrsprachigen Kindern hin zur Betrachtung zentraler Entwicklungsprozesse sowie der Bedingungen, unter denen sich diese abspielen.

6. Eine integrative Sicht auf den frühen ZSE

Die bisher dargelegten Grundlagen werden in diesem Kapitel zusammenfassend diskutiert, um eine integrative Sicht auf das Kind im frühen ZSE zu entwickeln. Ziel einer solchen Perspektive ist es, den Blick auf allgemeine Entwicklungslinien in der sprachlich-kognitiven Aneignung zu lenken, die funktionale Bedeutung dieser Aneignungsprozesse herauszustellen und dabei die interaktive, soziale und kulturelle Dynamik zu berücksichtigen. Damit werden wissenschaftliche Grundlagen für den ZSE in der frühen und sukzessiven Sprachlernsituation (Kita) bereitgestellt und die Entwicklung zentraler Beobachtungsfelder und Kategorien zur Untersuchung sprachlich-interaktiver Prozesse im frühen ZSE (s.u. Kap. 8) vorbereitet.

6.1 Theoretische Grundlagen

In einer integrativen Sicht wird das mehrsprachige Kind als Akteur seiner Entwicklung betrachtet, als ein sich selbst organisierendes System, das einerseits mit seiner Umwelt im Austausch steht und sie sich aneignet und andererseits seinen Entwicklungsprozess selbst reguliert und organisiert. Diese im System angelegte Wechselbeziehung zwischen Subjekt und Umwelt zur Herstellung eines Gleichgewichts bestimmt die inneren Entwicklungsprozesse und auch die für das individuelle Kind jeweils sinnhafte Entwicklungslogik. Entwicklung bedeutet zuallererst eine dynamisch-prozesshafte qualitative Veränderung bereits angeeigneter Funktionen und Fähigkeiten; daher ist sie eher als zirkulärer Prozess denn als linearer Anstieg zu betrachten. Im Zuge einer hierarchischen Integration werden alte Muster nicht abgelegt, sondern in die nächste Phase mitgenommen, wo sie sich differenzieren und verändern. Die bestimmenden Faktoren in diesem Entwicklungsprozess sind Äquifinalität, Multifinalität und Epigenese (s.o. Kap. 1.1). Um Entwicklungen beim Kind zu verstehen, muss der Blick daher einerseits auf seine Beziehung zur und Interaktion mit der Umwelt gelenkt werden und andererseits auf die Funktionen bestimmter Verhaltensweisen und somit auf die Bedeutung und Sinnhaftigkeit, die sie für das Kind haben.

Will man sich vor diesem Hintergrund mit sprachlicher Entwicklung und Mehrsprachigkeit auseinandersetzen, erfordert dies einen dynamischen, funktionsorientieren Sprachbegriff, der auch den sozialen (und kulturellen) Kontext einbezieht (s.o. Kap. 1.2). So wird Sprache in einer integrativen Sicht als dynamisches Gebilde und kulturgebundenes Werkzeug zum Kommunizieren und Kognizieren angesehen. Sprache entfaltet sich in Relation zu den Funktionen, denen sie dient – dieser Aspekt ist bei Mehrsprachigkeit besonders augenfällig. Sprache ist somit kein autonomes, einmal entwickeltes und damit festgeschriebenes, homogenes

System, sondern sie ist abhängig von den Bedürfnissen derer, die sie gebrauchen. Mehrsprachigkeit wird davon ausgehend als ein dynamisches Konstrukt und ein zusammengehöriges Ganzes betrachtet. Die verwendeten Sprachen sind miteinander verwoben und dienen dem Auf- und Ausbau kommunikativer Fähigkeiten und kognitiver Funktionen. Durch die ‚Interaktion', also das Zusammenwirken der Sprachen wird besonders das Variabilitätspotenzial von Sprache ausgeschöpft. Mehrsprachige Kompetenz besteht darin, mehrere Sprachen flexibel – nämlich je nach Situation, Partner und Gegenstand – und funktional, also wirksam zu gebrauchen. Sprachmischungsphänomene wie der Sprachwechsel sind integraler Bestandteil von Mehrsprachigkeit. Dass sie nichts Besonderes oder Abweichendes sind, sondern alltägliche Praxis, zeigt sich, wenn der Blick auf das situative Sprachverhalten Mehrsprachiger gerichtet wird und anhand des von Grosjean eingeführten „language mode model" die Sprechsituation charakterisiert und der Grad der Aktivierung oder Deaktivierung der jeweils verfügbaren Sprachen bestimmt wird (s.o. Kap. 2).

Auf welche Weise und in welchem Maße die mehrsprachige Kompetenz, Sprachen flexibel zu gebrauchen, ausgebaut wird, hängt vom Umfeld des Kindes, vom sozialen und sprachlichen Erwerbskontext ab. So ist z.B. in manchen Kontexten keine hohe Flexibilität erforderlich, da die Bezugspersonen die Sprachen eher trennen. In anderen Kontexten hingegen ist der Sprachstil der das Kind umgebenden Personen und seiner Lebenswelt von Flexibilität geprägt. Letztlich spielt es auch eine Rolle, inwieweit die Umgebung, insbesondere die (sprachliche) Mehrheit, flexibles Sprachverhalten toleriert. Mehrsprachigkeit ist also immer vor dem Hintergrund der sozialen Praxis ihrer Sprecher (Anforderungen der Sprechsituation, Kommunikationsbedürfnisse usw.) zu betrachten. Zudem ist zu berücksichtigen, dass sich die mehrsprachige Kompetenz abhängig von den Lebensumständen (des Sprechers) entwickelt und somit einem stetigen Wandel unterliegt. Dies zeigt sich auch in den verschiedenen Wegen mehrsprachigen Aufwachsens.

Wird in einer integrativen Sicht die Funktion von Sprache als Werkzeug des Denkens betrachtet, liegt der Fokus auf der kognitiven Entwicklung vermittelt durch Sprache im sozialen Austausch. Hier interessiert insbesondere der Zusammenhang zwischen dem Sprachgebrauch und der Entwicklung und Bewusstwerdung psychischer Prozesse und Funktionen. Dieser Zusammenhang bzw. dieses Wechselverhältnis zwischen sprachlicher und kognitiver Entwicklung wird in Vygotskijs Theorie besonders deutlich. Psychische Prozesse sind zunächst noch äußerlich und werden durch sozialen Austausch und praktische Tätigkeit interiorisiert; so werden sie zu Werkzeugen für das Individuum zur Steuerung seines Bewusstseins und Handelns. In der Entwicklung sind zunächst Handlung und Gegenstand dominant. Im weiteren Verlauf eignet sich das Kind die äußere Beziehung zwischen Wort und Gegenstand an, Sprache und Handlung bzw. Gegenstand stellen zunächst also eine kontextgebundene Einheit dar. In der nächsten Phase lockert sich diese Verbindung zunehmend, Sprache und Bedeutung werden dominant und Handlung und Gegenstand werden davon abhängig. Das Kind beginnt Sprache als symbolisches Werkzeug zu entdecken, sich allmählich die innere Beziehung zwischen Zeichen und Bedeutung zu erschließen und mentale Repräsentationen von Wortbedeutungen aufzubauen. Ab hier kreuzen sich die kognitiven und sprachlichen Entwicklungswege und beeinflussen sich wechselseitig. Die psychischen Funktionen wie Wahrnehmung, Gedächtnis oder Aufmerksamkeit differenzieren sich ebenfalls und erfahren qualitative Veränderungen. Damit verändern sich auch die Beziehungen zwischen den jeweiligen Funktionen. Dieser Prozess zeigt sich deutlich in der Begriffsentwicklung oder auch in der zunehmenden Fähigkeit, die Aufmerksamkeit auf die Ausübung bestimmter Tätigkeiten zu lenken (s.o. Kap. 3).

In dieser Wechselbeziehung zwischen sprachlicher und kognitiver Entwicklung spielt der soziale Austausch eine besondere Rolle. Die (sprachlichen und nicht-sprachlichen) äußerlichen Tätigkeiten werden gemeinsam ausgeführt und damit von den Partnern geteilt. Nach und nach entwickeln sie sich zu inneren Handlungen, d.h. das Kind kann über sie verfügen, sie zunehmend selbst steuern und einsetzen. Besonders fruchtbar ist dieser Prozess, wenn das Kind in seiner ZNE handelt und kompetente Interaktionspartner einen Unterstützungsrahmen (Scaffolding) schaffen, indem sie die sprachlich vermittelten Tätigkeiten soweit steuern, dass das Kind sie verinnerlichen kann (s.o. Kap. 3.4, Kap. 5.3.1). Das Gegenstück zum dialogischen Scaffolding ist das (monologische) egozentrische Sprechen, das der Bewusstwerdung besonders in Situationen dient, in denen das Kind bei der Situationsbewältigung (Problemlösung) auf Hürden trifft und mit seinen bisherigen Handlungsroutinen nicht weiterkommt. Egozentrisches Sprechen kennzeichnet die eigenaktive Auseinandersetzung mit der Handlung vermittelt durch Sprache (s.o. Kap. 3.5, Kap. 5.3.2).

In Bezug auf (sprachliche) Dekontextualisierungsprozesse wird im Rahmen einer integrativen Perspektive auf funktional-pragmatische Theorien zurückgegriffen. Hier interessieren vorrangig die Vorläuferfähigkeiten der kontextreduzierten und kognitiv anspruchsvollen Sprache, d.h. die beginnende Herauslösung sprachlicher Zeichen aus dem außersprachlichen (situativen) Kontext. Diese Entwicklung setzt bereits wichtige kognitive Entwicklungsschritte voraus im Hinblick auf sprachliche Kooperation, Weltwissen, Einnahme der Perspektive des Gegenübers sowie Wissen darüber, wann geteiltes Wissen vorausgesetzt werden kann.[66] Im Diskurs drückt sich diese Entwicklung in der zunehmenden innersprachlichen Verkettung von Äußerungen zu kohärenten und kohäsiven Beiträgen aus. Sprachvergleichende Studien zeigen dabei, dass Kinder bis zum Eintritt in die

---

66 Diese sozial-kognitiven Leistungen stehen mit der sich entwickelnden Sprache in Verbindung. Anhand von Untersuchungen kann bestätigt werden, dass „trotz unterschiedlicher Sprachsysteme die Entwicklung dieser sozial-kognitiven Kompetenz einen vergleichbaren Verlauf zu nehmen scheint" (List 2006, S. 36).

Schule allgemein noch nicht zwischen erster und nachfolgender Erwähnung von Akteuren, Sachverhalten und Gegenständen unterscheiden, auch wenn sich die Einzelsprachen darin unterscheiden, welche Mittel sie jeweils zur Verfügung stellen, um Kohäsion zu erzeugen (s.o. Kap. 4.2).

Die von Bühler eingeführte Unterscheidung zwischen Zeig- und Symbolfeld und die damit verbundenen unterschiedlichen Sprachmodi und Zeichen ermöglichen es, die sprachlich-kognitive Entwicklung ausgehend vom Agieren im Zeigfeld, d.h. vom sympraktischen Sprachgebrauch zu beleuchten. Insbesondere der Gebrauch von Anaphern als Brücke zum Symbolfeld und zum Verwenden referentieller Zeichen ist hier relevant, da er den Übergang zum dekontextualisierten Zeichen-Zeichen-Gebrauch bildet (s.o. Kap. 4.1).

Im Spiel als zentraler Lern- und Interaktionsform spiegeln sich die kognitiven und sprachlich-interaktiven Entwicklungsschritte wider, insofern wird es in einer integrativen Sicht ebenfalls berücksichtigt (s.o. Kap. 4.3.1). So überwiegt im Parallelspiel der sympraktische Sprachgebrauch, da hier noch kein gemeinsamer Gegenstandsbezug hergestellt wird und somit keine verbale Kooperation stattfindet. Im Konstruktionsspiel zeigen sich ähnliche Tendenzen bezüglich des Sprachgebrauchs; in diesen Spielen tritt außerdem das egozentrische Sprechen auf. In der weiteren Entwicklung im Vorschulalter nehmen Fantasie- und Rollenspiele und damit auch die verbale Kooperation und kognitive Steuerung zu. Dies drückt sich im Sprachgebrauch so aus, dass Zeichen-Zeichen-Beziehungen im kontextlichen Zeigfeld mit Anaphern hergestellt werden. Durch Metakommunikation wird Sprache dekontextualisiert gebraucht, indem sie in einen neuen, imaginierten Kontext überführt wird. Dem fantastischen Spiel, dem ‚So-tun-als-ob‘, kommt im Vorschulalter demnach eine besondere Bedeutung zu, da hier bereits mit inneren Repräsentationen, d.h. mit Vorstellungen von Handlungen, Gegenständen, Personen usw. sprachlich gehandelt wird. Hier zeigt sich deutlich der sukzessive Abbau des Egozentrismus.

6.2   Der ZSE als Ko-Konstruktionsprozess

Durch interaktive Prozesse der Kommunikation werden kognitive Prozesse angeregt, die unter bestimmten Bedingungen zu Strukturänderungen des kognitiven Systems und so zur Erweiterung der kommunikativen Kompetenz in der Zweitsprache führen. (Frischherz 1997, S. 69)

Auf der Basis dieser grundlegenden Ausführungen kann der ZSE als Ko-Konstruktionsprozess oder als Produkt des „Zusammenwirkens von interaktiven und kognitiven Konstruktionsprozessen" verstanden werden (ebd.). In diesem Prozess wird die Innen-Außen-Dichotomie der Interaktionspartner überwunden, indem die Absichten und Ziele sowie die inneren Vorgänge des einen Partners in äußerliche Sprachhandlungen überführt werden, die dem anderen Anleitung und Orientierung bieten, um „die Wissensinhalte zu erzeugen, welche das vom Sprecher Gemeinte darstellen" (Lenke/Lutz/Sprenger 1995, S. 74). Der soziale Austausch, die Interaktion als äußerliche Handlung, ist somit die Verbindung zwischen den nach außen abgeschlossenen Innenwelten der Subjekte.

Die Aneignung der ZS erfolgt durch den Filter der ES. In dieser hat das Kind bereits die Strukturabhängigkeit von Sprache erfahren, monologische und dialogische Fähigkeiten erworben und begonnen, kognitive Konzepte zu entwickeln. Die damit einhergehende Veränderung seiner kognitiven Struktur wirkt sich wiederum auf seine Handlungsmöglichkeiten und die weitere Sprachaneignung aus. Wesentliche Funktionen von Sprache im Entwicklungsprozess haben ihren Ursprung also in der ES. Sie werden in den frühen ZSE eingebracht, der sich somit vor dem Hintergrund dieser sich entfaltenden Funktionen vollzieht (s.o. Kap. 2.3).

Der frühe ZSE findet in sozialen Interaktionen statt. Ko-Konstruktionsprozesse regen Prozesse an, die zur Aneignung von Wissen führen, was wiederum mit einer kognitiven Umstrukturierung einhergeht. Insbesondere das Handeln in der ZNE mit kompetenten Partnern ermöglicht dem Kind, seine aktuellen sprachlichen und kognitiven Grenzen stetig zu erweitern, da es hier sensibel für neue (sprachliche) Handlungen ist und gleichzeitig Unterstützung erfährt (s.o. Kap. 3.4, Kap. 5.3.1).

Beim Spracherwerb in der Kita finden in sozio-kognitiver, sprachlich-kognitiver und interaktiver Hinsicht zentrale Entwicklungsschritte statt. Dabei handelt es sich um ein komplexes Gefüge, in dem alle Teilprozesse wechselseitig aufeinander einwirken und Entwicklungen in alle Richtungen anstoßen. Diese Prozesse laufen sowohl bei monolingual aufwachsenden Kindern wie auch bei mehrsprachigen ab.[67] Dass sich die Kinder in dieser Phase also eine zweite Sprache zusätzlich zu ihrer ersten aneignen, in der sie bereits die ersten Entwicklungsschritte gegangen sind, ist demnach nur *ein* Aspekt des gesamten Entwicklungsgefüges.

Der frühe ZSE zeichnet sich zunächst – wie der ESE auch – durch implizite und imitative Lernvorgänge aus, besonders dann, wenn das Kind die ZS in einer Umgebung erwirbt, in der es Sprache in interaktiven Alltagsroutinen erlebt. Es greift auf ein holistisches ‚Strategien-Set' zurück, das aufgrund der beschränkten sprachlichen Mittel noch weitgehend aus der Imitation und Übernahme sprachlicher Ganzheiten aus Handlungsroutinen und der Imitation von Äußerungselementen besteht (s.o. Kap. 2.3.2). In der ES kann es möglicherweise bereits hierarchisch höher angesiedelte Problemlösungsstrategien wie z.B. Paraphrasieren anwenden (s.o. Kap. 5.2). Doch kann der ‚Zugriff durch Imitation' als erste konstruktive Auseinandersetzung mit dem neuen Gegenstand (der ZS) begriffen werden. Die Aneignung der ZS dient in dieser Phase kommunikativen Zwecken und dem Aufbau

---

67 Jampert (2002, S. 61) sieht dies ähnlich und behandelt den mehrsprachigen Spracherwerb von Kindern als „Erweiterung und Ergänzung der allgemeinen Bestimmungen des Spracherwerbs".

sozialer Beziehungen. Sie eröffnet dem Kind die Chance, Zugang zu vielfältigen Sprachlerngelegenheiten in seiner ‚community of practice' zu erhalten (s.o. Kap. 5.1.1).

Hinsichtlich seiner diskursiven Entwicklung in der ZS ist das Kind noch auf den Anker des außersprachlichen Kontextes angewiesen, um seinen Partner zu orientieren. Das liegt nicht *nur* an seinen begrenzten sprachlichen Mitteln; eine gewichtigere Rolle spielt die Tatsache, dass die Ablösung der Sprache von der Handlung und dem Kontext aufgrund der kognitiven Entwicklung ganz allgemein erst nach dem dritten Lebensjahr stattfindet. Im Zuge dessen beginnt die kognitive Erschließung, die Bewusstwerdung eigener sprachlicher und nichtsprachlicher Tätigkeiten. Diese innere Seite von Entwicklung „besteht in der Veränderung der mentalen Strukturen, die sprachliches wie nichtsprachliches Handeln leiten" (List 2005b, S. 30). In diesem Prozess gewinnt nicht nur die ES, sondern auch die ZS für den kindlichen „intellektuellen Handlungsbezug eine immer wichtigere Bedeutung" (Jampert 2002, S. 138). Damit wird explizites Lernen und sprachliches Handeln unter Beteiligung des ‚Bewusstseins' möglich.

Die skizzierte Entwicklung wird auch im Spiel als übergeordneter kindlicher Lernform sichtbar, besonders in kooperativen Spielen mit Gleichaltrigen. die ab dem vierten/fünften Lebensjahr einsetzen. Kinder beginnen dabei die Vielfalt möglicher Perspektiven auf ein und dieselbe Sache zu begreifen und können die Beschränkung auf die eigene Perspektive überwinden. Kinder im frühen ZSE scheinen hinsichtlich dieser flexiblen sozialen Kognitionen Vorteile zu haben. So hält List es für plausibel,

> dass die häufig gemachte Erfahrung, eine Person anders ansprechen zu müssen, wenn man sie erreichen will, oder nachfragen zu müssen, was ein Wort, das man nicht versteht, in einer anderen Sprache heißt, produktive Irritationen stiften und Symbolkompetenzen herausfordern kann. (List 2005b, S. 31)

Die qualitativen Veränderungen hinsichtlich der Bewusstwerdung zeigen sich vor allem im egozentrischen Sprechen, also auch bei Kindern im frühen ZSE. Durch das monologische Herauslösen von Sprache aus ihrer Symbiose mit der Handlung, beginnt diese für sich zu stehen. Das egozentrische Sprechen wird zu Beginn von der ES übernommen, die bis dahin das zentrale Mittel darstellte, um die kognitive Entwicklung voranzutreiben. Wenn die interaktiven Aushandlungsprozesse mit zunehmenden sprachlichen Mitteln in der ZS geführt werden, kann auch diese als Mittel zum egozentrischen Sprechen dienen. Wie die Befunde aus soziokulturellen Ansätzen zeigen, kann sich dies positiv auf die Speicherung von zweitsprachlichen Formen und Bedeutungen auswirken (s.o. Kap. 5.3.2), denn das egozentrische Sprechen in der ZS als eigenaktives Handeln ermöglicht dem Kind die Auseinandersetzung mit der ZS und ihre Nutzung als Werkzeug zur Problemlösung.

Die fortschreitende Entwicklung der Kinder drückt sich auch in einem erweiterten Set von problemlösenden und metasprachlichen, d.h. expliziten Strategien im kommunikativen Austausch aus: Neben imitativen Strategien, die über den gesamten ZSE ihre Relevanz als erste Zugriffsstrategie beibehalten, setzen die Kinder auch eigene Wortneuschöpfungen, Paraphrasen, Selbstkorrekturen usw. ein. Ein sich ausdifferenzierendes Set an Strategien im ZSE kann als Hinweis darauf gedeutet werden, dass in der ES ein ähnliches Set an sprachlichen Strategien in der Interaktion zur Verfügung steht und dass sich explizite Formen des Lernens anbahnen. Wichtig ist, dass damit auch die Grammatikalisierung und Flexibilisierung eigener Äußerungen in der ZS einsetzt.

Diese neuen sprachlichen und kognitiven Qualitäten machen sich im interaktiven Austausch sowohl mit älteren Kindern und Erwachsenen als auch mit Gleichaltrigen bemerkbar. Der sprachliche Handlungsradius erweitert sich, was sich in Umdeutungen, metasprachlichen und metakommunikativen Äußerungen, im Sprechen über Zukünftiges und Vergangenes, über innere Vorgänge (glauben, meinen...) usw. ausdrückt. Zugleich nimmt die Fähigkeit zu, Sprache innersprachlich zu organisieren, d.h. sprachliche Einheiten aufeinander zu beziehen und so Beiträge kohäsiv zu gestalten. Gehen Kinder im frühen ZSE in Interaktionen über das Hinweisen hinaus und stellen solche kontextlichen Zeichen-Zeichen-Beziehungen her, so kann daraus geschlossen werden, dass sie anfangen, ihre (Zweit-) Sprache als Denkwerkzeug zu gebrauchen, denn dann beginnen sie, Äußerungen vor dem Hintergrund des sprachlichen Kontexts zu organisieren und nicht mehr vor dem des außersprachlichen Kontextes. Damit wird die Sprache eigenständiger und die Kinder entwickeln Konzepte, also Vorstellungen über die durch die Wörter repräsentierten Bedeutungen. Diese Entwicklung ist also mit Dekontextualisierung verbunden und bildet eine Voraussetzung für das begriffliche Lernen und für den Gebrauch der Sprache als Repräsentationsmittel. Mit der ZS können sich die Kinder also neben ihrer ersten Sprache ein weiteres Werkzeug zur Erfassung von Welt aneignen.

Die hier skizzierten Entwicklungslinien beschreiben grundlegende, ineinandergreifende Prozesse. Es handelt sich um sprachübergreifende Prozesse, d.h. sie sind nicht an eine Einzelsprache gebunden; sie werden aber durch eine der zur Verfügung stehenden Sprachen vermittelt (im Idealfall durch beide). Bei diesen sprachlich vermittelten Kognitionen wird angenommen, dass sie von einer in die andere Sprache übertragen werden können. Dasselbe gilt für Dekontextualisierungsprozesse, die in der einen Sprache stattfinden, denn die dahinter liegende Funktion ist die Bewusstwerdung psychischer Prozesse und Funktionen vermittelt durch Sprache als symbolisches Werkzeug. Da es sich aber nicht um ‚automatisch‘ ablaufende Prozesse handelt, sondern um solche die der Interaktion bedürfen, kommt den Aushandlungs- bzw. Ko-Konstruktionsprozessen, in denen die interpsychischen sprachlichen Tätigkeiten zu intrapsychischen werden, eine zentrale Rolle im ZSE zu.

6.3 Zur Relevanz einer integrativen Sicht

Bei der Betrachtung des ZSE aus einer integrativen Perspektive steht nicht das ‚Zielprodukt Zweitsprache' im Vordergrund. Vielmehr gilt es, die spezifischen Funktionen von Sprache (ES und ZS) und ihre sich verändernde Bedeutung für das spezifische Kind aufzuzeigen. „Die Veränderung der Blickrichtung bedeutet, sich von der Oberfläche der sprachlichen Phänomene zu lösen und tiefer liegende Zusammenhänge zu erkennen" (Jampert 2002, S. 50). Für (sonder-)pädagogisches Handeln ist eine solche mehrdimensionale Sprachbetrachtung eine zentrale Voraussetzung, denn um jedes Kind in seinem Entwicklungsprozess (spezifisch) zu fördern und seine sprachlich-kognitive Auseinandersetzung mit seiner Umgebung zu unterstützen, kann Sprache nicht isoliert aus einem einzigen Blickwinkel betrachtet werden (vgl. Sassenroth 2002). Eine solche Perspektive kann zu einer pädagogischen Grundhaltung führen, in der flexibles Sprachverhalten als integraler Bestandteil von Mehrsprachigkeit wahrgenommen wird.

Da im frühen ZSE Ko-Konstruktionen eine große Bedeutung für den Übergang von intermentalen zu intramentalen Fähigkeiten haben, ist es wichtig, Erkenntnisse über Interaktionen und ihre Abläufe zwischen Kindern untereinander genauso wie zwischen Kindern und Erwachsenen zu gewinnen.

> Der pädagogisch produktive Spielraum wird durch genau jene Handlungsspanne markiert, in der ein Kind die jeweils sozial ausgefalteten Interaktionen in innere Repräsentationen überführt, die es schließlich selbstständig handeln lassen. (List 2005b, S. 31)

Für den ZSE in der Kita ergeben sich also vor allem die Fragen, wie diese Interaktionen organisiert sind. In Erwachsenen-Kind-Interaktion muss überprüft werden, ob Erwachsene den Kindern in der Interaktion als Modelle sowie als Partner beim Handeln in der ZNE dienen können.[68] In Kind-Kind-Interaktionen stellt sich die Frage, wie sich die Kinder in ihrer Sprachaneignung gegenseitig unterstützen und wann und vor allem wie sie das tun.[69] Zudem ist zu untersuchen, ob Kinder in diesen Austauschprozessen so gefordert werden, dass sie den Eindruck gewinnen (können), dass es die Mühe wert ist, sich die ZS anzueignen (s.o. Kap. 5.4.1).

---

68 Im Falle der privaten Zweisprachigkeit haben die Kinder mindestens ein sprachliches Modell, das sich durch solche natürlichen erwachsenensprachlichen Kompetenzen auszeichnet. Beim ZSE in der Kita dagegen haben die Kinder nur sehr begrenzt Zugang zu solchen Modellen.

69 Um den Blick auf das individuelle Kind in der schulpädagogischen Praxis *systematisch* auszubauen, müssten m.E. Interaktionsbeobachtungen auch im Unterricht vorgenommen werden. Denn so wird der Aneignungskontext sowohl in lebensweltlich-biografischer als auch in sprachlich-interaktiver Hinsicht berücksichtigt. Hinzu kommt, dass die Schule seit PISA viel stärker als ‚Sprachraum' wahrgenommen wird; somit wird der dort gesprochenen Sprache sowie den unterrichtlichen Interaktionen und ihrer Bedeutung für die Ko-Konstruktion von Wissen im sprachlichen Aneignungsprozess eine größere Beachtung geschenkt werden (müssen).

„Sprache ist für Kinder attraktiv, wenn damit Handlungskompetenz verknüpft ist oder sich Zugänge zu interessanten Wissensbereichen und Aktivitäten erschließen" (Jampert 2002, S. 138). Die Attraktivität von Sprache hängt aber nicht nur mit der erweiterten Handlungskompetenz zusammen, sondern auch damit, ob ein Kind sich damit als Mitglied seiner ‚community of practice' fühlen kann, von anderen Mitgliedern akzeptiert wird und Zugang zu Sprachlerngelegenheiten erhält.

Antworten auf diese Fragen würden es ermöglichen, die Struktur und Abläufe in solchen Interaktionen besser zu verstehen und dadurch fördernde Interaktionen bewusst herbeizuführen. Hier liegt eine Schnittstelle zwischen der sprachpädagogischen Diagnose und Förderung, denn aus den Beobachtungen in alltäglichen Interaktionssituationen können Förderprinzipien abgeleitet werden, z.B. im Hinblick auf die Schaffung geeigneter Interaktionskontexte und Lernumgebungen mit passenden Partnern. Auch für die Sprachheilpädagogik sind Erkenntnisse über die in den Kitas ablaufenden Interaktionen bedeutsam, denn darüber kann die Quantität und Qualität des Inputs in der ZS eingeschätzt werden. Dies ist besonders für die Unterscheidung zwischen genuinen Sprachentwicklungsstörungen und stagnierenden Zweitspracherwerbsprozessen wichtig (vgl. auch Rothweiler 2006).

Für die Sprachpädagogik (vgl. List 2005a, 2005b, 2006, 2007) und auch für die Sprachheilpädagogik (vgl. Zollinger 2003) sind die Veränderungen vom sympraktischen zum synsemantischen Sprachgebrauch von besonderem Interesse. Denn über den Grad der situativen Verwobenheit von Äußerungen lassen sich nicht nur Aussagen über die zweitsprachliche produktive Entwicklung sowie über die allgemeine kognitive Entwicklung ableiten, sondern vor allem über die rezeptiven Fähigkeiten in der ZS. Diese werden häufig überschätzt, weil die außersprachliche Kontextualisierung des Sprachgebrauchs nicht beachtet wird. Laufen gewichtige Anteile der Interaktion über das Agieren im geteilten Wahrnehmungsfeld und mit Zeigwörtern ab, so kann auch das Verstehen zu einem Großteil über den situativen Kontext erfolgen und es ist nicht notwendig, die Bedeutungen sprachlicher Zeichen ausreichend zu erschließen und Konzepte (innere Repräsentationen) aufzubauen. Ein gutes Sprachverständnis ist aber notwendig, um überhaupt abstraktere sprachliche Leistungen erbringen zu können. Zollinger (1995) stellt anschaulich dar, wie ein Kind Sprache als Mittel entdeckt und nutzt, um seine Beziehungen zu anderen und zu seiner Umgebung aufzubauen, zu begreifen und auszudrücken. Dabei zeigt sie auf, dass dem Sprachverständnis vor allem beim Auf- und Ausbau kognitiver Konzepte eine entscheidende Bedeutung zukommt (s.u. Kap. 9.2). Über die Beobachtung der Interaktionen sowie der Kontextabhängigkeit von Äußerungen lassen sich daher auch Schlüsse hinsichtlich der rezeptiven Fähigkeiten ziehen.

Schließlich ist für sprach(heil)pädagogische Zwecke auch die Rolle des egozentrischen Sprechens bei der symbolischen Aneignung von Sprache zu untersuchen sowie die aus den bisherigen Ausführungen abgeleitete Annahme, dass das egozentrische Sprechen angesichts seiner Funktion übergreifend als sprach- und kognitionsfördernd angesehen werden kann. Über die Beobachtung des egozentrischen Sprechens in der ES und/oder der ZS könnten Schlüsse darauf gezogen werden, wie engagiert das Kind bei der Aneignung von Sprache ist. Dies könnte zusätzlich Aufschluss darüber geben, ob das Kind sich seiner Sprache als ‚Werkzeug zum Verstehen von Welt‘ bedient und wie es bei Sprachlerngelegenheiten innerlich beteiligt ist (Jampert 2002, S. 133f.).

List (2005a, S. 54) zufolge ermöglicht ein solches Vorgehen, das den Blick auf die qualitativen Veränderungen im Entwicklungsprozess richtet, auch eine umfassendere *Einschätzung* der sprachlichen Kompetenzen mehrsprachiger Kinder, insbesondere in der Phase, in der sie sich mit Sprache ein symbolisches Werkzeug erarbeiten (müssen).

> Denn Kinder, die mit mehreren Sprachen umgehen, machen unterschiedliche Erfahrungen mit ihnen. Sie duplizieren nicht einfach ihren Sprachbestand. Es müsste also darum gehen, für ein mehrsprachiges Kind das *Verhältnis der Sprachen* zueinander und ihren jeweiligen *Stellenwert als Werkzeuge* der Realitätsbewältigung zu ermitteln. (…) Um den Entwicklungsstand von Kindern in diesem Alter einzuschätzen, eignen sich Beobachtungen und Protokollierungen des Interaktionsverhaltens und beispielsweise des Spiels, das verbal begleitet wird, besser als Auszählungen von Wörtern pro Äußerung oder von korrekten Pluralbildungen. (ebd., S. 53ff., Hervorh. i. Orig.)

Vor dem Hintergrund der hier skizzierten integrativen Perspektive auf den frühen ZSE als Ko-Konstruktionsprozess werden im empirischen Teil Beobachtungsfelder und Analysekategorien für die sprach(heil)pädagogische Forschung und Praxis erarbeitet, die für die Einschätzung und Förderung sprachlich-interaktiver Prozesse genutzt werden können.

Teil III Untersuchung sprachlich-interaktiver Prozesse von Kindern im ZSE in der Kita

7. Methodisches Vorgehen

Im dritten Teil dieser Studie werden sprachlich-interaktive Prozesse von Kindern im frühen ZSE in Kindertageseinrichtungen empirisch untersucht. Bevor in Kapitel 8 die Ergebnisse dargelegt werden, wird zunächst die Untersuchungsmethode vorgestellt. Reflexionen zur Untersuchungsphase bilden den Abschluss dieses Kapitels.

7.1 Ethnographische Forschung und teilnehmende Beobachtung

> Educators should not look here for experiments, controlled conditions, and systematic score keeping on the academic gains and losses of specific children. Nor should psycholinguistics look here for data taped at periodic intervals under similar conditions over a predesignated period of time. (...) The descriptions here are of the actual processes, activities, and attitudes involved in the enculturation of children. (Heath 1983, S. 6f.)

Für die Analyse von Interaktionen sind qualitative Methoden geeignet, mit denen der Ablauf von Prozessen rekonstruiert werden kann. Insbesondere explorative Studien, die neue Ideen oder Hypothesen entwickeln und empirisch überprüfen wollen, beruhen meist auf qualitativen Methoden.

Im qualitativen Paradigma bietet die ethnografische Forschung einen geeigneten Zugang, wenn es um methodisch kontrolliertes „Verstehen individueller und kollektiver Handlungsvollzüge" geht (Friebertshäuser 1997, S. 509). Sie richtet ihr Interesse vor allem auf das Alltägliche, Gewöhnliche und Wiederkehrende, „um für solche Handlungspraktiken zu sensibilisieren, die als selbstverständlich betrachtet werden" (ebd., S. 510). Das Verhalten der Beforschten wird in vivo erfasst und dokumentiert; dabei soll die Untersuchung möglichst wenig eingreifen oder die normalen Abläufe verändern. Dieser Zugang wird häufig gewählt, wenn es um die (ganzheitliche) Erforschung einer kulturellen Gruppe und deren Lebenswelt aus der Innenperspektive geht. In der Soziolinguistik, der ESEF und der ZSEF wird auf ethnografische Methoden zurückgegriffen, um Informationen über (kindliche) Interaktionen in alltäglichen Kontexten zu sammeln (vgl. Nunan 1992).

Beobachtung beschreiben Mollenhauer und Rittelmeyer (1977, S. 146) als die „am wenigsten künstliche Operation in der Wissenschaft". Der Beobachter ist aktiv, indem er seine Aufmerksamkeit auf den Gegenstand richtet und seine Wahrnehmungen ordnet, um sein Handeln an den Informationen zu orientieren, die er auf diese Weise erhält. Ein Problem bei der Beobachtung liegt darin, dass die Eindrücke und Erkenntnisse sprachlich vermittelt werden müssen und insofern bereits eine Interpretation darstellen (s.o. Kap. 1.1). Daher sind Begrifflichkeiten, mit denen die Beobachtungen dokumentiert werden, mit großer Sorgfalt und Präzision zu wählen. So ist beispielsweise die Aussage *Das Kind sitzt am Tisch und guckt den anderen Kindern zu* zulässig, die Aussage *Das Kind ist gelangweilt und spielt nicht mit* hingegen unzulässig, da hier auf mentale Zustände geschlossen wird, die als solche nicht sichtbar sind. Solche Probleme können kontrolliert werden, indem in den Aufzeichnungen eine eigene Spalte für Kommentare und Anmerkungen vorgesehen wird und die Beobachter sich so die Unterschiede zwischen den Sprachhandlungstypen Beschreiben, Kommentieren und Interpretieren vergegenwärtigen. Der weiteren Kontrolle dienen Sprachaufnahmen, die in den beobachteten Interaktionen angefertigt werden (vgl. Nunan 1992).

Die *teilnehmende Beobachtung* ist durch einen hohen Partizipationsgrad und große Offenheit gegenüber dem Feld und den Forschungssubjekten gekennzeichnet. Die Kunst des teilnehmenden Beobachtens besteht darin, nicht auf der Basis eigener Deutungsmuster zu Erklärungen zu gelangen, sondern die Perspektive der Akteure im Feld kennenzulernen und davon ausgehend Hypothesen zu entwickeln. Dazu bedarf es auf Seiten des Beobachters einer sorgfältigen Reflexion der eigenen Rolle und Funktion im Forschungsfeld (vgl. Mollenhauer/Rittelmeyer 1977).[70]

Ob der Beobachtungsfokus eng gefasst und mit Leitfäden, Kategorien und Themenlisten gearbeitet wird oder aber der Fokus weit angelegt wird und sich die Kategorien und Themen erst aus der Beobachtung ergeben, ist letztlich von der Forschungsfrage abhängig. Grundsätzlich ist der deskriptiv-explorative Zugang dann von Vorteil, wenn es sich um ein wenig erforschtes Feld oder um eine neue bzw. hypothesengenerierende Fragestellung handelt. Der Verzicht auf vorab entwickelte Kategorien dient dazu, möglichst offen für alles im Feld Auftretende zu sein. Im Erziehungsfeld ermöglicht die teilnehmende Beobachtung, die ablaufenden Prozesse und ihre sozialen Bedingungen offenzulegen. Insofern ist sie sehr viel ergiebiger als z.B. Befragungen, bei denen die tatsächlich ablaufenden Prozesse nur indirekt über das Abfragen von Meinungen erfasst werden können (vgl. ebd.). Insbesondere ein differenzierter „Einblick in die Erziehungswirklichkeit, die stark von Wechselwirkungen, Interaktionen und vor allem Widersprüchen bestimmt ist", kann über diesen Zugang gewonnen werden (Gudjons 1993, S. 63).

---

70 Dies ist ein Grundsatz qualitativer Forschung und qualitativen Denkens (vgl. Mayring 1996). Forschungsergebnisse müssen im Gegenstand selbst verankert und unabhängig vom Forscher sein. Da nicht auf standardisierte Verfahren zurückgegriffen werden kann und der Forscher stark in den Vorgang involviert ist, formuliert Steinke (2000, S. 330f.) den Anspruch der reflektierten Subjektivität. Damit ist gemeint, dass der Forscher seine Involviertheit in die Datengewinnung und -auswertung reflektiert.

Neben der teilnehmenden Beobachtung als Kernstück ethnografischer Forschung werden weitere Methoden als Kontrollmechanismen genutzt, u.a. um dem Problem der selektiven Wahrnehmung zu entgehen. So werden Expertengespräche mit Personen geführt, die über spezielles Insiderwissen verfügen; eigene Sichtweisen und Einschätzungen werden mit Personen aus dem Feld besprochen und deren Deutungsmuster einbezogen; es werden quantitative Daten, etwa Auszählungen von Erscheinungen, Verteilungen und Beobachtungen genutzt sowie Dokumente (alltagskulturelles Material wie Bilder und Fotografien) analysiert, um wesentliche Hintergrund- und Rahmendaten zu erfassen. Das wichtigste Instrument ist das Forschungstagebuch, in dem alle Ereignisse festgehalten und Hypothesen, Ideen, Gedanken, Fragen, Probleme usw. formuliert werden. Dieses Instrument dient insbesondere der (Selbst-)Reflexion im Rahmen der Untersuchung. Reflexivität während des Forschungsprozesses ist auch notwendig, um Ergebnisse, die immer nur ein Bild von der ‚Wirklichkeit' aus einer bestimmten Perspektive wiedergeben, durch die „Einbindung in die jeweilige Beobachterperspektive transparent" zu machen (König/Bentler 1997, S. 90). Da nicht in standardisierten Situationen geforscht wird, ist eine Reproduktion der gewonnenen Daten nicht möglich.[71] Aus diesem Grund ist es unverzichtbar, den Forschungsprozess transparent zu machen und darüber die Genauigkeit und Zuverlässigkeit der Ergebnisse nachzuweisen (vgl. Marquardt 2006, Nunan 1992). Dies setzt eine Erläuterung der gewählten Begrifflichkeiten und des Vorgehens voraus, mit denen Aussagen über den Gegenstand getroffen und Sachverhalte ermittelt werden. Damit wird der Beobachtungsprozess intersubjektiviert und der gedankliche oder materielle Nachvollzug von behaupteten Sachverhalten ermöglicht.

Im Hinblick auf die Frage, ob die vorgestellten Methoden dem Forschungsgegenstand „sprachlich-interaktive Prozesse im ZSE in der Kita" angemessen sind, kann zunächst festgehalten werden, dass die Kinder in ihrem natürlichen Umfeld verbleiben und während ihrer spontanen Interaktionen beobachtet werden können; sie werden also nicht zu Forschungszwecken aus ihrem normalen Tagesablauf und ihren gewohnten Aktivitäten herausgeholt. Die Forscherin kann durch teilnehmende Beobachtung Beziehungen zu den Kindern aufbauen, was den Störfaktor minimiert (vgl. Nunan 1992). Ellis (1997a) geht im Hinblick auf den ZSE davon aus, dass die teilnehmende Beobachtung im ethnografischen Kontext dann die

---

71 Vor diesem Hintergrund beschreibt Marquardt mit dem Begriff der Limitation das Problem der Verallgemeinerung von Erkenntnissen: Kennzeichnend für qualitative Forschungsarbeit sei, dass sie einen „begrenzten Personenkreis quasi mikroskopisch" untersuche (Marquardt 2006, S. 306). Es gehe also in erster Linie um ein tieferes Verständnis herrschender Strukturen, um das „Spezifizieren von Bedingungen und Konsequenzen, die bestimmte Handlungen/Interaktionen in Beziehung zu einem Phänomen hervorrufen" (ebd.). Daher müsse der Geltungsbereich der Untersuchung offengelegt werden. Insbesondere die Vielschichtigkeit und Individualität menschlichen Erlebens „macht spezifische theoretische Aussagen begrenzter Reichweite erforderlich (…)" (Heintze 1995, S. 213, zit n. Marquardt 2006, S. 306). Dennoch können Übereinstimmungen im Sinne von Regelmäßigkeiten in Erlebens- und Handlungsmustern aufgespürt und daraus verallgemeinerte Aussagen abgeleitet werden.

angemessene Methode darstellt, wenn institutionalisierte Interaktionen untersucht werden sollen. Er bezieht sich dabei zwar auf Unterricht, doch kann dies auf die Kita übertragen werden, da sie – wenngleich weniger formalisiert als Schule – eine Bildungsinstitution ist. Da der Fokus auf den dort alltäglich stattfindenden Interaktionen der Kinder miteinander wie auch mit Erzieherinnen oder anderen Erwachsenen ihres Umfeldes liegt, ist die gewählte Herangehensweise sinnvoll, denn Eingriffe im Sinne einer Standardisierung (z.B. durch Impulse oder Elizitationstechniken) würden die Erforschung solcher Prozesse nicht ermöglichen (vgl. Crago 1992).

Die vorliegende Untersuchung erfolgt nicht mit einem vorab entwickelten Analyseraster, also mit feststehenden Kategorien. Rehbein und Grießhaber (1996) bemängeln, dass viele Untersuchungen in der Spracherwerbsforschung von einem bereits bestehenden Kategorienraster ausgehen, anhand dessen die „sprachlich-kommunikative Wirklichkeit" verrastert werde (ebd., S. 88). So gehe die Authentizität sprachlichen Handelns verloren, wenn bei der Datenerhebung bestimmte sprachliche Strukturen hervorgelockt würden, um vorgegebene Raster zu füllen. Gerade die Prozeduren des Transkribierens, Bereinigens und Segmentierens dienten der Aufstellung von Analysekategorien und seien für das kategoriale Raster konstitutiv.

Der ethnografische Zugang durch teilnehmende Beobachtung erscheint also durchaus angemessen, um etwas über die Interaktionen in Kindertageseinrichtungen zu erfahren, in die mehrsprachige Kinder involviert sind und um das Zusammenspiel von außersprachlichem und sprachlichem Kontext, sozialer und sprachlich-kognitiver Tätigkeit beim Erwerb der ZS zu erforschen. An das Ideal von Authentizität in dem Sinne, dass sich die gewonnenen Daten auf das subjektive Erleben beziehen und „im Erleben verankert" sind (Marquardt 2006, S. 305), kann sich eine Untersuchung nur möglichst weit annähern, indem das Vorgehen an den Gegenstand angepasst wird.

7.2 Vorgehensweise bei der Untersuchung

In diesem Abschnitt wird der Untersuchungsprozess, von der Planung bis hin zur Durchführung der Untersuchung, genauer dargestellt.

Planung und Vorbereitung

Bei der Planung und Vorbereitung der Untersuchung stand zunächst die Größe der Untersuchungsgruppe zur Disposition. Zielführend erschien gemäß dem Anliegen der Untersuchung eine größere Varianz innerhalb der Untersuchungsgruppe, d.h. eine größere Anzahl von Kindern und Kitas. Eine Verweildauer von bis zu vier Wochen in jeder Einrichtung sollte ermöglichen, eine genügend große Zahl von

Beobachtungen durchzuführen und somit ausreichend Material für die Untersuchungsziele zu sammeln sowie eine Beziehung zu den Kindern und den Mitarbeiterinnen aufzubauen. Ein solches Vorgehen ist im Rahmen ethnografischer Forschung durchaus angemessen: „The research is relatively long-term, taking place over several weeks, months, or even years" (Nunan 1992, S. 56).

Diese Vorgehensweise erwies sich als sinnvoll, da ich mir bereits innerhalb der ersten Woche einen Überblick über den Tagesablauf und die unterschiedlichen Kinder, ihre Tätigkeiten und Gewohnheiten verschaffen und darüber hinaus durch die tägliche Präsenz zügig eine Beziehung zu den Kindern aufbauen konnte. Gleichzeitig konnten Ängste der Mitarbeiterinnen und Eltern abgebaut werden, da viel Zeit für Gespräche blieb.

Auswahl der Einrichtungen

Anhand einer Übersicht von Kitas in sozialen Brennpunkten einer deutschen Großstadt wurde mit den Trägern dieser Einrichtungen (Kommune, freie Wohlfahrtspflege, Kirchen und Elterninitiativen) telefonisch und persönlich Kontakt aufgenommen und das Anliegen vorgetragen. Vier Kitas erklärten sich nach längerer Suche bereit, für die Untersuchung zur Verfügung zu stehen. Ich besuchte jede Einrichtung und führte ein Gespräch mit der Kita-Leitung. Hier stellte ich zum einen nochmals mein Vorhaben vor und nahm zum anderen bereits allgemeine Informationen über die Einrichtung auf. Es folgte in der Regel eine Begehung der Räumlichkeiten, und die Erzieherinnen und Gruppen wurden mir vorgestellt. Dies war sehr wichtig, denn so konnte ich vorab überlegen, wie ich die Interaktionsbeobachtungen durchführen könnte. Außerdem erfuhr ich bereits, welche Gruppe(n) für mich vorgesehen war(en), wie viele Kinder mit Migrationshintergrund in der Gruppe waren, welche sprachlichen Hintergründe die Kinder hatten usw. So konnte ich mich auf die bevorstehende Beobachtung vorbereiten.

Ablauf der Untersuchung

Die Untersuchung begann im Oktober 2003 in der ersten Einrichtung, im Februar 2004 wurde die Beobachtungsphase in der letzten Einrichtung abgeschlossen. Ich besuchte die mir zugeteilte/n Gruppe/n jeweils montags bis freitags von 9 bis 16 Uhr.

Die *Beobachtungsprotokolle* bestanden aus einer Tabelle, in der jeweils Datum, Uhrzeit, beteiligte Akteure, Raum (z.B. Bauteppich, Puppenecke), Spielhandlung, nonverbale Handlung, verbale Handlung und Kommentare notiert werden konnten. Die Einteilung in Beobachtungsphasen und Beobachtungspausen wurde variabel gestaltet und jeweils der Situation angepasst.

Aufgrund der technischen Möglichkeiten erscheinen für Zwecke der Interaktionsbeobachtungen heutzutage Videoaufzeichnungen geeignet. Dies war in den Einrichtungen nicht möglich, da Bedenken geäußert wurden, dass ein solches Vorgehen den Alltag in der Gruppe erheblich stören würde. Da mündliche Sprache aber flüchtig ist, einigten wir uns auf darauf, die Mitschriften um *Sprachaufnahmen* zu ergänzen. Eine solche Kombination von Sprachaufnahmen und Notizen oder Beobachtungsprotokollen wurde auch in anderen Untersuchungen eingesetzt (vgl. Pfaff 1987-1992). Nach der Eingewöhnungsphase führte ich den Kindern das tragbare Aufnahmegerät vor, nahm ihre Stimmen auf und spielte sie anschließend vor, so dass alle sich selbst hören konnten. Das Gerät lag immer offen vor mir, wenn ich beobachtete. In allen Einrichtungen gab es zusätzlich zum Gruppenraum einen Nebenraum, in den sich maximal drei Kinder (ohne Aufsicht) zurückziehen konnten; hier ergaben sich gute Beobachtungs- und Aufnahmegelegenheiten.

Feldgespräche fanden vorrangig mit den Erzieherinnen statt. Es wurden Informationen zu den Kindern, zum Konzept der Einrichtung, zur praktischen Arbeit, zu Problemen im Arbeitsalltag, zu den Arbeitsbedingungen usw. eingeholt. Alle Erzieherinnen nahmen sich immer wieder bereitwillig Zeit, um meine Fragen zu beantworten und Unklarheiten zu beseitigen. Das Vertrauen war zum Teil so groß, dass sie mich ihrerseits um Rat fragten, wie sie mit einem speziellen Kind sprachlich umgehen könnten. Mit den Erzieherinnen einer Einrichtung traf ich mich im Anschluss an die Beobachtungsphase noch einmal, um ihnen kleine Sprachprofile der Kinder zu übergeben. In einer Einrichtung gelang es nicht, eine vertrauensvolle Beziehung zu den Erzieherinnen aufzubauen, und die Rollenverteilung ‚Erzieherin' – ‚von außen kommende Beobachterin' wurde recht starr beibehalten (s.u. Kap. 7.3).

Auch mit einigen Eltern konnten kurze Gespräche über die Kinder, den familiären Hintergrund und den familiären Sprachgebrauch geführt werden.[72] Dies geschah meist in den letzten zwei Wochen, da zu Beginn die Aufklärung über die Untersuchung im Vordergrund stand und es galt, den Eltern Ängste in Bezug darauf zu nehmen, wozu ihre Angaben verwendet würden. Einige Eltern waren von sich aus an der Studie interessiert oder befragten mich – da sie wussten, dass ich Sprachtherapeutin bin – über die Sprachentwicklung ihres Kindes und Fördermöglichkeiten zu Hause. Die Gespräche wurden in Form informeller Interviewnotizen (vgl. Crago 1992) festgehalten.

Zusätzlich zu den Beobachtungsprotokollen, Sprachaufnahmen und Feldgesprächen wurden verschiedene Materialien gesammelt: Informationsmaterial über die Konzeption der Kita sowie Bilder und Basteleien der Kinder.

---

72 Dies war in der Regel beim Bringen oder Abholen der Kinder möglich. Einige Mütter kamen jedoch auch regelmäßig zum Tee- oder Kaffeetrinken in die Gruppe und gesellten sich dazu; so konnten diese Zeiten in relativ ungezwungener Atmosphäre ebenfalls genutzt werden.

7.3 Reflexionen zur Untersuchungsphase

Die folgenden Reflexionen beziehen sich zum einen auf die hohen Anforderungen, die die ethnografische Forschung und teilnehmende Beobachtung an die Person des Forschers stellt. Zum anderen sollen der durch die Beobachtung erfolgte Eingriff ins Feld und die Rolle der Forscherin kritisch reflektiert werden.

Eine Herausforderung im Erhebungsprozess stellte die Gratwanderung zwischen dem Einlassen auf das Feld und der Wahrung der erforderlichen Distanz dar. Es gab beispielsweise Kinder, die gerne mit mir spielen wollten, die aber nicht im Fokus der Untersuchung standen. Auch war es manchmal schwierig, nicht die Rolle einer Erzieherin zu übernehmen, z.B. wenn aufgrund von Krankheit o.ä. die Gruppen unterbesetzt waren. Gleichzeitig war ich mir aber bewusst, dass meine Anwesenheit in solchen Situationen für die Erzieherinnen eine Entlastung bedeutete. So musste ich jeweils abwägen, was mir in der entsprechenden Situation angemessen erschien.

Die Erhebung bedeutete zudem eine hohe persönliche Belastung: Die aktive und bewusste Teilnahme am Alltag der Kinder und das gleichzeitige Beobachten, Protokollieren und Aufnehmen führten mich immer wieder an die Grenzen meiner Möglichkeiten. Dieser Umstand führte zu einigen Unvollständigkeiten in den Daten (s.u. Kap. 8.2). Auch der Umgang mit dem gewonnenen Material erwies sich als schwierig: so wurden mehrere hundert Seiten mit Beobachtungsprotokollen, informellen Notizen und ebenfalls mehrere hundert Seiten an Transkriptionen zusammengetragen, die von einer Person in der Auswertung nur schwer zu bewältigen sind. Doch bietet die umfangreiche Datensammlung, sich im Zuge der Analyse und Kategorienentwicklung immer wieder rückzuversichern und die bisherigen Interpretationen zu kontrollieren.

Reflexionen zum Eingriff ins Feld und der Rolle der Forscherin sollen an einem Beispiel verdeutlicht werden. Im Feld kann es zu schwierigen Situationen kommen, wenn die Akteure Verhaltensformen praktizieren, die aus der Sicht der Forscherin nicht vertretbar sind:

In einer Kita wurde ich schnell darauf aufmerksam, dass das Erstsprachenverbot praktiziert wurde. Dies erschien mir paradox, da zum einen die vielen Sprachen und Kulturen der Familien, aus denen die Kinder stammten, in zahlreichen Bildern, Sprüchen usw. präsent waren und zum anderen die Kinder immer wieder ermutigt wurden, über ihre unterschiedlichen Sprachen und Herkünfte zu sprechen. Ich kommentierte das Verbot zunächst nicht, stattdessen beobachtete ich, wann es ausgesprochen wurde und wie die Kinder damit umgingen. Das Verbot bezog sich besonders häufig auf zwei Mädchen, die, wenn sie zusammen spielten, regelmäßig ins Türkische wechselten. Wenn die Erzieherinnen dies bemerkten, forderten sie die Mädchen auf, Deutsch zu sprechen. Die Mädchen nickten, warteten ab, bis die Erzieherinnen anderweitig beschäftigt waren und sprachen auf Türkisch weiter. Eine Erzieherin verhielt sich in dieser Hinsicht nicht konsistent: Sprachen die beiden Mädchen in ihrer alleinigen Anwesenheit Türkisch, so akzeptierte sie dies und ging darauf ein. Abgesehen von diesen beiden Mädchen nutzten die Kinder ihre ES kaum, insofern schien das Verbot im Kita-Alltag verankert zu sein und die Kinder hatten sich ihm bereits angepasst (s.o. Kap. 2.2).

Nach ein paar Tagen fragte ich bei der Gruppenleiterin vorsichtig nach, was es mit dem Erstsprachenverbot auf sich habe und aus welchen Gründen es praktiziert würde. Sie antwortete mir, es diene dazu, dass die Kinder Gelegenheit hätten, Deutsch zu hören und zu sprechen. So hätten sie das Verbot eine Zeit lang nicht ausgesprochen, dann aber gemerkt, dass vor allem die türkischsprachigen Kinder kaum Fortschritte im Deutschen machten. Dies habe sie beunruhigt, und daraufhin hätten sie gemeinsam beschlossen, das Sprechen in der ES einzuschränken. Dies funktioniere „sehr gut" und komme auch bei den Eltern gut an, denn die hätten vorrangig die Sorge, dass ihre Kinder hinsichtlich ihrer Deutschkenntnisse nicht ausreichend auf die Schule vorbereitet seien.

Mir war bewusst, dass dies eine gängige Argumentation darstellt. Ich konnte aber zum ersten Mal das Dilemma tatsächlich nachvollziehen, in dem sich die Erzieherinnen befinden: Auf der einen Seite sind sie offen gegenüber anderen Sprachen, auf der anderen Seite spüren sie eine Verantwortung gegenüber den Kindern (und den Eltern) im Hinblick auf den Schuleintritt und wollen deshalb dafür sorgen, dass in den wenigen Stunden, in denen die Kinder in der Einrichtung sind, die deutsche Sprache dominiert. Dadurch wurde mir klar, dass den Erzieherinnen vor allem Gestaltungsmöglichkeiten für einen anderen Umgang mit Mehrsprachigkeit fehlen.

Diese Erfahrung machte mir bewusst, dass eine pauschale Kritik zum Umgang mit den ES der Kinder für Praktiker keine Handlungsalternativen bereithält. Es wäre eher angezeigt, Handlungsformen zu entwickeln, die in der Praxis mit entsprechender professioneller Begleitung erprobt und umgesetzt werden können. Gegen Ende der Beobachtungsphase lenkte ich das Gespräch erneut auf das Verbot und versuchte aufzuzeigen, was es bei den Kindern auslösen könnte. Gleichzeitig brachte ich meine Wertschätzung gegenüber den positiven Vorgehensweisen der Erzieherinnen zum Ausdruck, z.B. dass sie mit den Kindern häufig gezielt das Gespräch über ihre anderen Sprachen suchten. Außerdem überlegte ich laut, ob es nicht eher im Interesse der Kinder läge, Zeitfenster zu schaffen, in denen man sich auf jeweils eine Sprache konzentriert (z.B. Deutsch bei Gruppenaktivitäten, die Erstsprache im Freispiel), und ob es nicht auch sinnvoll wäre, die Wahl der Spielpartner bei den Kindern, die ihnen durch den häufigen Gebrauch der ES auffielen, stärker zu steuern als sonst. So würde das Spiel mit anderen Partnern, die nicht die ES sprechen, den Gebrauch des Deutschen provozieren. Die beiden Erzieherinnen reagierten eher zurückhaltend, sie unternahmen aber auch keinen Versuch, die Entscheidung der Einrichtung in dieser Hinsicht zu rechtfertigen. An diesem Beispiel zeigt sich, wie schwierig es sein kann, in der Rolle der Forscherin das ‚richtige' Maß von Einmischung und Zurückhaltung im Feld zu finden.

8. Studie zu sprachlich-interaktiven Prozessen im frühen ZSE

Im lebendigen Forschungsprozess sieht die Sache nie so aus wie in ihrer end-gültigen literarischen Darstellung. Die Konstruktion der Arbeitshypothese ging der experimentellen Untersuchung nicht voraus, diese konnte sich nicht auf eine von Anfang an vorliegende und fertig ausgearbeitete Hypothese stützen. Hypothese und Experiment, diese nach einem Wort von K. LEWIN zwei Pole eines einheitlichen dynamischen Ganzen, entstanden, entwickelten sich und wuchsen gemeinsam, sich gegenseitig befruchtend und voran-bringend. (Vygotskij 2002, S. 385, Hervorh. i. Orig.)

Im Folgenden werden sprachlich-interaktive Prozesse im frühen ZSE untersucht. Zunächst werden die vier an der Studie beteiligten Kindertageseinrichtungen vor-gestellt (8.1). Anschließend wird der Prozess der Datenaufbereitung skizziert (8.2); im Vordergrund steht hier die Kategorienentwicklung, d.h. das Ableiten von Kriterien und die Prototypenbildung anhand von empirischen Belegen für jede Kategorie. Im Abschnitt 8.3 werden die Tauglichkeit der Kategorien für die Beobachtung und Analyse überprüft und die sprachlich-interaktiven Prozesse ge-nauer betrachtet.

8.1 Die beteiligten Kindertageseinrichtungen

Die vier Kindertageseinrichtungen, in denen die Untersuchung stattfand, erfüllten alle folgende Kriterien:
- Lage in Stadtteilen mit hohem Zuwandereranteil;
- Ganztagseinrichtung;
- mindestens ein Drittel der Kinder der beobachteten Gruppe hat einen Migra-tionshintergrund;
- in der beobachteten Gruppe sind mindestens zwei Kinder mit gleicher ES ver-treten.

In der Vorstellung der Kitas in den folgenden Abschnitten werden nur die für die Untersuchung wichtigen Aspekte dargelegt.

8.1.1 Kita 1

Die Einrichtung ist in einem eigenen Haus mit kleinem Außengelände unter-gebracht. Insgesamt 70 Kinder, aufgeteilt in vier Gruppen, besuchen die Einrich-tung, über die Hälfte davon mit Migrationshintergrund. In jeder Gruppe arbeiten eine Erzieherin und eine Kinderpflegerin, zusätzlich immer wieder (Jahres-)Praktikantinnen. Jeden Tag findet eine Teamsitzung mit einer Vertreterin aus jeder Gruppe statt.

Es wird nach dem situationsorientierten Ansatz gearbeitet, der an Alltagssituationen und an der Lebenswelt der Kinder ansetzt. Die Erzieherinnen dokumentieren die kindliche Entwicklung mit der „Leuvener Engagiertheits-Skala" (Laevers 1997) und setzen sich derzeit mit dem Beobachtungsverfahren „sismik" (Ulich/Mayr 2003) auseinander. In der Einrichtung hat bereits eine Fortbildung zum Thema Mehrsprachigkeit stattgefunden. Eine Erzieherin berichtete, dass die ES in der Einrichtung früher verboten war. Auf der Fortbildung hätten die Erzieherinnen aber erfahren, wie wichtig das Zulassen der ES für die Persönlichkeitsentwicklung der Kinder sei; daher sei man dazu übergegangen, den Kindern nicht mehr vorzuschreiben, in welcher Sprache sie sprechen sollen.

Vor einigen Jahren wurde in der Einrichtung beschlossen, weniger vorgefertigte Materialien und Spiele anzubieten. Stattdessen befinden sich in den Gruppenräumen nun viele Naturmaterialien, die die Kreativität und Fantasie der Kinder anregen sollen. Die Erzieherinnen haben den Eindruck, dass die Kinder seitdem in den Gruppen besser zurechtkommen, engagierter spielen, mehr miteinander kommunizieren und sich deutlich weniger streiten.

Die Zusammenarbeit mit den Eltern wird durch gezielte Aktivitäten unterstützt. So gibt es gemeinsame Ausflüge, Kaffee- und Spielnachmittage, Elternfrühstück und Elternabende. In der Einrichtung habe man, so die Leiterin, seit langem Erfahrung in der Arbeit mit Migrantenfamilien und betreue viele dieser Familien in der Regel über mehrere Jahre, da die Kinder nach der Einschulung weiterhin in den Hort der Einrichtung kämen oder aber jüngere Geschwisterkinder neu aufgenommen würden. So bestehe häufig eine lange Bindung zwischen Einrichtung und Familie und die ‚Laufbahn' der Kinder könne weiter verfolgt werden.

In der Kitagruppe, an deren Aktivitäten ich teilnahm, bestand ein normaler Tagesablauf im Wesentlichen aus langen Freispielphasen (ab 7.30 Uhr gleitendes Frühstück und Freispiel, ab 9.30 Uhr Freispiel und/oder Angebote zu Projekten; ab 13 Uhr Ruhephase, Kreativangebote, Freispiel). Zweimal täglich, morgens und nachmittags, spielten die Kinder in der Regel draußen. Für die angehenden Schulkinder fand Singen und Turnen im zweiwöchentlichen Rhythmus statt. Die Gruppe bestand aus 15 Kindern, von denen sechs einen Migrationshintergrund hatten und in der Kita Deutsch als zweite Sprache erwarben.[73] Beide Erzieherinnen der Gruppe sind monolingual Deutsch.

---

73 Im Anhang befindet sich eine Tabelle je Kita, die die Rahmendaten aller Kinder enthält: Alter, Geschlecht, Monate des Kontakts (KM) mit der deutschen Sprache seit Kita-Eintritt, biografische Hintergründe, familiärer Sprachgebrauch, Kenntnisse im Deutschen bei Kita-Eintritt aus Sicht der Erzieherinnen und bevorzugte Spielpartner.

Die Erzieherinnen berichteten, sie würden in der Gruppe vor allem auf ein angemessenes Sozialverhalten der Kinder untereinander achten. Das Äußern von Wünschen und Lösen von Konflikten sollte verbal erfolgen und dies von Anfang an gelernt werden. In der Beobachtungsphase zeigten sich die Kinder kontaktfreudig und aufgeschlossen, es herrschte ein angenehmes und freundliches Klima in der Gruppe.

Die beiden Erzieherinnen waren engagiert in der Planung von Aktivitäten und der Dokumentation der Entwicklung der Kinder. Diese aufwändige Arbeit in Verbindung mit geringen zeitlichen Ressourcen führte allerdings dazu, dass die Kinder im Spiel weitestgehend auf sich allein gestellt waren.[74] So lernten die Kinder einerseits, sich selbstständig zu beschäftigen, ohne von den Erwachsenen abhängig zu sein. Andererseits veränderten sie dadurch ihre Spiel- und Tätigkeitspraxis kaum. Demzufolge war eine geringe Abwechslung der Aktivitäten zu beobachten.

8.1.2 Kita 2

Diese Kita befindet sich in einem frisch renovierten Haus mit einem großzügigen Außengelände. 80 Kinder sind auf vier Gruppen verteilt, über die Hälfte der Kinder in der Einrichtung haben einen Migrationshintergrund und sind mehrsprachig. Religion und religiöse Traditionen spielen in der Kita, die einen kirchlichen Träger hat, eine wichtige Rolle im Alltag. Lieder und Gedichte, Tänze und Geschichten beruhen auf biblischen Themen und in allen Gruppen gibt es Spiele und Bücher darüber. Die unterschiedlichen Feste von Kindern anderer Religion und Kultur werden nach Aussage der Kita-Leitung berücksichtigt, indem z.B. im Morgenkreis darüber gesprochen wird.

Die Erzieherinnen haben mehrere Fortbildungen besucht, in denen auch auf Mehrsprachigkeit von Kindern eingegangen wurde. In jeder Gruppe findet sich ein Ordner mit dem Sprachförderkonzept „Wir verstehen uns gut" (Schlösser 2003). Die Elternarbeit gestaltet sich, so die Erzieherinnen, aufgrund sprachlicher Schwierigkeiten und kultureller Unterschiede zum Teil schwierig. Dennoch würden sich viele Eltern an den Aktivitäten in der Kita beteiligen, und auch ihr Austausch mit den Gruppenleiterinnen habe sich in den vergangenen Jahren intensiviert.

Der normale Tagesablauf in der beobachteten Gruppe bestand überwiegend aus Freispielaktivitäten. Jeden Tag fand vor dem Mittagessen ein ca. 45-minütiger Stuhlkreis statt, bei dem gesungen, gereimt und erzählt wurde. Nach dem Mittagessen gab es neben dem Freispiel auch Angebote wie Basteln oder Backen. Zusätzlich zu den täglichen Aktivitäten im Kreis gingen die Kinder einmal in der Woche zum Turnen. Auch die musikalische Erziehung nahm einen großen Raum ein. Die

---

74 Dabei ist aber auch zu berücksichtigen, dass in dieser Kita das Prinzip verfolgt wird, sich als Erwachsene zurückzuziehen und die Kinder stärker voneinander lernen zu lassen.

angehenden Schulkinder besuchten einmal in der Woche ihre zukünftige Schule. Zur Gruppe gehörten 17 Kinder, 13 davon wuchsen mehrsprachig auf (s. Anhang). Zwei Kinder kamen während der Beobachtungsphase neu in die Gruppe und wurden daher nicht berücksichtigt. Die Erzieherinnen sind beide monolingual Deutsch.

Den Umgang der Kinder untereinander nahm ich als freundlich und aufgeschlossen wahr. Mir gegenüber zeigten die Kinder sich kontaktfreudig und verloren schnell ihre Scheu gegenüber dem neuen ‚Gruppenmitglied'. Die angenehme Atmosphäre wurde durch den ansprechend gestalteten Gruppenraum unterstützt: Es gab eine Ruhe- und Leseecke, die von den Kindern häufig aufgesucht wurde, eine Puppen-ecke mit zahlreichen Verkleidungsutensilien und eine Bauecke mit Autos, Bau-klötzen und Lego. Zusätzlich gab es viele Regelspiele, die die Kinder häufig spiel-ten, aber auch Natur- und Bastelmaterialien. Neben ihren organisatorischen Auf-gaben beschäftigten sich die Erzieherinnen intensiv mit den Kindern. Sie gesellten sich immer wieder zu einzelnen Kindern und nahmen deren Spielangebote an oder initiierten Aktivitäten und beschäftigten sich mit einer kleinen Gruppe von Kindern zu einem speziellen Angebot. Ich beobachtete, dass die Erzieherinnen ihre Hand-lungen z.B. beim Spielen regelmäßig sprachlich begleiteten. Vorlesen und eigen-ständiges oder gemeinsames Anschauen von Büchern waren in der Gruppe eben-falls häufig zu beobachten.

8.1.3 Kita 3

Die dritte Kita ist in einem Büro- und Wohnkomplex untergebracht. Die Räum-lichkeiten sind beengt: Es gibt zwei Gruppenräume, einen kleinen Nebenraum, das Büro der Leiterin, das z.T. auch den Kindern zur Verfügung steht, sowie ein kleines Außengelände. Zum Beobachtungszeitpunkt besuchen 40 Kinder in zwei Gruppen die Kita, 24 Kinder bleiben über Mittag. Es wird darauf geachtet, dass in jeder Gruppe auch monolingual deutschsprachige Kinder vertreten sind. Viele dieser Kinder stammen aus bildungsorientierten, gut situierten Familien. Das Personal ist sprachlich-kulturell heterogen zusammengesetzt mit den Erstsprachen Deutsch, Persisch, Spanisch und Türkisch. Einzelne interkulturelle Aspekte finden Eingang in die pädagogische Arbeit, z.B. durch Aufgreifen von Liedern und Spielen in unterschiedlichen Sprachen oder das Sammeln von Informationen und Gestalten von Bildern zu den Herkunftsländern der Familien. In der Einrichtung gilt das Erst-sprachenverbot (s.o. Kap. 7.3).

Laut Kita-Leitung ist die Zusammenarbeit mit den Eltern in Form von Eltern-abenden und -aktivitäten (z.B. Basaren) recht eng. Dies wird damit begründet, dass viele Eltern von der Konzeption und der Arbeit in der Einrichtung überzeugt seien und einen intensiven Austausch mit den Erziehern pflegten. Außerdem brächten viele Familien all ihre Kinder in der Einrichtung unter, darum kenne man sich seit vielen Jahren. Dennoch könnten in der Elternarbeit sprachliche Barrieren nicht immer überwunden werden.

Der Tagesablauf der von mir besuchten Gruppe unterschied sich von dem der oben genannten Gruppen. Morgens fand bis 9.30 Uhr Freispiel statt. Ab 9.30 Uhr wurde gemeinsam gefrühstückt, dann fand ein ca. 45-minütiger Stuhlkreis statt. Anschließend gab es getrennte Angebote für die Drei- bis Vierjährigen und die Fünf- bis Sechsjährigen. Nach dem Mittagessen herrschte Mittagsruhe für die Drei- bis Vierjährigen, die Fünf- bis Sechsjährigen spielten ‚ruhig'. Ab 14.00 Uhr gab es wieder Freispiel und zusätzlich Angebote für die künftigen Schulkinder. Um 15.00 Uhr fand eine gemeinsame Teestunde statt. Wie aus dieser Beschreibung ersichtlich, wird der überwiegende Teil des Tages gemeinsam bestritten und ist ausgefüllt mit Aktivitäten, an denen die Kinder teilnehmen müssen. Das Ritual des ausgiebigen gemeinsamen Frühstücks mit anschließendem Stuhlkreis wird von den Kindern gut angenommen. Im Kreis finden Spiele statt, es werden Geschichten erzählt und Lieder gesungen.

20 Kinder besuchten die Gruppe zum Zeitpunkt der Beobachtung. Davon wachsen 15 mehrsprachig auf, wobei zwei von ihnen in dieser Zeit erkrankt waren (s. Anhang). Der Geräuschpegel in der Gruppe war hoch, sicherlich verstärkt durch die beengten Räumlichkeiten. Dies wie auch der eng strukturierte Tagesablauf erschwerte es den Kindern mitunter, sich in ihr Freispiel zu vertiefen. Die Erzieherinnen beschäftigten sich intensiv mit den Kindern, indem sie die Aktivitäten entweder festlegten oder Spiele begleiteten.

8.1.4 Kita 4

Die vierte Kita befindet sich in einem Haus mit veralteter Ausstattung (z.B. Ofenheizung). Es gibt kein Außengelände, allerdings liegt direkt hinter dem Haus eine größere Grünanlage mit einem Sandkasten, die von der Einrichtung genutzt werden kann. Die Einrichtung besteht aus vier Gruppen und wird von ca. 80 Kindern besucht, wobei der Anteil monolingual deutschsprachiger Kinder gering ist. Seit über 20 Jahren hat man hier Erfahrung mit der Betreuung von Kindern aus Roma-Familien, da nebenan ein Flüchtlingsheim liegt, in dem die meisten der Familien wohnen, deren Kinder die Einrichtung besuchen. Die Leiterin berichtete, dass man sich dieser Herausforderung gestellt und im Laufe der Jahre verschiedene Modelle „ausprobiert" habe: Anfangs habe es über längere Zeit eigene Gruppen für die Roma-Kinder gegeben, inzwischen sei man jedoch dazu übergegangen, kulturell und sprachlich heterogene Gruppen zu bilden, was gut funktioniere.

Einige Familien lebten bereits seit mehr als einem Jahrzehnt in Deutschland, andere erst seit kurzer Zeit. Die überwiegende Mehrheit habe einen Duldungsstatus. Da der Einrichtung ein Hort angegliedert sei und häufig Geschwisterkinder die Einrichtung besuchten, könne man die Familien über viele Jahre begleiten. Die Leiterin berichtete, dass in der Einrichtung „die Fäden zusammenlaufen": Sie sei die Kontakt- und Beratungsstelle für viele der Familien, auch Lehrer würden bei Problemen Kontakt mit den Erzieherinnen aufnehmen und gemeinsam nach Lösungen suchen.

Die Erzieherinnen berichteten, dass ein grundsätzliches Problem darin bestehe, dass viele der Roma-Kinder sehr unregelmäßig kämen, was sie auf die prekären Lebensverhältnisse der Familien zurückführten. Um die Zusammenarbeit mit den Familien zu optimieren und den täglichen Kontakt zu ermöglichen, werden die Kinder von den Erzieherinnen jeden Nachmittag nach Hause gebracht. Laut Aussage einer Erzieherin kann so zu den Familien, die ihre Kinder unregelmäßig bringen, ungezwungen Kontakt aufgenommen oder aber ein bestehender Kontakt vertieft werden. Es wurde außerdem berichtet, dass es öfter Probleme mit den monolingual deutschsprachigen Eltern gebe, die ihre Kinder durch die „ausländischen" gefährdet sähen. Die Kinder untereinander hingegen zeigten Interesse an anderen Lebensgewohnheiten und Sprachen und tauschten sich „ungezwungen" aus.

Das Team besteht überwiegend aus einheimischen deutschen Erzieherinnen. Eine Fachkraft kann mit den Roma-Familien, in denen auch Italienisch gesprochen wird, in ihrer ES Italienisch kommunizieren. Zum Beobachtungszeitpunkt arbeitete zusätzlich eine türkischsprachige Jahrespraktikantin in der Einrichtung.

Beide Gruppen, in denen ich die Beobachtungen durchführen konnte, werden von jeweils 15 Kindern besucht (in eine Gruppe kamen nachmittags zusätzlich Schulkinder). In der einen Gruppe konnten neun mehrsprachige Kinder beobachtet werden (ein mehrsprachiges Kind kam im Beobachtungszeitraum nur zweimal in die Einrichtung, eines kam neu hinzu und wurde nicht berücksichtigt). In der anderen Gruppe waren eine Reihe von Kindern krank oder kamen sehr unregelmäßig, so dass hier vier Kinder beobachtet wurden, die mehrsprachig aufwachsen (s. Anhang).

Im Tagesablauf der beiden von mir besuchten Gruppen fanden überwiegend Freispielaktivitäten statt. Vor dem Mittagessen gab es einen Sitzkreis, nachmittags unregelmäßig auch kleinere Angebote (z.B. Basteln mit Bügelperlen). Die Kinder erhielten viel Raum für ihre eigenen Aktivitäten, dabei wurden sie von den Erzieherinnen aktiv unterstützt. Im Sitzkreis, der im Beobachtungszeitraum nur selten stattfand, wurde gemeinsam gesungen und erzählt, es wurde aber auch über „Probleme in der Gruppe" gesprochen. Zusätzliche Angebote wie Turnen oder Musizieren gab es nicht.

Eine Besonderheit war die ,Bibliothek': Der Teamraum wurde einmal in der Woche zur Bibliothek umfunktioniert, in der sich die Kinder Bücher ausleihen konnten. Die Leiterin berichtete, dass sich die Kinder des Wertes von Büchern „bewusst" seien; sie würden sorgsam damit umgehen und sie nicht mit nach Hause nehmen, wenn sie sich nicht sicher seien, ob die Geschwister sie kaputt machen könnten. In der Beobachtungsphase bestätigte sich dieser Eindruck der Leiterin: Es zeigte sich, dass Bücher in den Gruppen eine hohe Bedeutung haben. Auch in den Gruppenräumen gab es Bücher, gut zugänglich für die Kinder, und eine bequeme Leseecke, die zum Lesen einlud. Die Kinder beschäftigten sich häufig eigenständig damit, lasen sich gegenseitig vor, erzählten die Geschichten, spielten sie nach und baten die Erzieherinnen immer wieder, ihnen vorzulesen.

In der Beobachtungsphase fiel insbesondere das hohe Engagement des gesamten Teams auf sowie die positive Einstellung und Aufgeschlossenheit, die allen Kindern und ihren Familien entgegengebracht wurde. Dies wirkte sich – so mein Eindruck – auch positiv auf den Umgang der Kinder miteinander aus. Ich erlebte sie als freundlich, interessiert und offen. Die Atmosphäre war fröhlich und von Empathie geprägt, auch wenn es manchmal ‚rau' zuging – dies spiegelte die Lebensrealität wider, die die Kinder in die Einrichtung mitbringen.

8.2 Materialaufbereitung

8.2.1 Transkribieren

Vor dem eigentlichen Transkriptionsprozess wurden zunächst das Forschungstagebuch und die Mitschriften der Beobachtungen in ein fortlaufendes Protokoll für jede Kita übertragen. Dann wurden jene Situationen aussortiert, bei denen z.B. wichtige Kontextinformationen fehlten oder Aufnahmen fehlgeschlagen waren. Anschließend wurden aus den Protokollen und den Sprachaufnahmen die Transkriptionen erstellt. Für die Analysen wurde das umfangreiche Material bereinigt, wenn sich Lücken in den sprachlichen Daten zeigten, die nicht mehr rekonstruiert werden konnten.

Die Verschriftlichung gesprochener Sprache bedeutet immer einen Eingriff in die Authentizität der Daten sowie eine Reduktion von Informationen. Für diese Untersuchung betrifft das vor allem den paraverbalen Bereich sowie prosodische und artikulatorische Elemente. Die Wahl der Transkriptionsmethode hängt davon ab, welche sprachlichen und nichtsprachlichen Phänomene erfasst werden sollen. Es gibt verschiedene Transkriptionssysteme mit z.T. unterschiedlichen Konventionen (vgl. ausführlicher z.B. Rausch 2003), die für den Zweck dieser Studie jedoch zu komplex und aufwändig sind, da sie in der Regel linguistischen Feinanalysen dienen. So wurde auf vereinfachte Transkriptionskonventionen zurückgegriffen, die auch in pädagogischen Kontexten genutzt werden (vgl. Gogolin/Neumann 1997,

Dirim 1997, ergänzt um einige Aspekte aus Jeuk 2003). Das Transkriptionsproblem, das sich durch die unterschiedlichen Sprachen stellt, wurde in Anlehnung an Frischherz (1997) gelöst: Frischherz analysierte Interviews mit mehrsprachigen Sprechern in ihrer zweiten Sprache Deutsch. Wechselten die Sprecher in ihre andere Sprache, markierte er dies im Transkript durch <xxBuchstabe für die jeweilige Sprache> (z.b. <xxt> für einen Wechsel ins Türkische, <xxr> für Romanes).

In einer zusätzlichen Spalte wurden die Angaben zum außersprachlichen Kontext, zur Spielhandlung und zum nonverbalen Verhalten aufgenommen. Die Äußerungen wurden in einer eigenen Spalte fortlaufend nummeriert.

In den vier Transkriptionen (Kita 1 bis 4) wurden die gängigen Orthografieregeln eingehalten, außer wenn die sprachliche Realisierung der Kinder davon abwich. Koartikulatorisch bedingtes Zusammenziehen von Wörtern (*habich*) sowie die typischen Merkmale von gesprochener Sprache und Umgangssprache wurden, wenn sie besonders prägnant waren, ebenfalls verschriftlicht (z.b. Auslassungen der Endungen: *Ich geb* für *ich gebe*). Die Transkriptionskonventionen für diese Untersuchung sehen wie folgt aus:

Tabelle 1:   Transkriptionskonventionen der vorliegenden Studie

Zeichen/Kürzel	Bedeutung im Transkript
+	Redepause
/	Abbruch, Unterbrechung, Korrektur
!!	Expressive Emphase
Waas?	Silbenlängung, Dehnung
_____	gleichzeitige Redeanteile
(lachen, zeigen, Störungen ...)	Kontextinformationen
-	Gliederung des Redeflusses
<xxx>	unverständlich
<Auto>	unsichere Transkription
<xxBuchstabe für die jeweilige Sprache>	Sprechen in der jeweiligen ES

8.2.2 Kodieren

Die Kodierung der Daten erfolgt im Anschluss an das Transkribieren und muss davon „als eigenständiger Schritt in der Transformation der Daten eindeutig getrennt werden" (Rausch 2003, S. 130; vgl. dazu auch Rehbein/Grießhaber 1996). Sie ist damit ein erster Interpretationsschritt. Die im Transkript lediglich beschrie-

benen Phänomene und Handlungen werden nun bestimmten Kategorien zugeordnet.

Die Kategorienbildung ist ein inhaltsanalytischer Vorgang (vgl. Mayring 1996).
Zunächst werden aus der Theorie heraus Selektionskriterien (Definitionen) für die
Kategorienbildung festgelegt. Anschließend wird der Text auf diese Kriterien hin
durchgesehen. Wird eine Passage einem bestimmten Kriterium zugeordnet, wird
dafür eine Kategorie konstruiert. Das im ersten Durchgang erhaltene Kategoriensystem wird anschließend überarbeitet, z.B. durch Ergänzungen oder Streichungen
von Kriterien und/oder Kategorien, und in einem zweiten Durchgang am Material
überprüft.

Das Ergebnis ist ein Set von Kategorien, dem bestimmte Textstellen zugeordnet sind. Die Definitionen des Kategoriensystems müssen so genau sein,
dass eine Zuordnung des Materials zu Kategorien möglich ist. Zusätzlich
können konkrete Textstellen angeführt werden, die als Beispiele für die Kategorie dienen. Diese Ankerbeispiele sind ‚Prototypen' der Kategorie. Der so
entstandene Kategorieleitfaden wird erprobt und während der weiteren
Materialdurchgänge modifiziert. (...) Erst am Ende des Auswertungsprozesses steht ein abgeschlossenes Kategorienraster. (Jeuk 2003, S. 134)[75]

Dieser Prozess kann für die vorliegende Studie anhand der Abbildung 2 schema-
tisch dargestellt werden.

Für den ersten Analyseschritt wurde eine Tabelle angelegt, in der in sechs Spalten
die aus der Theorie abgeleiteten, für die Fragestellung relevanten Selektionskriterien (sowie ein Spalte für Kommentare) aufgelistet waren. Das Transkript
wurde nun in die Tabelle überführt, Textstellen den Kriterien zugeordnet und erste
Kategorien gebildet (s. 1. Analyseschritt in Abb. 2). Diese Kategorien wurden im
Anschluss durch einen Rückbezug auf die Theorie verfeinert. Dabei wurden
weitere Interaktionssituationen (IS), einzelne Passagen und Sequenzen aussortiert,
bei denen sich bereits im 1. Analyseschritt abgezeichnet hatte, dass sie für die
Gewinnung der Kategorien nicht geeignet waren. Es waren z.B. solche, die sich
durch zahlreiche Übergeneralisierungen grammatischer Regelbildungen (*ich gehte*
anstelle von *ich ging*) auszeichneten, die in der Untersuchung aber nicht weiter verfolgt werden sollten. Dieser Korpus wurde in eine Excel-Tabelle aufgenommen und
stellt die letztendliche Datenbasis für die Kategorienbildung dar (s. Tabelle 2).

---

75 Mayring fordert, bei auf diese Weise gewonnenen Kategorien zur Objektivierung (Interkoderreliabilität) zusätzlich Kodierer heranzuziehen. Da dies in der vorliegenden Untersuchung
aus personellen Gründen nicht systematisch möglich war, soll die Auswertung möglichst differenziert dargestellt werden, damit sie nachvollziehbar und somit reproduzierbar wird.

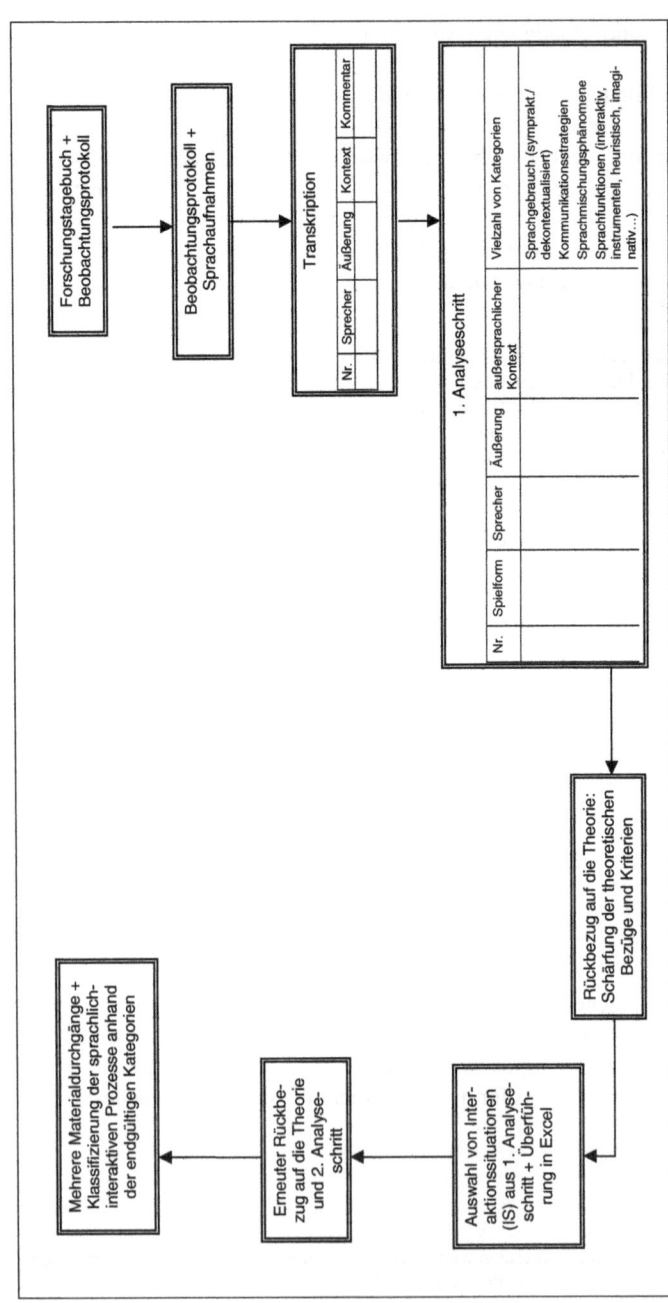

Abbildung 2: Vorgehen im Kodierungsprozess

Tabelle 2: Korpus der Interaktionssituationen (IS)

Kita	Datenkorpus aus
1	23 IS
2	37 IS
3	30 IS
4	60 IS*
Gesamt	150 IS

* Die ungleiche Verteilung zwischen Kita 4 und den Kitas 1 bis 3 ist darauf zurückzuführen, dass die Aktivitäten in Kita 4 seltener nach draußen verlagert wurden, u.a. aufgrund des fehlenden Außengeländes. In Kita 1 hingegen wurde das Freispiel sowohl vor- wie auch nachmittags in der Regel auf dem Hof angeboten; diese Zeiten wurden für intensive Feldgespräche genutzt. Zudem hatte ich nur in der Kita 4 die Möglichkeit, zwei Gruppen zu beobachten.

Das nach dem 1. Analyseschritt anhand der theoretischen Grundlagen bereits verfeinerte Kategoriensystem wurde im 2. Analyseschritt hinsichtlich seiner Bestimmungskriterien erneut modifiziert. Das System wurde dann in mehreren Durchgängen am Material erprobt, bis schließlich – am Ende des Auswertungsprozesses – die endgültige Klassifizierung der interaktiven Handlungen anhand der aufgestellten Kategorien erfolgte.

Nunan geht davon aus, dass diese aufwändige methodische Vorgehensweise für die Beobachtung in pädagogischen Settings Vorteile bietet:

> While the use of observation schemes can provide a sharper focus for our data collection than unstructured observation, it can also serve to blind us to aspects of interaction and discourse which are not captured by the scheme, and which may be important to our understanding of the classroom (...) we are investigating. (Nunan 1992, S. 98)

8.2.3 Kategorienentwicklung und Prototypenbildung

Aus den theoretischen Grundlagen zur Analyse sprachlich-interaktiver Prozesse wurden für die Kategorienentwicklung vier Beobachtungsfelder herausgearbeitet: der „soziale Kontext", die „kognitive Aktivität vermittelt durch Sprache", die „Dekontextualisierungsprozesse" und das „Agieren in der ZNE" (s.o. Kap. 6). Im Folgenden werden die für diese Felder entwickelten Analysekategorien und die Kriterien zu ihrer Bestimmung vorgestellt. Anschließend werden die Kategorien mit jeweils einem Ankerbeispiel aus dem Material als empirischem Beleg versehen.

8.2.3.1 Sozialer Kontext

Die in der Kita stattfindenden Interaktionen in Spielhandlungen bilden den Rahmen, in dem sich die Kinder Sprache aneignen. Daher müssen in diesem Feld Kategorien sowohl für die Beobachtung in Erwachsenen-Kind-Interaktionen wie auch für die in Kind-Kind-Interaktionen (Peer-Interaktionen) bereitgestellt werden. Letztere wurden in der Forschung lange Zeit kaum beachtet, weil angenommen wurde, dass Peer-Interaktionen für die Sprachaneignung weniger bedeutsam seien und sich ihre Handlungs- und Kommunikationsstrukturen, anders als bei Erwachsenen-Kind-Interaktionen, nicht so regelmäßig wiederholten (vgl. Füssenich 1987, S. 46). Gegen eine solche Sichtweise argumentierte Hartup:

> Peer interaction is an essential component of the individual child's development. Experience with peers is not a superficial luxury to be enjoyed by some children and not by others, but is a necessity in childhood socialization. And among the most sensitive indicators of difficulties in development are failure by the child to engage in the activities of the peer culture and failure to occupy a relatively comfortable place within it. (Hartup 1983, S. 20, zit. n. Gallagher 1991, S. 13)

Peer-Interaktionen bieten eine Möglichkeit, sprachliche Fähigkeiten aufzubauen und zu praktizieren. Gleichzeitig bilden Peers durch Modelle und konsequentes Feedback die Hauptquelle der Informationen über den Sprachgebrauch (vgl. für den ZSE Holmen 1993). Für den ZSE spielen die Kind-Kind-Interaktionen in der Kita schon allein deshalb eine wesentliche Rolle, weil sie wesentlich häufiger sind als Erwachsenen-Kind-Interaktionen. Sie bilden also das zentrale Interaktionssetting, in dem die Mehrheit der in Deutschland geborenen Kinder mit Migrationshintergrund ihre ZS erwirbt (s.o. Kap. 2.3). In diesen Interaktionen werden zudem nicht nur die sprachlich-kognitiven Prozesse greifbar, sondern auch die Rollen der Kinder in ihrer jeweiligen ,community of practice' und damit ihr Zugang zu Sprachlerngelegenheiten (s.o. Kap. 5.1.1). Die (Re-)Aktionen auf jedes Kind und seine Akzeptanz durch die anderen Gruppenmitglieder kann hier ebenso beobachtet werden wie das Verfügen über Ressourcen, die in Aushandlungsprozesse eingebracht werden.[76] In diesem Beobachtungsbereich sollen daher mit den Kategorien die Spielformen und die Spielhandlungen der Kinder und damit auch die Interaktionspartner (IP) sowie das Spielgeschehen erfasst werden.

Die Spielformen werden in Anlehnung an die Darstellung in Abschnitt 4.3.1.3 unterteilt. Auf eine ausführliche Beschreibung wird hier verzichtet; die mit der jeweiligen Spielform verbundenen Spielhandlungen werden in der Übersicht aufgeführt. Zusätzlich zu den Spielformen wurden auch Gespräche (ohne Spielhandlung oder aber während des Spielens, insbesondere mit Erwachsenen) und Literacy-Ak-

---

76 Studien im ESE zeigen bei Kindern von drei bis fünf Jahren einen Zusammenhang zwischen Akzeptanz von Peers und Sprachkompetenz in Bezug auf Gesprächsinitiierung und die Aufrechterhaltung eines kohärenten Diskurses (vgl. Gallagher 1991).

tivitäten sowie sonstige Aktivitäten wie Stuhlkreis, Musizieren, Experimente usw. aufgenommen.

Tabelle 3:   Übersicht zum Beobachtungsfeld „sozialer Kontext"

Kategorie	Code	Beschreibung	Ankerbeispiel
Konstruktions-spiel	KS	Bauen, Basteln, Malen	Kita 1, IS 2: *Hatice und Tolga basteln.*
Parallelspiel	PS	keine geteilte Aufmerksamkeit und Gegenstandsorientierung	Kita 2, IS 8: *Yasser und Roberto puzzeln.*
Regelspiel	RS	Memory, Lotto …	Kita 3, IS 21: *Orhan und Jens spielen ein Würfelspiel.*
Rollenspiel	RoS	Fiktive Spiele, in denen Kinder in Rollen schlüpfen	Kita 4, IS 28: *Buket und Nicole spielen Mutter und Kind.*
Literacy-Aktivität	LA	Lesen, Vorlesen, Bilderbuch ansehen, Kritzelbriefe, Schreiben	Kita 1, IS 16: *Nisha, Bettina und Vera sehen sich ein Bilderbuch an.*
Gespräch	G	Gespräche ohne Spielhandlungen oder während solcher	Kita 1, IS 15: *Tolga erzählt DL[77], was er draußen gespielt hat.*
Sonstige	Son	Gruppenaktivitäten wie Stuhlkreis, Frühstücken, Turnen, Musizieren	Kita 3, IS 26: *Stuhlkreis*

8.2.3.2 Kognitive Aktivität vermittelt durch Sprache

In diesem Feld geht es um jene Kognitionen, die zwar einzelsprachlich ausgeführt werden, aber von sprachübergreifender Bedeutung sind und die kognitive Entwicklung insgesamt vorantreiben. Es handelt sich zum einen um Kommunikationsstrategien (s.o. Kap. 2, Kap. 5.2), zum anderen um das egozentrische Sprechen, das der Bewusstwerdung psychischer Funktionen dient (s.o. Kap. 3.5, Kap. 5.3.2). Beide basieren auf inneren Prozessen, die nur durch ihre Versprachlichung äußerlich und damit der Beobachtung zugänglich werden.

8.2.3.2.1 Kommunikationsstrategien

Strategien zur Kommunikationsbewältigung bilden eine ‚Schnittstelle' von Sprache und Kognition. Ihr Einsatz ist nicht einzelsprachlich gebunden und insofern als sprachunabhängig zu deuten. Insbesondere explizite Strategien, die auf Problemlösungsprozesse (beim Schließen lexikalischer Lücken) und auf metasprachliche Prozesse hinweisen, sind für das Voranschreiten während des Sprachaneignungs-

---

77 DL steht in den folgenden Ausführungen als Kürzel für meinen Namen.

prozesses von hoher Bedeutung. „So verfügen Kinder mit semantischen Störungen in der Regel über weniger Strategien, ihre semantischen Fähigkeiten zu erweitern" (Jeuk 2003, S. 104). Darüber hinaus kommt Strategien beim erfolgreichen Lernen in der Schule eine hohe Bedeutung zu.

In diesem Beobachtungsfeld werden drei Arten von Strategien kategorisiert: imitative, problemlösende und metasprachliche Strategien. Sie bilden die zuvor dargelegte Hierarchie psychischer Prozesse ab. Im Hinblick auf den ZSE zeigen die vorgestellten Forschungsergebnisse, dass die imitativen Strategien insbesondere zur anfänglichen Erschließung neuer Wörter und Strukturen bedeutsam sind, und dass problemlösende wie metasprachliche Strategien die Begriffsentwicklung positiv beeinflussen und von ‚erfolgreichen' Kindern eingesetzt werden. Im Folgenden werden die entsprechenden Analysekategorien skizziert.

Imitation und Formeln

Imitation hat im Spracherwerb eine große Bedeutung. Durch Imitation nehmen Kinder Wörter und sprachliche Ganzheiten in ihr mentales Lexikon auf. Die Aufnahme und imitative Produktion von Wörtern, Ganzheiten oder Strukturen sagt allerdings noch nichts darüber aus, ob diese gelernt wurden. „In Imitationen wird ein aktiver Aneignungsprozess sichtbar, gleichwohl kann nicht beurteilt werden, ob es sich um eine einmalige Nachahmung handelt oder ob das Kind das Wort in sein Lexikon aufgenommen hat" (ebd., S. 152).

Formeln oder sprachliche Ganzheiten sind unanalysierte Äußerungen oder Äußerungsteile, die die Kinder im Ganzen übernehmen und in ihren Sprachgebrauch einflechten. In solchen Formeln spiegelt sich nicht die erworbene sprachliche Kompetenz des Kindes wider, wohl aber seine Fähigkeit, den Kern ritualisierter (Sprach-)Handlungen zu erfassen und in entsprechenden Handlungen aktiv zu gebrauchen. Ellis (1999; 1997b, S. 12) geht davon aus, dass Lerner in ihrer ZS eine hohe Anzahl von Formeln erwerben, um kommunikative Zwecke zu erfüllen und eine gewisse Geläufigkeit (fluency) im ungeplanten Sprechen zu erlangen.

Tabelle 4: Übersicht zum Bereich der imitativen Strategien

Kategorie	Code	Beschreibung	Ankerbeispiel
Imitation	Im	Kind ahmt Wort, Äußerung nach.*[1]	Kita 2, IS 8: Yasser: *Da is schwimmen + hm Wasser.* DL: *Ja das is ne Gießkanne.* Yasser: *Ja Gießkanne.*
Formeln	For	Kind produziert unanalysierte Äußerung; ritualisierter Sprachgebrauch.	Kita 4, IS 30: Daniela beim Memoryspiel: *Und dann kommst du.*

[1]Die mit * versehenen Beschreibungen orientieren sich an Jeuk (2003, S. 151ff.).

Problemlösungsstrategien

Problemlösungsstrategien werden in der Interaktion eingesetzt, um semantische Lücken zu füllen und das Lexikon zu erweitern. Nach Clark (1993) handelt es sich um Problemlöseverhalten im Spracherwerb. Hierunter fallen Reduktionen, Paraphrasien und Wortneuschöpfungen. Diese stellen ein aktives Problemlöseverhalten dar, bei dem das Kind auf eigene Ressourcen zurückgreift, um im sozialen Kontext Bedeutung herzustellen und die Kommunikation aufrechtzuerhalten.

Die *Reduktion* (vgl. Apeltauer 1987) besteht in der Ersetzung von Objektwörtern oder Handlungsverben durch Globalwörter (Passepartout-Wörter, vgl. Jeuk 2003, S. 101), die in undifferenzierter und unspezifischer Weise für eine Reihe von Sachverhalten, Beschreibungen und Handlungen stehen können. Im Deutschen gehören dazu Wörter wie machen, tun, Ding, Sache. Der Einsatz dieser Wörter dient dazu, sprachlich zu kommunizieren und dem Gegenüber seine Absichten verständlich zu machen. Ihr häufiger Gebrauch weist aber gleichzeitig auf die Notwendigkeit hin, das Lexikon und die Wortbedeutungen auszudifferenzieren.

Von *Paraphrasien* spricht man, wenn ein Wort durch ein anderes mit ähnlicher Bedeutung oder Lautung ersetzt wird (Substitution). Dies kann ein Oberbegriff sein oder ein Wort des gleichen semantischen Feldes. Die Ähnlichkeiten und/oder Gemeinsamkeiten können visuelle, funktionelle oder materielle sein.

Mit der *Wortneuschöpfung* ist die Fähigkeit verbunden, neue Wortformen zu bilden. Laut Clark (1993) sind Neologismen eine wichtige Quelle in der Begriffsentwicklung. Außerdem offenbart sich in ihnen, über welche Kenntnisse und Regeln zur Wortbildung Kinder bereits verfügen und welche Strukturen ihnen vertraut sind, da sie nur diese aktiv und kreativ nutzen können. Die Tabelle 5 zeigt die Kategorien zu den Problemlösungsstrategien im Überblick:

Tabelle 5:   Übersicht zum Bereich der Problemlösungsstrategien

Kategorie	*Code*	*Beschreibung*	*Ankerbeispiel*
Reduktion	Red	Kind ersetzt ein Wort durch ein Passepartout-Wort.*	Kita 2, IS 24: Sinem: Ich *mach meine Schnipseln und du deine.*
Paraphrasie	Para	Kind ersetzt ein Wort durch eins mit ähnlicher Bedeutung oder lautlicher Gestalt.	Kita 2, IS 3: Gudrun (Erzieherin): *Und was is das hier?* Daya: *Eine Haus.* Roberto: *Ein Stall.* Gudrun hält einen Engel hoch: *Und das?* Roberto: *Der Enkel!*
Wort-neuschöpfung	Neo	Kind bildet ein neues Wort, das es nach zielsprachlichen Konventionen nicht gibt.*	Kita 4, IS 9: Buket: *Das is die Königin, das sind die Fraun-Bettler, das is der König, das sind seine Jungs-Bettler.*

Metasprachliche Strategien

In der Literatur werden *Fragen* sowohl den metasprachlichen Fähigkeiten wie auch dem Schließen semantisch-lexikalischer Lücken zugeordnet. Jeuk (2003, S. 106) verbindet diese beiden Positionen, indem er davon ausgeht, dass Fragen (wie auch Selbstkorrekturen) „möglicherweise nicht ohne metalinguistisches Wissen oder Vorformen davon denkbar sind". Es gibt unterschiedliche Frageformen: zum einen Fragen, mit denen eine Bezeichnung neu erschlossen werden soll, zum anderen solche, die die Bedeutung eines Wortes, seine Funktionen und Eigenschaften klären sollen. Daneben können auch Fragen über die sprachstrukturelle Beschaffenheit eines Begriffs gestellt werden; dies weist eindeutig auf metasprachliche Lernprozesse hin.

Diese drei Formen von Fragen müssen von stereotypen Fragen (*Was ist das?*) abgegrenzt werden, bei denen „ein wirkliches Interesse am Wort oder am Begriff" nicht erkennbar ist (ebd., S. 154). Was das Kind mit der Frage jeweils intendiert, kann nur in der jeweiligen Situation erschlossen werden, in der sie auftritt.

Ähnlich wie die verschiedenen Strategien des Fragens stehen *Selbst- und Fremdkorrekturen* im Spannungsfeld zwischen metasprachlichem und lexikalischem Wissen. Selbst- und Fremdkorrekturen können sich auf die lautliche oder/und grammatische (formale Gestalt) oder die inhaltliche Seite (semantische Gestalt) einer Äußerung beziehen. Sie zeigen, dass ein Kind bereits ein Niveau sprachlicher Bewusstheit erreicht hat, auf dem es beginnt, sein eigenes Sprech- und Sprachverhalten und das des Gegenübers zu kontrollieren (vgl. Clark 1993).

Auch *Wort- und Sprachspiele* können als Vorläufer der Entwicklung metasprachlicher Fähigkeiten eingestuft werden (vgl. Oomen-Welke 2003).[78] In der Literatur werden vor allem lautliche (Erfinden von Reimen u.ä.) und pragmatische Sprachspiele (Verletzung von Gesprächsregeln und pragmatischen Konventionen) erwähnt. Grammatische Sprachspiele haben Ähnlichkeit mit Wortneuschöpfungen; ein wesentlicher Unterschied besteht darin, dass in den grammatischen Spielen die Verletzung sprachlicher Konventionen und daher Sprache als solche im Vordergrund steht, während Neologismen eher der Bedeutungsübermittlung in der Kommunikation dienen. Insofern haben Sprachspiele auch eine dekontextualisierte Seite und Funktion. Daneben gibt es auch semantische Sprachspiele mit Nonsens-Wörtern und Eigennamen. Dabei werden Zustände, Eigenschaften, Sachverhalte usw. zusammengebracht, die semantisch nicht zusammengehören (z.B. der eckige Ball).

Zu den metasprachlichen Strategien gehört auch das *Code-Switching* (Sprachwechsel), welches das Ineinanderübergehen der Sprachen bei Mehrsprachigkeit markiert und flexibles Sprachverhalten anzeigt (s.o. Kap. 2.1). Beim Erfassen von Sprachwechsel muss der jeweilige Kommunikationsmodus berücksichtigt werden:

---

78 Es gibt allerdings zu Sprachspielen nur wenig Forschung, was laut Garvey (1977, 1979) und Andresen (2002) daran liegt, dass sie experimentell kaum zu untersuchen sind.

der monolinguale Modus (MM), der gemischte Modus (GM) und der bilinguale Modus (BM). Da die ES der Kinder formal und inhaltlich nicht weiter analysiert werden, kann beim Code-Switching nur berücksichtigt werden, ob es sich beim Einflechten eines Wortes oder einer Passage von einer in die andere Sprache um einen adressatenspezifischen Wechsel handelt (vgl. Dirim 1997). Hier kann über die Bestimmung des jeweiligen Kommunikationsmodus auch überprüft werden, ob dieses Einflechten pragmatisch angemessen ist (ein unangemessenes Einflechten wäre ein Übergang zum Code-Mixing).[79] Die Erfassung und Analyse des Code-Switching zeigt an, inwieweit die Sprachenwahl partner- und situationsspezifisch erfolgt. Es wird deutlich, ob die Kinder ihre Sprachen angemessen einsetzen und, wenn gefordert, bis zu einem gewissen Grad deaktivieren. Vor dem Hintergrund der lebensweltlichen Erfahrungen des Kindes (der mehrsprachigen Modelle, die ihm zur Verfügung stehen) ließe sich mit Hilfe einer solchen Analyse bestimmen, ob der beobachtete mehrsprachige Sprachgebrauch dem Erwerbskontext (Spracherziehungs- und Sprachverwendungssituation) des Kindes entspricht.

Tabelle 6:   Übersicht zum Bereich der metasprachlichen Strategien

Kategorie	Code	Beschreibung	Ankerbeispiel
Frage	Frag	Kind fragt nach einer Bezeichnung, ihren Funktionen und Eigenschaften, strukturellen Einzelaspekten.	Kita 2, IS 23: DL: *Also + das hier is gelb.* Dilek: Gelb. *Das?* Sie hat einen blauen Stein in der Hand. DL: *Blau.* Sie nimmt einen roten Stein. Dilek: *Das?*
Selbstkorrektur	SK	Kind formuliert eine Äußerung um oder verbessert sich selbst.	Kita 3, IS 1: Seri: *Dann schreibst du, dass wir äh na wie heißt das – Hasespiel äh Hasenspiel gespielt haben.*
Fremdkorrektur	FK	Der Interaktionspartner verbessert ein Element der Äußerung.	Kita 4, IS 25: Die Maluntergrundlage von Seda ist verbogen. Seda: *Das is das verborene.* Buket: *Das heißt nicht verboren – verbogen!*
Sprachspiel	SP	Kind spielt mit lautlicher Seite von Wörtern, Bedeutungsseite, Wortbildungsregeln, verschiedenen Sprachen.	Kita 2, IS 25b: Antonio und Roberto fahren mit Autos. Antonio: *Rückwärts.* Roberto: *Lückwärts!* Antonio: *Schückwärts!* Roberto: *Tückwärts!* (Spiel mit lautlicher Seite von Wörtern)
Code-Switching	CS	Kind wechselt Sprachen adressatenspezifisch.	Kita 1, IS 1: Tolga wendet sich an Hatice: <xxt> und dann an DL: *Gleich gehen wir nach Singen!*

---

79 Da die Erstsprachen nicht genauer untersucht werden, kann beim Sprachwechsel nicht erfasst werden, ob beispielsweise etwas besonders deutlich markiert werden soll, bestimmte Begriffe aufgrund ihrer Bedeutung besser passen, ein Wort fehlt oder ob ein themenbezogener Sprachwechsel stattfindet. Dies wäre zwar wünschenswert, um genaueren Aufschluss über die Entwicklung des Sprachwechsels zu erhalten, es ist aber ohne fundierte Kenntnis sämtlicher in der Untersuchung auftretender ES nicht zu leisten.

8.2.3.2.2 Egozentrisches Sprechen

Während Vygotskij anhand des egozentrischen Sprechens das Verhältnis von Sprechen und Denken betrachtete, steht hier das egozentrische Sprechen in der ZS als solches und seine Veränderung im Mittelpunkt. Wie gezeigt wurde, ist der Weg vom egozentrischen Sprechen zur inneren Sprache ein ‚Entwicklungsmechanismus', der Kinder befähigt, die Grenzen ihrer aktuell erreichten kognitiven Fähigkeiten zu erweitern und Handlungen intellektuell präsent zu haben. Die Befunde der ZSEF legen außerdem nahe, dass der Gebrauch des inneren Sprechens in der ZS eine wichtige Rolle bei der Aneignung und Automatisierung des Wissens in der ZS (Speicherung von Formen und Bedeutungen im Langzeitgedächtnis) innehat. Während das egozentrische Sprechen am Anfang nur in der ES stattfindet, tritt es im Laufe der zweisprachlichen Entwicklung auch in der ZS auf. Dies geschieht nach Jampert (2002, S. 136) in der Phase des ZSE in der Kita, in der Sprache zum Mittel für „planerisches Handeln" wird. Mit Blick auf die Aneignung der ZS wird daher untersucht, ob das egozentrische Sprechen das Ausprobieren von Begrifflichkeiten in ihrem Verwendungskontext ermöglicht und die beginnende Bewusstwerdung sprachlicher Elemente und Strukturen in der ZS unterstützt.

Für die Kategorienbildung und die Aufstellung den Kriterien zur Erfassung des egozentrischen Sprechens werden die von Vygotskij beschriebenen Merkmale zu seiner Struktur und Funktion herangezogen. Im Material wird nach äußerem, also hörbarem Sprechen in der ZS gesucht und zwar in solchen Situationen, in denen die Kinder im Beisein anderer spielen, ohne zu kooperieren. Die Äußerungen können verkürzt sein, da sich das Sprechen auf einen Teil der praktischen Tätigkeit der Kinder bezieht. Somit wird die Handlungssituation, in der sich solche Äußerungen zeigen, ebenfalls erfasst. Außerdem werden unterschiedliche Erscheinungsformen des egozentrischen Sprechens beobachtet, die Ausdruck einer voranschreitenden Entwicklung sind: Eine Form ist die des Hinweisens auf das Endergebnis der praktischen Tätigkeit; eine zweite Form ist die der Begleitung der Handlung besonders dann, wenn ein erhöter Schwierigkeitsgrad einer Tätigkeit vorliegt und die Kinder an ihre Grenzen bei der Ausübung dieser Tätigkeit stoßen. Eine dritte Form ist die der Planung und Steuerung, bevor die praktische Tätigkeit einsetzt. Diese drei Formen spiegeln die Entwicklung vom ersten Auftreten des egozentrischen Sprechens bis zu seinem Übergang zum inneren Sprechen wider.

Tabelle 7:   Übersicht zum Bereich des egozentrischen Sprechens

Kategorie	Code	Beschreibung	Ankerbeispiel
ergebnisbezogenes egozentrisches Sprechen	Ego1	hörbares Sprechen, nicht an ein Gegenüber gerichtet, aber im Beisein anderer, Versprachlichung des Resultats einer Handlung	Kita 2, IS 19: Daya spielt mit Playmobilfiguren, DL sitzt daneben: *Und dann klettern und jetz guckt die un dann bum.*
handlungsbegleitendes egozentrisches Sprechen	Ego2	s.o., handlungsbegleitendes und -kommentierendes Sprechen	Kita 3, IS 14: Rene baut mit grünen Klötzen: *Viele Grüne sin das.*
planendes egozentrisches Sprechen	Ego3	s.o., Sprechen zur Planung, Steuerung und Lenkung der Handlung	Kita 1, IS 4: Hassan: *Is mache Parkplatz.* Er fängt an mit Bauklötzen zu bauen.

8.2.3.3   Dekontextualisierungsprozesse

Für die Bildung von Kategorien zur Beobachtung und Beschreibung von Dekontextualisierungsprozessen sind Bezüge einerseits zum Präsuppositionswissen und andererseits zum Diskurswissen geeignet (s.o. Kap. 4, Kap. 5.4). Diese sich gegenseitig durchdringenden Wissensbestände lassen Rückschlüsse auf die Entwicklung von Dekontextualisierung zu: das Präsuppositionswissen in sozial-kognitiver Hinsicht über das zunehmende Weltwissen und die Fähigkeit zum Perspektivenwechsel; das Diskurswissen in sprachlich-kognitiver Hinsicht über die zunehmende Ablösung der Sprache von der Handlung und dem situativen Kontext und den Auf- und Ausbau flexibilisierten, grammatikalisierten Sprachwissens. Der Schwerpunkt liegt in dieser Untersuchung auf dem Diskurswissen. Dazu gehören die monologische und die dialogische Organisation kohärenter und kohäsiver Diskurse.

Wie oben dargelegt wurde, findet während der Sprachaneignung eine Entwicklung vom sympraktischen, in den Kontext eingebetteten Sprachgebrauch hin zum kontextunabhängigen Sprachgebrauch statt, in dem sprachliche Zeichen nicht mehr mit dem situativen, sondern mit dem sprachlichen Kontext verbunden sind und somit in Beziehung zueinander stehen.[80] Der Übergang zeigt sich im Gebrauch von Anaphern, deren Funktion das Verweisen auf andere sprachliche Ausdrücke ist. Körperliche (nonverbale) Zeighilfen wie Gesten[81], Aufmerksamkeitslenker („guck mal") und sprachliche Zeigwörter (Deixis) werden durch Hinweise aus dem sprachlichen Kontext ersetzt, also z.B. durch zeitliche Nähe und Übereinstimmung

---

80 Für den ZSE wurden diese beiden unterschiedlichen Formen des Sprachgebrauchs als parataktischer und syntaktischer Sprachmodus beschrieben (s.o. Kap. 5.4.2).
81 Bei der deiktischen Geste muss – wie beim Einsatz von Gestik und Mimik überhaupt – berücksichtigt werden, dass hier kulturspezifische Unterschiede vorliegen können (vgl. Kayser 1995).

der grammatischen Merkmale (Genus, Numerus, Kasus) von Bezugswort und Anapher. In sprachlich-kognitiver Hinsicht stellen beide Formen des Sprachgebrauchs zwei unterschiedliche Arten von Sprachleistungen dar: die eine ist kontextverwoben und konkret, die andere ist kontextenthoben und abstrakt. Letztere erfordert, dass sich beim Kind andere Denkoperationen sowie mentale Repräsentationen aufbauen.

Die Abhängigkeit des Diskurses vom außersprachlichen Kontext, also die *Kontextverwobenheit sprachlicher Äußerungen*, zeigt sich durch
- Äußerungen, die sich auf die aktuell ausgeführte Tätigkeit beziehen und/oder den situativen Kontext, in dem die Tätigkeit stattfindet;
- die Verwendung von Zeigwörtern und nonverbaler Deixis;
- Äußerungen, die nur durch Kenntnis der Situation (geteiltes Wahrnehmungsfeld) zu verstehen sind.

Die beginnende *Ablösung sprachlicher Äußerungen aus ihrem Kontext* und der Gebrauch von Sprache losgelöst vom aktuellen Geschehen zeigt sich durch
- vergangenheits- und/oder zukunftsbezogene Äußerungen;
- Äußerungen, die sich weder auf die aktuell ausgeführte Handlung beziehen noch auf den situativen Kontext, in dem sie stattfindet, z.B. Erzählen über die familiäre oder außerinstitutionelle Lebenswelt;
- fiktionale Interaktion in Rollenspielen (Sprachgebrauch im imaginativ geteilten Wahrnehmungsfeld);
- explizite und implizite Metakommunikation;
- Verwendung sprachlicher Mittel, die der Kohäsion dienen (z.B. Pronominalformen zur Herstellung von Referenz).

In das Feld der Dekontextualisierungprozesse gehört auch, wenn ein Kind als *sprachlicher Mittler* (Übersetzer) agiert, was ebenfalls eine sich anbahnende Sprachbewusstheit erfordert (s.o. Kap. 2.1). Bei Übersetzungen im Vorschulalter handelt es sich meiner Ansicht nach um Vorläufer des dekontextualisierten Sprachgebrauchs, da hier Zeichen der einen Sprache in Zeichen einer anderen transferiert und insofern aus ihrem ursprünglichen Kontext herausgelöst werden.

Ein weiterer wichtiger Bereich, der mit der zunehmenden Herauslösung sprachlicher Zeichen aus dem situativen Kontext zusammenhängt, sind *metasprachliche Fähigkeiten*, auf die bereits im Zusammenhang mit Korrekturen und Fragen eingegangen wurde. Sie werden diesem Beobachtungsfeld zugeordnet, da in ihnen vor allem sprachliche Dekontextualisierungsprozesse deutlich werden. Indem über sprachliche Zeichen, bestimmte Segmente wie Laute oder Silben und unterschiedliche Bedeutungen von Begriffen nachgedacht wird, werden Zeichen aus ihrem dinglichen Kontext gelöst. Viele Untersuchungen haben gezeigt, dass mehrsprachige Kinder in diesem Bereich Vorteile haben (vgl. zusammenfassend

Bialystok 2001). Hier soll erfasst werden, ob die Kinder im Rahmen ihrer Interaktionen über Sprache reflektieren und Anzeichen phonologischer Bewusstheit zeigen.

Ebenfalls in dieses Feld gehört das *Interesse an Schrift* (vgl. Andresen 2005, Stölting/Schroeder 2005) als Vorläuferfähigkeit des dekontextualisierten Schriftsprachgcbrauchs. Hierunter fallen sämtliche (Sprach-)Handlungen, die sich mit literalen Elementen auseinandersetzen: Kritzelbriefe, Erkennen und/oder Schreiben von Symbolen und eigenständiges ‚Lesen‘. Jampert (2002, S. 151) sieht insbesondere im Interesse der Kinder an bildreduziertem Material eine Weiterentwicklung der Fähigkeit, Sprache aus dem Handlungskontext zu lösen, sie isoliert wahrzunehmen, zu verarbeiten und die eigene Gedankenwelt sprachlich aufzubauen.

Im Feld der Dekontextualisierungsprozesse kann mit den zugeordneten Kategorien auf der Ebene der sprachlichen Auseinandersetzung beobachtet werden, inwieweit ein Kind das Medium der jeweiligen Einzelsprache und die darin zur Verfügung stehenden Mittel für sich bereits erschlossen hat. Auf der Ebene der sprachlich-kognitiven Auseinandersetzung kann erkannt werden, inwieweit sich bei einem Kind bereits explizites Lernen anbahnt, das mit einer anderen Bewusstseinstätigkeit einhergeht. Anhand der Ausführungen ergeben sich die in Tabelle 8 dargelegten Kategorien und Bestimmungskriterien:

Tabelle 8:   Übersicht zum Beobachtungsfeld „Dekontextualisierungsprozesse"

Kategorie	Code	Beschreibung	Ankerbeispiel
Verwobenheit sprachlicher Äußerungen mit nichtsprachlichem Kontext	VeNK	Kind bezieht sich mit seinen Äußerungen auf das geteilte Wahrnehmungsfeld der IP (Zeigwörter).	Kita 1, IS 17: Hassan und Jasmin malen. Hs: *Is nehme das dunkelhellblau - ne? Meine is sön - ne?* Ja: *Du malst so krikel-krakel.* Hs: *Is male imma so. Guck mal guck mal!*
gestische Deixis	Deix NV	Kind zeigt auf Objekt/ Ort, auch in Verbindung mit sprachlicher Handlung, oder führt eine nonverbale Handlung aus.	Kita 3, IS 7: Enis: *Das da?* zeigt mit der Schere auf sein Blatt.
sprachliche Deixis	Deix	Kind gebraucht für eine Person, ein Objekt oder eine Handlung Zeigwörter.	Kita 4, IS 7: Seda hält einen offenen Stift in der Hand. Seda: *Muss das aufbleiben?* DL: *Nee sonst trocknet der doch aus.*
Aufmerksamkeitslenkung	guck	Kind weist sprachlich auf etwas in der Situation hin.	Kita 3, IS 3: Arzu zu Mitra (Erzieherin): *Guck mal!*
Herauslösung sprachlicher Äußerungen aus nichtsprachlichem Kontext	HeNK	Kind agiert sprachlich über das geteilte Wahrnehmungsfeld hinaus (ggf. mit kontextualisierten Zeichen-Zeichen-Beziehungen).	Kita 3, IS 23: „Teestunde": (...) Natascha: *Nur die Frauen kriegen Babys. (...) Wenn ich erwachsen bin – dann krieg ich auch'n Baby.* DL: *Ja wie viele Babys möchtest du denn haben?* (...) Jens: *Es gibt Frauen mit sechs Babys.* Orhan: *Un paar haben hundert.* Na: *Nein keine Frau hat hundert.*
Übersetzung	Ü	Ein Akteur übersetzt eine Äußerung eines anderen Beteiligten.	Kita 3, IS 29: Klodianas Schwester spricht auf Albanisch mit ihr. Klodiana zu den anderen IP: *Guck mal - die sagt mir: „Was hast du gemalt?"*
Metasprache	Meta	Anzeichen von metasprachlichen Prozessen*, z.B. Reflexion über Sprache(n), phonologische Bewusstheit.	Kita 4, IS 20: Franko und Buket spielen ein Personenratespiel. Ein Mann auf einem Bild heißt Charles. Buket zeigt auf den Namen unterhalb des Bildes: *Is dasn englischer Name?*
Interesse an Schrift	Schri	Kind setzt sich mit literalen Elementen auseinander.	Kita 2, IS 24: Sinem malt zwei Symbole: *Ich schreib jetzt „verboten". Guck „verboten" geschreibt. Guck so geht auch „verboten".*

180

8.2.3.4 Agieren in der ZNE

Die ZNE wird ausgehend von Vygotskijs Theorie als dynamisches Konstrukt verstanden, das jene Funktionen in den Blick rückt, die für das einzelne Kind in erreichbarer Nähe liegen. In der ZNE wird das Kind von kompetenten Interaktionspartnern unterstützt, sich neues Wissen anzueignen (s.o. Kap. 3.4, Kap. 4.3, Kap. 5.3.1). Problematisch für die Kategorienbildung ist, dass Vygotskij nicht ausführt, anhand welcher Kriterien und mit welchen Methoden er und seine Mitarbeiter die ZNE jeweils bestimmt haben. Letztlich weist er nur auf die Imitation hin, die anzeigt, dass das Kind in der ZNE agiert, sowie auf die Notwendigkeit der Unterstützung durch kompetente Partner. Daher beziehe ich mich hier auch auf die ESEF und ZSEF, um Kategorien für diesen Bereich abzuleiten.

Die erste Kategorie ist das *Scaffolding durch einen Erwachsenen*. Es wird erfasst, ob der ‚kompetente Andere' den Aushandlungsprozess vermittelt durch Sprache lenkt (vgl. Lantolf/Appel 1994) und einen Rahmen schafft, in dem ein gemeinsames Verständnis vom Gegenstand im Austausch erarbeitet und aufgebaut wird. Um zu bestimmen, ob ein solcher Rahmen erzeugt wird, können die in Abschnitt 5.3.1 vorgestellten Merkmale des Scaffoldings genutzt werden: Erzeugt der kompetente Andere ein Interesse für den Gegenstand bzw. die zu bewältigende Aufgabe? Wird die Aufgabe vereinfacht und eine Zielvorstellung erarbeitet? Werden schwierige Aspekte der Handlung demonstriert? Werden Diskrepanzen zwischen einer realisierten Äußerung des Kindes und einer idealtypischen Formulierung durch Umgestaltungen, Erweiterungen, Feedback usw. aufgezeigt?

Das Lernen in der ZNE wäre als erfolgreich anzusehen, wenn eine Verschiebung von gemeinsamer intermentaler Tätigkeit hin zur autonomen intramentalen Ausübung erfolgt. Dies kann allerdings nur überprüft werden, indem die Zone der aktuellen Entwicklung bestimmt wird, in der das Kind das zeigt, was es eigenständig kann (erste Entwicklungszone), und erfasst wird, was und wie viel mehr es in Kooperation mit dem kompetenten Anderen leistet (zweite Entwicklungszone). Diese Entwicklungszonen lassen sich nur durch wiederholte Beobachtung über einen längeren Zeitraum erschließen, was aufgrund der Anlage dieser Untersuchung nicht möglich war. Im Rahmen der Kategorienbildung zum Scaffolding kann daher nur die Regulation durch Sprache erfasst werden und ob der Input durch einen kompetenten Anderen zugänglich für das Kind ist, so dass es in die Lage versetzt wird, zu imitieren. Die Imitation eines Verhaltens oder einer Funktion bildet den ersten Schritt in Richtung Aneignung.

Die zweite Kategorie ist das *Scaffolding unter Peers*. Im soziokulturellen Ansatz der ZSEF wurde belegt, dass sich nicht nur ältere, sondern auch gleichaltrige Schulkinder in Problemlösungsaktivitäten – ggf. auch durch Rückgriff auf die ES – Hilfestellung geben und eine ko-konstruktive Handlungssituation herbeiführen können. Hier soll überprüft werden, ob dies auch für Kita-Kinder im ZSE gilt. Neben den genannten Merkmalen des Scaffoldings und dem Kriterium der Imitation wird als zusätzliches, auf diese Gruppe angepasstes Kriterium herangezogen, ob ein Aushandlungsprozess vorliegt, in dem die sprachliche Tätigkeit im Vordergrund steht.

Die dritte Kategorie ist das *sprachliche Agieren in Rollenspielen* unter Gleichaltrigen. Es werden metakommunikative Äußerungen und die Perspektivenübernahme erfasst sowie Hinweise auf (kontextliche) Zeichen-Zeichen-Beziehungen. Damit soll überprüft werden, ob sich das Ergebnis aus Andresens Studie (2002, 2005), dass einsprachige Kinder im Vorschulalter in Rollenspielen mit Gleichaltrigen in der ZNE handeln, für die Kinder im frühen ZSE bestätigen lässt (s.o. Kap. 4.3.2.2). Die drei Kategorien werden in Tabelle 9 veranschaulicht:

Tabelle 9:   Übersicht zum Beobachtungsfeld „Agieren in der ZNE"

Kategorie	Code	Beschreibung	Ankerbeispiel
Scaffolding durch Erwachsene	Scaf E	Steuerung des Aushandlungsprozesses, Erarbeitung eines gemeinsamen Verständnisses von einem Gegenstand/ einer Aufgabe, sprachliche Unterstützungsleistungen, Imitation	Kita 1, IS 16: Nisha hält ein Buch in der Hand und kommt zu Vera (Erzieherin), Bettina sitzt daneben. Nisha: *HIER!* Vera: *Solln wir das mal angucken? Okay.* (nimmt das Buch und setzt sich mit Nisha und Bettina auf den Teppich) Vera: *Was is das denn hier?* (zeigt auf den Schneemann) Nisha: *PINGUIN!* Bettina: *SNEEMANN!* Vera: *Moment – was is das jetzt – ein Pinguin oder ein Schneemann?* Nisha: *Pinguin!* Vera: *Nein guck mal Nisha ++ (blättert und sucht einen Pinguin) hier is ein Pinguin (blättert wieder zurück) ++ das hier is der Schneemann.*
Scaffolding unter Peers	Scaf P	s.o. sprachliche Tätigkeit im Vordergrund	Kita 4, IS 43: Francesco und Michael malen. Michael: *Ich kann schon schreiben.* Francesco: *Ja ja ja ich tann auch.* Michael: *Nee glaub ich nich.* Francesco: *Ich tann schleiben – ich tann diese Nummer un diese.* Er malt aus einem Buch Buchstaben ab. (…) Michael schreibt weiter. Francesco: *Das tann ich auch siehst du?* (schreibt ein „W" ab) Michael: *Ich hab den Buchstaben geschrieben.* (zeigt auf ein „M") Francesco: *Aber ich hab demalen.* (zeigt auf seine Buchstaben)
sprachliches Agieren im Rollenspiel	SP RoS	Metakommunikation, Perspektivenübernahme, Zeichen-Zeichen-Beziehungen	Kita 2, IS 33: Maria und Damla spielen Mutter, Vater, Kind. Maria: *Ich bin die Mutter.* Damla: *Na gut dann bin ich der Vater. Ich hab ne Idee: nur wer Bücher hat darf hier rein.* (explizite Metakommunikation)

8.2.3.5 Überblick zu den Kategorien für alle Beobachtungsfelder

Die vier Beobachtungsbereiche und die dafür entwickelten Kategorien werden nun abschließend in einem Gesamtüberblick zusammengeführt.

1. Der soziale Kontext wird über die Spielform, die Interaktionspartner und den Verlauf des Spielgeschehens erfasst.

2. Die kognitive Aktivität vermittelt durch Sprache wird anhand der Kommunikationsstrategien, zu denen bei Mehrsprachigkeit auch das Code-Switching gehört, und des egozentrischen Sprechens erfasst.

3. Die Dekontextualisierungsprozesse werden über die situative Verwobenheit sprachlicher Äußerungen bzw. ihre Herauslösung aus dem aktuellen Kontext erfasst. Herangezogen werden auch die Metasprache, die Übersetzung und das Interesse an Schrift.

4. Das Agieren in der ZNE wird über die Merkmale des Scaffoldings durch Erwachsene bzw. unter Peers bestimmt. Auch das sprachliche Agieren im Rollenspiel gehört in diesen Bereich.

Die folgende Abbildung gibt einen Gesamtüberblick über die vier Beobachtungsfelder und ihre Kategorien. Beziehungen zwischen den einzelnen Feldern und den Kategorien werden hier (noch) nicht hergestellt.

Sozialer Rahmen: Spielform, Aktivität	Code
Konstruktionsspiel	KS
Parallelspiel	PS
Regelspiel	RS
Rollenspiel	RoS
Literacy-Aktivitäten	LA
Gespräche	G
Sonstige (z.B. Stuhlkreis)	Son

Kognitive Aktivität vermittelt durch Sprache (a): Kommunikationsstrategien	Code
Imitative Strategien: Imitation und Formeln	Im/For
Problemlösende Strategien: Reduktion, Pharaphrasie und Wortneuschöpfungen	Red/Para/Neo
Metasprachliche Strategien: Fragen, Selbst- und Fremdkorrektur, Sprachspiele, Code-Switching	Frag/SK/ FK/SP/CS

Kognitive Aktivität vermittelt durch Sprache (b): Egozentrisches Sprechen	Code
Versprachlichung des Resultats	Ego1
Handlungsbegleitendes und kommentierendes Sprechen	Ego2
Planendes und lenkendes Sprechen	Ego3

Dekontextualisierungsprozesse	Code
Kontextverwobenheit • Zeigwörter (Deix) • Aufmerksamkeitslenker (guck) • nonverbale Deixis (Deix NV)	VeNK
Herauslösung aus dem situativen Kontext • Vergangenes, Zukünftiges, Fiktives, Metakommunikation, Anaphern	HeNK
Metasprache • Reflexion über Sprache, phonologische Bewusstheit	Meta
Übersetzung	Ü
Interesse an Schrift	Schri

Agieren in der Zone der nächsten Entwicklung (ZNE)	Code
Scaffolding durch Erwachsene: • Steuerung des Aushandlungsprozesses durch Erwachsene • Erarbeitung eines gemeinsamen Verständnisses vom Gegenstand • Sprachliche Unterstützungsleistungen • Imitation	Scaf E
Scaffolding unter Peers: • Erarbeitung eines gemeinsamen Verständnisses vom Gegenstand • Sprachliche Unterstützungsleistungen • Imitation • Sprachliche Tätigkeit im Vordergrund	Scaf P
Sprachliches Agieren im Rollenspiel: • Metakommunikation • Zeichen-Zeichen-Beziehungen	SP RoS

Abbildung 3: Überblick zu den Beobachtungsfeldern und ihren Kategorien

184

8.3 Beobachtung, Analyse und Interpretation

In diesem Unterkapitel werden die sprachlich-interaktiven Prozesse anhand der (oben) entwickelten Kategorien analysiert, um zu überprüfen, ob die Merkmale und Kriterien, die für diese Kategorien herausgearbeitet wurden, die theoretisch dargelegten ‚Entwicklungsmechanismen' widerspiegeln und somit für die Beobachtung und Analyse sprachlich-interaktiver Prozesse im Rahmen sprach(heil)pädagogischer Forschung wie auch in der sprach(heil)pädagogischen Praxis tauglich sind. Für jede Kategorie werden zunächst ihre Vorkommen im Datenkorpus ermittelt.[82] Dann erfolgt eine differenziertere Betrachtung hinsichtlich der Spielformen und Aktivitäten sowie der beteiligten Interaktionspartner. Anschließend werden die jeweiligen Prozesse analysiert. Anhand von Beispielen aus dem Korpus wird demonstriert, welche Beobachtungs- und Analysemöglichkeiten sich ergeben, wenn die aufgestellten Kategorien zugrunde gelegt werden. Damit soll der Blick auf die unter der sprachlichen Oberfläche ablaufenden Prozesse gerichtet und die hier erarbeitete integrative Perspektive und ihre Beobachtungsfelder auf den Prüfstand gestellt werden.

8.3.1 Sozialer Kontext: Spielhandlungen und Aktivitäten

Die Kind-Kind-Interaktionen und die Kind-Erwachsenen-Interaktionen wurden in den Kitas in Spielhandlungen beobachtet. Bei der Herleitung der Kategorien in Abschnitt 8.2.3.1 wurde bereits darauf hingewiesen, dass sich in den Spieltätigkeiten auch die sprachlich-kognitiven Prozesse sowie die jeweiligen Rollen der Kinder in ihrer ‚community of practice' zeigen.

Der Datenkorpus besteht aus 150 beobachteten Interaktionssituationen (IS).[83] Die 150 IS enthalten insgesamt 204 Spiel- und Aktivitäts-Sequenzen, da in einer IS auch unterschiedliche Spielformen und Aktivitäten auftreten können. So gehen die Kinder manchmal von einem Konstruktionsspiel in ein Rollenspiel über, beginnen ein Gespräch und konzentrieren sich dann wieder auf die Konstruktionstätigkeit. Die folgende Tabelle gibt Aufschluss über die Verteilung der unterschiedlichen Spielformen und Aktivitäten getrennt nach Kitas sowie zusammenfassend für alle Kitas.

---

82 Die ausgezählten Häufigkeiten für jede Kategorie veranschaulichen lediglich die jeweilige Datenbasis, auf die sich die Beobachtungen, Analysen und Interpretationen stützen.
83 Der gesamte Korpus kann in diesem Buch nicht aufgeführt werden, kann aber bei mir bezogen werden.

Tabelle 10: Spielformen und Aktivitäten im Datenkorpus

Spielform und Aktivität	Kita 1	Kita 2	Kita 3	Kita 4	Gesamt
Konstruktionsspiel (KS)	18	15	14	21	**68**
Parallelspiel (PS)	5	2	3	1	**11**
Regelspiel (RS)	-	14	6	14	**34**
Rollenspiel (RoS)	-	2	4	13	**19**
Literacy-Aktivität (LA)	5	6	2	10	**23**
Gespräch (G)	7	6	9	21	**43**
Sonstiges (Son)	1	2	3	-	**6**
Gesamt	**36**	**47**	**41**	**80**	**204**
Im Rahmen von IS	23	37	30	60	150

In der folgenden Tabelle werden die jeweiligen Spielformen und Aktivitäten hinsichtlich der involvierten Interaktionspartner differenziert.

Tabelle 11: Interaktionskonstellationen im Datenkorpus[84]

Interaktions-konstellation	K-K-I* 3;10 - 4;12j.	K-K-I 5;0 - 6;8j.	K-K-I über-greifend	E-K-I** 3;10 - 4;12j.	E-K-I 5;0 - 6;8j.	E-K-I über-greifend	Gesamt
KS***	11	11	18	10	13	05	68
RoS	03	12	01	00	03	00	19
RS	01	05	05	08	09	06	34
G	00	04	05	00	28	06	43
LA	00	01	02	06	14	00	23
PS	03	01	07	00	00	00	11
Son	00	00	02	00	01	03	06
Gesamt	18	34	40	24	68	20	204
Gesamt	92			112			204

*K-K-I = Kind-Kind-Interaktion
**E-K-I = Erwachsener-Kind-Interaktion
*** KS = Konstruktionsspiel, RoS = Rollenspiel, RS = Regelspiel, G = Gespräch, LA = Literacy-Aktivität, PS = Parallelspiel, Son = Sonstiges, z.B. geleitete Gruppenaktivität

Die insgesamt hohe Anzahl der Erwachsenen-Kind-Interaktionen im Korpus (112 E-K-I gegenüber 92 K-K-I) ist vor allem darauf zurückzuführen, dass ich als Beob-

---

84 Da in den Kitas häufig die Drei- bis Vierjährigen und die Fünf- bis Sechsjährigen als Gruppen zusammengefasst werden, wird hier unterteilt nach Kindern bis 4;12 Jahre und ab 5;0 Jahre. In den Beispielen wird bei den mehrsprachigen Kindern jeweils das Alter in Jahr; Monat angegeben. Die Altersangabe 6;4 bedeutet also, dass das Kind sechs Jahre und vier Monate alt ist. Da bei den einsprachigen Kindern das Geburtsdatum nicht erfasst wurde, wird ihr Alter ohne den Monat angegeben, also z.B. 4j, 5j, usw.

achterin häufig am sozialen Austausch teilgenommen habe. In der Kita 3, in der ich aufgrund der dortigen Umstände stärker in der Rolle einer nichtteilnehmenden Beobachterin war, sind die Anteile der Kind-Kind-Interaktionen und Erwachsenen-Kind-Interaktionen etwa gleich verteilt: Von den 41 Spielhandlungen und Aktivitäten (im Rahmen von 30 Interaktionssituationen) fanden 21 in Erwachsenen-Kind-Interaktionen statt. Auffällig ist auch, dass in allen Kitas nur wenige Situationen mit Drei- bis Vierjährigen beobachtet wurden. Diese geringe Zahl der Beobachtungssituationen mit Drei- bis Vierjährigen, hängt mit der Konstellation der Untersuchungsgruppe zusammen: Die Drei- bis Vierjährigen waren hier deutlich in der Unterzahl (s. Anhang).

Bezogen auf Spielhandlungen und interaktive Prozesse spiegeln sich die in Abschnitt 4.3.1 dargelegten Tendenzen auch in der vorliegenden Verteilung wider. So zeigt sich, dass Konstruktionsspiele in Kind-Kind-Interaktionen die häufigste Spielform darstellen. Parallelspiele treten nur unter Kindern auf. Dies ist nicht verwunderlich, da sich im Parallelspiel per definitionem Kinder gegenseitig beobachten und nicht miteinander kooperieren. Das Rollenspiel tritt zwischen Gleichaltrigen ab dem vierten Lebensjahr (hier zwischen zwei Jungen im Alter von 4;3 und 4;5) auf und nimmt dann ab dem fünften Lebensjahr zu; ab diesem Alter ist es neben dem Konstruktionsspiel die dominante Spielform. Regelspiele, die von den Interaktionspartnern u.a. kognitive Fähigkeiten wie Strukturierung, Handlungsplanung und Kooperation erfordern, sind indes überwiegend an Erwachsenen-Kind-Interaktionen geknüpft; unter Peers finden sie in diesem Korpus nur zwischen Fünf- bis Sechsjährigen oder in altersübergreifenden Gruppen statt, in denen mindestens ein Fünfjähriger anwesend ist.

Richten wir den Blick nun auf Gespräche und Literacy-Aktivitäten. Beide sind mit Dekontextualisierungsprozessen verbunden, z.B. indem sich in Gesprächen über die außerinstitutionelle Lebenswelt ausgetauscht oder sich aber in Literacy-Aktivitäten mit Büchern oder Schrift beschäftigt wird. Gespräche und Literacy-Aktivitäten bilden im Korpus die dominierende Interaktionsform zwischen Erwachsenen und einem oder mehreren Kindern. Unter Kindern finden sie nur selten statt, in diesem Korpus ab dem Alter von fünf Jahren. Diese Verteilung bestätigt also, was in Abschnitt 4.3.1 dargelegt wurde: Den Erwachsenen kommt als Begleiter bei der Ausführung dieser Tätigkeiten, insbesondere in den Gesprächen, eine hohe Bedeutung zu. Sie provozieren sie häufig und ermöglichen den Kindern so, Sprache unabhängig vom situativen Kontext zu verwenden – wobei Gespräche nicht zwangsläufig vom Kontext getrennt sind. Dass beide Interaktionsformen in Peer-Interaktionen erst ab dem fünften Lebensjahr auftreten, ist ein weiteres Anzeichen dafür, dass in diesem Alter die (Zweit-)Sprache nicht mehr nur die ‚Begleitmelodie' der Handlung ist, sondern anfängt, für sich (und als Werkzeug) zu stehen.

Abschließend wird die Rolle der sozialen Gruppe für Kinder im frühen ZSE beispielhaft betrachtet. In Abschnitt 5.1.1 wurde das flexible Konzept der ‚community of practice' eingeführt, mit dem die unterschiedlichen Positionen von Mitgliedern einer Gruppe (z.b. in der Kita) abgebildet werden können und hierüber der Zugang zu Ressourcen der Gruppe und vor allem zu Sprachlerngelegenheiten ermittelt werden kann.

Kita 2, **IS 3, 5, 6**: Yasser (4;4, männlich (m), 17 Kontaktmonate (KM), ES Berberisch)	
IS 3	Maria, Daya und Roberto spielen das Regelspiel „Der Stern von Bethlehem", Gudrun (Erzieherin) kommt später mit Yasser dazu und begleitet das Spiel. Ma: Gudrun – der sagt – der Baby muss hier. (zeigt auf den Spielplan) **Ya: Darf ich mitspielen?** Ma: Okay was nimmst du? **Ya: (überlegt) Ich nehme die/ ++ ich nehm die Königin.** Ro: Ich würfel! Ma: Pass auf – fällt schon alles runter (zu Yasser, der sich ausbreitet) ...
IS 5	Alessandra spielt Lotto. DL sitzt daneben und guckt zu. Al: Du! (zeigt auf DL) DL: Soll ich mitspielen? Al: Ja! DL setzt sich neben sie, Al verteilt zwei Lottokarten, Yasser kommt. **Ya: Darf ich mitspieln?** Al: Nich spielen – nein!
IS 6	Daya, Sinem und Damla spielen Yenga und bauen einen Turm. DL kommt dazu. ... Yasser kommt. **Ya: Darf ich mitspieln?** Si: Nein der macht <u>die Turm kaputt!</u> Day: <u>Da oben das.</u> (legt einen Stein oben auf den Turm) Si: Wenn meine Mama mein Papa ruft dann geht das immer so (macht Geräusche). **Ya: Oh Mann darf ich mitspielen?** Si: Nein! **Ya: Freund?** (hebt seinen Daumen hoch, diese Geste stellt ein Spiel in der Gruppe dar: Daumen hoch = Freund; Daumen runter = kein Freund) Si: Nee. (schüttelt den Kopf, Daumen runter) **Ya: Ich bin doch dein Freund!**

Yasser ist ein mehrsprachiger Junge, der die Einrichtung seit gut eineinhalb Jahren besucht. Yasser spielte im Beobachtungszeitraum in der Regel mit seinem besten Freund Roberto (5;2, m, 17 KM, ES Romanes). Situationen, in denen er mit anderen Partnern spielte, waren selten. Hingegen waren solche wie die drei oben beschriebenen häufig zu beobachten. Er wurde überwiegend als Spielpartner abgelehnt oder von den anderen wegen seines Spielverhaltens zurechtgewiesen. Sein Zugang zu vielfältigen Sprachlerngelegenheiten sowie seine Möglichkeiten, ein akzeptiertes Mitglied seiner Gruppe zu werden, waren dadurch eingeschränkt.

Was hier nur beispielhaft gezeigt werden kann, eröffnet für Forschung und Praxis vielfältige Möglichkeiten der Beobachtung und Analyse: Erfolgt eine longitudinale Beobachtung von Aktionen und Reaktionen der ‚community of practice'-Mitglieder kann die soziale Praxis, in der sich Kinder ihre ZS aneignen, differenziert betrachtet werden. So kann sich der Frage weiter angenähert werden, ob unterschiedliche Positionen in der Gruppe auch zu unterschiedlichen zweitsprachlichen Aneignungserfolgen führen.

Anhand der Unterteilung in unterschiedliche Spielformen und Aktivitäten mit den involvierten Interaktionspartnern ist es möglich, den sozialen Rahmen und vor allem die Interaktionskonstellationen genauer zu betrachten, in denen Sprachaneignung stattfindet. Sprachpädagogisches Handeln kann sich auf diese Konstellationen richten, sie herbeiführen und mit entsprechenden sprachlichen Aktivitäten verbinden. Damit kann den Kindern – auch vor dem Hintergrund ihrer jeweiligen Rolle in der Gruppe – gezielt Zugang zu Sprachlerngelegenheiten eröffnet und so der Zufälligkeit des ZSE in der Kita entgegengewirkt werden (s.u. Kap. 9.1.2).

8.3.2 Kognitive Aktivität vermittelt durch Sprache

Dem Feld der kognitiven Aktivität vermittelt durch Sprache wurden im Abschnitt 8.2.3.2 zwei Kategorien-Sets zugeordnet: die Kommunikationsstrategien und das egozentrische Sprechen.

8.3.2.1 Kommunikationsstrategien

In Bereich der Kommunikationsstrategien wurde zwischen imitativen, problemlösenden und metasprachlichen Strategien unterschieden. Zu Beginn der Auseinandersetzung mit einem neuen Gegenstand stehen die imitativen Strategien im Vordergrund. Das Strategien-Set erweitert sich dann sukzessive und differenziert sich aus. Im Folgenden wird überprüft, ob sich mit Hilfe der Kategorien die unter der sprachlichen Oberfläche liegenden kognitiven Prozesse betrachten lassen.

Am Beispiel von Hassan aus Kita 1 wird die Imitation in unterschiedlichen Interaktionssequenzen genauer betrachtet.

Kita 1, **IS 5**: Hassan (4;3, m, 6 KM, ES Türkisch), Uğur (4;9, m, 15 KM, ES Türkisch) und Jasmin (5j., weiblich (w), monolingual Deutsch) (DL)
Kita 1, **IS 17**: Hassan, Jasmin und Vera (Erzieherin)
Kita 1; **IS 21**: Hassan, Denise (5;11, w, 27 KM, ES Türkisch) und Heidrun (Erzieherin)

Hassan, Uğur und Jasmin spielen mit Autos und Bauklötzen.
...
Jasmin sitzt vor einer Kiste und holt Bauklötze heraus.
Ja: *Is nehm ganze Steine.*
Hassan kniet sich daneben und fängt ebenfalls an, Bauklötze herauszuholen.
Hs: *Is nehm auch ganze Steine.*
...
Hassan fährt die geparkten Autos weg.
DL: *Parkst du die jetz um?*
Hs: *Is parke die jetz um.*
...
Hassan hat das Parkplatztor kaputt gemacht. Er versucht ein Auto durchzuschieben.
DL: Hassan wo fährt'n jetz das Auto *durch?*
Hs: Das geht da nis *durch.*
...
Hs: EY – subs mis nis!! (zu Jasmin)
Jasmin hat seinen Parkplatz kaputt gemacht, er wendet sich an DL.
Hs: Die hat das kaputt gemacht.
DL: Dann sag ihr *dass du das nich möchtest.*
Hs: EY MACH DAS NIS!!
DL: *Dass du das nich MÖCHTEST!* (betont)
Hs: (guckt Jasmin an) *Is möste das nis.*

Hassan und Jasmin malen. Für den St. Martins-Umzug haben alle Kinder Kürbislaternen gebastelt. Hassan spricht das Thema an. Vera (Erzieherin) sitzt daneben.
Hs: *Is hab Apelbaum in Hand.* (hat ein Bild von sich mit einer Laterne gemalt)
Ve: Nein – das is eine *Kürbislaterne.*
Hs: *Kürbislaterne – hm – Kürbislaterne Kürbislaterne.* (wiederholt, singt vor sich hin)

Hassan, Denise und Heidrun (Erzieherin) sitzen am Tisch. Die Kinder können am nächsten Tag etwas von zu Hause mitbringen.
...
Hei: Hast du ein *Babyfoto,* das du mitbringen kannst?
Hs: *Ja is bring Baby.*
Hei: *Ein Babyfoto?*
Hs: *Ein Babyfote.*

In den drei Beispielsequenzen wird deutlich, dass Hassan in der Lage ist, seine kognitiven Ressourcen, die impliziten Lernstrategien, zu denen die Imitation zählt, zur Erschließung der ZS einzusetzen. Auch wenn von der Imitation eines Elements oder Äußerungsteils nicht darauf geschlossen werden kann, dass Hassan diese in sein Wissen integriert, zeigen die Ausschnitte, wie geschickt er (von ihm ausgewählte) Einzelfragmente in seine Äußerungen einbindet und korrekt anwendet und dabei auch über die einfache Repetition hinausgeht (*Das geht da nis durch*). In IS 17 nutzt er die Imitation und wiederholt mehrfach das Wort für sich selbst, um den Begriff auch lautlich zu erproben. Die Beobachtung und Analyse des Imitierens ermöglicht im individuellen Fall zu überprüfen, ob ein Kind diese Zugriffsstrategie nutzt, um sich neues Wissen zu erschließen.

Zu den imitativen Strategien zählt auch der Einsatz von *Formeln*, die unanalysiert in den Sprachgebrauch übernommen werden. Typische Formeln, die in den Interaktionen in den Kitas immer wieder auftraten, sind folgende:
- *ich hab gewonnen*
- *ich bin dran*
- *ich kann das*
- *du weißt nicht wie das geht*
- *du musst aufräumen!*
- *nicht kaputt machen!*
- *ich bin fertig!*
- *das gehört mir!*
- *geh weg!*
- *du bist dran!*
- *weißt du was?*
- *wie geht das?*

Wie ersichtlich, handelt sich bei den Formeln um Äußerungen, die sich auf ritualisiert ausgeübte Tätigkeiten in der Kita beziehen und mit denen die Kinder verbalsprachlich zentrale Bedürfnisse erfüllen können. Darüber hinaus gab es spezifische Formeln, die von allen Kindern der Gruppe verwendet wurden, so z.B. in Kita 4 die Formel *du bist hier nich der Chef*, um zu signalisieren, dass nicht einer der Partner über das Spiel entscheiden darf. Eine andere typische Formel dort war: *aber nicht Krikelkrakel malen*, um beim Malen und Schreiben deutlich zu machen, dass erkennbar sein soll, was gemalt oder geschrieben wurde. Interessant ist auch, dass in dieser Kita der formelhafte Abschluss einer Geschichte *und wenn sie nicht gestorben sind, dann leben sie noch heute* beim Betrachten von Büchern häufig verwendet wurde (ohne dass er von den Erwachsenen zuerst geäußert wurde), was auf den hohen Büchergebrauch dort zurückgeführt werden kann (s.o. Kap. 8.1.4).

Diese Formeln sind also Elemente einer Sprache, die mit typischen Spielhandlungen bzw. Aktivitäten und Interaktionsformen in Verbindung stehen und die den engen Zusammenhang zwischen praktischer und sprachlicher Tätigkeit verdeutlichen. Die Analyse des Formelgebrauchs zeigt, dass dieser nicht nur zu Beginn des ZSE eine wichtige Rolle inne hat, sondern auch im Sprachgebrauch der älteren, im ZSE weiter vorangeschrittenen Kinder eine große Rolle spielt. Werden die in der spezifischen Gruppe eingesetzten Formeln dokumentiert und analysiert, kann dies der Gefahr vorbeugen, vom Gebrauch komplexer Äußerungen (z.B. *du weißt nicht wie das geht*) darauf zu schließen, die Kinder hätten die entsprechende sprachliche Regel durchschaut. Der Formelgebrauch gilt lediglich als Hinweis dafür, dass ein Kind von seinen impliziten Lernmöglichkeiten Gebrauch macht und in der Lage ist,

Fragmente, die den Kern einer ausgeübten Tätigkeit kennzeichnen, aus dem Input herauszufiltern. Kinder, die in ihrem ZSE weiter vorangeschritten sind, sollten allerdings in der Lage sein, solche Formeln flexibel einzusetzen, sie zu verändern und auf den jeweiligen (sprachlichen) Kontext hin anzupassen.

Die Problemlösungsstrategien dienen der Überwindung kommunikativer Einschränkungen, etwa beim Fehlen von Begriffen, die für die Herstellung von Bedeutung im sozialen Kontext notwendig sind und den Partner orientieren. Am Beispiel von acht Interaktionssequenzen, in die Murat aus der Kita 4 involviert ist, soll zunächst der Einsatz von Reduktionen, dann von Paraphrasien und schließlich von Neologismen dargestellt. Es wird überprüft, ob sie der Problemlösung im Sinne der Überbrückung semantischer Lücken dienen.

Kita 4, **IS 17**: Murat (4;12, m, 13 KM, ES Türkisch), Abdullah (6;8, m, 37 KM, ES Romanes) und Serap (Praktikantin, ES Türkisch) Kita 4, **IS 35**: Murat und Ahmet (4;10, m, 7+x KM[85], ES Türkisch) (Jack, neues Kind in der Gruppe) Kita 4, **IS 56**: Murat und DL	
Abdullah und Murat basteln Pompons aus Wolle. Serap sitzt daneben. ... Auf dem Boden liegen Perlen. Ser: Warte Murat kannst du die Perlen aufheben? Mu: Aber das hat Nicole *gemacht* in Boden. Ser: Ja aber du auch. (Murat hebt schnell die Perlen auf) ... Mu: Wo is mein *Dings*? (sucht seine Wolle)	**Reduktionen** machen für schmeißen Dings für Wolle
Murat und Ahmet malen. Jack kommt und bläst eine Tüte auf. ... Mu: Der wird das platzen jetzt. (Der wird die Tüte platzen lassen) Mu: Du musst feste *machen* dann platzt das. (zu Jack) ... Mu: Guck ich hab viele Wolken *demacht*.	 machen für pusten machen für malen
Murat und DL puzzeln. ... Mu: Wir *machen* erst mal die Hund/ äh die Hunde. ... Murat will das fertige Puzzle in den Karton schieben. Mu: Wir müssen hier drinne jetzt *mache*.	machen für puzzeln machen für schieben

Die Beispiele zeigen, dass der Gebrauch von Reduktionen wie *machen* oder *Dings* das Verstehen der Äußerung nicht beeinträchtigt, da aus dem Kontext erschlossen werden kann, für welchen spezifischeren Begriff die Reduktion steht. Eine Notwendigkeit der Differenzierung ergibt sich nicht, da der Kommunikationsfluss nicht beeinträchtigt wird. Der Gebrauch von Reduktionen ist, wie in 5.2 erläutert,

---

85 In Ahmets Fall konnten die Kontaktmonate nicht genau ermittelt werden (s. Anhang).

nicht auf den ZSE oder den ESE beschränkt, sondern Bestandteil des sozialen Austauschs, unabhängig davon, ob die Partner ein- oder mehrsprachig sind. So könnte die Äußerung beim Puzzeln *Wir machen erstmal den Hund* auch von einem monolingualen Kind oder Erwachsenen stammen, in diesem situativen Kontext ist die Reduktion also durchaus gängig.

	Paraphrasien
Kita 4, **IS 17**: Murat (4;12, m, 13 KM, ES Türkisch), Abdullah (6;8, m, 37 KM, ES Romanes) und Serap (Praktikantin, ES Türkisch) Kita 4, **IS 18**: Murat und Ahmet (4;10, m, 7+x KM, ES Türkisch), Serap Kita 4, **IS 49**: Murat (Abdullah und Ahmet) Kita 4, **IS 57**: Murat und Arjun (6;0, m, 31 KM, ES Pandschabi)	
Abdullah und Murat basteln Pompons. Serap sitzt daneben. ... Mu: Guck mal das geht aber nich – zu *eng*. (die Wollfäden sind zu kurz) Ser: *Kurz.* Mu: Kurz. ... Mu: Ich will jetzt diese ++*binden.* (Er will die Wolle festbinden)	eng für kurz binden für festbinden
Ahmet und Murat puzzeln, viele Puzzleteile liegen auf dem Boden, die beiden streiten darüber, wer sie aufheben soll. Serap kommt zur Klärung hinzu. Ser: Was is denn los? Mu: Ahmet hat das runtergeschmeißt. (zeigt auf die Puzzleteile) Ahm: Der Murat auch + nich nur ich allein. Mu: Ich *schließ* mich *ab.* (schiebt seinen Pulli über den Kopf).	abschließen für verstecken
Murat malt. Sybilles Brille liegt auf dem Tisch. Mu: Sybille *zieh* dein Brille *an!*	anziehen für aufsetzen
Arjun und Murat spielen Memory. Arjun will unter eine Karte gucken. Mu: *Mach* die *zu!* ... Mu: Guck mal – Nicole *macht* draußen das Licht *zu.*	zumachen für verdecken zumachen für ausmachen

Im Falle der Paraphrasien zeigt sich noch deutlicher, dass sich hier einer expliziten (referentiellen) Strategie bedient wird, in der der entsprechende Begriff durch einen anderen, semantisch nahe stehenden ersetzt wird. Anders als bei der Reduktion handelt es sich um spezifischere Ausdrücke. Murat zeigt, dass ihm ausreichend sprachliche Mittel in der ZS zur Verfügung stehen, um den Begriff durch einen anderen, spezifischen zu ersetzen. Am Beispiel des „Brille anziehen", was im (Süd-)Westen für „Brille aufsetzen" eine akzeptierte Wendung ist, in der Kita 4 aber nicht die übliche Wendung war, wird dies besonders deutlich. Murat kann sich also der ‚holistischen Strategie' bedienen und muss nicht auf die in der Hierarchie darunter stehende ‚partielle Strategie' zurückgreifen, mit der der Gegenstand oder die Tätigkeit durch seine bzw. ihre spezifischen Eigenschaften umschrieben wird (s. Kap. 5.2).

Die folgende Wortneuschöpfung lässt erkennen, dass Murat eine wichtige Regel, nämlich die Bildung von Komposita, bereits anwenden kann. Der Neologismus signalisiert, dass Murat seine Begriffsentwicklung aktiv vorantreibt.

Kita 4, **IS 44**: Murat (4;12, m, 13 KM, ES Türkisch) und Ahmet (4;10, m, 7+x KM, ES Türkisch)	
Murat und Ahmet malen. ... Mu: Und hier is der Gott – *Gottgespenst* – der wohnt im Himmel.	**Neologismus**

Diese kurzen Auszüge offenbaren, dass Murat über ein (aus)differenziertes Strategien-Set verfügt. Er nutzt es, um den Kommunikationsfluss aufrecht zu erhalten. Murat besitzt bereits ein beachtliches Wissen in der ZS und kann dieses Wissen im Sinne der Problemlösung zur Überbrückung semantischer Lücken in der Kommunikation einsetzen. Die Beobachtung und Analyse der Problemlösungsstrategien ermöglicht folglich, die dem Einzelnen zur Verfügung stehenden Ressourcen zu ermitteln.

Die Überprüfung, ob sich im Einsatz metasprachlicher Strategien die sich entwickelnde Bewusstheit für Sprache und das eigene sprachliche Handeln erkennen lässt und sprachlich-kognitive Dekontextualisierungsprozesse deutlich werden, wird anhand von elf Interaktionssequenzen mit Buket aus Kita 4 vorgenommen. Beleuchtet werden Fragen, Sprachspiele sowie Selbst- und Fremdkorrekturen.

Kita 4, **IS 20**: Buket (6;0, w, 36 KM, ES Türkisch) und Franko (Alter unklar, m, ES Romanes) Kita 4, **IS 25**: Buket und Seda (6;4, w, 37 KM, ES Türkisch) Kita 4, **IS 26**: Buket und Susanne (Erzieherin) Kita 4, **IS 52**: Buket und DL Kita 4, **IS 61b**: Buket und Antonia (5;8, w, 31 KM, ES Romanes)	
Buket spielt mit Franko das Personenratespiel. Eine Person heißt Charles. Buket zeigt auf den Namen und das Bild. Bu: Is dasn *englischer Name*? ...	**Fragen** Frage nach einem Ausdruck in einer anderen Sprache
Seda bastelt mit Bügelperlen, Buket steht daneben. ... Bu: *Warum heißen die* Bügelperlen?	Frage nach Bedeutung
Susanne will Buket vorlesen. Buket hat ein Buch ausgesucht. Su: Das hast du *mindestens* schon zehnmal gehört oder? Bu: Was heißt *mindestens*? ... Susanne liest vor. Buket unterbricht. Bu: Was heißt *Donnerwetter*?	Frage nach Bedeutung Frage nach Bedeutung
Buket und DL lesen „Das fliegende Pferd". ... Buket zeigt auf ein Bild einer Wüste. Bu: *Wie heißt das nomma*? (noch mal) DL: Wüste. Bu: Kieselwüste ne? DL: Ja kann man sagen da liegen ganz viele Kieselsteine. Bu: *Warum heißt das Kiesel*? DL: Das is der Name von den kleinen Steinen.	Frage nach Ausdruck Frage nach Bedeutung
Buket und Antonia malen, DL sitzt daneben. ... DL: Buket – warum isses eigentlich da unten so nass? Bu: Weil die Nicole eine Flasche Wasser umgekippt hat. DL: *Aha*! Bu: *Warum sagst du immer „Aha aha"*?	Frage nach gewähltem Ausdruck

Buket engagiert sich in ihrem ZSE durch eine ausgeprägte Fragehaltung. Sie fordert ihre Interaktionspartner immer wieder zur Erklärung von Bedeutungen auf und richtet somit ihre Aufmerksamkeit eigenaktiv auf die semantische Seite von Sprache. Damit erweitert sie ihre kognitiven Konzepte. Gleichzeitig erkennt sie unterschiedliche Sprachen und fragt nach diesen. All dies deutet auf explizite Lernvorgänge hin, d.h. das explizite Sprachlernen ist zum impliziten hinzugetreten. Buket steuert ihre Aufmerksamkeit eigenständig auf für sie relevante sprachliche Aspekte.

Kleine Sprachspiele wie die unten aufgeführten zeigen, dass hier nicht die kommunikative Seite im Vordergrund steht, sondern die sprachliche Tätigkeit als solche. In solchen Sprachspielen kommen Dekontextualisierungsprozesse zum Ausdruck – auch wenn es sich hier nicht um grammatische Spiele handelt, bei denen dieser Aspekt noch stärker im Vordergrund stehen würde.

| Kita 4, **IS 20**: Buket (6;0, w, 36 KM, ES Türkisch) und Franko (Alter unklar, m, ES Romanes) |
| Kita 4, **IS 61a**: Buket und Abdullah (6;8, m, 37 KM, ES Romanes) |

Buket und Franko spielen das Personenratespiel.	**Sprachspiele**
...	
Fran: Wo is die *alte Oma?*	
Bu: Da is nich die *alte Oma.*	
Franko hat das richtige Bild gefunden.	
Fran: Da is die *alte Oma.*	
Bu: *Deine Oma is auch alt.*	Sprachspiel ausgehend von der praktischen Spieltätigkeit
Buket und Abdullah streiten sich, während sie malen.	
...	
Ab: Ahh Buket deine Tricks sind behindert.	
Ab: Ich will nich mit dir Probleme haben Buket.	
Bu: (rappt) *Die Jungs sind die schlechten – die Mädchen sind die guten!*	Erfinden eines Reims, Rap

Buket fiel in der Beobachtungsphase außerdem durch ihr ausgeprägtes Korrektur-verhalten auf, wie die nächsten Beispiele deutlich machen. Ihre Fremdkorrekturen bezogen sich auf die lautliche, semantische oder formale Gestalt von Äußerungen ihrer Interaktionspartner. Indem sie ihr eigenes Sprechverhalten und das ihres Gegenübers kontrolliert, zeigt sie bereits einen hohen Grad an Bewusstheit in Bezug auf den Umgang mit sprachlichen Zeichen als solchen.

| Kita 4, **IS 7**: Buket (6;0, w, 36 KM, ES Türkisch), Sybille (Schulkind, w, monolingual Deutsch) |
| und Seda (6;4, w, 37 KM, ES Türkisch) |
| Kita 4, **IS 10**: Buket und DL |
| Kita 4, **IS 25**: Buket und Seda |
| Kita 4, **IS 53**: Buket und Seda |

Sybille schneidet Bücher aus, malt Herzen darauf. Seda schaut zu und zeigt Sybille, wie man aus dem Buch eine Tasche basteln kann. Buket sitzt am Tisch und malt.	**Korrektur**
Se: GUCK *sein* Tasche!	
Bu: *Seine Tasche? Deine Tasche!*	Fremdkorrektur (formal)
Se: Oh *die Tasche* is ganz warm.	
Buket und DL spielen ein Holz-Memory. Seda kommt dazu.	
...	
Seda nimmt eine Karte und guckt sie sich an, eine Weltkugel ist darauf zu sehen.	
Se: Da is ein *Obus.* (Globus)	
Bu: Das heißt nich *Obus – das heißt Globus.*	Fremdkorrektur (lautlich)
Seda hat eine verbogene Malunterlage vor sich liegen.	
Se: Das is *das verborene.*	
Bu: Das heißt nicht *verboren – verbogen!*	Fremdkorrektur (lautlich)
Seda und Buket probieren verschiedene Kaugummis.	
Se: Ich hab uns zwei nie auf der Welt *kopiert!*	
Bu: *Kopiert +++ PROBIERT!* (lacht)	Fremdkorrektur (semantisch)

Es zeigt sich, dass mit Hilfe der Kategorien des Bereichs metasprachliche Strategien die zunehmende Bewusstwerdung und die sprachliche Dekontextualisierung erfasst und analysiert werden können. Es wird ersichtlich, dass mit dem Einsatz solcher Strategien eine qualitativ neue Phase in der zweitsprachlichen Aneignung erreicht ist, die mit der Zunahme der sprachlichen Kompetenz (Grammatikalisierung) einhergeht.

Zu den metasprachlichen Strategien gehört auch das im Folgenden genauer betrachtete Code-Switching, das die Kompetenz anzeigt, Sprachen partner- und damit auch situationsabhängig zu wählen. In Abschnitt 8.2.3.2.1 wurde angenommen, dass ein adressatenspezifisches Code-Switching beobachtet und analysiert werden kann, ohne die ES formal und inhaltlich zu untersuchen. Auch kann beobachtet werden, ob ein Wort oder eine Passage aus einer anderen Sprache in die Basissprache der Interaktion eingeflochten wird und ob dies pragmatisch angemessen ist oder unangemessen, weil die Interaktionspartner diese Einflechtungen aufgrund fehlender Sprachkenntnisse nicht verstehen können. Code-Switching konnte in der Untersuchung insgesamt 47 Mal beobachtet werden (Kita 1: 13, Kita 2: 13, Kita 3: 7, Kita 4: 14). Dies zeigt, dass die Interaktionen größtenteils in einer Sprache stattfanden und die verwendeten Sprachen verhältnismäßig selten ineinander übergingen. Dies hing zum einen sicherlich damit zusammen, dass die Kinder wussten, dass ich ihre Erstsprachen nicht spreche. Somit wählten bzw. aktivierten sie lediglich ihre ZS und gingen in einen monolingualen Kommunikationsmodus über. Zum anderen überwogen in allen Kitas die sprachlich heterogenen Spielgruppen. Die Wahl des Spielpartners schien in den beobachteten Gruppen also überwiegend nicht von der gleichen Erstsprache abzuhängen.

Das seltene Vorkommen von Code-Switching kann auch dadurch erklärt werden, dass diese Fähigkeit sich im Kita-Alltag erst zu entfalten beginnt und mit steigendem Alter zunimmt. Daher kommt es in der Kita seltener zum Sprachwechsel als z.B. auf dem Pausenhof in der Schule (s.o. Kap. 2.2).[86] Eine ganz wesentliche Ursache scheint mir auch im sozialen Kontext zu liegen. So herrschte z.B. in Kita 3 das Erstsprachenverbot. Aber auch in den anderen Einrichtungen wirkten sich die Dominanz des Deutschen als Sprache der Institution und der vorwiegend monolinguale Kommunikationsmodus auf das Sprachverhalten der Kinder aus. Soziolinguistisch gesehen bedeutet dies, dass das Umfeld nicht zum Sprachwechsel ermutigt, denn dieser ist in einem einsprachigen Umfeld eher negativ konnotiert. Schulkinder hingegen sind bereits autonomer, werden nicht mehr so stark kontrolliert und haben größere Freiräume (z.B. wenn sie unter Peers sind) und somit eher die Möglichkeit, ein bilinguales Sprachverhalten zu praktizieren.

---

86 List (2006, S. 34) meint, dass erst dann von einer frühen sozialen Kompetenz der Sprachendifferenzierung gesprochen werden könne, „wenn Kinder sich sensibel gegenüber Fremden erweisen, von denen sie noch gar nicht wissen, welche Sprache sie benutzen".

Im Folgenden sollen Beispiele dafür aufgeführt werden, wie die mehrsprachigen Kita-Kinder die Strategie des Code-Switching einsetzen und welche Analysemöglichkeiten sich aus der Beobachtung des flexiblen Sprachverhaltens ergeben.

Kita 4, **IS 34**: Allessa (4;3, w, 7 KM, ES Romanes), Cynthia (6;0, w, 31 KM, ES Romanes), Nicole (6j., w, monolingual Deutsch), DL

BM	Allessa und Cynthia sitzen am Tisch.
	Al: <xxr>
	Cyn: <xxr>
CS (GM)	Al: *Komma guck!* (zu DL) (komm mal)
	Allessa zeigt DL ihre Tasche.
	DL: Ja – was is denn?
	Al: Das mein Tasse. (Tasche)
	Allessa zeigt DL ihre Ketten.
	Al: Un die un die! (zeigt die Ketten aus ihrer Tasche)
CS	Al: *<xxr>* (zeigt Cynthia die farbigen Blumen auf der Tischdecke)
	Nicole kommt, Allessa sieht Nicole an, dann Cynthia, spricht auf Romanes und sieht wieder hinüber zu Nicole.
	Al: <xxr>
CS	Ni: Bist du müde? (Allessa gähnt)
	Al: *Nein!* (reckt sich dabei und gähnt wieder)
	Allessa deutet auf ihren Bauch.
CS	Al: *<xxr>*
	Cyn: <xxr> (Cynthia steht auf, macht Allessas Jacke auf, versteckt die Tasche darunter)
	Al: <xxr> (lacht und guckt auf ihren dicken Bauch)
CS	Al: *Und ich?* (zu Nicole, die sich gerade etwas zu trinken eingegossen hat)

In dieser Interaktionssequenz kommen mehrere adressatenspezifische Sprachwechsel vor. Möchte sie Nicole oder DL etwas mitteilen, wechselt Allessa ins Deutsche, richtet sie sich an ihre Schwester Cynthia, wechselt sie ins Romanes. Diese Feststellung ist auch ohne Kenntnis der ES möglich, wenn der Interaktionsverlauf genau beobachtet wird. Dies wird im Folgenden skizziert:

Zunächst muss der Kommunikationsmodus nach Grosjean (2001) bestimmt werden. Hier handelt es sich um einen bilingualen (BM) und im weiteren Verlauf der Interaktion um einen gemischtsprachigen Kommunikationsmodus (GM). Zunächst kommunizieren zwei Mehrsprachige miteinander in ihrer ES, die Basissprache ist in diesem Fall Romanes. Mit dem Sprachwechsel, der von Allessa adressatenorientiert eingeleitet wird (sie wendet sich an DL, die kein Romanes versteht), verschiebt sich der Modus hin zu einem gemischtsprachigen. Innerhalb dieses Modus sind Sprachwechsel erlaubt und akzeptiert und werden nicht sanktioniert. Eine Basissprache ist in dieser Sequenz nicht eindeutig auszumachen, denn es gibt nicht mehr als drei Beiträge in Folge in einer Sprache. Der Modus bleibt bis zum Ende der Interaktionssequenz ein gemischter, weil das Hin- und Herwechseln zwischen den Sprachen dominiert und auch monolinguale Interaktionspartner (DL, Nicole) anwesend sind.

Die folgenden Beispiele aus der Kita 1 demonstrieren ebenfalls Analysen des adressatenspezifischen Code-Switching.

Kita 1, **IS 2**: Hatice (4;11, w, 15 KM, ES Türkisch), Tolga (5;8, m, 27 KM, ES Türkisch), Kita 1, **IS 4**: Hatice, Tolga, Uğur (4;9, m, 15 KM, ES Türkisch) und DL	
BM	Hatice und Tolga malen.
	Hat: *Bin fertig.*
	Sie geht, nimmt Tolgas Legoschiff, dreht sich um und fragt ihn etwas.
CS	Hat: \<xxt\>
	Tolga schaut auf.
CS	To: *Ja ja okay.* (malt weiter)
	Hatice geht mit dem Legoschiff.
	Hatice, Tolga und Uğur malen.
	...
	Ug: *Guck mal ein Boot.* (zu DL)
CS (BM)	Ug: \<xxt\>
	To: \<xxt\> (zu Uğur)
	Ug: \<xxt\>
	Hat: \<xxt\> (zu Uğur)

Im ersten Fall beendet Hatice ihre Maltätigkeit und kommentiert dies auf Deutsch. Sie sieht neben Tolga ein Legoschiff liegen, das er gebaut hat. Sie wechselt ins Türkische und richtet sich damit an Tolga. Tolga schaut auf und antwortet ihr auf Deutsch. Aus dieser Reaktion sowie aus der folgenden Handlung (Hatice nimmt das Legoschiff) kann geschlossen werden, dass sie ihn gefragt hat, ob sie mit dem Schiff spielen kann. In dieser Szene liegt ein bilingualer Modus vor.

Im anderen Beispiel zeigt Uğur DL zunächst, was er gemalt hat. Er spricht sie pragmatisch angemessen auf Deutsch an und lenkt ihre Aufmerksamkeit auf sein Bild. Dann folgt ein Gespräch zwischen Uğur, Hatice und Tolga auf Türkisch. Hier handelt es sich um einen bilingualen Modus mit der Basissprache Türkisch.

Die folgende Interaktionssequenz veranschaulicht, dass in der partnerorientierten Sprachenwahl auch metasprachliche Anteile enthalten sind.

Kita 1, **IS 8**: Denise (5;11, w, 27 KM, ES Türkisch) und Tolga (5;8, m, 27 KM, ES Türkisch) (DL)	
BM	Tolga und Denise basteln.
	De: Tolga ich mach'n Haus.
	To: Da musst du so machen. (nimmt die Pappe aus ihrer Hand und zeigt ihr, wie sie kleben soll)
CS	De: *Nein nich so!* \<xxt\> (reißt ihm den Kartondeckel aus der Hand)
CS	To: *Ja ja.* (gelangweilter Tonfall, beide basteln weiter)
	De: \<xxt\> (zeigt auf die Pappschachteln und Tapete, die sie aufgeklebt hat)
	To: \<xxt\>
	De: \<xxt\>
CS (GM)	To: \<xxt\> (merkt, dass DL guckt) *ich bastel ein Uhr guck!*

Denise beabsichtigt ein Haus zu basteln. Sie äußert dies auf Deutsch und richtet sich dabei explizit an Tolga. Tolga will ihr zeigen, wie sie vorgehen soll, was sie zurückweist. Bis hierher verläuft die Interaktion auf Deutsch. Dann wechselt Denise die Sprache und reißt Tolga ihre Bastelmaterialien aus der Hand. Vermutlich vollzieht sie hier deshalb einen Sprachwechsel, weil sie sich auf Türkisch besser wehren und ihrer Zurückweisung mehr Ausdruck verleihen kann. Tolga reagiert zunächst auf Deutsch, dann folgt in mehreren Beiträgen ein Austausch auf Türkisch. Als Tolga merkt, dass DL ihnen zusieht, wechselt er wiederum adressatenspezifisch ins Deutsche und erklärt DL, was er bastelt. Die von ihm gewählte Sprache signalisiert, dass er sensibel darauf reagiert, dass DL anwesend ist, und ihm bewusst ist, dass sie kein Türkisch versteht und dadurch von der Interaktion ausgeschlossen ist. Hier handelt es sich zunächst um einen bilingualen Modus, in dem Türkisch die Basissprache ist, später dann um einen gemischtsprachigen, da ein monolingualer Sprecher (DL) in die Interaktion einbezogen wird.

Das folgende Beispiel aus der Kita 2 lässt die metasprachlichen Anteile im Code-Switching noch deutlicher hervortreten:

Kita 2, **IS 34**: Maria (5;2, w, simultan Deutsch-Portugiesisch), Damla (6;4, w, 41 KM, ES Türkisch) und Jennifer (5j., w, monolingual Deutsch) (DL)	
MM	Damla, Maria und Jennifer sitzen am Tisch und malen. Je: Gleich geh ich zu Marias Haus. DL: Aha is ja toll. Da: Ich weiß nur wo Carmens Haus is – kannst du mir ein Herz malen? (zu DL) Die Köchin Isabell geht vorbei, sie spricht auch portugiesisch, Maria winkt und lacht.
CS (GM)	Ma: *Ola Isabell!* Je: *Ola Isabell!* (winkt) Da: *Ola Isabell!* (winkt) Ma: Nein ihr sagt das Deutsch – das is Portugiesisch.

Maria drückt mit ihrem Kommentar (der einer Fremdkorrektur entspricht) aus, dass das Portugiesische einen anderen Sprachrhythmus und eine andere Melodie hat als das Deutsche. Sie setzt ihre Fähigkeit, Portugiesisch zu sprechen, geschickt ein und behauptet sich als kompetentes Mitglied ihrer Spielgruppe. Ihre Partner können mit ihrer Hilfe die deutschen und portugiesischen Sprachklänge vergleichen und sich somit über Sprache auseinandersetzen. Der flexible Sprachgebrauch regt in dieser Situation dazu an, sich über unterschiedliche Sprachen und ihre Merkmale bewusst zu werden.

Das Einflechten von Wörtern oder Passagen im monolingualen Kommunikationsmodus konnte nur sehr selten beobachtet werden. Beispielhaft werden hierfür zwei Interaktionssequenzen näher betrachtet:

Kita 4, **IS 43**: Francesco (6;0, m, 13 KM, ES Romanes, ZS Italienisch), DL und Isabella (Erzieherin, ES Italienisch) Kita 4, **IS 44**: Francesco, DL	
MM	Francesco sieht sich ein Buch mit Tieren an, DL sitzt daneben. DL: Welches Tier magst du denn am liebsten?
CS	Fra: Is will *Leone* sein + hat so viele Haare. (zeigt um seinen Kopf herum) DL: Was magst du? Fra: *Leone* (fängt an, im Buch einen Löwen zu suchen) Isabella (Erz.) steht in Hörweite. Isa: Leone is Löwe auf Italienisch. (zu DL) DL: Ach so der Löwe gefällt dir. (zu Francesco)
CS	Fra: Da is *Leone*! (hat im Buch einen Löwen gefunden und zeigt ihn DL)
MM	Francesco paust Tiere aus einem Buch ab.
	...
CS	Fra: Is seh den *Leone* nis.

Francesco lernt Deutsch als dritte Sprache. Er baut in seine Äußerung ganz selbstverständlich den italienischen Begriff *Leone* ein. Zu diesem Zeitpunkt ist diese Einflechtung pragmatisch unangemessen, da DL den italienischen Begriff nicht versteht. Mit DLs Nachfrage wird Francesco vermutlich klar, dass sie den Ausdruck nicht versteht, da er anfängt, im Buch nach dem Bild eines Löwen zu suchen. Diese Situation stiftet produktive Irritationen (vgl. List 2005b), die Francesco nutzen kann, um sich die Symbolhaftigkeit von Sprache und die Arbitrarität sprachlicher Zeichen bewusst zu machen. Das pragmatisch unangemessene Einflechten kann also durchaus metasprachliche Prozesse in Gang setzen.

In der folgenden Situation (IS 44) verwendet Francesco das italienische Wort *Leone* erneut und integriert es (mit dem für das Deutsche korrekten Kasus) in die deutschsprachige Äußerung. Da DL die Wortbedeutung nun kennt, kann er sich hier seines gesamten sprachlichen Repertoires bedienen, um DL das aufgetretene Problem zu schildern. Daher handelt es sich um ein pragmatisch angemessenes Einflechten.

Insgesamt zeigt sich, dass über die Kategorie des Code-Switching das flexible Sprachverhalten von mehrsprachigen Kindern, die in der Institution die Möglichkeit haben, ihre ES zu verwenden, erfasst und analysiert werden kann. Es ergibt sich ein differenziertes Bild des flexiblen Sprachgebrauchs hinsichtlich

- der Struktur der Interaktionen (Interaktionspartner und Kommunikationsmodus);
- der Frage, ob sprachhomogene und/oder sprachheterogene Gruppen gebildet werden;
- der pragmatischen Angemessenheit der Sprachenwahl im Hinblick auf den Adressaten (Adressatenspezifik bzw. -orientierung) und ob unangemessene Einflechtungen von Begriffen oder Passagen Anlass bieten, diese in der ZS auszubilden;
- der Möglichkeit besonders für die älteren Kita-Kinder, sich mit Sprache auseinanderzusetzen und metasprachlich zu agieren.

Für die (sonder-)pädagogische Praxis ist damit eine Möglichkeit geschaffen, um Phänomene des mehrsprachigen Sprachgebrauchs in einer bestimmten Form auch monolingualen Fachkräften zugänglich zu machen. Der Gewinn dessen, Sprachmischungsphänomene wie das Code-Switching auch ohne linguistisches Detailwissen in der jeweiligen Sprache zu erfassen, liegt auf der Hand: Über stärkere Einblicke in den mehrsprachigen Sprachgebrauch verliert sich die Fremdheit ihm gegenüber und somit seine Besonderheit und möglicherweise auch die erlebte Hilflosigkeit im pädagogischen Handeln, die durch diesen Sprachgebrauch ausgelöst wird.

Zusammenfassend wird es mit den Kategorien im Bereich der Kommunikationsstrategien – gegliedert in die drei Strategietypen imitative, problemlösende und metasprachliche – möglich, den Blick auf die unter der sprachlichen Oberfläche ablaufenden Prozesse zu richten, denn die Ausbildung und Ausdifferenzierung der drei Strategietypen hängt eng mit kognitiver Weiterentwicklung, beginnender Bewusstwerdung und voranschreitender sprachlicher Dekontextualisierung zusammen. Dass diese Ausdifferenzierung auch mit einem erfolgreichen Lexikonerwerb einhergeht, ist, wie bereits erwähnt, für Kinder im ZSE belegt.[87]

8.3.2.2 Egozentrisches Sprechen

Das egozentrische Sprechen wurde nach seinem entwicklungsgemäßen Verlauf in drei Funktionen unterteilt (s.o. Kap. 8.2.3.2). Zunächst dient es der Versprachlichung des Resultats einer Handlung (Ego1), im weiteren Verlauf der Begleitung und Kommentierung der Handlung (Ego2), bis es schließlich zu ihrer Planung und Lenkung eingesetzt wird (Ego3). Egozentrisches Sprechen in der ZS konnte im Kita-Korpus insgesamt 105-mal und bei 25 von 43 Kindern beobachtet werden.

Tabelle 12: Verteilung des egozentrischen Sprechens im Datenkorpus

Egozentrisches Sprechen	Kita 1	Kita 2	Kita 3	Kita 4	Gesamt
Ego1	1	3	1	8	13
Ego2	15	8	10	24	57
Ego3	8	3	2	22	35
Gesamt	24	14	13	54	**105**

---

87 So schreibt Jeuk (2003, S.270, Hervorh. i. Orig.): „Die Vielfalt und Kreativität der gezeigten Verhaltensweisen korrespondiert mit dem Wortschatzwachstum. Zu den Verhaltensweisen, die eher mit einem erfolgreicheren Erwerb des Lexikons in Verbindung gebracht werden können, gehören *Ersetzungen, Neologismen, Fragen, Korrekturen, metasprachliche Aspekte und der Einsatz der Erstsprache.*" Darüber hinaus besteht ein Zusammenhang zwischen der Zunahme des Wortschatzes und der semantischen und grammatischen Kompetenzen in der ZS.

Die Tabelle zeigt, dass eine *Versprachlichung des Resultats* insgesamt selten zu beobachten war. Dies kann damit zusammenhängen, dass diese Funktion am Beginn der Entwicklung des egozentrischen Sprechens steht und mehrsprachige Kinder es daher eher in der ES zeigen. Die *Begleitung und Kommentierung* der Handlung (z.B. Probleme bei auftretenden Schwierigkeiten benennen) kam am häufigsten vor, gefolgt von der *Planung und Lenkung*. Beides trat am frühesten auf bei Hassan (4;3, m, 6 KM, ES Türkisch, Kita 1), bei Khalil (4;3, m, 13 KM, ES Arabisch, Kita 3) und Rene (4;3, m, 9 KM, ES Javanisch, Kita 3). Das egozentrische Sprechen zur *Planung und Lenkung der Tätigkeit* trat vermehrt bei den ‚späten' Vierjährigen, vor allem aber bei den Fünf- bis Sechsjährigen auf.

In der ersten Phase des frühen ZSE überwiegen die rezeptiven (und imitativen) Anteile. Die ZS dient vor allem der Erfüllung zentraler kommunikativer Bedürfnisse. Erst danach können die Kinder, wenn sie über ausreichende Mittel in der ZS verfügen, diese zur Versprachlichung von Handlungsresultaten, zur Begleitung oder zur Planung einsetzen. Laut Jampert (2002) tritt das egozentrische Sprechen in der ZS meist erst gegen Ende des Kita-Besuchs hinzu (s.o. Kap. 6.2). Die hier vorliegenden Beobachtungen weisen in die gleiche Richtung, zeigen aber auch, dass die Begleitung und Kommentierung bereits früher einsetzen kann. Dies ist abhängig davon, ob die Kinder über planerische Fähigkeiten verfügen und die Sprache von der Handlung abtrennen können und ob sie über ausreichende sprachliche Mittel in der ZS verfügen, um diese als Werkzeug zur Lenkung der Handlungen und der eigenen Bewusstseinstätigkeit einzusetzen. Hier zeigen sich deutliche individuelle Unterschiede.

Grundsätzlich offenbart die Analyse der Interaktionssequenzen, in denen egozentrisches Sprechen auftrat, dass die Unterteilung in drei getrennte Phasen schwierig ist. Dennoch zeigt erst die Abgrenzung dreier Phasen und Funktionen des egozentrischen Sprechens dessen große Bedeutung für die Planung und Lenkung von Tätigkeiten. Insbesondere auf diesen Aspekt soll der Blick gelegt werden.

Die Analyse zeigt, dass egozentrisches Sprechen in allen Kitas fast ausschließlich in Konstruktions- und Parallelspielen vorkommt, also beim Malen, Basteln und Bauen. Sprachlich-kognitive Eigenaktivität scheint vor allem in solchen Spielformen gefordert und gefördert zu werden, in denen Kinder diese Tätigkeiten ausüben. Zur exemplarischen Darstellung und Konkretisierung der unterschiedlichen Formen egozentrischen Sprechens und von Situationen, in denen es auftritt, sollen im Folgenden einige Sequenzen genauer betrachtet werden. Zur besseren Nachvollziehbarkeit erfolgt die Analyse der Beispiele jeweils in der rechten Tabellenspalte.

Im ersten Beispiel handelt es sich um eine Konstruktionstätigkeit: Abdullah und Murat basteln Pompons aus Wolle. Dazu wickeln sie Wolle in verschiedenen Farben um einen Pappring.

Kita 4, IS 17: Murat (4;12, m, 13 KM, ES Türkisch), Abdullah (6;8, m, 37 KM, ES Romanes) und Serap (Praktikantin, ES Türkisch)

Abdullah und Murat basteln Pompons. Serap sitzt daneben.

...

Ab: *Noch eine Farbe nehm ich – dann nehm ich so was un dann diese Farbe.* (sucht sich die Wollknäuel zusammen)

Abullah begleitet seine Handlung sprachlich und versprachlicht sein Suchen nach den richtigen Wollknäueln und Farben (Ego2).

...

Mu: *Ich hab rot denomm'.* (hat sich rote Wolle für seine Pompoms genommen)

Murat äußert ein Resultat seiner Handlung, nämlich dass er sich rote Wolle ausgesucht hat (Ego1).

...

Mu: (überlegt) *Noch andre Farbe + rot blau?*

Hier übernimmt die ZS die Lenkung der folgenden Handlung: Murat „denkt laut", welche Farbe er noch nehmen kann (Ego3).

...

Mu: *Ich schneide.* (schneidet Wolle ab)

Hier begleitet Murat seine Tätigkeit (Ego2).

Mu: *Keine mehr ++ doch noch eine – schwarz.* (hat alle Farben verwendet außer schwarz)
Mu: *Oder lila?* (überlegt, welche Farbe er noch nehmen soll)

Mu: *Ich kann besser lila nehme – lila und gelb.*
Ab: *Ich mach nur Spaß.* (singt vor sich hin)
Mu: *Ich nehme besser so weiß.*
Mu: *Ich gucke welche Farbe gibt's noch.*

Diese Abfolge ist von der Planung und Lenkung geprägt (Ego3): Murat überlegt, welche Farben er noch verwenden soll, dabei gehen die Gedanken hin und her und kommen auf diese Weise auch sprachlich zum Ausdruck. Deutlich wird auch, dass es ohne Kontextinformationen kaum möglich ist, die Äußerungen zu verstehen.

...

Ab: *Aber vielleicht passt das nich rein.* (das Knäuel durch die Öffnung)

Abdullah antizipiert ein mögliches Problem und äußert dies durch egozentrisches Sprechen (Ego3). Er fragt sich, ob das Wollknäuel für das Loch in seinem Pappring zu groß ist.

...

Abdullah schneidet Wolle ab.
Ab: *Noch ein bisschen + fertig.*

Abdullah begleitet die praktische Tätigkeit (Ego2).

...

Murat schneidet.
Mu: *Jetzt schneid ich gelb.*

Hier begleitet Murat seine Tätigkeit (Ego2).

...

Ab: *Ich brauch jetzt Kleber.*
Ab: *Ah das geht nich.* (klebt nicht)
Ab: *Wie geht das nomal?* (noch mal, will Wolle auffädeln, kommt nicht zurecht und findet dann selbst heraus, wie er sie auffädeln muss)
Ab: *Puh zu klein.* (das Loch für das Wollknäuel)

In diesem Auszug besitzt das egozentrische Sprechen vorwiegend lenkende Funktion (Ego3). Abdullah trägt sprachlich nach außen, was er zum Basteln benötigt. Dann wird ein auftretendes Problem erkannt und verbalisiert. Ähnlich verhält es sich mit der nächsten Äußerung: Abdullah äußert einen Metakommentar (*wie geht das nomal?*) und versprachlicht sein Tätigkeitsproblem. Dies dient dazu, Kontrolle über die Handlung zu gewinnen. Die Versprachlichung scheint ihm das Problem bewusst gemacht zu haben, denn er findet anschließend selbst heraus, wie er es lösen kann.

In diesem Ausschnitt wird deutlich, wie die beiden Kinder die ZS zur Verbalisierung ihrer nichtsprachlichen Tätigkeiten einsetzen und wie sie dadurch Fähigkeiten und Mechanismen zur Steuerung ihrer Handlungen entwickeln. Es zeigt sich auch, dass die Äußerungen ohne Kontextinformationen häufig nicht verständlich sind: Murat und Abdullah präsupponieren Teile ihrer praktischen Tätigkeiten pragmatisch. Da es ein Sprechen für sich ist, um Handlungen und psychische Tätigkeiten zu steuern, ist es eine Spezifizierung – solange sie nicht der Lösung von Problemen bei der Ausübung der Tätigkeit dient – nicht erforderlich. Hier kann daher leicht der Eindruck entstehen, die Kinder hätten ein unzureichendes Sprachvermögen in der ZS. Um zu unterscheiden, ob die Kinder im Spiel interagieren oder ihre Äußerungen nicht an ein Gegenüber richten, ist daher der Kontext entscheidend.

Im nächsten Beispiel aus der Kita 1 malen und basteln Hatice und Tolga. Tolga gebraucht dabei das egozentrische Sprechen in all seinen Funktionen.

Kita 1, **IS 2**: Hatice (4;11, w, 15 KM, ES Türkisch) und Tolga (5;8, m, 27 KM, ES Türkisch)	
Hatice und Tolga malen und basteln. ... To: *So abgeschnitten.*	Tolga schneidet. Nachdem er fertig ist, stellt er zufrieden fest, dass er sein Bild ausgeschnitten hat. Er versprachlicht somit das Ergebnis seiner nichtsprachlichen Tätigkeit (Ego1).
To: *Wo is das Schiff?* (sucht sein zweites Bild, findet es, fängt an abzuschneiden) To: *Oh abgegangen + kann ich wieder dran kleben zu Hause.*	Ein Problem ist aufgetreten: Tolga findet sein zweites Bild nicht. Er verbalisiert das Problem und macht es sich damit bewusst (Ego2). Etwas später taucht erneut ein Problem auf. Er hat zuviel abgeschnitten und versprachlicht dies (Ego1). Die Problemlösung erfolgt nach einer kurzen (Denk-)Pause. Hier besitzt das egozentrische Sprechen vorwiegend kommentierende und lenkende Funktion (Ego3).
To: *Ich mach ein Flugzeug jetzt.*	Nachdem Tolga seine Bastelarbeiten beendet hat, kündigt er sein nächstes Vorhaben an. Er setzt das egozentrische Sprechen zur Planung ein (Ego3).

Im folgenden Beispiel aus der Kita 1 baut Uğur in der Bauecke Legoautos; Andreas ist ebenfalls mit Bauen beschäftigt. In dieser Sequenz hat das egozentrische Sprechen vorwiegend begleitende und kommentierende Funktion.

Kita 1, **IS 6**: Uğur (4;9, 15 KM, ES Türkisch) und Andreas (4j., monolingual Deutsch)	
Uğur baut Legoautos. ... Ug: *Die fällt imma runter.* ... Ug: *Das brauch ich doch nich.* (wirft einen Legostein zurück in die Kiste)	Das Problem, dass die Hinterräder ständig abfallen, wird von Uğur verbalisiert und damit seinem eigenen Bewusstsein (Wahrnehmung) zugänglich (Ego2). Zu einer verbalen Problemlösung kommt es hier jedoch nicht. Hier kommentiert Uğur seine praktische Tätigkeit (Ego2).
... Ug: *Die fällt nie runter.* (die Hinterräder gehen immer wieder ab, die Vorderräder hingegen bleiben dran)	Später stellt Uğur fest, dass das oben verbalisierte Problem nur einen Teil (die Hinterräder) betrifft (Ego2).
Ug: *Jetzt kommt Bombe – pampam – pampam.* (lässt große Bauklötze auf den Boden fallen)	Das egozentrische Sprechen ist hier ankündigend und handlungslenkend (Ego3). Gleichzeitig nimmt Uğur auch eine Umdeutung vor (Bauklotz = Bombe). Es handelt sich somit um die Veräußerlichung einer innerlich erzeugten und somit mental repräsentierten Vorstellung.
Ug: *Wieda hinten!* (das hintere Rad ist schon wieder abgegangen)	Hier handelt es sich erneut um das sprachliche Kommentieren im Sinne einer Problemfeststellung (Ego2). Durch diese vergegenwärtigt sich Uğur das Handlungsproblem. Wie oben erfolgt auch hier keine Problemlösung mit Hilfe des Sprechens.

Zusammenfassend ist im Hinblick auf die Frage der Tauglichkeit und Anwendbarkeit der Kategorie des egozentrischen Sprechens sowie der daraus folgenden Beobachtungs- und Analysemöglichkeiten festzuhalten:

Egozentrisches Sprechen kann in der ZS beobachtet und über die festgelegten Kriterien auf seine verschiedenen Phasen hin, in denen unterschiedliche Funktionen zum Ausdruck kommen, analysiert werden. Die Abgrenzung der einzelnen Phasen (Ego1, Ego2, Ego3) ist nicht immer eindeutig, dennoch kann zwischen der Versprachlichung des Resultats, der Begleitung und der Planung von Handlungen unterschieden werden. In den Beispielen konnte gezeigt werden, dass die sprachliche Tätigkeit die nichtsprachliche begleitet oder lenkt. Über das Sprechen werden Probleme dem Bewusstsein zugänglich gemacht, so dass eine Problemlösung erfolgen kann. Setzen die Kinder egozentrisches Sprechen in der ZS zur Planung ein, stellen sie bereits im Vorfeld ihrer Tätigkeit dar, was in der praktischen Ausführung passieren wird. Die Kinder gebrauchen ihre ZS in solchen Situationen also als Werkzeug.

Egozentrisches Sprechen kommt im Datenkorpus fast ausschließlich in Konstruktionsspielen vor; diese scheinen seinen Gebrauch herauszufordern (s.o. Kap. 4.3.2.1). Die Analysen bestätigen, dass das egozentrische Sprechen in der ZS erst nach der ersten Phase des ZSE beginnt (und vorher vermutlich in der ES abläuft). Im Kita-Korpus zeigte es sich ab 6 KM und ab dem Alter von vier Jahren.

Mit Hilfe der Kategorie des egozentrischen Sprechens kann die kognitive Aktivität, die durch die ZS (wie auch durch die ES) veräußerlicht wird, erfasst werden. Die hier beispielhaft aufgeführten Beobachtungen zeigen vielfältige

Analysemöglichkeiten, die Aufschluss darüber geben können, ob die Kinder ihre ZS als Werkzeug zur Problemlösung nutzen. Im Rahmen weiterer Untersuchungen könnten die Kategorie und ihre Bestimmungskriterien herangezogen werden, um zu überprüfen, ob die Kinder, die in einer oder in allen ihnen zur Verfügung stehenden Sprachen viel egozentrisch sprechen, sprachlich weiter entwickelt sind als diejenigen, die die Funktion des egozentrischen Sprechens kaum oder nicht nutzen (s.o. Kap. 5.4).

8.3.3 Dekontextualisierungsprozesse

Die 150 Interaktionssituationen des Kita-Korpus wurden auch hinsichtlich der Abhängigkeit der Äußerungen vom situativen Kontext analysiert. Im sympraktischen Sprachgebrauch (Kontextverwobenheit VeNK) wird der Diskurs mit deiktischen Zeichen organisiert; die sprachlichen Handlungen sind eng mit dem außersprachlichen Kontext verwoben, sie beziehen sich auf diesen und/oder auf die ausgeführte Tätigkeit. Im weiteren Entwicklungsverlauf zeigt sich eine zunehmende Ablösung der sprachlichen Zeichen vom außersprachlichen Kontext (Kontextablösung HeNK): Äußerungen sind inhaltlich auf Zukünftiges, Fiktives oder Vergangenes bezogen, formelhafte Äußerungen werden zerlegt und grammatikalisiert. Die Diskurse werden zunehmend über kohärente und kohäsive Beiträge organisiert, kontextliche Zeichen-Zeichen-Beziehungen werden hergestellt. Indem das Vorkommen der beiden Sprachgebrauchsmodi untersucht wird, kann festgestellt werden, ab wann bei den mehrsprachigen Kindern die Ablösung in der ZS beginnt, ob sie gegebenenfalls an bestimmte Spielhandlungen und Interaktionspartner gekoppelt ist und ob es Spielformen und Aktivitäten gibt, die eine Herauslösung zwingend erforderlich machen.[88] Im Umkehrschluss wäre also zu klären, ob es Situationen gibt, bei denen diese Notwendigkeit nicht besteht (s.o. Kap. 5.4.2). Dieses Vorgehen ermöglicht die empirische Prüfung der Merkmale und Kriterien der Kategorien, die im Abschnitt 8.2.3.3 dargelegt wurden.

Während der sympraktische Sprachgebrauch der für Kleinkinder typische Modus ist, können ältere Kinder (wie auch Erwachsene) zwischen den beiden Modi hin- und herwechseln. So können innerhalb einzelner Interaktionssituationen (IS) unterschiedliche Modi auftreten oder einzelne Sequenzen von einem Sprachgebrauchsmodus dominiert werden. Dies ist abhängig von der ausgeübten Spielhandlung oder Aktivität sowie von den Interaktionspartnern und ihrer kognitiven Entwicklung. In

---

88 Bei mehrsprachigen Kindern handelt es sich hier um ein komplexes Problem: Sie erwerben die ZS genau dann, wenn sie in ihrer ES beginnen, Sprache aus dem Kontext zu lösen. Sie sind dazu also kognitiv bereits in der Lage, können aber in der ZS unter Umständen noch nicht auf die dazu erforderlichen sprachlichen Mittel zurückgreifen. Hier ist also mit einer zeitlichen Verzögerung zu rechnen.

der Ergebnispräsentation wird zunächst das grundsätzliche Auftreten beider Sprachgebrauchsmodi dargelegt, d.h. es wird pro IS erhoben, ob VeNK und/oder HeNK vorkommt. Auch wenn dies nicht die Dynamik vieler IS wiedergibt, in denen zwischen den Sprachgebrauchsmodi hin- und hergewechselt wird, kann damit eine Tendenz hinsichtlich des Vorkommens der beiden Modi in Abhängigkeit von den Spielformen bzw. von Aktivitäten und Interaktionspartnern erfasst werden. Abschließend werden für jeden Modus gesondert Beispiele vorgestellt, mit dem die Möglichkeiten einer tiefer gehenden Analyse aufgezeigt werden.

Betrachtet man die Gesamtverteilung der beiden Sprachgebrauchsmodi im sozialen Austausch zeigt sich folgendes Bild:

Tabelle 13: Gesamtverteilung der Sprachgebrauchsmodi im Datenkorpus

Sprachgebrauchsmodi im sozialen Austausch	Gesamt
VeNK	175
HeNK	119

Die Tabelle veranschaulicht, dass die Verwobenheit sprachlicher Äußerungen mit dem nichtsprachlichen Kontext und der Spieltätigkeit insgesamt dominiert und den größten Teil des Sprachgebrauchs ausmacht. Nach Spielformen und Aktivitäten sowie den Interaktionspartnern (IP) bzw. -konstellationen differenziert stellt sich die Verteilung der beiden Sprachgebrauchsmodi wie folgt dar:

Tabelle 14: Sprachgebrauch in Konstruktionsspielen differenziert nach IP

Interaktions-konstellation	K-K-I 3;10 - 4;12j.	K-K-I 5;0 - 6;8j.	K-K-I über-greifend	E-K-I 3;10 - 4;12j.	E-K-I 5;0 - 6;8j.	E-K-I über-greifend	Gesamt
KS	11	11	18	10	13	5	68 IS
VeNK	11	10	18	10	13	5	67
HeNK	4 [1]*	10	12	2	8	3	38 [1]

* In Klammern stehen jeweils die Fälle, wo dies erst in Ansätzen gelingt.

Im Konstruktionsspiel überwiegt der kontextverwobene Sprachgebrauch, die Interaktionen und Äußerungen der Partner sind hauptsächlich auf die ausgeübte Tätigkeit und die Situation bezogen. Dies trifft besonders auf die Interaktionen der 3;10- bis 4;12-Jährigen zu. Doch sind auch hier bereits einzelne Sequenzen von der Herauslösung der Sprache aus dem Kontext geprägt. In den Interaktionen der 5;0- bis 6;8-Jährigen hingegen sind die beiden Modi im Korpus gleichgewichtig. In den ‚übergreifenden' Kind-Kind-Interaktionen führen die Kinder dieser Altersgruppe Themen ein, die über den situativen Kontext hinausgehen. Die Tabelle zeigt weiterhin, dass die Teilnahme von Erwachsenen an Konstruktionsspielen kaum dazu beiträgt, das Repertoire im Sprachgebrauchsmodus zu erweitern.

Tabelle 15: Sprachgebrauch in Parallelspielen differenziert nach IP

Interaktions-konstellation	K-K-I 3;10 - 4;12j.	K-K-I 5;0 - 6;8j.	K-K-I über-greifend	E-K-I 3;10 - 4;12j.	E-K-I 5;0 - 6;8j.	E-K-I über-greifend	Gesamt
PS	3	1	7	0	0	0	11 IS
VeNK	3	1	7	0	0	0	11
HeNK	0	1*	1**	0	0	0	02

* Schreiben
** PS wird unterbrochen und ein Gespräch über Dinge außerhalb des Kontextes geführt

Parallelspiele, die in der Regel mit Konstruktionsspielen einhergehen, sind von sympraktischem Sprachgebrauch (und von egozentrischem Sprechen) geprägt. Die Kinder sind mit ihrer Aufmerksamkeit völlig auf ihre Spielhandlung gerichtet. In dieser Spielform, die sich dadurch auszeichnet, dass die Partner sich beobachten, imitieren usw., sind sprachliche Kooperation und über die Situation hinausgehende Äußerungen nicht erforderlich.

Tabelle 16: Sprachgebrauch in Rollenspielen differenziert nach IP

Interaktions-konstellation	K-K-I 3;10 - 4;12j.	K-K-I 5;0 - 6;8j.	K-K-I über-greifend	E-K-I 3;10 - 4;12j.	E-K-I 5;0 - 6;8j.	E-K-I über-greifend	Gesamt
RoS	3	12	1	0	3	0	19 IS
VeNK	3	1	1	0	1	0	6
HeNK	2 [1]	11 [1]	0	0	3	0	16 [2]

Bei Rollenspielen zeigt sich, wie nach den Erörterungen in den Abschnitten 4.3.2.2 und 8.2.3.3 erwartbar, dass sie durch die Herauslösung sprachlicher Zeichen aus dem Kontext geprägt sind. Die Überführung von Zeichen in einen fiktiven Kontext, über den sich die Interaktionspartner vor der Handlungsausführung erst ver-ständigen müssen, fördert die Kontextablösung in hohem Maße. Bei den Vier-jährigen konnten erste Rollenspiele in der ZS beobachtet werden, auch wenn dabei die Aufrechterhaltung des fiktiven Kontextes noch nicht durchgehend gelang. Es waren aber vor allem die Fünf- und Sechsjährigen, die sich in Rollenspielen engagierten und sich in der ZS bereits über den situativen Kontext hinausbewegten.

Tabelle 17: Sprachgebrauch in Regelspielen differenziert nach IP

Interaktions-konstellation	K-K-I 3;10 - 4;12j.	K-K-I 5;0 - 6;8j.	K-K-I über-greifend	E-K-I 3;10 - 4;12j.	E-K-I 5;0 - 6;8j.	E-K-I über-greifend	Gesamt
RS	1	5	5	8	9	6	34 IS
VeNK	1	5	5	8	9	6	34
HeNK	[1]*	2	2	1**	6**	2**	13 [1]

* Erzieherin fordert Übersetzung
** durch Erwachsene werden während des Regelspiels Gespräche ausgelöst, die kontextabgelöst sind

Bei den Regelspielen verhält es sich, wie die Tabelle zeigt, grundlegend anders. Sie werden überwiegend mit Erwachsenen gespielt, und diese involvieren besonders die älteren Kinder in Gespräche, die über das Spiel hinausgehen, indem sie z.b. eine Erklärung der Spielregeln anfordern. Obwohl das Regelspiel im Gegensatz zum Rollenspiel oder anderen Aktivitäten häufig mit Erwachsenen stattfindet, zeigt sich aber in diesem Korpus, dass es nur selten mit Dekontextualisierungsprozessen einhergeht.

Tabelle 18: Sprachgebrauch in Gesprächen differenziert nach IP

Interaktions-konstellation	K-K-I 3;10 - 4;12j.	K-K-I 5;0 - 6;8j.	K-K-I über-greifend	E-K-I 3;10 - 4;12j.	E-K-I 5;0 - 6;8j.	E-K-I über-greifend	Gesamt
G	0	4	5	0	28	6	43 IS
VeNK	0	3	4	0	21	4	32
HeNK	0	4	3	0	23	5	35

Gesprächsaktivitäten kommen im Korpus bei den Kindern bis fünf Jahren weder untereinander noch in der Interaktion mit Erwachsenen vor. Bei Kindern ab dem fünften Lebensjahr ist zu beobachten, dass sie sich in Kind-Kind-Interaktionen in Gesprächsaktivitäten von der aktuellen Handlung und der Situation sprachlich lösen. In Erwachsenen-Kind-Interaktionen ist dies noch sehr viel stärker ausgeprägt: Neben Gesprächen, in denen sich die Partner zwischen der beiden Sprachgebrauchsmodi hin- und herbewegen, finden auch solche statt, die bei der Aushandlung von Bedeutung allein mit sprachlichen Zeichen auskommen. Hier zeigt sich besonders deutlich die Rolle von kompetenten Partnern, die solche Gespräche während der Ausübung von Spieltätigkeiten oder losgelöst von diesen einfordern.

Tabelle 19: Sprachgebrauch in Literacy-Aktivitäten differenziert nach IP

Interaktions-konstellation	K-K-I 3;10 - 4;12j.	K-K-I 5;0 - 6;8j.	K-K-I über-greifend	E-K-I 3;10 - 4;12j.	E-K-I 5;0 - 6;8j.	E-K-I über-greifend	Gesamt
LA	0	1	2	6	14	0	23 IS
VeNK	0	1	2	6	10	0	19
HeNK	0	1	1	0	11 [1]	0	13 [1]

Unter Literacy-Aktivitäten werden hier solche Tätigkeiten verstanden, in denen sich die Kinder mit Büchern und schriftlichen Symbolen auseinandersetzen. Hier zeigt sich dasselbe wie bereits bei den Gesprächsaktivitäten: Literacy-Aktivitäten sind ebenfalls stark an die Anwesenheit von Erwachsenen geknüpft, die z.b. vorlesen oder sich mit den Kindern über die Geschichten unterhalten. Auch die ersten Schreibversuche fanden im Korpus häufig in Gegenwart von Erwachsenen statt, denen die Kinder das Geschriebene und seine Bedeutung erläutern. In ‚übergreifenden' Interaktionen sind es die kompetenten älteren Partner, die die Jüngeren in Literacy-Aktivitäten involvieren und das Geschehen lenken. Nicht jede Literacy-Akvitität ist mit einer Herauslösung sprachlicher Zeichen im Sprachgebrauch verbunden, die Tendenz dazu ist jedoch deutlich zu erkennen, insbesondere bei den Interaktionen älterer Kita-Kinder.

Zusammenfassend ergibt sich demnach folgendes Bild: Situative Verwobenheit sprachlicher Äußerungen ist in allen Spielkontexten mit unterschiedlichen Interaktionspartnern zu beobachten. Der sympraktische Sprachgebrauch ist eng mit Konstruktionsspielen und Parallelspielen verknüpft, ist aber auch in Regelspielen der dominierende Modus der sprachlichen Interaktion. Die Herauslösung von Zeichen aus dem aktuellen Kontext – also die Lösung vom sympraktischen Sprachgebrauch – in der ZS ist im Datenkorpus bei Kindern ab dem vierten Lebensjahr zu beobachten und nimmt mit zunehmendem Alter deutlich zu. Sie findet in Kind-Kind-Interaktionen vor allem in Rollenspielen statt, während sie in Gesprächen und in Literacy-Aktivitäten durch Erwachsene gefördert wird.

Dies bestätigt die Erkenntnisse, die für einsprachige Kinder vorliegen (vgl. Andresen 2002, 2005): Sprachliche Dekontextualisierungsprozesse, die sich in der Ablösung sprachlicher Zeichen vom Kontext zeigen, beginnen im Vorschulalter. Mit vier Jahren fangen die Kinder an, sich in ihren Tätigkeiten aufeinander zu beziehen; die kognitive Entwicklung ist so weit vorangeschritten, dass das egozentrische Denken zurückgeht, sich die Perspektive erweitert und sprachliche Kooperation möglich wird. Sprache dient nicht mehr nur als Mittel der Kommunikation, um Bedürfnisse zu erfüllen, sondern wird zum Werkzeug der Kognition, um sich seiner Tätigkeiten bewusst zu werden, Probleme zu lösen und fiktive Welten aufzubauen. Dies gelingt im hier untersuchten Korpus den Kindern auch in der ZS, obwohl ihre sprachlichen Mittel nicht an die ihrer monolingualen Peers heranreichen, z.B. in Bezug auf die grammatische Korrektheit. Damit wird deutlich, dass die ZS Funktionen in der sprachlich-kognitiven Auseinandersetzung übernimmt und explizites (Sprach-)Lernen in der ZS zum impliziten hinzutritt. Dennoch muss gerade im Hinblick auf den ZSE, der quantitativ zu einem großen Teil in der Kita stattfindet (anders als der ESE), einschränkend gesagt werden: Die meisten Interaktionssituationen, Spielformen und Aktivitäten sind durch die situativ-kontextuelle Verwobenheit der sprachlichen Äußerungen geprägt und fordern eine Herauslösung der Zeichen nicht zwingend. Die kommunikative Anforderung, sich über das kontextuelle Sprechen hinauszubewegen, ergibt sich in Konstruktions- und Regelspielen, die die überwiegenden Teile der Tätigkeiten ausmachen, in der Regel nicht. Da Gespräche und Literacy-Aktivitäten vorwiegend an die Anwesenheit von Erwachsenen geknüpft sind, bleibt in der Kind-Kind-Interaktion lediglich das Rollenspiel, in dem es notwendig ist, kontextliche Zeichen-Zeichen-Beziehungen herzustellen und somit eine stärker syntaktisierte Sprache zu gebrauchen, um Bedeutung im fiktiven Kontext herzustellen.

In den folgenden beiden Abschnitten werden für jeden der beiden Modi konkrete Interaktionsbeispiele genauer betrachtet.

8.3.3.1 Sprachgebrauchsmodus I: Sympraktischer Sprachgebrauch

Die Verwobenheit sprachlicher Äußerungen mit dem außersprachlichen Kontext kann am sichersten über die Verwendung von deiktischen Ausdrücken und Aufmerksamkeitslenkern bestimmt werden sowie über nonverbale Handlungen zur Untermalung sympraktischer Äußerungen, da diese Zeichen auf den situativen Kontext und die ausgeführten Tätigkeiten verweisen und das Sprechen im Hier-und-Jetzt signalisieren. Die Interaktionspartner müssen sich im geteilten Wahrnehmungsfeld befinden, um den propositionalen Gehalt der betreffenden Äußerung zu bestimmen. Ein erstes Beispiel, das dies veranschaulicht, ist ein Ausschnitt aus einer Regelspielsituation mit Murat und Arjun aus der Kita 4. Die kursiv gesetzten Elemente stellen jeweils die deiktisch verwendeten Elemente dar. In Klammern stehen ebenfalls kursiv die nonverbalen Handlungen zur Unterstützung:

Kita 4, **IS 57**: Murat (4;12, m, 13 KM, ES Türkisch) und Arjun (6;0, m, 31 KM, ES Pandschabi)	
Murat und Arjun spielen Memory.	
...	
Ar: *Tut ma* – soll ich ma tuten? (Guck mal – soll ich mal gucken?)	Deix, guck
Arjun guckt unter die Karte.	
Mu: Mach *die* zu!	Deix
Ar: Darf ich *jetz so* machen?	Deix
Arjun dreht die Karte um.	
Ar: Sonne.	
Mu: Kinderwagen – he wo is *das*?	Deix
Murat sucht die zweite Karte.	
Mu: Ich will *das* für dich nehme. (*das Pärchen*)	Deix
Mu: Du weißt nich wie *das* geht.	Deix, Formel
Ar: Du weißt auch nich wie *das* deht. (Du weißt auch nicht wie das geht)	Deix, Formel
Mu: Ich such dir immer *das*. (*die Pärchen*)	Deix
Mu: Nein schade. (*kein Pärchen*)	
Murat gibt Arjun Pärchen.	
Ar: Danke – boa *so* viele tried ich? (Danke – boa so viele krieg ich?)	Deix
Ar: Ich tried hundert Millionen. (Ich krieg)	
Ar: Passt du *das* auf?	Deix
Arjun gibt Murat sein Playbate. (eine Art Kreisel)	
Mu: Ich pass dein Playbate auf – ich mach *den* nur dran.	Deix
Er befestigt den Kreisel an seiner Halterung.	
Mu: Sollich *das* abmachen? (*den Kreisel jetzt abdrücken*)	Deix
Ar: *Deh* mal wet! (geh mal weg)	
Mu: Du hast gesagt du bist mein Freund.	
Ar: Kann *der* leuchten! (*das Playbate*)	Deix
Mu: *Guck mal* – Nicole macht draußen das Licht zu.	guck
Mu: Arjun wir spieln draußen Mutter – Papa und Hund.	

Es ist offensichtlich, dass das dialogische Geschehen hier ohne die Kontexterklärungen nicht verständlich und nachvollziehbar wäre. Murat und Arjun agieren im geteilten Wahrnehmungsfeld und verwenden daher deiktische Ausdrücke, deren Referenz je nach aktuellem Zeigfeld variiert. Sie können dies für ihr sprachliches Handeln nutzen und so permanent pragmatisch präsupponieren.

Man könnte nun argumentieren, dass es sich bei den beiden um Zweitsprachlerner handelt und dass ihnen daher die sprachlichen Mittel zur Herauslösung noch nicht zur Verfügung stehen. Im Korpus sind aber Situationen zu finden, in denen beide über das kontextliche Zeigen hinausgehen, die nötigen sprachlichen Mittel scheinen ihnen also zur Verfügung zu stehen. Das Beispiel zeigt vielmehr, dass in der Situation nicht über den Kontext hinausgegangen werden muss, denn die sprachliche Kooperation und das gemeinsame Spiel gelingen auch so.[89] Inso-

---

89 Beide zeigen in dieser Sequenz außerdem, dass sie sich im Dialog an wesentliche pragmatische Grundregeln halten (vgl. Grice 1989). Solche Grundregeln sind z.B., den Beitrag so informativ wie nötig zu gestalten und ihn kurz und knapp zu halten. Es ist auf den ersten Blick erkennbar, dass Murat und Arjun sich an diesen Maximen orientieren: Sie beschränken sich sprachlich auf das Wesentliche. Gerade die Kontextverwobenheit ermöglicht in dieser Situation die Einhaltung pragmatischer Regeln: Beide wissen, dass der Partner die nonverbalen Handlungen sieht, sie zu versprachlichen würde also gegen die genannten Maximen verstoßen.

fern ist die Kontextverwobenheit hier nicht notwendigerweise durch eingeschränkte zweitsprachliche Möglichkeiten bedingt, wie man bei einem oberflächlichen Blick auf die Situation annehmen könnte. Vielmehr erfordert das Agieren im geteilten Wahrnehmungsfeld gar keine Herauslösung der sprachlichen Äußerungen aus diesem Feld; dieses ist Bestandteil der Interaktion und bedingt das sprachliche Verhalten mit. Auch sprachlich bereits weiter entwickelte Kinder und Erwachsene verhalten sich in solchen Situationen ähnlich. Das folgende Beispiel aus der Kita 4 mit Buket und DL veranschaulicht dies; gleichzeitig konnte für Bukets Sprachverhalten im Zusammenhang mit metasprachlichen Strategien (s.o. Kap. 8.3.2.1) bereits gezeigt werden, dass sich darin in hohem Maße Dekontextualisierung zeigt.

Kita 4, **IS 51**: Buket (6;0, w, 36 KM, ES Türkisch) und DL	
Buket und DL spielen Memory.	
Bu: Ich will anfängen – der Löwe der Hund der Elefant – oh ich wollte nich *das*.	Deix
Buket deckt schnell eine andere Karte auf.	
DL: *Da* hast du *jetz* aber gepfuscht oder?	Deix, Deix
Bu: Okay ich tu *den* wieder hin.	Deix
Sie legt die Karte wieder weg.	
DL: Willst du nich mal sagen was du hast?	
Bu: Nein wir sagen *das* nich – wir müssen *das* nich!	Deix
DL: Legen wir immer *eine* aufgedeckt hin? (*eine Karte*)	Deix
Bu: Nein *so* (*deckt die Karten auf*) ++ alles *auf*.	Deix, DeixNV
DL: Und *jetzt*?	Deix
Bu: Zuerst mischen/nein wir müssen *alle* richtig machen.	Deix
Sie dreht wieder alle um.	

Buket und DL spielen ein Regelspiel, auf das sie ihre Aufmerksamkeit gerichtet haben. Sie verwenden eine Reihe von hinweisenden (non)verbalen Mitteln, deren Bedeutung sich nur aus dem situativen Kontext erschließt. Sprache besitzt hier überwiegend hinweisende, keine verweisende Funktion.

Der sympraktische Sprachgebrauch ist in der Kita eng mit dem Konstruktionsspiel verbunden, wie Tabelle 14 zeigte. Die folgenden Beispiele machen diesen Zusammenhang noch einmal deutlich. Beim ersten handelt es sich um eine Interaktion von Murat und seinem Freund Ahmet aus der Kita 4.

Kita 4, **IS 35**: Murat (4;12, m, 13 KM, ES Türkisch) und Ahmet (4;10, m, 7+x KM, ES Türkisch)	
Murat und Ahmet malen.	
Mu: *Das* Mitte ja?	Deix
Murat stellt die Stifte in die Mitte.	
Ah: *Das* Mitte.	Deix
Ahmet guckt auf sein Bild.	
Ah: *So* mach doch kein Auto.	Deix
Mu: *Hier das* is geil. (gibt Ahmet eine besondere Farbe)	Deix
Mu: Aber nich Krikelkrakel malen.	Formel
Ahmet hat ein Auto gemalt.	
Ah: Das ein Auto.	
Mu: Was hab ich dir gegebt gerade?	
Ah: *Die*. (*hält Murat den Stift hin*)	Deix, DeixNV
Mu: Aber nich bei die Strich malen. (Ahmet soll aufpassen und nicht über den Strich malen.)	
Mu: Papagei muss ich noch malen *hier*.	Deix
Ah: *Jetzt hier*. (*zeigt*, wohin Murat den Papagei malen soll)	Deix, DeixNV
Ahmet zeigt Isabella (Erzieherin) sein Bild.	
Ah: Isabella *guck mal* ein Auto.	guck

In dieser Situation verwenden Murat und Ahmet in ihrer ZS eine Reihe von deiktischen Elementen, Aufmerksamkeitslenkern und nonverbalen Handlungen zur Unterstreichung des Gesagten. Die Tätigkeit, der außersprachliche Kontext und die sprachliche Interaktion sind eng miteinander verwoben. Die Äußerungen sind auf die Ausübung der Tätigkeit bezogen, Anteile egozentrischen Sprechens sind ebenfalls enthalten. Interessant ist, dass die beiden in dieser Sequenz nicht auf ihre gemeinsame ES Türkisch zurückgreifen, sondern die gesamte Interaktion in der ZS abläuft.

Die folgende Situation stammt aus der Kita 1. Uğur und Hassan spielen mit Autos und bauen mit Bauklötzen. Es handelt sich um eine Parallelspielsituation. Im Verlauf des Spiels kommt Jasmin dazu, sie und Hassan bauen nun gemeinsam.

Kita 1, **IS 5**: Hassan (4;3, m, 6 KM, ES Türkisch) und Jasmin (5j., w, monolingual Deutsch) (Uğur (4;9, m, 15 KM, ES Türkisch))	
Jasmin spielt jetzt mit.	
...	
Hs: *Guck mal* wir brauchen *das* ne – das Auto. (*zeigt* auf ein Auto)	guck, Deix, DeixNV
Ja: Bau *das hierum*.	Deix, Deix
Sie stellt eine Kiste auf den Boden, Hassan soll mit Klötzen um die Kiste herum bauen.	DeixNV
Hs: Wir brauchen *alle* ne?	Deix
Er lässt die Autos stehen und fängt an zu bauen.	
Ja: Nur *die hier*. (*schiebt Hassan Bauklötze zu*)	Deix
Hs: Soll is wieda zumachen *das*? (das Parkplatztor)	Deix
Hs: Jasmin – habe *das* gemacht. (die Bauklötze stehen um die Kiste herum)	Deix
Hs: Können wir *da* Autos reintun? (in die Kiste)	Deix
...	

Hier wird deutlich, dass sich im Konstruktionsspiel für sprachliches Agieren über das Zeigfeld hinaus keine Notwendigkeit ergibt. Auch Jasmin, die monolingual deutsch aufwächst und in vielen Situationen durch ihre sprachliche Gewandtheit auffiel, bleibt hier im kontextverwobenen Sprachgebrauchsmodus.

Während die bisherigen Beispiele veranschaulichten, dass die Spielformen und die dabei stattfindenden Tätigkeiten es den Interagierenden – auch kompetenten Erwachsenen oder älteren Kindern – nicht abverlangen, die Verwobenheit der sprachlichen Zeichen mit der Situation und den Handlungen aufzulösen, dient das letzte Beispiel dazu, den sympraktischen Sprachgebrauch zu Beginn des ZSE zu beleuchten. Dazu wird eine Interaktion aus der Kita 4 von Cynthia und ihrer kleinen Schwester Allessa in ihrer Erstsprache Romanes sowie mit DL und Nicole auf Deutsch betrachtet (Auszüge aus dieser Situation wurden bereits im Zusammenhang mit dem Code-Switching gezeigt, s.o. Kap. 8.3.2.1).

Kita 4, **IS 34**: Cynthia (6;0, w, 31 KM, ES Romanes), Allessa (4;3, w, 7 KM, ES Romanes), Nicole (5j., w, monolingual Deutsch) und DL	
Cynthia und Allessa sitzen am Tisch. Al: <xxr> Cyn: <xxr>	
Al: Komma *guck*! (zu DL) (komm mal) DL: Ja – was is denn?	guck
Al: Das mein Tasse. (Tasche) Sie *zeigt* auf ihre Tasche. DL: Eine schöne <u>Tasche.</u>	DeixNV
Al: *Guck* un *das*! Sie *zeigt* DL ihre Kette. DL: Ah du hast eine Kette.	guck, Deix DeixNV
Al: Un *da* Kette. (in ihrer Tasche sind viele Ketten)	Deix
Al: Un *die* un *die*!	Deix
Al: <xxr> (*zeigt* Cynthia die Blumen auf der Tischdecke)	DeixNV
Al: <xxr> Nicole kommt, Allessa sieht Nicole an, dann Cynthia, spricht auf Romanes und sieht wieder hinüber zu Nicole. Ni: Bist du müde? (zu Allessa, die gähnt) Al: Nein! (reckt sich und gähnt wieder)	
Al: <xxr> (Cynthia steht auf, hört, was Allessa sagt. *Allessa deutet auf ihren Bauch.*) Cyn: <xxr> (macht Allessas Jacke auf und versteckt die Tasche darunter) Al: <xxr> (lacht und schaut auf ihren dicken Bauch) Nicole gießt sich etwas zu trinken ein. Al: Und ich? (Nicole gießt ihr auch etwas ein)	Deix NV
Al: *Das* lecker ++ Essen. Sie *zeigt* auf Nicoles Apfel. Ni: Eine kleine <u>Maus</u> zog sich mal die Hose aus.	Deix DeixNV
Al: <u>Maus.</u> Al: Und *so*. (singt und *hält sich die Hand vor den Mund* wie ein Mikrophon) Al: Hallo! (*mimt, in ein Mikrophon zu sprechen*)	Deix, DeixNV

Allessa äußert sich im Deutschen fast ausschließlich mit Hilfe einiger weniger deiktischer Mittel und Aufmerksamkeitslenker sowie durch nonverbale Handlungen. Dieses Verhalten zeigte sie auch in anderen Interaktionssituationen. Ihr stehen noch nicht ausreichend zweitsprachliche Mittel zur Verfügung, um sich auszudrücken. Dies muss im Kontext ihrer Gesamtentwicklung betrachtet werden: Sie ist 4;3 Jahre und befindet sich in einer Phase, in der gerade die Bewusstwerdung der psychischen Prozesse und die Ablösung der Sprache vom Kontext (vermutlich über die ES) beginnt.

Nachdem nun der sympraktische Sprachgebrauch im Kita-Korpus differenzierter betrachtet und vorrangig mit Hilfe von Regel- und Konstruktionsspielen gezeigt wurde, dass beide Spielrahmen die sprachliche Reduktion begünstigen, wird nun die Herauslösung sprachlicher Zeichen aus dem außersprachlichen Kontext näher beleuchtet.

8.3.3.2 Sprachgebrauchsmodus II: Ablösung sprachlicher Äußerungen vom situativen Kontext

Die Ablösung sprachlicher Äußerungen vom situativen Kontext wurde in Abschnitt 8.2.3.3 dadurch bestimmt, dass die Beiträge sich nicht auf die aktuelle außersprachliche Handlung und den aktuell vorliegenden situativen Kontext beziehen (z.B. wenn darüber gesprochen wird, dass Kinder aus einer anderen Kita-Gruppe gerade einen Ausflug machen) und vergangenheits- oder zukunftsbezogen sind. Die Herauslösung sprachlicher Zeichen findet zudem häufig in fiktionalen Interaktionen statt, ist also eng mit Rollenspielen verknüpft, und ist an expliziten oder impliziten metakommunikativen Äußerungen erkennbar. Ein weiteres Merkmal ist die Verwendung sprachlicher Mittel, mit denen kohäsive Beiträge erzeugt werden. Im Folgenden werden zunächst Beispiele für beginnende Herauslösung etwa in Gesprächen angeführt, zum Schluss werden Sequenzen aus Rollenspielen vorgestellt.

Das erste Beispiel aus der Kita 4 illustriert den Beginn des Dekontextualisierungsprozesses (in der ZS) sowie den Wechsel zwischen kontextueller Verwobenheit sprachlicher Zeichen (VeNK) und ihrer Herauslösung (HeNK). Abdullah puzzelt; DL fällt auf, dass seine Haare an diesem Tag kürzer sind.

Kita 4, **IS 37**: Abdullah (6;8, m, 37 KM, ES Romanes) und DL	
Abdullah puzzelt; er hat kurze Haare.	
DL: Hat die Mama *das* gemacht?	VeNK
Ab: Fosör. (Frisör)	
DL: Wolltest du die Haare *so* kurz?	
Ab: Mein Vater hat gesagt: Ich geh Haare schnitten – un dann hat er gesagt: Erst mein	HeNK
Kind – ne – un dann haben sie Haare *so* hoch gemacht.	VeNK
Abdullah puzzelt ein Auto.	
DL: Habt ihr auch ein Auto?	HeNK
Ab: Wir leiden immer aus + von eine Frau. (leihen aus)	

Die Einstiegsäußerung von DL ist auf den außersprachlichen Kontext bezogen, was durch das deiktisch gebrauchte *das* angezeigt wird; sie ist nur in der Situation verständlich. Darauf folgt eine Art Erzählung von Abdullah über den Frisörbesuch, die also thematisch und zeitlich nicht im geteilten Wahrnehmungsfeld liegt. Abdullah setzt direkte Rede ein, um den Ablauf des Geschehens zu versprachlichen, und verwendet außerdem Zeichen des Zeigfelds (*so*), um seine Geschichte verständlich zu machen. Er führt eine Person oder mehrere Personen mit *sie* ein, ohne zu erklären, um wen es sich dabei handelt; darüber gibt lediglich der thematische Kontext der Erzählung Aufschluss. Die Einführung der nächsten Person (*eine Frau*) hingegen, gelingt für das Deutsche angemessen durch den Gebrauch des indefiniten Demonstativums *eine*. Es handelt sich hier also um einen qualitativen Unterschied zum sympraktischen Sprachgebrauch, der auf eine Weiterentwicklung sowohl in der sprachlichen wie auch in der kognitiven Entwicklung verweist. Abdullah muss, um die nur ihm bekannte Situation sprachlich darstellen zu können, über eine mentale Vorstellung dieser Situation und ihres Ablaufs verfügen.

Das nächste Beispiel zeigt – verglichen mit Abdullah – eine fortgeschrittene Entwicklung hinsichtlich der Zeichen-Zeichen-Beziehungen. Buket aus der Kita 4 malt, Serap, die türkischsprachige Praktikantin, sitzt daneben und bereitet etwas vor. Buket initiiert ein kleines Gespräch.

Kita 4, **IS 3**: Buket (6;0, w, 36 KM, ES Türkisch) und Serap (Praktikantin, ES Türkisch)	
Buket malt, Serap sitzt daneben.	
Bu: Guckst du manchmal gern türkische Reklame?	HeNK
Ser: Nich so viel – ich muss + putzen und waschen und aufräumen.	
Bu: **Meine** Mutter macht **das.**	Possessivpronomen, anaphorischer Rückbezug auf die von Serap genannten Tätigkeiten
…	

In diesem Beispiel interagieren die Partner nicht in einem geteilten Wahrnehmungsfeld, stattdessen spricht Buket über ihre Erfahrungswelt außerhalb der Institution Kita und möchte etwas über Seraps Lebenswelt erfahren. Somit ist das Gespräch inhaltlich dem Kontext enthoben und kann vom Rezipienten – unabhängig davon, wo er sich befindet – ohne Probleme nachvollzogen werden. Mit ihrer Äußerung *Meine Mutter macht das* bezieht sich Buket auf die vorangehende Äußerung von Serap, ihr gelingt hier also ein anaphorischer Rückbezug. Sprachlich ist hier in der ZS demnach die vollzogene Entwicklung vom sprachlichen Hinweisen zum Verweisen zu erkennen.

Das folgende Beispiel aus der Kita 3 zeigt das Wechselspiel von Verwobenheit sprachlicher Äußerungen und ihrer Herauslösung in der Interaktion.

Kita 3, **IS 1**: Seri, Zeynep (beide 6;0, w, ES Türkisch) und DL	
Seri und Zeynep spielen ein Würfelspiel.	
DL: Ich setz mich mal zu euch ja?	
Zey: Was hast du *da*? (*zeigt* auf das Buch von DL)	VeNK
DL: Das is mein Buch – da schreib ich rein was ihr *hier so* macht.	
DL öffnet das Buch und *zeigt* es den beiden.	
Se: Dann schreibst du **dass** wir ++ äh na wie heißt das – Hasespiel äh Hasenspiel	HeNK
gespielt haben.	
DL: Ja genau.	
Se: Wir sind schon in Schule angemeldet.	
DL: Nee wirklich? Das is ja toll – hm – und freut ihr euch?	
Se: (*nickt*)	
Zey: (*nickt*)	
Se: Ich hatte Geburtstag.	
DL: Ja – und wie alt bist du geworden?	
Se: Sechs!	
DL: Ja dann kannste jetzt ja wirklich in die Schule gehen.	
Se: Du musst immer *da* dran. (*zeigt* auf das Buch)	VeNK
DL: Ja damit ich nich alles vergesse – schreib ich mir das sofort auf.	HeNK
Se: **Wenn** ich in Therapie gehe ähm schreibt äh ein Mann auch **dass** ich spiele.	
DL: Welche Therapie denn?	
Se: Therapie!	
Zey: Sprachtherapie – Sprachtherapie!	

Zu Beginn sind die Äußerungen mit dem Kontext verwoben, wie die deiktisch verwendeten Elemente und nonverbalen Untermalungen (beides kursiv) zeigen. Dann führt Seri das Thema des Buchs weiter (*Dann schreibst du…*) und produziert damit eine kohäsive Äußerung. Sie findet ein Wort nicht, hilft sich mit der Strategie des lauten Denkens in Form einer an sich selbst gerichteten Nachfrage, findet daraufhin das Wort und korrigiert sich noch einmal selbst. Die Selbstkorrektur ebenso wie das laute Denken in Form einer Nachfrage weisen darauf hin, dass sie ihr Sprechen bereits steuert und Sprache ihr als Werkzeug der Bewusstwerdung dient. Danach führt Seri ein neues, auf die Zukunft bezogenes Thema ein, DL und Zeynep gehen darauf ein. Das Gespräch wird von Seri dann nochmals auf das Einstiegsthema (das Buch) gelenkt und ist dadurch wieder mit dem Kontext verbunden, was abermals an Deiktika wie *da* zu erkennen ist. Seri abstrahiert dann erneut (*Wenn ich in Therapie gehe…*), hier gelingt ihr wiederum ein kohäsiver Beitrag (wenn-dann, dass). Seri, die sich hier aktiv am Gespräch beteiligt, ist also in der Lage, sich zwischen den Sprachgebrauchsmodi zu bewegen: Bezieht sich das Gespräch auf das gemeinsame Wahrnehmungsfeld der Interaktionspartner, verwendet Seri die Zeigewörter im Zeigfeld; sobald das Gespräch sich auf etwas bezieht, das nicht im Wahrnehmungsfeld verankert ist, setzt sie komplexere sprachliche Mittel ein.

In den bislang betrachteten Sequenzen ging es um Interaktionen von Erwachsenen und Kindern. Das nächste Beispiel zeigt eine Interaktion unter Peers aus der Kita 4. Das Gespräch findet statt, während Murat und Arjun ihr Memoryspiel vorbereiten:

Kita 4, **IS 57**: Murat (4;12, m, 13 KM, ES Türkisch) und Arjun (6;0, w, 31 KM, ES Pandschabi)	
Ar: Bist du **Abdullah sein Freund**? Ar: **Der** sagt mir: Tann ich dein Playbate haben? – immer wieder ne? (Kann ich dein ...) Mu: Ich krieg **kein Playbate** mehr. Ar: Aber ich tann nich **viele** holen – ich will aber **eine** für dich. (Aber ich kann nicht...) Ar: Ich frat mein Mutter. (Ich frag mein Mutter) Ar: Mein Mutter is nich deutsch. Mu: Aber du bist deutsch. Ar: Ich bin nich deutsch – ich bin indisch. ...	HeNK

Während der Spielvorbereitung sprechen die beiden Interaktanten über ‚grundsätzliche' Themen, die nicht mit dem situativen Kontext oder der ausgeführten Tätigkeit verbunden sind. Das Thema Freunde wird angesprochen, und über das begehrte „Playbate"[90] wandert das Gespräch zur Herkunft. Arjun zeigt hier zum einen, dass er Anaphern verwenden kann: Er führt Abdullah als Person ein und stellt die personale Referenz durch Rückbezug mit dem Demonstrativpronomen *der* her. Er führt einen allen bekannten Gegenstand, das „Playbate", ein und verweist darauf mit *viele* und *eine*, auch wenn dieser Bezug möglicherweise nicht korrekt ist.[91] Arjun ist also in der Lage, in der ZS kontextualisierte Zeichen-Zeichen-Beziehungen herzustellen, indem er neue Information einführt und sprachlich auf sie verweist. Auch zeigt sich hier, wie er Murats Weltwissen in seine Äußerung einbezieht. Murat weiß, um wen es sich bei Abdullah handelt (ein Kind aus der Gruppe) und was ein „Playbate" ist. Durch die direkte Rede *Der sagt mir: Tann ich dein Playbate haben – immer wieder ne?* schafft er einen kohärenten Redebeitrag, ohne auf Zeichen-Zeichen-Beziehungen (z.B. *Der sagt immer, dass er mein Playbate haben will*) zurückgreifen zu müssen.

Das nächste Beispiel aus der Kita 1 zeigt eine nicht gelungene Herauslösung, die zu kommunikativen Problemen führt. Hier sitzen Nisha, Jasmin und Denise zusammen und malen. Jasmin möchte aufhören.

---

90 Es handelt sich dabei um eine moderne Version eines Kreisels, den man aufziehen kann und der sich schnell auf dem Boden dreht.

91 Zumindest habe ich in meiner Darstellung bislang das Neutrum als Genus von „Playbate" verwendet, aber da es sich um einen englischen Begriff handelt, wäre dies sicherlich verhandelbar.

Kita 1, **IS 12**: Nisha (4;12, w, 14 KM, ES Pandschabi), Jasmin (5j., w, monolingual Deutsch) und Denise (5;11, w, 26 KM, ES Türkisch) (DL)	
Nisha, Jasmin und Denise malen.	
...	
Ja: Ich hab keine Lust mehr.	VeNK
Jasmin steht auf und will gehen.	
Ni: Hey du musst aufräumen!	
De: **Wenn** du Schule gehst – musst du auch aufläumen. (aufräumen)	HeNK
...	
De: Ich geh Schule melden. (stolz)	
Ni: Schule?	
De: Heut <kannt> ihr mich lange lange sehe in Kindegate. (Kindergarten)	
Nisha guckt Denise fragend an.	
DL: Denise wird heute früher abgeholt weil sie in die Schule muss – sie meldet sich in der Schule an.	

Denise gelingt zunächst eine inhaltlich auf Zukünftiges bezogene Äußerung. Der Dialog ist nachvollziehbar und verständlich. Als Denise im weiteren Verlauf erneut das Thema Schule anschneidet, zeigt sich allerdings, dass ihr die sprachlichen Mittel fehlen, um die auf Schule bezogenen Äußerungen so zu gestalten, dass der Interaktionspartner sie ohne Weiteres verstehen kann. Die kommunikative Wirksamkeit ihrer Äußerung ist eingeschränkt, weil diese nicht der Orientierungserwartung der Rezipienten entspricht; Nishas Reaktion spiegelt dies wider. Hier liegt also ein kommunikatives Problem vor: Denise ist zwar in der Lage, Sprache außerhalb des situativen Kontextes und losgelöst von ihrer Handlung zu gebrauchen (schließlich ist sie fast sechs), jedoch fehlen ihr – trotz eines über zweijährigen Inputs – die Möglichkeiten zur Realisierung ihrer Äußerungsabsicht. Da sie sich hier nicht mit deiktischen Mitteln helfen kann, wird ihre Sprachnot offensichtlich.

Das nächste Beispiel illustriert einen Fall von Einbeziehung der ES im Zusammenhang mit der Ablösung der Sprache vom Kontext. Arzu und Ayşe aus der Kita 3 spielen Memory; Mitra, die Erzieherin, sitzt daneben.

```
Kita 3, IS 3: Arzu (4;9, w, 17 KM, ES Türkisch), Ayşe (3;12, w, 11 KM, ES Türkisch) und
Mitra (Erzieherin)
------------------------------------------------------------------------------------
Ar: <xxt>
Ay: <xxt>
Ar: <xxt> Du bis dran.
Ay: <xxt>
Ar: Guck mal! (zeigt Mitra ein Pärchen)
Mi: Mhm.
Ay: Hat Arzu gemacht! (Arzus Pärchen)
Ar: Mitra guck mal ich hab der da.
Sie zeigt eine Karte mit einem Bären.
Mi: Schön.
Einige Karten sind heruntergefallen.
Ar: Ayşe <xxt>
Ayşe hebt die Karten auf.
Mi: Kennst du das? Sag mal auf Türkisch.
Mitra zeigt Arzu eine Karte.
Ar: Auf Türkisch?
Mi: Ja kennst du das auf Türkisch?
Ar: <xxt>
Mi: Aha.
Mi: Alle auf den Tisch. (einige Karten liegen noch auf dem Boden)
Ay: Alle auf den Tisch.
...
```

Durch die von Mitra mit der Frage *Kennst du das auf Türkisch?* geforderte Übersetzung wird um das Wort ein sprachlicher Kontext erzeugt und kein gegenständ-
licher. Die Aufmerksamkeit ist damit auf die sprachliche Tätigkeit gerichtet und
somit von der Spielhandlung losgelöst. Solche Situationen, in denen Begriffe und
Äußerungen in der ES eines Kindes einbezogen werden oder danach gefragt wird,
schaffen somit nicht nur Verbindungen zwischen dem erst- und dem zweitsprachlichen Begriff (vgl. Jampert 2002), sondern erzeugen darüber hinaus einen sprachlichen Kontext, da die Aufmerksamkeit auf unterschiedliche sprachliche Realisie-
rungsmöglichkeiten gelenkt wird. Dies ist ein Anzeichen dafür, dass Dekontextualisierungsprozesse vorliegen. Die Einbeziehung der ES kann also die Möglichkeit
bieten, Sprache aus dem Kontext zu lösen (s.o. Kap. 8.3.2.1).

Bei den bisher analysierten Interaktionssequenzen wurde die Herauslösung sprachlicher Zeichen aus dem Kontext vor allem in Gesprächen und bei Konstruktions-
und Regelspielen betrachtet. Dabei waren häufig eine erwachsene Person oder
Fünf- bis Sechsjährige involviert, aber es zeigte sich, dass auch die Jüngeren mit
kompetenten Partnern ihren sprachlich-kognitiven Handlungsradius erweiterten.
　　Im Folgenden soll nun das Rollenspiel anhand von Beispielen eingehender betrachtet werden. Es ist eine wichtige Spielform, um Dekontextualisierungsprozesse
zu fördern, denn mit der Rollenübernahme und der damit verbundenen expliziten
und impliziten Metakommunikation werden Aushandlungsprozesse in Gang gesetzt, die kontextliche Zeichen-Zeichen-Beziehungen erfordern, und Zeichen
werden in einen neuen, imaginären Kontext überführt (s.o. Kap. 8.2.3.3). In den

folgenden Beispielen wird also untersucht, ob und ggf. wie es mehrsprachigen Kindern in ihrer ZS gelingt, fiktive Kontexte zu erzeugen. Dies ist ein wichtiger Hinweis darauf, ob das jeweilige Kind die Funktion von Sprache als kognitives Werkzeug (in der ZS) erkannt hat und so weit vom situativen Kontext abstrahieren kann, dass es die ZS davon losgelöst einsetzen kann.

Erste Rollenspiele und die damit verbundene Herauslösung sprachlicher Zeichen konnten im Datenkorpus ab 4;3 Jahren und nach 9 KM beobachtet werden, auch wenn sie hier noch nicht über das gesamte Spiel gelang. Die Beispiele veranschaulichen die Merkmale des Sprachgebrauchs im Rollenspiel (Metakommunikation) und machen gleichzeitig auf Probleme aufmerksam, die mit der Erzeugung neuer Kontexte einhergehen können.[92]

Das erste Beispiel aus der Kita 4 zeigt, wie ein neuer Spielkontext hergestellt wird. Die Situation entwickelt sich ausgehend von einem Regelspiel.

Kita 4, **IS 14**: Antonia (5;8, w, 31 KM, ES Romanes) und DL	
An: *Wir spieln was Neues – dann sind wir Hexe.*	explizite Metakommunikation
DL: Okay.	
Antonia *tut, als ob* sie etwas trinkt.	
An: Hier trink auch.	implizite Metakommunikation
Antonia *tut so, als ob* sie DL einen Zaubertrank gibt.	
DL: Oh was is da/ah ein Zaubertrank. (deutet trinken an)	implizite Metakommunikation
An: *Ich bin ein Hexe jet.* (jetzt)	explizite Metakommunikation
Sie fängt an, sich schwarze Hütchen auf die Finger zu stecken.	
An: *Ich noch schwarz maan – ich such noch ein schwarz* (sucht noch ein schwarzes Hütchen) *– ach is egal dann nehm ich blau - ne?*	
DL: Was war das grad fürn Zaubertrank?	implizite Metakommunikation
An: Ich wollt dir ein Gift da geben – das macht dich echt glücklich.	implizite Metakommunikation
DL: Was das war GIFT?	implizite Metakommunikation
An: Das is giftig. (lachend)	implizite Metakommunikation
DL: Ich dachte das macht mich glücklich + und bei dir?	implizite Metakommunikation
An: *Ich bin doch ein Mensch.*	explizite Metakommunikation (Verlassen des Spielrahmens, Aufgabe der Rolle)
DL: Hä – bist du nich ne Hexe?	
...	

92 Die Analyse der Rollenspiele orientiert sich im Wesentlichen an Andresen (2002, 2005). Andresens Beispiele sind allerdings anders entstanden: Nach einer Phase der teilnehmenden Beobachtung wurden Kinder für Rollenspiele ausgewählt und Rollenspielpaare nach Alter zusammengestellt. Sie wurden in der Puppenecke gefilmt, die sie während des Filmens nicht verlassen sollten. Die Situationen entstanden somit nicht spontan wie im hier zugrunde liegenden Korpus. Auf diesen Unterschied ist es womöglich zurückzuführen, dass die von mir beobachteten und dokumentierten Rollenspiele sehr viel kürzer sind, sich schnell veränderten und häufig auch abgebrochen wurden, z.B. durch das Hinzukommen eines neuen Kindes. Es konnten insgesamt kaum Rollenspiele beobachtet werden, die in der Intensität Andresens Beispielen ähneln.

Die erste Äußerung von Antonia ist als explizite Metakommunikation einzuordnen. Antonia macht mit *Wir spieln was Neues – dann sind wir Hexe* deutlich, dass sie einen fiktiven Spielrahmen erzeugen möchte. Dann tut sie so, als ob sie etwas trinkt. Auch wenn hier zunächst keine Sprache gebraucht wird, ist dies ein wichtiger Hinweis auf ihre kognitive Entwicklung: Zum einen muss der Gegenstand nicht real vorhanden sein, ihr reicht seine kognitive Vorstellung, um ihn ins Spiel einzubeziehen. Zum anderen braucht sie die Handlung nur anzudeuten, um sie sich bewusst zu machen. Antonias nächste Äußerung *Hier trink auch* und die gestische ‚Übergabe' eines Trinkgefäßes machen deutlich, dass sie die ZS nutzen kann, um fiktiv Erzeugtes dem Gegenüber verständlich zu machen, damit auch er an dieser Fiktion teilhaben und sie weiterführen kann. DL deutet über implizite Metakommunikation das Getränk als Zaubertrank und entwickelt das Spiel somit fort. Mit Antonias Ausspruch *Ich bin ein Hexe jet* (jetzt) findet wieder explizite Metakommunikation statt: Sie verdeutlicht damit noch einmal, welche Rolle sie hat, und beginnt anschließend, sich schwarze Hütchen auf die Finger zu stecken. Mit ihrer metakommunikativen Äußerung kann sie ihre Tätigkeit steuern und gleichzeitig eine Erklärung für ihr Handeln bieten und so dessen Interpretation im Spielkontext steuern: Die spitzen schwarzen Hütchen auf ihren Fingern symbolisieren Hexenfinger. Im weiteren Verlauf verhandeln die beiden Spielpartner in ihren Rollen über die Beschaffenheit des fiktiven Getränks. Sie bleiben damit innerhalb des Spielrahmens und treten nicht wie bei der expliziten Metakommunikation aus ihm heraus. Schließlich verlässt Antonia mit der Äußerung *Ich bin doch ein Mensch* ihre Rolle und den Spielrahmen. Antonia zeigt also in diesem Spiel, dass sie in der Lage ist, einen fiktiven Kontext kognitiv und (zweit-)sprachlich zu erzeugen.

Eine andere typische Form der Metakommunikation zeigt der folgende Rollenspielauszug aus der Kita 4.

Kita 4, **IS 28**: Buket (6;0, w, 36 KM, ES Türkisch) und Antonia (5;8, w, 31 KM, ES Romanes) (Seda)	
Buket und Antonia spielen Mutter und Kind. Buket ist das Kind, Antonia die Mutter. Seda kommt hinzu. ... Bu: Jetz hat **wohl** das Telefon geklingelt aber du hast das nich gehört – weil ich gesungen hab – ganz laut. An: Ich hab geschlaft und geträumt.	explizite Metakommunikation
Se: Buket träumt die Antonia **in Spaß**?	explizite Metakommunikation
...	

Buket signalisiert mit dem Wort *wohl* den metakommunikativen Charakter ihrer Äußerung, der der Planung und Aushandlung und damit der Weiterführung des Spiels dient. Auch hier wird deutlich, dass mit repräsentierten Begriffen operiert wird: Es ist kein Telefon vorhanden, das geklingelt haben könnte, das klingelnde

Telefon gibt es nur in der fiktiven Welt. Bukets Äußerung macht deutlich, dass sie mit dem eingeführten imaginären Gegenstand sprachlich agieren kann. Antonia greift Bukets Idee auf und führt sprachlich aus, was sie getan „hat" und führt das Spiel also unmittelbar weiter. Eine typische Form expliziter Metakommunikation ist auch die Äußerung von Seda, die noch nicht mitspielt. Diese Form zeigt sich an der Formulierung *aus Spaß* sowie an der Ansprache der beiden anderen Mädchen mit den richtigen Namen (Buket, Antonia).

Das nächste Beispiel illustriert, wie Kinder sich bei der Einnahme von Rollen auf typische Handlungsmuster und -abläufe stützen, die kognitiv in Skripts repräsentiert sind (s.o. Kap. 4.3.1). Abdullah aus der Kita 4 hat sich als Postbote verkleidet und fährt mit einem Koffer im Kinderwagen herum; im Koffer befinden sich Briefe. DL wird als ‚Kundin' angesprochen.

Kita 4, **IS 23**: Abdullah (6;8, m, 37 KM, ES Romanes) und DL

Ab: Ein Brief (hält DL einen Brief hin) – wie heißen **Sie**?
DL: Ich heiß (xxx) + **ein Brief** <u>für mich</u>?
Ab: **Der** is für **Sie** ++ hier unterschreiben. (gibt DL den Brief und hält ihr ein Blatt hin, auf dem sie unterschreiben soll)
DL: Danke Herr Postbote.
Ab: Ich fahr weiter. (fährt mit dem Kinderwagen weg)

Abdullah verhält sich in diesem Spiel entsprechend der von ihm eingenommenen Rolle ‚Postbote' und den damit verbundenen routinierten Handlungen. Über implizite Metakommunikation (*Wie heißen Sie?*) markiert er die Rolle seines Gegenübers. Innerhalb des Skripts ‚Postbote trägt Briefe aus' ist die sprachliche Äußerung *Der is für Sie – hier unterschreiben* eindeutig und funktional, weitere Explikationen sind überflüssig. Dabei hält Abdullah die Höflichkeitsform *Sie* durch und markiert damit erneut die Rolle von DL als Kundin. Auf den *Brief*, den er zuvor mit dem unbestimmten Artikel angemessen eingeführt hat, referiert er mit dem Demonstrativpronomen *der*. Abdullah zeigt hier also, dass er einen fiktiven Kontext sprachlich erzeugen und entsprechend der eingenommenen Rolle sprachlich handeln kann. Damit werden die sprachlichen Zeichen aus dem aktuellen Kontext gelöst und in einen neuen, rein fiktiven Kontext überführt. Der Kontext ist also zeichenhaft und nicht „konkret-gegenständlich" (Andresen 2002, S.120). Deutlich wird hier aber auch, wie eng diese Fiktion an das mental repräsentierte Skript geknüpft ist.

Während in den bislang zitierten Rollenspielauszügen Fünf- und Sechsjährige entweder miteinander oder mit einer Erwachsenen interagieren, handelt es sich bei dem letzten Beispiel aus der Kita 3 um ein Spiel von zwei Vierjährigen, in dem sie ihre Spielfiguren in Rollen schlüpfen lassen.

Kita 3, **IS 18**: Rene (4;3, m, 9 KM, ES Javanisch[93]) und Kostas (4;5, m, 16 KM, ES Griechisch)

Rene und Kostas bauen Tiere auf und spielen damit. Beide haben einen Dinosaurier in der Hand.	
Kos: *Das* Papa.	explizite Metakommunikation,
Re: Papa gehst du zu Arbeit?	Rollenfestlegung
Kos: Ja.	
Re: Ich geh in Kindergarten.	
Kos: Komm mit mir.	
Kostas geht mit seinem Dino weg.	
Kos: Ich bin *hier*!	
Re: Die Mutter is gestorben – die Mutter is tot **okay**?	explizite Metakommunikation
Rene *tut, als ob* der Dino weint.	
Kos: Nich weinen **mein** Kind okay?	
Kos: Die Mutter is gestorben – nich weinen – **okay**?	explizite Metakommunikation
Rene hält einen anderen Dino in der Hand.	
Re: Das is die Freund **okay**?	explizite Metakommunikation
Kos: Ja Freund – hilf mir hilf mir.	
(Unterbrechung durch Khalil, der dazukommt)	
...	
Re: Papas sind gestorben – Mamas sind gestorben – der is	explizite Metakommunikation
alleine. (der Dinosaurier)	
Re: Dann darfs du *hier* alleine bleiben. (verändert die Stimme)	
Kostas kommt wieder zu ihm.	
Re: Der Kleine weint aber wegen die Mama.	explizite Metakommunikation
Rene spielt wieder das Kind.	
Re: Gehn wir einkaufen?	
Kostas übernimmt wieder die Rolle des Vaters.	
Kos: Was willst du kaufen?	
Re: Hallo wie heißt du? (wieder mit verstellter Stimme)	
Kos: Kostas/ oh Hilfe!	fiktiver Spielrahmen wird von
Kostas hat aus Versehen einen Dinosaurier umgeworfen.	Kostas nicht aufrechterhalten
Re: Du bist ein Freund. (ein Dino zum anderen)	
Kos: Ich auch?	
Re: Ich will nach Hause. (Dinokind spricht wieder)	
Re: Wo is **ihre** Kind hin?	Implizite Metakommunikation,
Kos: Is weg!	neue Rolle, unabgesprochen
Re: Wohin?	
Kos: Is was kaufen.	
Re: *Da* machen wir ein Haus – wir machen Haus Kostas. (fängt an, mit Bauklötzen ein Haus zu bauen)	Ende des Rollenspiels, Beginn des Konstruktionsspiels, Deix
Re: *Da* kommen Dinosaurier rein.	Deix

Rene und Kostas versuchen ein Rollenspiel zu etablieren. Dies gelingt in den Grundzügen, wobei die Rollen und der fiktive Spielrahmen (der durch die sprachlichen Äußerungen erzeugt wurde) nicht durchgehend aufrechterhalten werden (vgl. Kostas' Antwort auf die Frage, wie er heißt). Die beiden Kinder produzieren eine Fülle expliziter metakommunikativer Äußerungen (*okay?*), um die Fiktion zu erzeugen und die Rollen und die Spielhandlung auszuhandeln. Da die beiden unterschiedliche ES haben, müssen sie dafür notwendigerweise auf ihre gemeinsame ZS zurückgreifen. Dass ihnen dies nach knapp einjährigem Input bereits so erfolgreich

---

93 Renes Vater spricht mit ihm, laut Aussage der Erzieherin, zu Hause auch Deutsch (s. Anhang).

gelingt, ist bemerkenswert. Sie verwenden schon korrekte Pronominalformen und markieren damit, dass sie die jeweilige Perspektive der Rolle einnehmen und aus dieser heraus sprachlich handeln (z.B. Kostas: *mein Kind*; Rene zum Vater: *Wo is ihre Kind?*). Dies gelingt allerdings nicht durchgängig: So gebraucht Kostas beispielsweise nach der außerhalb des Spielrahmens stattgefundenen Aushandlung darüber, dass die Mutter des Jungen gestorben sei, erneut *die Mutter* anstelle von ‚*deine'* Mutter, als er ‚sein Kind' anspricht. Weiterhin zeigt sich, dass die beiden ihre Handlungen noch nicht vollständig aufeinander abstimmen können. Das ist für Vierjährige, die anfangen ihre ersten Rollenspiele mit Gleichaltrigen zu spielen, durchaus typisch. Auch wenn – oder vielleicht gerade weil – es ihnen noch nicht gelingt, das Rollenspiel durchgehend aufrechtzuerhalten, handeln die beiden Gleichaltrigen hier in der ZNE. Sie stellen kontextliche Zeichen-Zeichen-Beziehungen her und werden gefordert, ihre Aufmerksamkeit auf die Äußerungen des Gegenübers zu richten, um die Handlungen koordinieren und Rollen und Spielverlauf sprachlich aushandeln zu können. Dies erfordert nicht nur eine höhere sprachliche Aktivität den Interaktionspartner in der gemeinsamen ZS Deutsch, sondern stellt auch in qualitativer Hinsicht höhere Anforderungen an ihre sprachliche Tätigkeit:

– Sie können deiktische Mittel nur eingeschränkt verwenden und sind stattdessen gefordert, sprachlich zu explizieren und zu spezifizieren.

– Die Abstraktion von der eigenen Person bei der Übernahme einer Rolle erfordert sprachlich z.B. die Verwendung von Personalpronomen aus der Perspektive der Rolle und führt damit zu einer Erweiterung des sprachlichen und kognitiven Handlungsspielraums.

– Metakommunikative Äußerungen erfolgen, wie hier ersichtlich wird, vor der Äußerung einer Handlung und vor der Übernahme einer Rolle. Sie dienen also der Planung, Steuerung und Lenkung von Tätigkeiten, haben also eine heuristische und imaginative Funktion und ziehen die Verknüpfung von Sprache und Tätigkeit zeitlich auseinander. Metakommunikative Äußerungen dienen der dialogischen Planung (im Gegensatz zum monologischen egozentrischen Sprechen) und der Abstimmung komplementärer Tätigkeiten. Das Ergebnis dieser Aushandlung wird anschließend umgesetzt, d.h. metakommunikative Äußerungen in der ZS geben einen Hinweis darauf, dass die ZS als Werkzeug des Denkens gebraucht wird.

– Kooperatives Handeln erfordert ein stärkeres Aushandeln von Rollen und Spielhandlungen; dies kann nur mit höherer sprachlicher Aktivität und einer stärkeren Bezugnahme auf das Gegenüber gelingen.

Für Rollenspiele kann also zusammengefasst werden: Es zeigen sich qualitative Unterschiede in der sprachlichen Erzeugung eines fiktiven Kontextes, der Aufrechterhaltung des Spielrahmens, der Etablierung und Ausführung der Rollen sowie in Bezug auf das Agieren aus der jeweiligen Perspektive. Diese Unterschiede geben Hinweise auf die (sozio-)kognitive Entwicklung der jeweiligen Kinder. In den gezeigten Beispielen ist offensichtlich, dass es den mehrsprachigen Kindern gelingt, die ZS als Werkzeug zu verwenden, um einen imaginären Kontext aufzubauen. Trotz grammatischer Unzulänglichkeiten und fehlender Begrifflichkeiten zeigen sie damit in der ZS Fähigkeiten, die bislang nur bei einsprachigen festgestellt wurden (s.o. Kap. 4.3.2.2).

Im Folgenden wird als ein weiterer Aspekt von Dekontextualisierung die Übersetzungstätigkeit von Kindern im frühen ZSE beleuchtet. In Abschnitt 8.2.3.3 wurde angenommen, dass die Übersetzung bereits eine Herauslösung von Zeichen aus dem Kontext beinhaltet, da die Bedeutungen in eine neue Sprache überführt werden müssen. Die folgenden Beispiele zeigen Übersetzungstätigkeiten, die sich aus der Situation heraus ergeben.

Kita 3, **IS 29**: Klodiana (5;3, w, 12 KM, ES Albanisch), Adina (3;11, w, 5 KM, ES Albanisch), Khalil (4;3, m, 13 KM, ES Arabisch) und Jan (5j., m, monolingual Deutsch)	
Ü	Klodiana, Khalil und Jan malen. Adina kommt. Ad: <xxa> (zu Klodiana) Kl: *Guck mal die sagt mir: was hast du gemalt?* (zu den anderen)

Während Klodiana mit zwei anderen Kindern malt, kommt ihre jüngere Schwester Adina hinzu. Adina spricht Klodiana auf Albanisch an. Klodiana übersetzt dies für die Anwesenden und lenkt dabei gezielt deren Aufmerksamkeit (*guck mal*) auf den Inhalt von Adinas Äußerung (*die sagt mir...*).

Kita 1, **IS 9**: Tolga (5;8, m, 27 KM, ES Türkisch), Lukas (5j., m, monolingual Deutsch) und Denise (5;11, w, 27 KM, ES Türkisch)	
Ü	Tolga und Lukas malen und basteln. Denise steckt ihren Kopf zur Tür rein, richtet sich an Tolga und schaut während des Sprechens kurz zu Lukas. De: <xxt> To: Ja (sieht Denise an, dreht sich dann zu Lukas) + *Denise nimmt dein Buch und bringt es gleich wieder zurück.*

Hier agiert Tolga als Übersetzer. Er wird von Denise auf Türkisch angesprochen, antwortet ihr auf Deutsch, wendet sich dann Lukas zu und erklärt ihm sehr kompetent, was Denise von ihm wollte.

Die Übersetzungen haben in beiden Beispielen integrativen Charakter: Sie binden andere Spielpartner ein und ermöglichen ihnen eine Teilhabe an der sich jeweils parallel entwickelnden Situation. Tolga demonstriert darüber hinaus, dass er Zeichen-Zeichen-Beziehungen beherrscht: Er führt einen Gegenstand (Buch) ein und verweist darauf mit der Anapher „es". Anhand der wenigen Beispiele aus dem Korpus kann zwar nicht eindeutig, wohl aber tendenziell belegt werden, dass die Übersetzungstätigkeit in der Kita eine Kontextablösung beinhaltet. Denn die sprachliche Mittlung wurde nur bei älteren Kindern im Vorschulalter beobachtet, die Übersetzung erfolgte zeitlich versetzt und Sprache stand dabei für sich.

Abschließend soll je ein Beispiel für metasprachliches Agieren und für das Interesse an Schrift analysiert werden. Da es sich hier um zwei Bereiche von Dekontextualisierungsprozessen handelt, die bereits intensiv erforscht wurden, beschränke ich mich auf eine exemplarische Darstellung. Im ersten Beispiel aus der Kita 4 steht das metasprachliche Agieren im Vordergrund.

Kita 4, **IS 52**: Buket (6;0, w, 36 KM, ES Türkisch) und DL

Buket und DL lesen das Buch „Das fliegende Pferd".
Bu: PPP ++ Papa – Baba – Papa – Baba – guck mal Papa und Baba reimt sich oder?
DL: Stimmt + hm wie sagst du denn zu deinem Vater?
Bu: Ich sag manchmal Papa und manchmal Baba – Baba is aus Türkisch Papa is aus Deutsch.
DL: Aha.
Buket *zeigt* auf ein Bild.
Bu: Is *das* hier seine Ohren?
DL: Ja *guck mal* wie groß die sind.
Bu: Das is mein Lieblingspferd – die is wunderschön.
DL: Ja das is ganz weiß ne?
Buket *zeigt* auf das Bild mit der Wüste.
Bu: Wie heißt *das* nomma? (noch mal)
DL: Wüste.
Bu: Kieselwüste ne?
DL: Ja kann man sagen – da liegen ganz viel Kieselsteine.
Bu: Warum heißt das Kiesel?
DL: Das is der Name von den kleinen Steinen.
Bu: *Guck mal der* geht *jetz* ins Buch. (der Junge in der Geschichte kommt aus dem Buch und geht am Schluss wieder hinein)
Bu: Wenn sie nich gestorben sind – dann leben sie noch heute.
Sie klappt das Buch zu.
Bu: Wenn fängt auch mit „W" an.
DL: Ja du bist ja richtig gut.
Bu: Leon fängt mit „L" an.
DL: Ja Leon mit „L".
Bu: Mama – Mami – Anne – he das reimt sich gar nich.
Bu: Komisch – wieso reimt sich Papa und Baba und Anne und Mami nich?
DL: Nich alle Namen reimen sich.
DL: Wie sagst du denn zu deiner Mutter + Mama oder Anne?
Bu: Mami und Anne + hm beides.
Bu: Bist du aus Deutschland?
DL: Ja und du?
Bu: Ich nich – ich nich – ich bin aus Türkei ++ türkisch. (zeigt auf sich)
DL: Aber du bist doch hier geboren oder?
Bu: Ja + un die Nicole?
DL: Frag sie doch mal.
Bu: Un du?
DL: Ich bin auch hier geboren – hm – sind wir alle hier geboren was?

Buket fängt in dieser Sequenz von sich aus an, über Sprache nachzudenken. Sie überlegt, welche Wörter sich reimen, welche Wörter zu welcher Sprache gehören. Sie fragt nach der Bedeutung von Wörtern und richtet damit ihre Aufmerksamkeit auf die semantische Seite. Im weiteren Verlauf richtet sie ihre Aufmerksamkeit auf phonologische Sprachaspekte und segmentiert hier bereits Wörter in ihre kleinsten Einheiten.

Die beiden nächsten Beispiele, ebenfalls aus der Kita 4 zeigen die Auseinandersetzung mit Schriftzeichen.

Kita 4, **IS 32b**: Abdullah (6;8, m, 37 KM, ES Romanes) und DL
Kita 4, **IS 49**: Abdullah (6;8, m, 37 KM, ES Romanes) und (Murat) DL

Abdullah schaut in das Buch von DL.
...
Ab: Darf ich eine Haus malen – eine kleine?
DL: Ja du kannst ein Haus malen. (Abullah malt ein Haus)
Ab: **Sieht aus wie ein A.**

Murat und Abdullah malen.
...
Ab: Guck mal Hand. (hat seine Hand abgemalt)
Ab: **Jetzt muss ich schreibe.** (fängt an Buchstaben zu schreiben)
Ab: **Was steht da jetzt?**
DL: Also + AMEZAAM.

Abdullah vergleicht sein gemaltes Haus mit einem „A" und zeigt damit, dass er das symbolische Schriftzeichen „A" kennt und weiß, für welchen Laut es steht. Im nächsten Beispiel schreibt er und fordert eine Klärung dessen, was er geschrieben hat. Auch hier zeigt sich, dass er weiß, dass Buchstaben für etwas stehen, was dann mündlich ausgedrückt werden kann.

Die beiden Beispiele veranschaulichen, dass mit den Kategorien „Metasprache" und „Interesse an Schrift" Dekontextualisierungsprozesse sicher erfasst werden können. Zeigen Kinder von sich aus Interesse an Schrift oder an Sprachvergleichen, Reimen u.ä. ist dies ein Hinweis darauf, dass sie in der Lage sind, ihre Aufmerksamkeit eigenständig auf (schrift-)sprachliche Zeichen lenken.

Zusammenfassend lässt sich feststellen dass die Kriterien, die zur Bestimmung der Kategorien „Verwobenheit mit dem außersprachlichen Kontext" und „Ablösung sprachlicher Zeichen aus dem situativen Kontext" festgelegt wurden, geeignet sind, um die beiden Sprachgebrauchsmodi zu erfassen. Darüber hinaus können – wie in den Beispielanalysen jeweils gezeigt wurde – unterschiedliche Facetten von Dekontextualisierungsprozessen herausgearbeitet werden, z.B. wie sie sich in Gesprächen über Nichtvorhandenes zeigen, wie sie in Rollenspielen zu erkennen sind oder aber wie eine beginnende Herauslösung von einer weiter fortgeschrittenen Herauslösung unterschieden werden kann. Bedeutsam sind sicherlich die Ergebnisse zu den Vorkommen beider Sprachgebrauchsmodi in den verschiedenen Spielformen und Aktivitäten, aus denen sich Anregungen für die pädagogische Praxis und Förderung von Sprache im frühen ZSE ableiten lassen (s.u. Kap. 9).

8.3.4 Agieren in der ZNE

Das Beobachtungsfeld „Agieren in der ZNE" wurde in die Untersuchung aufgenommen, da es zunächst einmal die Notwendigkeit des sozialen Austauschs bei
der Interiorisierung psychischer Funktionen und Sprache betont. Solche Ko-Kon-
struktinsprozesse sind in der ZNE besonders fruchtbar, da das Kind in Kooperation
mit kompetenten Interaktionspartnern in Reichweite seiner nahe liegenden Ent-
wicklungspotenziale handelt. Über die Erfassung und Analyse der Interaktionen
nach den für diesen Bereich aufgestellten Kategorien und ihren Bestimmungskriterien können sich für die Unterstützung des ZSE in der Kita zahlreiche Möglichkeiten ergeben, Ko-Konstruktionsprozesse anzuregen.

Um festzustellen, ob ein Kind in der ZNE agiert, werden die Überlegungen aus
dem Abschnitt 8.2.3.4 herangezogen. Dort wurde bereits gesagt, dass ein wesentliches Merkmal, nämlich die Distanz zwischen der aktuellen und der nächsten Entwicklungszone, sich aufgrund der Anlage dieser Untersuchung nicht bestimmen
lässt; dazu müssten die Kinder über einen längeren Zeitraum wiederholt in jeweils
gleichen Spielhandlungen mit Interaktionspartnern beobachtet werden. Daher
wurden zwei Kategorien entwickelt, die sich auf die Unterstützungsleistungen von
Erwachsenen und unter Peers beziehen.[94] Erweisen sie sich als tauglich, könnten
sie zur longitudinalen Untersuchung des Handelns in der ZNE genutzt werden. In
den vorgenommenen Analysen wurde daher insbesondere das Scaffolding genauer
aufgeschlüsselt und davon ausgehend untersucht, ob die Kinder die Unter-
stützungsangebote wahrnahmen und somit in der ZNE agierten. Ob tatsächlich eine
Wissensaneignung stattgefunden hat, kann anhand einzelner Interaktionssituationen
bzw. -auszüge jedoch nicht festgestellt werden, auch dazu müsste das prozessuale
Geschehen über einen längeren Zeitraum beobachtet werden.

Zunächst werden Situationen mit einem kompetenten Anderen im Rahmen von
Erwachsenen-Kind-Interaktion(en) vorgestellt. Dabei wird über Aspekte des
Scaffoldings ko-konstruktives Handeln identifiziert. In diesen Situationen übernimmt der kompetente Andere die Steuerung der ausgeführten Tätigkeit mittels
Sprache, lenkt die Aufmerksamkeit beider Partner auf den Gegenstand und hält sie
aufrecht. Diese Unterstützungsleistungen konnten im Korpus insgesamt 51 mal belegt werden.

In der ersten Situation aus der Kita 2 interagiert eine Erwachsene mit einem
Kind, das noch am Anfang seines ZSE steht. Sie bedient sich der Strategie des
Sprachwechsels, um eine Beziehung zum Kind aufzubauen und es zu verbaler
Interaktion zu ermuntern.

---

94 Auf die dritte Kategorie in diesem Feld – das sprachliche Agieren in Rollenspielen – wird an
dieser Stelle nicht mehr eingegangen; dies war Bestandteil der Ausführungen zu den Dekontextualisierungsprozessen (s.o. Kap. 8.3.3.2).

Kita 2, **IS 11**: Dilek (4;3, w, 4 KM, ES Türkisch) und DL	
	DL und Dilek schauen sich ein Buch an.
	...
	DL: Das ist der Bär.
Imitation	Di: *Bär.*
	DL: Guck mal der schläft. (legt die Hände zusammen und hält sie seitlich an den Kopf)
Imitation	Di: *Schläft.*
CS	DL: *Guck mal is das eine <kedi>?* (zeigt auf die Katze)
	Di: Kedi!! (lacht)
	DL: Ja das is die Katze.
	Di: Katze. (zeigt darauf)
	DL blättert um und zeigt.
CS	DL: *Hier ist die kedi noch mal.*
	Di: Kedi.

Dilek zeigte sich in der Kita scheu und in sich gekehrt. Sie saß überwiegend allein und stumm am Tisch und beobachtete die Abläufe. In dieser Situation bemüht DL sich, sie in eine Aktivität zu involvieren. Dabei versucht sie durch die Einflechtung des türkischen Wortes *Kedi* (Katze) an bereits vorhandenes Wissen und Konzepte anzuschließen und Dilek aus sich herauszulocken. Sechs Tage später – dazwischen lag ein Wochenende – ereignet sich folgende Situation:

Kita 2, **IS 22**: Dilek (4;3, w, 4 KM, ES Türkisch) und DL	
GM	Dilek sitzt allein am Tisch und schaut vor sich hin. Sinem malt.
	DL: Was möchtest du denn machen Dilek?
CS	Di: < kedi xxt> (sie will sich das Buch mit der Katze angucken)
	DL: Die Katze? Okay dann könn wir uns das ja angucken.
	Si: Ich auch!

Auf die Frage, was sie spielen möchte, äußert Dilek erstmals einen Wunsch: Sie möchte sich erneut das Buch mit der Katze anschauen. Das Einflechten von Wörtern hat also als ‚Türöffner‘ gewirkt, der Dilek in der Eingewöhnung unterstützt und ihr Zugang zu Lerngelegenheiten verschaffen kann.

Das nächste Beispiel aus der Kita macht die Bedeutung der Imitation in der ersten Phase des ZSE deutlich, die anzeigt, dass die Kinder mit der ZS eigenaktiv umgehen und den ‚Input‘ für sich nutzen. Es handelt sich erneut um Dilek und DL. In Interaktionen mit Erwachsenen hat Dilek angefangen, erste Wörter in der ZS zu gebrauchen. Erst in den letzten Tagen der Beobachtungsphase fand sie eine gleichaltrige türkischsprachige Spielpartnerin und begann, auch außerhalb von Interaktionen mit Erwachsenen zu spielen und zu sprechen.

Kita 2, **IS 10**: Dilek (4;3, w, 4 KM, ES Türkisch) und DL	
Dilek und DL spielen Lotto.	
DL: *Ein Hase und noch ein Hase.*	Aufmerksamkeitslenkung
Sie legt die Karte auf den Spielplan.	
Di: *Hase.*	Imitation
DL: *Guck mal* passt *das?* (*zeigt* Dilek	Aufmerksamkeitslenkung, Verbalisierung der Aufgabe und
eine Karte)	Unterstützung bei der Aufgabenlösung
Di: (*nickt* und nimmt die Karte)	
DL. *Und das hier?*	Verbalisierung der Aufgabe, Unterstützung bei der Lösung
Di: (*schüttelt* den Kopf)	
DL: *Guck mal ich hab den Ball.*	Aufmerksamkeitslenkung
Sie legt die Karte auf den Spielplan.	
Di: *Ball.*	Imitation
DL guckt auf Dileks Karte.	
DL: *Und du hast den Eimer gezogen*	Verbalisierung der von Dilek ausgeführten Tätigkeit
oder?	
Di: *Eimer.*	Imitation
Sie legt die Karte vor sich hin.	
DL: *Ah jetz hab ich den Bus.*	Aufmerksamkeitslenkung, Verbalisierung der von DL aus-
Di: *Bus.*	geführten Tätigkeit, Imitation
Dilek zieht eine Karte.	
DL: *Guck mal das is ein Bonbon.*	Aufmerksamkeitslenkung, Versprachlichung des Bildes
Di: *Mhm mhm.* (summt zweisilbig)	Imitation des Rhythmus
DL zieht eine Karte.	
DL: *Und was hab ich jetz? Ah ein*	Aufmerksamkeitslenkung, Versprachlichung der Tätigkeit
Auto.	
Di: *Auto.* (lacht)	Imitation
Dilek zieht erneut.	
DL: *Oh eine Schildkröte.*	Verbalisierung des von Dilek gezogenen Bildes
Di: <*schillköte*>	Imitation
...	

Dilek übernimmt zunächst die Items von ihrem sprachlichen Modell. Sie signalisiert damit ihre Aufnahmefähigkeit für Bezeichnungen von Gegenständen in der ZS und ihre Bereitschaft zu kommunizieren. Dabei imitiert sie auch den Rhythmus. DL lenkt Dileks Aufmerksamkeit (*guck mal*) auf die Spielhandlung, die darin ausgeführten Tätigkeiten und die Bezeichnungen der Gegenstände. Sie erzeugt damit geteiltes Wissen (interpsychisch), das zu angeeignetem Wissen (intrapsychisch) werden soll. Es handelt sich um eine typische Ko-Konstruktionssituation, in der Dilek durch Scaffolding bei ihren ersten Schritten der konstruktiven Auseinandersetzung mit der ZS unterstützt wird.

Die folgenden Beispiele zeigen sprachliche Unterstützungsleistungen in Erwachsenen-Kind-Interaktionen in einer mittleren Phase des ZSE in der Kita.

Kita 2, **IS 2**: Yasser (4;4, m, 17 KM, ES Berberisch) und Gudrun (Erzieherin)	
Yasser und Gudrun spielen eine Legespiel. Ya: Ich will nich mehr. Gu: *Guck mal gleich ham wirs geschafft.* Yasser zieht eine Karte. Ya: Oh mann – ich nich kriegen. Gu: *Guck mal was ich hab.* Ya: *Die Kuuh!! Die macht so: MUUHH!* (aufgeregt) Er zieht eine neue Karte. Ya: Ich hab Schrank – meine Mutter hat Schrank mein Bruder hat Schrank. Gu: *Aha und jetzt? Was is jetzt?* Ya: *Jetz binich fertig – ein Hammer – ein Teppich* *++ fliegen.* (zählt seine Karten auf)	 Aufmerksamkeitslenkung, Aufrechterhaltung der Zielvorstellung Aufmerksamkeitslenkung, Kontrolle aufkom- mender Frustration Aufforderung zur Verbalisierung des Spiel- abschlusses

Yasser signalisiert Gudrun, dass er nicht mehr weiterspielen möchte. Sie steuert seine Aufmerksamkeit (*guck mal*) und hält damit die Zielvorstellung (Beendigung der Aktivität) aufrecht, dann kontrolliert sie die aufkommende Frustration (*Oh mann – ich nich kriegen*), indem sie Yassers Aufmerksamkeit erneut lenkt (*Guck mal was ich hab*). Mit dieser Äußerung evoziert sie eine sprachliche Reaktion von Yasser. Dann folgt ein kleines Wortspiel (*ich hab Schrank – meine Mutter hat Schrank mein Bruder hat Schrank*). Gudrun strukturiert die Situation und kennzeichnet den Abschluss der Spielhandlung; das verbindet sie mit einer erneuten Frage an ihn. Dadurch wird Yasser in dieser Situation angeregt, sich mit der Spielhandlung sprachlich auseinanderzusetzen.

Kita 1, **IS 3**: Nisha (4;12, w, 14 KM, ES Pandschabi) und DL	
Nisha malt ein Haus, DL schaut zu.	
Ni: *Was soll ich jetz machen?* (zu DL)	Bitte um Hilfestellung
DL: Vielleicht ne Tür?	Unterstützung bei der Planung
Ni: Wo ++ unten?	
DL: Mhm.	
Nisha malt eine Tür, dann eine Blume, sie zeigt auf die Blume.	
Ni: Hab ich!	Aufforderung zur sprachlichen
DL: *Wae?*	Erweiterung
Ni: Hab ich!	
DL: *Was hast du?*	
Ni: Hab ich gemacht. (zeigt erneut)	
DL: *Guut + welche Farben nimmst du jetz?*	Planung und Strukturierung
Ni: Drei Farben ähm ich mach diese. (zeigt auf rot)	der Handlung
DL: *Aha rot und ++?*	
Ni: Blau (zeigt auf den grünen Stift) und blau (zeigt auf den gelben Stift) – das is rot. (zeigt auf rot)	
DL: *Gut und welche Farbe is das?*	Steuerung der Aufmerksamkeit
Ni: Ähm + das is gelb (zeigt auf den gelben Stift) + das is grün. (zeigt auf den grünen Stift)	auf Verbalisierung der Farben und Anregung zur Korrektur
DL: Mhm.	
Nisha zeigt auf ihr Bild.	
Ni: Da fehlt Farbe.	
DL: Ohja stimmt.	
Nisha malt aus und zeigt dann wieder auf ihr Bild.	
Ni: *Ein bisschen das noch hell machen?*	Aufforderung zur eigenen
DL: *Überleg mal selbst Nisha – was möchtest DU machen?*	Problemlösung
Ni: *+++ ein Herz.* (überlegt lange)	
DL: Mhm schön.	
Ni: *Jetzt brauche ich andere.* (nimmt den roten Stift)	

In diesem Beispiel wird Nisha zu Explikation, Planung und selbstständiger Steuerung ihrer Tätigkeit angeregt. Mit ihrer Einstiegsfrage zeigt Nisha ihren Kooperationswillen, fordert aber auch Hilfe bei der Entscheidungsfindung an. Ihre Äußerung *Hab ich* und die nonverbale Begleitung durch die Zeigegeste nutzt DL dazu, eine sprachliche Explikation bzw. Erweiterung zu fordern. Mit ihrer nächsten Frage (*Welche Farben nimmst du jetzt?*) lenkt DL die Aufmerksamkeit und steuert die Situation. Nachdem Nisha geklärt hat, welche Farben sie nehmen will, benennt sie die Aufgabe (*da fehlt Farbe*) und fordert dann erneut Entscheidungshilfe. DL fordert sie daraufhin auf, selbst zu überlegen. Nisha wird auf diese Weise dazu animiert, die Lösung selbst in die Hand zu nehmen. Nach einigem Überlegen gelingt es ihr, ihre Entscheidung zu versprachlichen und dann sofort – ebenfalls mittels Sprache – zur Durchführung überzugehen.

In dieser Situation kann aus folgenden Gründen davon ausgegangen werden, dass Nisha die Anregungen aufnimmt und in ihrer ZNE handelt: Zum einen wird die Situation überwiegend von einer Erwachsenen (DL) gesteuert, die Nishas Auseinandersetzung mit ihrer Tätigkeit unterstützt. Zum anderen fordert DL Nisha zur Erweiterung sprachlicher Äußerungen sowie zu eigener Problemlösung und Entscheidungsfindung auf, die Aufmerksamkeit wird also gelenkt. Letztlich zeigt sich, dass Nisha erweiterte Beiträge in die Interaktion einbringt und auch versprachlicht, was sie malen möchte (zeitliche Vorwegnahme).

Das nächste Beispiel aus der Kita 4 zeigt einen Scaffolding-Prozess zwischen Murat und DL.

Kita 4, **IS 56**: Murat (4;12, m, 13 KM, ES Türkisch) und DL	
Murat und DL puzzeln ein Hundebild.	
Mu: *Du musst mir helfen.*	Aufforderung zur Unterstützung
Mu: Ich brauch die Nase.	Aufzeigen der Diskrepanz zwischen dem, was Murat
DL: *Die Schnauze.*	produziert hat und, was idealerweise hätte vollzogen werden müssen
Mu: Schnauze.	Murat imitiert
DL: Ja genau ++ Schnauze.	DL bestätigt und wiederholt
Mu: *Ich brauch die Nase äh die Schnauze.*	Selbstkorrektur, Imitation
Mu: *Aber Schnauze is was Böses.*	Imitation, Erweiterung, Versprachlichung des eigenen Bedeutungskonzepts
DL: Bei Tieren heißt das nich Nase und Mund sondern Schnauze.	Erweiterung des Konzepts
Mu: *Bei Löwe auch.*	Erweiterung, Anwendung
DL: Ja bei Löwen – Hunden/ Murat zeigt DL ein Puzzleteil.	Bestätigung, Erweiterung
Mu: *Das is von den Schnauze.*	Anwendung
Mu: *Hier is andere Schnauze.*	Anwendung

Murat fordert zunächst von DL Unterstützung an und schildert das Problem (*Ich brauch die Nase*). DL korrigiert und leitet damit die Fremdsteuerung ein. Murat übernimmt das Item zunächst. Als er später denselben Begriff verwendet, korrigiert er sich selbst und verwendet das Item zum Schluss eigenständig. Besonders aufschlussreich ist in diesem Beispiel die Aushandlung bezüglich der Bedeutung des Wortes, denn dadurch setzt Murat sich konstruktiv mit seinem bisherigen Konzept des Wortes ‚Schnauze' auseinander. Mit seinem Einwand, ‚Schnauze' sei *was Böses* (womit er *eine* Bedeutung von ‚Schnauze' fasst) richtet er seine Aufmerksamkeit auf die semantische Seite von Sprache. DL behandelt dies als implizite Anforderung einer Bedeutungsklärung und erläutert, in welchem Zusammenhang der Begriff benutzt wird. Murat führt dies eigenständig weiter, indem er überlegt, bei welchem Tier es noch ‚Schnauze' heißen könnte.

Vor dem Hintergrund von Murats kognitiver Entwicklung (s.o. Kap. 8.3.2.1, 8.3.3) und der Zeitspanne seines Kontakts mit dem Deutschen kann davon ausgegangen werden, dass er hier in seiner ZNE handelt, da er in der Lage ist, das neue Item zu imitieren und flexibel zu gebrauchen (er verwendet den neuen Begriff während des Puzzelns weiter). Außerdem hinterfragt er den neuen Begriff, den DL einführt, signalisiert also Interesse an (einer Aushandlung) der Bedeutung des Begriffs. Am wichtigsten ist jedoch, dass es zu einer sprachlich vermittelten Klärung der Wortbedeutung kommt und die Aufmerksamkeit damit auf die semantische Seite von Sprache gelenkt wird. Damit werden sprachliche Zeichen aus dem situativen Kontext herausgelöst, es handelt sich also um eine Fähigkeit, die in diesem Alter noch nicht voll ausgebildet ist, sondern sich erst entwickelt.

Im folgenden Beispiel aus der Kita 2 sind Kinder in einer späten Phase des ZSE in der Kita und DL in eine Aktivität mit einem Bilderbuch involviert.

Kita 2, **IS 38**: Damla (6;4, w, 41 KM, ES Türkisch), Carmen (5;12, w, 32 KM, ES Portugiesisch), Maria (5;2, w, simultan Deutsch-Portugiesisch) und DL	
Carmen, Damla und Maria sehen sich ein Fotoalbum von der Kindertheateraufführung im letzten Jahr an. Es ist die Weihnachtsgeschichte. Ca: Ich weiß schon wo wir diese Fotos gemacht haben – in dem Haus. Da: Könn wir auch mal das machen? (ein Theaterstück aufführen) DL: Ja vielleicht. ... DL: *Warum suchen Josef und Maria denn nach einem Schlafplatz?* Da: *Weil die nich mehr gehen konnte - weil die/ähm – die hatte was im Bauch.* Damla beugt sich über das Buch. Ma: *Du störst mich.* DL: *Wie sind denn die beiden unterwegs?* Da: *Mit eine Bus?* (fragend) Ca: *Die sind zu Fuß gegangen.* Maria beugt sich über das Buch. Da: Ich kann nichts sehen. Ca: Ich doch auch gar nich. Damla zeigt auf Maria und Josef. Da: *Sind das die auch echt/ äh + sind das auch echt die?* DL: Nein das sind Kinder hier aus dem Kindergarten. Da: *Hat die da ne Puppe reingetan im Bauch?* DL: Oder vielleicht ein Kissen? Damla *zeigt* auf das Stroh in der Hütte. Da: *Da ham die der Baby reingelegt.* *Maria zeigt* auf Josef, der keinen Bart hat. Ma: <u>Der Josef hat doch'n Bart.</u> Da: <u>*Wer sind die beiden?*</u> (*zeigt* auf Schafe) Ma: Tieren. Ma: *Die* spricht immer *so*: ich bin Maria. (verstellt ihre Stimme – spricht ganz hoch, alle lachen.) DL: *Ja vielleicht hat die ne Piepsstimme.* Da: *Piepst die immer? Was bedeutet denn Piepsen?* DL: *Man sagt Piepsstimme wenn jemand ganz ganz hoch spricht so wie Maria eben.* Ma: Da is Feuer! Da: Ist das weich? (das Stroh in der Scheune)	Initiierung des Gesprächs Frage nach Hintergründen Frage nach Hintergründen Frage nach Bedeutung Unterstützung bei Bedeutungsklärung

Es handelt sich hier um einen Ko-Konstruktionsprozess zwischen Damla, Carmen, Maria und DL. Besonders Damla ergreift die Initiative, um Hintergründe zu klären, die aus den Bildern nicht ersichtlich sind, und eine Wortbedeutung auszuhandeln. Mit Letzterem wird die Aufmerksamkeit auf die semantische Seite der ZS gerichtet, Sprache aus dem Kontext gelöst und zum Gegenstand der Reflexion gemacht. Damlas Interesse an dem neuen Begriff und ihre Frage nach seiner

Bedeutung zeigen an, dass sie sensibel für den Input ist und ihn zur Erweiterung des eigenen Wissens nutzt. Um zu erkennen, ob Damla tatsächlich in ihrer ZNE handelt, müssten weitere vergleichbare Situationen beobachtet werden.

Im Folgenden werden Beispiele von Kind-Kind-Interaktionen analysiert, um der Frage nachzugehen, ob Peers sich gegenseitig unterstützen und einen geeigneten Rahmen für Sprachlernen schaffen können. Es konnten im Korpus insgesamt 12 Sequenzen ausgemacht werden, auf die die Merkmale des Scaffolding unter Peers zutrafen. Zunächst wird eine altersgemischte Situation aus der Kita 4 vorgestellt.

Kita 4, **IS 7**: Seda (6;4, w, 37 KM, ES Türkisch), Sybille[95] (8j., w, monolingual Deutsch) und Buket (6;0, w, 36 KM, ES Türkisch)	
Sybille bastelt Bücher und malt Herzen darauf, Seda schaut zu. Se: Nich zu Papa? Sy: Nein **für mich**. Seda zeigt auf ein anderes Buch, das Sybille gebastelt hat. Se: *Das* is auch **für dich?** Sy: Nein für Mama. Se: Und Bruder? Sy: Nee für den mach ich Null.	Imitation, Erweiterung
Se: *Was heißt'n Null+ ah* Buchstabe. Sybille bastelt etwas, das aussieht wie eine Tasche. Se: *Aber was is das? Ein Tasche!*	Anregung zur eigenen Problemlösung
Se: *Da musst du ein Loch machen und dann wie ein Tasche – zwei Stück!* (sie soll zwei Löcher machen) Buket kommt dazu, Seda wendet sich an Buket. Se: GUCK **sein Tasche!**	Verbalisierung einer Idee
Bu: **Seine Tasche? Deine Tasche!** Se: Oh **die Tasche** ist ganz warm. (Die Papiertasche ist warm, weil Sybille sie in der Hand hält.)	implizite Fremdkorrektur eigenständige Anwendung

Seda initiiert den Dialog mit der Frage, ob das, was Sybille bastelt, für ihren Vater sei. Sybille verwendet in ihrer Antwort die korrekte präpositionale Fügung, was Seda als Anregung nutzt, diese Struktur in der nächsten Äußerung ebenfalls richtig zu gebrauchen. Später zeigt Sedas Reaktion auf Sybilles Äußerung *Nee für den mach ich Null*, dass diese sie zum Nachdenken über das Wort Null angeregt hat. Im Folgenden entwickelt Seda eine Idee, die sie versprachlicht und veranschaulicht (*Da musst du ein Loch machen und dann wie ein Tasche – zwei Stück!*). Im weiteren Verlauf macht Buket Seda durch eine Fremdkorrektur darauf aufmerksam, dass sie sprachlich einen Fehler gemacht hat. Die Fremdkorrektur erfolgt implizit und bezieht sich auf der sprachlichen Oberfläche auf die Zuordnung (das Possesiv). Seda erkennt den Genusfehler und bildet den Artikel korrekt. In ihrer kognitiven Entwicklung und zweitsprachlichen Aneignung scheint sie also soweit vorangeschritten, dass sie solche impliziten Fremdkorrekturen für sich nutzen kann, denn es gelingt ihr, davon ausgehend auf den korrekten Genusgebrauch zu schließen. Es

---

95 In diese Gruppe der Kita 4 kamen nachmittags auch Schulkinder.

handelt sich insgesamt um eine für Seda sprachlich anregende Situation, die sie zu eigener Problemlösung und zur Verbalisierung ihrer Ideen und Gedanken nutzt.

Das nächste Beispiel aus der Kita 4 zeigt, wie Gleichaltrige sich unterstützen können. Murat und Ahmet malen. Sie lenken dabei immer wieder die Aufmerksamkeit des Partners auf die eigene Tätigkeit, monologisieren aber auch. In diesem Abschnitt lenkt Murat die Aufmerksamkeit von Ahmet auf sein Bild (*Guck...*).

Kita 4, **IS 35**: Murat (4;12, m, 13 KM, ES Türkisch) und Ahmet (4;10, m, 7+x KM, ES Türkisch)	
Murat und Ahmet malen.	
... Mu: *Guck ich hab viele Wolken demacht.* Ah: Kannst du mir viele Wolke malen? Mu: *Du musst ein Plus malen – viele Plüsse.* Murat gibt Ahmet einen Stift. Mu: *Nimm das/ nimm den.*	Aufmerksamkeitslenkung Bitte um Unterstützung, Imitation sprachliche Demonstration der auszuführenden Handlung, konkrete Hilfestellung
Mu: *Ich mach mit.* (fängt an, Ahmet beim Malen zu helfen.)	Unterstützung der materiellen Handlung
Ah: Kannst du mir Wolke male? Ah: Viele Wolke.	erneute Bitte um Unterstützung, Imitation Imitation
Murat malt gerade den Himmel. Mu: *Der Himmel muss doch noch.*	Erklärung seiner ausgeführten Tätigkeit

Ahmet bittet Murat um Unterstützung und imitiert zunächst einen Teil von Murats Äußerung (*viele Wolken*). Murat übernimmt ab diesem Zeitpunkt die Steuerung des Interaktionsprozesses und die Strukturierung der Situation. Zunächst gibt er Ahmet eine Hilfestellung in sprachlicher Form: Er erklärt ihm, wie er vorgehen soll (*Du musst ein Plus malen – viele Plüsse)*. Dann wählt er einen Stift aus, gibt diesen Ahmet und unterstützt die Ausführung der materiellen Handlung (*Ich mach mit*). Ahmet wiederholt sein Anliegen und spezifiziert noch einmal (*Viele Wolke*). Er signalisiert mit der erneuten Aufforderung, dass er noch nicht begriffen hat, was Murat eigentlich macht. Dadurch ist Murat gefordert zu erklären, woran er arbeitet. Er formuliert dementsprechend, was er gerade tut (den Himmel malen).

Murat zeigt in diesem Beispiel ein gewisses Geschick in der Unterstützung seines Spielpartners: zunächst eine rein sprachlich ausgeführte Erklärung, dann das Mitmachen, schließlich das Erklären seiner Handlung. Ahmet seinerseits ist gefordert, seine Wünsche sprachlich mitzuteilen; dazu greift er imitativ auf einen Teil von Murats Äußerung zurück und wendet ihn in einer neuen Kombination an. Für Ahmet ergibt sich damit eine Gelegenheit zur sprachlichen Durchdringung der Handlungen.

Im folgenden Beispiel aus der Kita 3 initiieren die Interaktionspartner Jan und Faruk ein kleines Sprachspiel und handeln aus, was sie bauen wollen.

Kita 3, **IS 24**: Jan (5;0j., m, monolingual Deutsch) und Faruk (5;12, m, 15+x KM, ES Kurdisch)

Jan und Faruk bauen ein „Labor".
...
Fa: Machen wir einen neuen Labor.
Ja: Die nich mehr oder? (die Bauklötze)
Fa: Doch wir brauchen die – da machen wir alles in die Reihe!
Fa: *Is bau schomal die lange Labor.*
Ja: *Das is aber nich groß* (betrachtet das, was sie schon gebaut haben) + *is klein.*
Ja: *Das muss groß sein.*
Fa: *RIESIG!*
Ja: *Riesenlabor – ganz groß.*
Fa: *Guck mal hier – von da bis da ++ von da äh un da un da un da.* (geht das Stück ab, wie groß es sein soll)
Jan zeigt mit den Armen.
Ja: *Ja sooo groß – RIESIG!*
Fa: *Extrem äh/ein Labor extrem – Extremlabor.*
Jan zeigt in eine Ecke.
Ja: Solln wir das auch hier baun?
Fa: Nein das machen wir nis – guck mal von da – alles machen wir – immer noch geht bis da + von da bis da un da. (zeigt, wo sie schon gebaut haben und wo sie noch bauen werden)
Fa: *Aber ein Rieseslabor.*
Ja: *Das wird aber riesig.*
Fa: *Ein Rieseslabor.*

Die Szene beginnt mit Faruks Vorschlag, ein ‚Labor' zu bauen. Er gibt Jan Anweisungen und setzt sprachlich immer wieder neue Impulse zur Ausführung der Konstruktionstätigkeit. Jan stellt fest, dass das Labor noch zu klein ist. Er übernimmt die Führung mit der Äußerung *Das muss groß sein*, die gleichzeitig eine planerische Tätigkeit beinhaltet. Als Faruk das Adjektiv *riesig* zur näheren Beschreibung einbringt, macht Jan daraus ein Wortspiel, indem er es mit *Labor* zusammenbringt. Die beiden setzen daraufhin ihre Körper ein, um zu demonstrieren, wie groß das Ganze sein soll. Dies zeigt anschaulich, wie zentral es für die Kinder ist, die Bedeutungsseite eines Wortes ‚erleben' und ‚nachfühlen' zu können. Es folgt erneut ein Wortspiel. Nachdem Faruk zunächst eine Variante durchgespielt hat (*Labor extrem*), gelingt ihm, womöglich auch durch das Modell von Jan (*Riesenlabor*), die Bildung eines Kompositums (*Extremlabor*). Die nächste Äußerung ist wieder der Planung, Aushandlung und Abstimmung der Bautätigkeit gewidmet, bis Faruk erneut das Kompositum *Riesenlabor* (von ihm realisiert als *Rieseslabor*) aufgreift.

Jan und Faruk richten also in dieser Situation ihre gemeinsame Aufmerksamkeit zum einen auf den Gegenstand (Labor) und ihre Tätigkeit (Konstruieren), zum anderen auf die Dialogbeiträge des jeweiligen Partners und dabei mit den Wortspielen (groß – riesig – extrem) teilweise auf die Sprache, indem sie auch formale Veränderungen vornehmen (riesig – Riesenlabor, extrem – Extremlabor). Der Aushandlungsprozess, in den die Wortspiele eingebettet sind, ist der Tätigkeit vorgelagert. Jan und Faruk gelingt es, ihre Handlungen verbal aufeinander abzustimmen und Sprache zur Planung und Steuerung einzusetzen. Damit steht der sprachliche Aushandlungsprozess im Vordergrund. Auch wenn hier keine Aussage getroffen werden kann, ob Faruk in seiner ZNE handelt, ist deutlich, dass durch den Aushandlungsprozess wie auch über das Modellverhalten seines monolingualen Peers eine sprachanregende Situation für ihn als Zweitsprachlerner entsteht: Er gebraucht Adjektive zur genaueren Planung des Bauvorhabens und wendet eine Wortbildungsregel an.

Zusammenfassend kann gesagt werden, dass es über die Analyse der Interaktionen mit den vorgestellten Kategorien und ihren Kriterien möglich ist zu identifizieren, ob und inwieweit eine für das betreffende Kind (bzw. die Kinder) sprachanregende Situation im Sinne eines Ko-Konstruktionsprozesses geschaffen wird. Aus einer solchen differenzierten Betrachtung können auch Hinweise dazu erlangt werden, ob die Kinder in ihrer jeweiligen ZNE handeln.

Bei der Analyse von Situationen mit *Erwachsenen* stehen die Fremdsteuerung und Aufmerksamkeitslenkung, die sprachliche Begleitung nichtsprachlicher Handlungen sowie die Imitation, Umformung und Erweiterung sprachlicher Äußerungen im Vordergrund. Bei der Analyse von Situationen mit Kindern, die sich in einer mittleren und späten Phase des ZSE in der Kita befinden, sind dabei auch die Erweiterung der Begriffskonzepte und die Unterstützung bei der selbstständigen Problemlösung zu nennen. In *Peer-Interaktionen* sind in kooperativen Tätigkeiten ebenfalls unterstützende Mechanismen zu finden: Hilfestellung bei der Durchführung der materiellen Handlung, sprachliches Aushandeln an sich und verbunden mit Imitation, Erweiterung sprachlicher Äußerungen und kreative Eigenaktivität beim Spielen mit Wörtern sowie Korrekturen.

Alle Situationen, in denen Scaffolding-Merkmale festgestellt werden konnten, zeichnen sich gegenüber anderen Interaktionen durch ein ‚Mehr an Sprache' aus; die Kinder werden sprachlich herausgefordert. Das Handeln mit kompetenten Interaktionspartnern bietet für die Kinder mehr Möglichkeiten, sich sprachlich zu entfalten, da der Partner die Regulation übernehmen und Wege der Problemlösung aufzeigen kann.

8.4   Zusammenfassung

In diesem Kapitel wurden die Bedingungen und der Prozess der Untersuchung dargelegt. Anhand der aus den theoretischen Grundlagen abgeleiteten Kriterien wurden die Beobachtungsfelder festgelegt und aus dem empirischen Material heraus Analysekategorien dafür entwickelt. In der anschließenden detaillierten Untersuchung wurde überprüft, ob die hergeleiteten Kategorien für die Beobachtung und Analyse sprachlich-interaktiver Prozesse bei mehrsprachigen Kindern genutzt werden können und ob sie geeignet sind, die Dynamik in der Sprachaneignung im sozialen Austausch zu rekonstruieren.

Der *soziale Kontext*, in dem die sprachlich-interaktiven Prozesse stattfinden, wurde anhand der Spielformen und Aktivitäten (Konstruktionsspiel, Regelspiel, Rollenspiel, Gespräche usw.) und der Unterteilung in altersbezogene Kind-Kind-Interaktionen und Erwachsenen-Kind-Interaktionen systematisiert. Mit diesem Vorgehen wurde der situative Rahmen präzise erfasst. Im Datenkorpus zeigte sich, dass in Kind-Kind-Interaktionen Konstruktionsspiele die häufigste Spielform waren. Das Rollenspiel trat bei Gleichaltrigen ab dem vierten Lebensjahr auf und nahm ab dem fünften Lebensjahr deutlich zu. Regelspiele waren überwiegend an Erwachsenen-Kind-Interaktionen oder aber an die Anwesenheit älterer Kinder geknüpft. Gespräche und Literacy-Aktivitäten bildeten die dominierende Interaktionsform zwischen Erwachsenen und einem oder mehreren Kindern, wohingegen sie unter Kindern selten und erst ab dem Alter von fünf Jahren stattfanden. Die differenzierte Analyse der jeweils ablaufenden interaktiven und sprachlich-kognitiven Prozesse zeigte, dass Gespräche und Literacy-Aktivitäten die Herauslösung sprachlicher Zeichen aus dem Kontext fördern und den Erwachsenen somit eine hohe Bedeutung als Begleiter dieser Situationen zukommt (s.o. Kap. 8.3.1).

Die *kognitive Aktivität vermittelt durch Sprache* wurde über die sprachübergreifenden Kommunikationsstrategien sowie über das egozentrische Sprechen analysiert. Die für diesen Bereich erarbeiteten Merkmale können für die Beobachtung und Analyse der *strategischen Kompetenz* genutzt werden. Anhand von drei Kindern wurde exemplarisch gezeigt, dass die Ausbildung und Ausdifferenzierung der drei Strategietypen (imitativ, problemlösend und metasprachlich) mit kognitiver Weiterentwicklung, beginnender Bewusstwerdung psychischer Prozesse, Anbahnung expliziter Lernprozesse und voranschreitender sprachlicher Dekontextualisierung zusammenhängt. Es wurde herausgestellt, dass die Imitation und der Gebrauch unanalysierter Formeln als erste Form der konstruktiven Auseinandersetzung mit neuen ‚Inhalten' erhalten bleiben und als Strategie im impliziten Lernprozess eingesetzt werden.

Über die Beobachtung des Code-Switching als metasprachlicher Strategie lässt sich ein differenziertes Bild des mehrsprachigen Sprachgebrauchs gewinnen. Es kann bestimmt werden, ob Sprachwechsel in der Interaktion adressatenspezifisch erfolgen und ob sie vor dem Hintergrund des Kommunikationsmodus angemessen sind. Auch wurde gezeigt, dass der Sprachwechsel die Interaktanten anregen kann, sich über Sprache auszutauschen. Durch eine genaue Betrachtung des Ineinanderübergehens der Sprachen werden auch die interindividuellen Unterschiede in der Ausnutzung des zur Verfügung stehenden Repertoires deutlich. So kann davon ausgegangen werden, dass ein Kind, dessen Bezugspersonen und Sprachvorbilder aktiv Sprachen mischen, dieses Sprachverhalten stärker entwickeln wird als ein Kind, das in der Familie nur die ES hört und in der Kita die ZS (s.o. Kap. 8.3.2.1).

Hinsichtlich der Merkmale *des egozentrischen Sprechens* zeigte sich, dass die einzelnen Phasen, die Aufschluss über den Stand der Entwicklung geben, nicht immer trennscharf abgegrenzt werden konnten. Dennoch plädiere ich dafür, an einer Unterteilung festzuhalten, da sich sonst die jeweiligen Besonderheiten verlieren und das egozentrische Sprechen auf das sprachliche Begleiten von Handlungen reduziert wird. Denn schließlich zeigte sich auch, dass die sprachliche Tätigkeit die nichtsprachliche nicht nur begleitet, sondern auch lenkt: durch das Verbalisieren werden Probleme dem Bewusstsein zugänglich gemacht, so dass eine Problemlösung erfolgen kann. Dies ist also ein wichtiger Schritt, um Sprache – also auch die ZS – als Werkzeug einsetzen zu können. Bezogen auf die Spielformen konnte belegt werden, dass es einen engen Zusammenhang zwischen dem egozentrischen Sprechen und Konstruktionsspielen gibt (s.o. Kap. 8.3.2.2).

Die *Dekontextualisierungsprozesse* wurden nach den beiden Sprachgebrauchsmodi ,Verwobenheit mit dem nichtsprachlichen Kontext (VeNK)' und ,Herauslösung sprachlicher Zeichen aus dem nichtsprachlichen Kontext (HeNK)' in Abhängigkeit von Spielformen und Interaktionskonstellationen analysiert. Die abgeleiteten Kriterien erwiesen sich als geeignet, um die beiden Sprachgebrauchsmodi voneinander zu unterscheiden und die jeweiligen qualitativen Entwicklungsschritte zu analysieren.

Für den sympraktischen Sprachgebrauch und die Verwendung von Zeigwörtern ermöglicht die vorgeschlagene Analyse zu unterscheiden, warum ein Kind sympraktisch handelt: ob es auf diese Mittel zurückgreift, weil es sich in einer frühen Phase des ZSE befindet, oder ob die Situation keine sprachliche Ausdifferenzierung verlangt bzw. eine solche nicht erforderlich ist, um den Partner zu orientieren. Die Betrachtung der Herauslösung sprachlicher Zeichen aus dem situativen Kontext, die mit einer verstärkten Syntaktisierung einhergeht, gibt Aufschluss darüber, ob die ZS Funktionen in der sprachlich-kognitiven Auseinandersetzung übernimmt und ob explizite (Sprach-)Lernvorgänge stattfinden, die pädagogisch aufgegriffen werden können. Der Blick wurde dabei zum einen auf die thematische Ablösung in Interaktionsbeiträgen und die Erzeugung eines fiktiven Kontextes gerichtet, zum anderen auf die Herstellung kontextlicher Zeichen-Zeichen-Beziehungen. Die differenzierte Analyse zeigt, dass mehrsprachige Kinder diese kognitiven Funktionen auch durch das Medium der ZS ausführen, auch wenn ihre Sprachkompetenzen im engeren Sinne und an der Sprachoberfläche denen ihrer monolingualen Peers nicht entsprechen. Deutlich wurde in den Beispielanalysen auch, dass diese Herauslösung enger als der sympraktische Sprachgebrauch mit der kognitiven Aktivität des jeweiligen Kindes verbunden ist und somit als Vorläufer der Form von Dekontextualisierung, die durch den Schriftspracherwerb einsetzt, und des kontextunabhängigen Sprachgebrauchs zu betrachten ist.

Die Analysen der sprachlich-interaktiven Prozesse in den vier Kitas bestätigen, dass der Gebrauch der beiden Sprachmodi mit bestimmten Tätigkeiten einhergeht. So überwog im Konstruktionsspiel der kontextverwobene Sprachgebrauch und es zeigte sich, dass die Teilnahme von Erwachsenen an Konstruktionsspielen kaum dazu beitrug, darüber hinauszugehen. Auch beim Regelspiel besteht keine Notwendigkeit, sprachliche Äußerungen aus dem Kontext zu lösen. Obwohl es häufig in Erwachsenen-Kind-Interaktionen stattfand, war es nur selten mit Dekontextualisierungsprozessen verknüpft. Rollenspiele hingegen erforderten eine Ablösung von Zeichen durch Überführung in einen fiktiven Kontext, über den sich die Interaktionspartner verständigen müssen. Gespräche und Literacy-Aktivitäten förderten ebenfalls eine Herauslösung sprachlicher Zeichen und waren eng an Aktivitäten mit Erwachsenen gebunden. Damit solche Prozesse stattfinden, sind also Ko-Konstruktionsprozesse erforderlich, d.h. Unterstützung durch kompetente Interaktionspartner, denn wie sich ebenfalls zeigte, bieten sich für die Kinder in der Kita sonst nicht genügend Möglichkeiten, um Bedeutungen auszuhandeln und so eine stärker syntaktisierte Sprache zu gebrauchen.

Darauf, ob die Kinder in ihrer jeweiligen *ZNE* handeln, konnte in dieser Untersuchung lediglich über eine detaillierte Auseinandersetzung mit dem *Scaffolding* geschlossen werden. Es zeigte sich, dass Scaffolding vorwiegend in Interaktionskonstellationen mit einem kompetenten Anderen erfolgt. Dabei handelt es sich überwiegend um Erwachsene, die den Rahmen erzeugen, in dem Aufmerksamkeit auf einen Gegenstand gelenkt wird und zur Imitation und Erweiterung sprachlicher Äußerungen sowie eigenem Problemlösen angeregt wird. Unter günstigen Bedingungen können Kinder sich aber auch gegenseitig unterstützen und sprachlich herausfordern, wenn sie geteilte Aufmerksamkeit herstellen, kooperieren und ihre Tätigkeit von sprachlicher Aushandlung begleitet oder diese sogar der Tätigkeit vorgelagert ist. Dies ist vor allem im Rollenspiel der Fall und wird hier in Anlehnung an Andresen (s.o. Kap. 4.3.2.2) als Handeln in der ZNE gedeutet.

Um zu überprüfen, ob durch Scaffolding tatsächlich eine sprachanregende Situation für das Kind geschaffen wird, muss erfasst werden, ob ein Interaktionspartner auf das, was das Kind sprachlich anbietet, eingeht, Fragen und Aufforderungen formuliert, die Aufmerksamkeit explizit lenkt, die Situation sprachlich strukturiert und somit dem Kind ermöglicht, an der Tätigkeit und ihrer Ausführung teilzuhaben und sie sprachlich zu durchdringen. Wichtig ist dabei, dass das Scaffolding dynamisch bleibt und sich an den Möglichkeiten des Kindes orientiert (s.o. Kap. 8.3.4).

Mit den entwickelten Analysekategorien der vier Beobachtungsfelder lassen sich also sprachlich-interaktive Prozesse besonders hinsichtlich qualitativer Veränderungen in der sprachlich-kognitiven Auseinandersetzung analysieren. In der folgenden Tabelle wird noch einmal veranschaulicht, welche sprachlich-interaktiven Prozesse mit welchen Spielformen und Aktivitäten hauptsächlich einhergehen.

Tabelle 20: Sprachlich-interaktive Prozesse und Aktivitäten in der Kita*

Spielform, Aktivität	Kommunika-tionsstrategien	egozentrisches Sprechen	kontextabhängige Sprache (VeNK)	Herauslösung aus dem Kontext (HeNK)	ZNE
KS	X	X	X	(x)	X
PS	-	X	X	-	X
RoS	X	-	(x)	X	X
RS	X	(x)	X	(x)	X
G	X	-	(x)	X	X
LA	X	-	(x)	X	X

* Die Kreuze bezeichnen einen engen Zusammenhang zwischen dem sozialen Kontext und dem jeweiligen Prozess bzw. Sprachgebrauch. Die Klammern verweisen darauf, dass sich der jeweilige Prozess nur unter günstigen Bedingungen vollzieht, es aber keinen engen Zusammenhang gibt.

Zusammenfassend kann festgehalten werden, dass die hier eingenommene inte-grative Perspektive auf den frühen ZSE es ermöglicht, in alltäglichen Kontexten in der Kita zu prüfen, welche Handlungen und Interaktionskonstellationen Dekon-textualisierungsprozesse und die innere Auseinandersetzung mittels Sprache vorantreiben. Genau darin liegt der von List (2005b, s.o. Kap. 6.3) beschriebene Spielraum, der pädagogisch genutzt werden kann, ohne die Eigenaktivität der Kinder und ihr Handeln einzuschränken (s.u. Kap. 9).

In dieser Studie bestätigte sich indirekt, dass die Kinder in der Kita in ihrem sprachlichen Handeln und ihrer Auseinandersetzung mit Sprache durchaus mehr gefordert werden können. Dafür wäre eine dauerhafte, durchgehende Förderung in der Aneignung von Sprache, also sprachliche Bildung als solche, entscheidend. Um dies zu erreichen, wird ein veränderter sprachlicher Alltag notwendig sein, in dem die Gestaltung von Interaktionssituationen, die die sprachlich-kognitive Auseinan-dersetzung anregen und somit die Qualität des Inputs steigern, im Vordergrund steht.

9. Schlussbemerkung und Ausblick

In dieser Studie wurde eine integrative Perspektive auf den ZSE in der Kita entwickelt, die die Beobachtung und Analyse sprachlich-interaktiver Prozesse im sozialen Kontext und Austausch ermöglicht. Der Schwerpunkt lag dabei auf der kognitiven Seite des Sprachaneignungsprozesses, d.h. auf dem Gebrauch von Sprache als Werkzeug zur Bewusstwerdung (psychischer Funktionen) und zur Erfassung von Welt. Ziel war es, qualitative Veränderungen in der Entwicklung sprachlichen Handelns unter den Bedingungen dynamischer Interaktion theoretisch zu beleuchten, sie über die Entwicklung und Prüfung von Kategorien zu operationalisieren und dadurch einer systematischen Beobachtung und Analyse zugänglich zu machen. Besonderes Augenmerk wurde dabei auf jene Prozesse und Funktionen gelegt, die

- das Miteinander und Ineinanderübergehen der Sprachen anzeigen;
- den Übergang vom impliziten zum expliziten Lernen sowie implizite und explizite Aneignungsprozesse im sprachlichen Handeln des Kindes markieren;
- sich sprachübergreifend in der strategischen Kompetenz und im egozentrischen Sprechen widerspiegeln;
- als Vorläufer des dekontextualisierten Sprachgebrauchs eine sich entwickelnde Textkompetenz kennzeichnen, und
- im Ko-Konstruktionsprozess der Erweiterung des sprachlichen Handlungsradius zur Konstruktion von neuem Sprachwissen und zum selbstständigen Problemlösen dienen.

Damit soll ein Beitrag dazu geleistet werden, Erkenntnisse über die in der Interaktion ablaufenden sprachlich-kognitiven Prozesse zu gewinnen und diese über ihre Merkmale und Funktionen für die sprach(heil)pädagogische Forschung und Praxis beschreibbar, analysierbar und modellierbar zu machen.

Die hier entwickelte integrative Perspektive soll auch dazu beitragen, in der pädagogischen Sprachdiagnose stärker als bisher einen Blick auf die individuellen Sprachaneignungs- und Sprachlernprozesse zu verankern. Führend ist hier nach wie vor ein normativer Blick, bei dem die Sprachaneignung eines Kindes am Durchschnitt gemessen und beurteilt wird. Individuelle Unterschiede und Dynamiken in der Sprachaneignung geraten so aus dem Blickfeld. Solche Unterschiede bestehen etwa im Zusammenspiel der äußeren Bedingungen, der unterschiedlichen zur Verfügung stehenden Ressourcen und Strategien und der Persönlichkeitsstruktur des Kindes, auf deren Basis sich der individuelle Entwicklungsprozess gestaltet. Eine besondere Rolle spielen individuelle Unterschiede beim mehrsprachigen Aufwachsen, denn die biografische und situative Dynamik von Mehrsprachigkeit an sich und die interindividuelle Variation im ZSE erschweren eine an ‚Durchschnittswerten' orientierte Normsetzung (vgl. Röhr-Sendlmeier 1987, Lengyel

2005). Für die (Sonder-)Pädagogik ist der individuelle Aneignungsweg und damit der individuelle Blick entscheidend. Den Maßstab bildet immer das jeweilige Kind selbst: Seine Ressourcen, seine Erwerbsbiografie, die äußeren Bedingungen dienen der Rekonstruktion des bisherigen Aneignungsprozesses und vor diesem Hintergrund wird nach Möglichkeiten der sprach(heil)pädagogischen Unterstützung gesucht. Daher sollte in der (Sonder-)Pädagogik die Entwicklung einer am Individuum ausgerichteten förderdiagnostischen Vorgehensweise im Vordergrund stehen. Solche Vorgehensweisen sind qualitativer Natur und darum auf deskriptive, analytische und interpretative Akte angewiesen, die sich der vollständigen Quantifizierbarkeit entziehen. Sie sind subjekt- und entwicklungsorientiert und dabei kontextsensitiv, weil sie die biografische und die pädagogisch erzeugte Lernsituation berücksichtigen.

Die hier entwickelte Perspektive könnte in diesem Sinne nutzbar gemacht werden. Sie baut auf Variation, Dynamik und Veränderung sprachlicher Interaktion auf. Darüber hinaus ermöglicht sie eine tiefgehende Erschließung sprachlich-kognitiver Prozesse im Verlauf der Sprachaneignung und des Sprachlernens in heterogenen Gruppen. Da die Erschließung von Sprache als Werkzeug und als Mittel zur Durchführung kognitiver Operationen für weitere Aneignungsprozesse zentral ist, sollte es ein genuines pädagogisches Anliegen sein, die Entwicklung dieser ‚Qualität von Sprache‘ genau zu erfassen. Bei mehrsprachigen Kindern ist dabei zu beachten, dass der ZSE überwiegend in heterogenen Peer-Interaktionen stattfindet und dass der durch den Filter der ES erfolgende kognitive Lernprozess auch im Handeln in der ZS zum Ausdruck kommt. Das Wechselverhältnis zwischen den Sprachen ist mitbestimmt von der Fähigkeit, zwischen den Sprachen umzuschalten. Für den Mehrsprachigen ist es somit entscheidend, dass er eine hohe Bereitschaft zur Anpassung an die jeweiligen situativen Umstände entwickelt. Diese Fähigkeit wiederum hängt eng mit Bewusstsein und kognitiver Auseinandersetzung mittels Sprache zusammen. Die Anregung des Kindes zur aktiven Herstellung von Bezügen zwischen ES und ZS kann folglich die kognitive Seite seines Aneignungsprozesses unterstützen. Dies erscheint angemessen, um auf einen Lernprozess einzugehen, dessen Struktur durch die Entwicklungsvoraussetzung und -bedingung Mehrsprachigkeit geprägt ist.

Durch die interdisziplinäre Herangehensweise sollte in dieser Untersuchung der Komplexität des Spracherwerbs vor dem Hintergrund der Mehrsprachigkeit Rechnung getragen werden. Es wurde deutlich, dass eine solche Herangehensweise die Perspektive auf den Gegenstand erweitert, aber auch einige Fragen aufwirft, die im Folgenden als Forschungsdesiderate benannt werden.

Zunächst erscheint es notwendig, die Bestimmungskriterien weiter zu schärfen und die Analysekategorien im Hinblick auf Interkoderreliabilität zu prüfen, um sie in ein Instrumentarium überführen zu können, das tatsächlich in der Praxis eingesetzt werden kann. Außerdem ist zu überprüfen, ob und inwieweit die entwickelten Beobachtungsfelder und ihre Kategorien für prozessbegleitende, d.h. über einen längeren Zeitraum stattfindende wiederholte Beobachtungen genutzt werden können. Schließlich wäre für weitere Untersuchungen zum frühen ZSE die Einbeziehung der Erstsprachen der Kinder wünschenswert, die hier nur minimal geleistet wurde. Dies wäre wichtig, um Aufschluss darüber zu erhalten, ob und inwieweit die Erstsprachen als Werkzeug zur Realitätsbewältigung genutzt werden. Darüber hinaus sollten das Code-Switching und vor allem die Übersetzung genauer untersucht und beschrieben werden.

Dennoch lassen sich aus den hier gewonnenen Erkenntnissen bereits Konsequenzen für die (sonder-)pädagogische Praxis ableiten, von denen die wichtigsten in den folgenden Abschnitten skizziert werden sollen.

9.1 Implikationen für die Sprachpädagogik

9.1.1 Zum diagnostischen Diskurs

Die derzeit im sprachpädagogischen Kontext geführte Diskussion um Diagnostik ist keineswegs neu; es ist vielmehr die Neuauflage alter Debatten um das Für und Wider einer pädagogischen Diagnostik. Selbst in der Sprachheilpädagogik wurden diagnostische Zugänge lange Zeit skeptisch betrachtet, bis sich die Ansicht durchsetzte, dass „eine fundierte Diagnostik zwar Fachwissen verlangt und zeitintensiv ist, daß sie aber auch eine wesentliche Komponente für den Erfolg einer Therapie darstellt" (Füssenich 1996, S. 194). Die Investition in eine zeitaufwändige Diagnose lohnt sich also, da der Erfolg der Förderung eng mit dieser verbunden ist. Während die Diagnostik in der Sprachheilpädagogik mittlerweile als genuiner Gegenstand der Disziplin verstanden wird, wurde sie in der Pädagogik als ‚Anhängsel' bisher wenig beachtet.[96] Das führte in den 1980er Jahren im Zuge der Kritik an Sprachstandsfeststellungsverfahren für mehrsprachige Schüler zu einer Abkehr von der diagnostischen Aufgabe (vgl. Reich 2005b). Neuland übte damals Kritik an vorhandenen Verfahren, die auch heute noch zutrifft:

---

96 So gibt es beispielsweise in der Lehrerausbildung kaum Veranstaltungen zur Diagnostik. Darauf verweist auch Wiedenmann (2005, S. 81): „Befragt man die empirische Unterrichtsforschung, so besteht in der Praxis ein großes Defizit an diesen [diagnostischen, D.L.] Fähigkeiten. (...) Durch PISA wurde die Ist-Situation der pädagogischen Praxis aufgezeigt, wonach nur 11% der leseschwachen Jugendlichen als solche identifiziert wurden (...)." Problematisch ist dabei, dass eher eine Selektionsdiagnostik betrieben wird und weniger eine förderdiagnostisch geprägte Prozessdokumentation mit dem Ziel, „Fördermöglichkeiten innerhalb der bestehenden Lerngruppe zu begründen" (ebd.). Dies kann freilich nicht nur den mangelnden Kompetenzen der Lehrkräfte angelastet werden, sondern liegt auch im Verständnis der Institution Schule begründet (vgl. Schuck 2003).

Die Grenzen der normorientierten standardisierten Sprachtests liegen hingegen in all jenen Bereichen des Sprachverhaltens, in denen „objektive", normative Richtigkeitskriterien nicht so problemlos verfügbar sind (...) und die sich letztlich auch der Meßbarkeit entziehen. Dies gilt für den gesamten Bereich des dialogisch-kommunikativen Sprachverhaltens, für den Bereich der spontanen mündlichen und schriftlichen Produktion, darüber hinaus auch für alle situations-, sozial- und regionalspezifischen Sprachleistungen, die in den an der Standardnorm orientierten Sprachtests eher als Störfaktoren und Fehlerquellen auftreten. Dies gilt letztlich auch für Sprachverständnis, Sprachreflexion und sprachliche Kreativität. (Neuland 1982, S. 277, zit. n. Boos-Nünning/Gogolin 1988, S. 44)

Folgerichtig kamen Boos-Nünning und Gogolin (1988, S. 69) zu dem Schluss, dass für die Diagnose zweitsprachlicher Kenntnisse und Entwicklungen Modelle entwickelt und angewendet werden müssen, die eine qualitative Analyse ermöglichen.

Die in dieser Arbeit gewählte Perspektive auf den ZSE bietet der Sprachpädagogik die Möglichkeit, Entwicklungsprozesse und ihre qualitativen Veränderungen im sozialen Austausch zu dokumentieren und zu begleiten. Es liegt ein Entwicklungsmodell zugrunde, das die sprachlich-kognitiven und interaktiven Prozesse im Handlungsgeschehen ins Zentrum stellt. Für das sprachpädagogische Vorgehen beim Übergang vom Elementarbereich zur Primarstufe eröffnet sich die Möglichkeit, Vorläufer der Dekontextualisierung festzuhalten, um zu erkennen, welche Entwicklungen in der ZS bereits vollzogen sind. Da die institutionellen Bedingungen des Erwerbs (über die Beobachtung der dort stattfindenden Interaktionen) einbezogen werden, können didaktische Konsequenzen gezogen und der weitere Prozess der Aneignung gestaltet werden. Dies ist ein wesentliches Kriterium der Förderdiagnostik, die allerdings nicht losgelöst ist von der pädagogischen Grundhaltung der jeweiligen Lehrkraft, ihrem Selbstverständnis und ihrem Blick auf den Lerngegenstand. Dass bei dieser Vorgehensweise eine hohe diagnostische Kompetenz notwendig ist, liegt auf der Hand. Darauf weist auch Wiedenmann (2005, S. 99) hin:

Kompetenzorientierung schließt auch das ein, was Carle (2002) „Diversity-Kompetenz" nennt, die Fähigkeit, dem Reichtum kindlichen Wissens und Könnens gerecht zu werden. Als pädagogische Handlungsperspektive müsste sich ergeben, was Oevermann (1997, S. 4) so postuliert: „Einzelfallverstehen und generalisiertes Wissen in Beziehung zueinander setzen, ohne zu etikettieren."

Zu Recht verweist Wiedenmann auch darauf, dass beim prozessbegleitenden und kompetenzorientierten Vorgehen die „Grenzen der eigenen Interpretationsmuster" erkannt werden müssen (ebd.). Als Absicherung dagegen ist sowohl an Supervision und kollegiale Fallbesprechung zu denken als auch an die Vermittlung theoretischen (generalisierten) Wissens über Entwicklungsprozesse und ihre qualitativen Veränderungen, die sich in den kindlichen sprachlichen Handlungen ausdrücken.

9.1.2 Didaktische Konsequenzen

Aus der integrativen Perspektive lassen sich eine Reihe förderdidaktischer Konsequenzen für die Sprachförderung in der Kita und beim Übergang in den Primarbereich ableiten: Der Blick auf die Interaktionen und die darin ablaufenden Prozesse ermöglicht es, den pädagogischen Spielraum zur Unterstützung von Aneignungsprozessen wahrzunehmen und zu erkennen, wann das Kind bereit ist, von bestimmten Aktivitäten und Maßnahmen für sich zu profitieren.

Als ein wichtiger Aspekt im Prozess der Sprachaneignung wurde in dieser Studie das Scaffolding durch die gemeinsame Anstrengung mit kompetenten Anderen herausgestellt. Diese Unterstützungsmechanismen finden sich – expliziter ausformuliert – auch in dem (ursprünglich für den ‚Dysgrammatismus' entwickelten) Konzept der Entwicklungsproximalen Therapie von Dannenbauer (1997).[97] Die dort beschriebenen Modellierungstechniken und das Modellverhalten könnten als Wegweiser dafür dienen, wie das Interaktionsverhalten von Fach- und Lehrkräften im ZSE der Kinder unterstützend eingesetzt werden kann. Damit übernehmen Erzieher und Lehrer keine therapeutische Funktion. Sie ‚inszenieren' den Spracherwerb über einen bewusst angepassten Input, der die Aufmerksamkeit der Kinder auf bestimmte Formen lenkt, so dass sie die Möglichkeit erhalten, diese aus dem Input herauszufiltern und zu imitieren (vgl. zu dieser Argumentation auch List 2006, S. 55f.). In der vorliegenden Untersuchung hat sich gezeigt, wie zahlreiche Interaktionen und Aktivitäten in der Unterstützung des impliziten Lernens genutzt werden können. Insbesondere zu Beginn des ZSE können die Erwachsenen zu diesem Zweck Elemente aus den ES der Kinder bewusst zum Beziehungsaufbau gebrauchen. Entscheidend ist der Gedanke, dass die Erwachsenen ihre eigenen Beiträge geplant und gezielt einsetzen. Besonders in Bezug auf Artikulation, Sprachrhythmus und Prosodie können sich das Modellverhalten der Erwachsenen und die Anregung zur Imitation durch Modellierungstechniken positiv auswirken, da hierbei im frühen ZSE das implizite Lernen dominiert. Außerdem kann so die Aufmerksamkeit der Kinder auf gebräuchliche Formen gelenkt werden.[98]

Im weiteren Verlauf geht es darum, die sprachlichen Formeln, die von den Kindern als Ganzes aufgegriffen und in der Interaktion funktional eingesetzt werden, zu flexibilisieren, „so dass ihre einzelnen Elemente für variable, kreative und mehr

---

97 Auf die Vorstellung der einzelnen Techniken wird an dieser Stelle verzichtet, da sie in der sprachheilpädagogischen Literatur gut dokumentiert sind (vgl. Dannenbauer 1997). List (2006, S. 55f.) stellt eine abgewandelte Form für die Sprachförderung in der Kita vor.

98 Es erscheint durchaus gewinnbringend, disziplinäre Grenzen zu überwinden und eine fachliche Expertise aus anderen Gebieten einzuholen oder für die Übertragung zu nutzen. So orientiert sich das Sprachlernprogramm „Hokus und Lotus" (vgl. Springer 2004) im Elementarbereich bewusst an solchen Unterstützungsleistungen und an den aus der Interaktionsforschung bekannten Formaten (s.o. Kap. 4.3.1.3).

und mehr regelkonforme Konstruktionen verfügbar werden" (ebd., S. 19). Die Formeln und ihre Übernahme dienen als Steigbügel für die sprachliche Bewusstwerdung, in der die Flexibilisierung erfolgt. Daher ist es wichtig, sich in der jeweiligen Kitagruppe zunächst ein Bild davon zu machen, welches die Formeln sind, die die Kinder immer wieder hören und anwenden (vgl. Wong-Fillmore 1979, S. 211). Des Weiteren geht es darum, die Äußerungen der Kinder in unterschiedlichen situativen Kontexten zu beobachten und zu klären, ob ein formelhafter Gebrauch vorliegt, der der Flexibilisierung bedarf.[99]

Im Übergang zum Primarbereich wird es erforderlich, neben dem impliziten Lernen, das weiterhin zur Verfügung steht, das explizite Lernen zu fördern. Insbesondere sprachliche Bewusstwerdung, die Erweiterung der Diskursfähigkeiten und die Ablösung von Sprache vom situativen Kontext spielen dabei eine wichtige Rolle: Werden Anzeichen expliziten Lernens bei den Kindern bemerkt, was über die hier vorgeschlagene Beobachtung und Analyse möglich ist, kann diese Entwicklung „von anspruchsvollen sprachlichen Anregungen und Angeboten zu kognitiven und sozialen Problemlösungen profitieren" (List 2006, S. 11). Es geht dabei aber nicht nur um den Ausbau problemlösender und metasprachlicher Strategien, die für die abstrakten Sprachleistungen relevant sind, sondern vor allem um die Erschließung des syntaktischen Sprachmodus, der mit der Kontextablösung einhergeht. Die vorliegende Studie hat gezeigt, dass insbesondere Gespräche mit Erwachsenen und Rollenspiele unter Gleichaltrigen diesen Modus fördern und den Ausbau der Fähigkeit, in der Interaktion kohäsive und kohärente Äußerungen zu tätigen, vorantreiben. Auch das Erzählen (das in dieser Studie selten beobachtet wurde) bietet die Möglichkeit, die „mündliche Literalität" (List 2006, S. 24) als Vorläufer der Textkompetenz zu fördern. Neben diesen Tätigkeiten sind auch Aktivitäten wie beispielsweise Konstruktionsspiele wichtig, in denen über das egozentrische Sprechen die Bewusstwerdung der eigenen Handlung und eine Problemlösung durch das Werkzeug Sprache erfolgt. Indem sich der Blick also auf die Interaktionen, die Interaktionspartner und die Aktivitäten richtet, wird eine individuelle Förderung möglich; denn so treten die Kinder mit ihren unterschiedlichen Strategien in den Vordergrund, so dass diese in der Förderung aufgegriffen werden können.

Ausgehend von den Erkenntnissen dieser Untersuchung scheint es also geraten, das Interaktionsgeschehen in der Kita stärker zu steuern, etwa durch die Förderung geeigneter Interaktionskonstellationen und -aktivitäten.[100] Dafür können die hier gewonnenen Hinweise darüber, welche Verbindungen zwischen den unterschied-

---

99 Dieser Aspekt ist m.E. von besonderer Bedeutung. Häufig wird übersehen, dass es sich um unanalysierte Formeln handelt, die in der Interaktion angewendet werden, und stattdessen auf ‚ausgefeilte' Sprachkenntnisse geschlossen.

100 „Sprachförderung in der Kita wird sich in diesem Sinne als Regietätigkeit bei der Interiorisierung kulturellen Wissens verstehen (…)" (List 2006, S. 24).

lichen Spielformaten und Aktivitäten einerseits und den sprachlich-interaktiven und sprachlich-kognitiven Prozessen andererseits bestehen, genutzt werden. Es gilt, einen Blick für Sprachlerngelegenheiten zu entwickeln und diese gezielt anzubahnen. Auch müssen Situationen herbeigeführt werden, die einen gewissen kommunikativen Druck erzeugen, d.h. in denen es zwingend notwendig ist, bestimmte Formen oder Begriffe zu gebrauchen, weil damit bestimmte Funktionen erfüllt werden (z.b. Sprechen über Nichtvorhandenes). Zwar treffen Kinder in den von ihnen gewählten Tätigkeiten in Peer-Interaktionen auch auf förderliche Bedingungen (z.b. bei der Metakommunikation im Rollenspiel), doch finden viele Interaktionen auf einem sprachlich eher anregungsarmen Niveau statt. Dies ist auch darauf zurückzuführen, dass sich die Kinder der gemeinsamen Sprache Deutsch noch nicht hinreichend bedienen können, da sie mitten im Prozess der zweitsprachlichen Aneignung stecken.[101] Daher sollten häufiger Interaktionen auf einem für die Kinder sprachlich und kognitiv anspruchsvollen Niveau anregt werden, wenn erkannt wird, dass sie hierfür bereit sind.

Bezogen auf die Mehrsprachigkeit schließt die hier erarbeitete Perspektive an das Konzept von List (2006) zur Anbahnung ‚quersprachiger‘ Kompetenzen an.

> Förderung von Mehrsprachigkeit kann (zumal im Vorschulalter) nicht als Förderung additiver systematischer Kenntnisse verstanden werden. Wohl aber als Förderung von Handeln quer durch die in der Institution vorgefundenen Sprachen hindurch: Symbolische Dienste unterschiedlicher Sprachen und Register erkennen, zwischen ihnen unterscheiden, sie womöglich selbst mischen oder wechselnd benutzen, sie zum Objekt des Nachdenkens über die Vielgestaltigkeit der Sprachwelten machen. *Quersprachige Kompetenzen*, die so entstehen, beinhalten mehr als (später in der Schule systematisch anzuleitende) metasprachliche Fähigkeiten. Sie sind Produkt von kommunikativem und sozialem Handeln in mehrsprachigen Gruppen, zu dem Kinder im Kita-Alter nachweislich Neigungen entwickeln können, die man fördernd unterstützen muss (…). (List 2006, S. 7)

Denkt man an das Beispiel zur Metasprache, wo das türkischsprachige Mädchen Buket aus der Situation heraus beginnt, Türkisch und Deutsch hinsichtlich lautlicher und semantischer Aspekte zu vergleichen (s.o. Kap. 8.3.4.2), liegt auf der Hand, dieses Interesse an Sprache und Sprachen zur Ausbildung und Weiterentwicklung solcher Kompetenzen zu nutzen. Es sollten gezielt Gelegenheiten geschaffen werden, mit Sprache/n als Reflexionsinstrument zu operieren.

---

101 List (2006, S. 46) fordert in diesem Zusammenhang, nach politischen Lösungen zu suchen, um „gut durchmischte" Gruppen zu bilden, in denen die positiven Effekte der Peer-Interaktionen auch tatsächlich wirken können. So ist beispielsweise der stabile ZSE eines der hier vorgestellten Kinder (Hassan, s.o. Kap. 8.3.2) auch darauf zurückzuführen, dass zwei monolinguale deutschsprachige Gleichaltrige zu seinen besten Freundinnen gehörten, mit denen er die meiste Zeit des Freispiels verbrachte und deren sprachfördernde Rolle er herausforderte (vgl. den Fall Nora in Wong-Fillmore 1979).

Betrachtet man aus der hier entwickelten Perspektive den Übergang in den Primarbereich und den Primarbereich als solchen, kann ein sprachbezogenes didaktisches Konzept für den Unterricht herangezogen werden, das verdeutlicht, wie der pädagogische Spielraum subjektorientiert genutzt werden kann (vgl. Bahr 2000).[102] In diesem Konzept ist Sprache selbst (unabhängig vom fachlichen Inhalt) der didaktisch zentrale Gegenstand, der nicht losgelöst von den Schülern existiert. Bahr bezieht sich neben der Diagnose auch auf konkrete Elemente der Planung, Durchführung und Reflexion des Unterrichts (ebd., S. 210f.). Der Unterricht diene dazu, die vom Schüler gemachten Erfahrungen zu erweitern, „indem er durch die Vermittlung neuer Kenntnisse dabei hilft, *neue* Zusammenhänge aufzubauen" (ebd., S. 204, Hervorh. i. Orig.). Gleichzeitig muss die Erweiterung sprachlichen Wissens für den jeweiligen Schüler einen Sinn ergeben, damit er bereit ist, das ‚Neue' in sein sprachliches Wissen zu integrieren.

In Anlehnung an Bahr sind bei der Planung des Unterrichts mit einer mehrsprachigen Schülerschaft meines Erachtens folgende Aspekte zu beachten:
-   Orientierung an den sprachlichen Ressourcen der Kinder;
-   Formulierung sprachlicher Förderziele und
-   Analyse von Unterrichtsinhalten unter sprachlichen Gesichtspunkten.

Für die Durchführung des Unterrichts sind folgende Punkte relevant:
-   Schaffung einer sprechangstfreien Atmosphäre gegenseitiger Achtung;
-   Wertschätzung und Annahme der Persönlichkeit von Schülern mit ggf. von monolingualen Normen abweichendem Sprachvermögen;
-   Sicherung des Sprachverstehens;
-   Schaffung und Nutzung von Situationen sprachlicher Aushandlungen (Ko-Konstruktion);
-   Gestaltung differenzierter, an den sprachlichen Ressourcen orientierter Möglichkeiten, erfolgreich zu kommunizieren;
-   Schaffung von Möglichkeiten zu selbsttätiger sprachlicher Übung, Korrektur und Kontrolle;
-   Bestärkung der Schüler hinsichtlich ihrer sprachlichen Lernfortschritte und Ermutigung zu weiteren Anstrengungen.

Mit dem Verweis auf ein didaktisches Konzept, das aus der Sprachheilpädagogik stammt, soll hier nicht dafür plädiert werden, dass pädagogische Fach- und Lehrkräfte therapeutische oder sonderpädagogische Aufgaben übernehmen. Vielmehr soll das Wissen, das in der Sprachheilpädagogik zur Verfügung steht, nutzbar gemacht werden für einen sprachförderlichen Unterricht und eine Didaktik, die auf

---

102 Interessanterweise gibt es deutliche Parallelen zwischen diesem, aus der Sprachheilpädagogik stammenden Konzept und dem Konzept von Unterricht, das Gibbons (2006) als förderlich für (Zweit-)Sprachlerner in der Schule bei der Aneignung dekontextualisierter Fähigkeiten beschreibt.

heterogene sprachliche Lernvoraussetzungen ausgerichtet sind. Dies kann zur Entwicklung eines didaktischen Verständnisses beitragen, das sich auf Kenntnisse über die qualitativen Veränderungen im Sprachaneignungsprozess, die Variabilität des ZSE und das Miteinander der Sprachen bei Mehrsprachigen stützt. Darüber hinaus kann diese Orientierung dazu beitragen, eine Grundhaltung aufzubauen, in der sich Lehrkräfte als Sprachpädagogen sehen, die die für den Bildungserfolg relevanten sprachlichen Fähigkeiten der Kinder ausbilden, fordern und fördern (vgl. Bourne (im Erscheinen) zu diesbezüglichen Erfahrungen aus England).

Zusammenfassend ist festzuhalten, dass in der sprachpädagogischen Förderung die Sprache selbst und das Sprechen der Fach- und Lehrkräfte als ein wirksames Handwerkszeug viel stärker ins Zentrum der Aufmerksamkeit gelangen muss als bisher. Fach- und Lehrkräfte müssen die Fähigkeit entwickeln, ihre eigene Sprache als Werkzeug zur ‚Sprachführung' und Sprachbildung zu gebrauchen. Indem sie ihr sprachliches Verhalten reflektieren, wird es ihnen möglich, Sprache bewusst einzusetzen und die eigene Sprechweise zu steuern, um die individuelle Sprachaneignung des Kindes zu begleiten. Während also Kinder vor der Aufgabe stehen, sich Sprache als Werkzeug zur Erfassung von Welt anzueignen, besteht die Aufgabe der Erwachsenen darin, Sprache als Werkzeug wahrzunehmen, das ihnen eine gezielte Förderung der Kinder ermöglicht.

9.2 Implikationen für die Sprachheilpädagogik

9.2.1 Normen und Maßstäbe in der Diagnostik

Die integrative Perspektive knüpft an die wenigen Ansätze an, die für die Diagnose von gestörter Sprachentwicklung bei Mehrsprachigkeit ein weites Sprachkonstrukt zugrunde legen, das sprachliche Verhalten im sozialen Austausch in authentischen Kontexten erfassen und die funktionale Analyse in den Vordergrund stellen (für einen umfassenden Überblick vgl. Damico 1991, S. 177-205; Damico/Damico 1993, Prutting 1983, Crago/Cole 1991, Kayser 1996). Die Erkenntnisse dieser Studie legen nahe, Vorgehensweisen in der Diagnose zu entwickeln, die auf einem weiten Konzept von Sprache aufbauen und in denen die kontextspezifische Wirksamkeit und Angemessenheit der sprachlichen Äußerungen mehrsprachiger Kinder beobachtet wird. Damico (1991) verdeutlicht die Vorteile von Verfahren, die mit einem dynamischen Sprachkonstrukt arbeiten, für eine Differenzialdiagnose bei mehrsprachigen Kindern:

> Such an approach will more effectively limit the bias inherent in the communicative assessment (…) and will enable the evaluator to differentiate between language-learning impaired students versus normal second-language learners of individuals from culturally diverse backgrounds. (Damico 1991, S. 177f.)

Von Vorteil ist sicherlich, dass so eine Vielzahl von Umständen erfasst werden können: Wann dominiert welche Sprache im Sprachgebrauch? Welche Strategien setzt ein Kind ein, wenn seine Sprachkenntnisse nicht ausreichen? Wie effektiv setzt es Sprache im Aushandlungsprozess ein, um seine Ziele zu erreichen? Die Erhebung der Kommunikationsfertigkeiten kann im Hinblick auf eine abzuklärende sprachliche Beeinträchtigung, die der therapeutischen Intervention bedarf, wichtige Informationen über die „Kontaktfähigkeit und die vorhandenen verbalen Interaktionsmöglichkeiten liefern" (Mertens 1996, S. 332). Ein weiterer Vorteil eines solchen Vorgehens ist m.E., dass Diagnostiker sich so ihrer eigenen Subjektivität bewusst werden können. Eigene Normen und Maßstäbe, nach denen in der Abklärung von Störungen des Spracherwerbs vorgegangen wird, können offengelegt und die eigene kulturelle Voreingenommenheit reflektiert und damit minimiert werden. Dies kann auch dazu beitragen, unterschiedliche sprachliche Verhaltensweisen und Sprachstile (Dialekte, Ethnolekte) nicht als Abweichung von einer sprachlichen Norm zu pathologisieren.[103]

Entscheidend ist letztlich, dass die Kinder sprachliche Handlungsfähigkeit ausbilden und lernen, das Werkzeug Sprache in seiner kommunikativen und kognitiven Funktion zu gebrauchen. Bei mehrsprachigen Kindern muss sich dieser Prozess zumindest in einer Sprache vollziehen. Dementsprechend wäre eine Therapie nur dann indiziert, wenn das Kind in keiner der ihm zur Verfügung stehenden Sprachen Handlungsfähigkeit ausbildet, die es ihm ermöglicht, über das Hier-und-Jetzt hinauszugehen und Interaktionspartner sprachlich zu orientieren. Zollinger (1995, 2003) weist darauf hin, dass bei komplexen Sprachstörungen häufig die hierarchisch niedriger angesiedelten Prozesse (z.B. die Symbolfähigkeit) nicht entwicklungsgemäß ausgebildet wurden. Dies kann vielfältige Ursachen haben, die es in der Biografie, im Sprachgebrauch und im interaktiven Verhalten des Kindes aufzuspüren und zu untersuchen gilt. Im Sinne von Zollinger könnte die hier vorgestellte Beobachtung und Analyse dazu beitragen, differenzialdiagnostische Abgrenzungen im Falle von Mehrsprachigkeit nicht nur hinsichtlich der Ausprägung einer Störung im Sprachsystem (Grammatik) zu diskutieren, wie es bislang der Fall ist, sondern den Blick für die Interaktion und die spracherwerbsbestimmenden Prozesse zu öffnen.

---

103 An dieser Stelle sei an den vor nunmehr 30 Jahren erschienenen Aufsatz von Ihssen (1977) erinnert. Darin forderte er die Sprachheilpädagogik und ihre Vertreter auf, sich neben Linguistik und Psycholinguistik auch mit Entwicklungspsycholinguistik und Soziolinguistik auseinanderzusetzen und sie als für den Gegenstandsbereich der Sprachheilpädagogik bedeutsame Disziplinen zu verstehen. In seinen Ausführungen machte er u.a. auf den Unterschied Dialekt – Einheitssprache aufmerksam. Er meinte, dass dialektsprechende Kinder benachteiligt würden, „wenn ihr sprachlicher output einseitig an der hochsprachlichen Norm gemessen wird" (ebd., S. 173).

9.2.2 Differenzialdiagnose mit Beobachtungsanalysen und freien Sprachproben?

Für die Differenzialdiagnostik stehen im deutschsprachigen Bereich zurzeit keine Verfahren und Vorgehensweisen zur Verfügung, die zum einen die besonderen Erwerbsbedingungen und die individuellen Unterschiede im frühen ZSE angemessen berücksichtigen und zum anderen die Erstsprachen der Kinder einbeziehen, so wie sie sich in der Migrationssituation entfalten.[104] Ausgehend von den Erkenntnissen dieser Studie plädiere ich für Analysen von Beobachtungen und freien Sprachproben aus unterschiedlichen Interaktionskontexten mit Berücksichtigung der Phänomene, die das Ineinanderübergehen der Sprachen markieren, um den Blick vor allem auf die unter der Sprachoberfläche liegenden Prozesse zu richten. So kann überprüft werden, ob die Entdeckung und Nutzung von Sprache (d.h. ES und ZS) als Werkzeug gelingt. Zollinger beschreibt ihre Vorgehensweise zur Einschätzung der sprachlichen Fähigkeiten bei mehrsprachigen Kindern folgendermaßen:

> Die Grundlage hierfür bilden die spracherwerbsbestimmenden Prozesse, d.h. die Beurteilung des Symbolspiels, der Individuationsentwicklung und des triangulären Blickkontakts als Basis für das Sprachverständnis. Ich versuche also ein mögliches Interesse des Kindes an einem Spielgegenstand aufzugreifen und spreche zu ihm ganz normal in meiner Muttersprache. In dieser Phase geht es eigentlich nur darum, einen Kontakt aufzubauen, auf dessen Basis es den Wunsch entwickeln kann, mit mir zu kommunizieren. In einer zweiten Phase kann ich nun Vorschläge zur Spielgestaltung einbringen, wobei ich beobachte, wie es diese inhaltlich umsetzt und weiterführt, ob und wie es mit mir *über* das Spiel zu kommunizieren beginnt. In der dritten Phase ziehe ich mich dann wieder eher zurück und versuche zu verstehen, ob und wie es das Spiel spontan weitergestaltet, ob und wie es mich aktiv einzubeziehen versucht. (Zollinger 2003, S. 233, Hervorh. i. Orig.)

Zollinger (1995) wendet dieses Verfahren auch bei einsprachigen Kindern an und erfasst das Zusammenspiel der *praktisch-gnostischen, symbolischen, sozial-kommunikativen* und der *sprachlichen Entwicklung*. Die in dieser Studie entwickelten Beobachtungsfelder und Analysekategorien können dieses Vorgehen in Bezug auf mehrsprachige Kinder sinnvoll unterstützen. Kinder mit spezifischen Sprachentwicklungsstörungen (SSES) sind aufgrund von Problemen in der seriellen Informationsverarbeitung nicht in der Lage, aus dem Input modifizierte Imitationen oder ganze Äußerungen als Formeln herauszufiltern, über die die ersten Schritte in der ZS erfolgen und die somit wichtige Etappen im Spracherwerb darstellen. Es gelingt ihnen lediglich, einzelne Wörter oder Wortverbindungen aufzunehmen. Für

---

104 Dabei ist zu beachten, dass auch bei Einsprachigkeit „eine präzise Abgrenzung von normaler und gestörter Sprache nicht möglich ist. Übergänge können fließend sein. (...) das Feststellen von Sprachstörungen [ist] immer auch von Normvorstellungen der Umwelt abhängig (...) und insofern sehr subjektiv und relativ" (Sassenroth 2002, S. 200).

die Diagnostik wäre es daher wichtig, ausgehend von Interaktionsbeobachtungen zu überprüfen, inwieweit imitative Strategien und ein formelhafter Sprachgebrauch *konstruktiv* und *kreativ* eingesetzt werden können, um Äußerungen aus dem Input herauszufiltern und in das eigene Sprechen zu integrieren. Zu überprüfen wäre hier, ob das Kind den triangulären Blick (Ich-Du-Gegenstand) gebraucht, um die Aufmerksamkeit des Gegenübers auf seine Handlungen und den Gegenstand zu lenken. Ist das nicht der Fall, können die Störungen der Sprache bereits hier ihren Ursprung haben (vgl. Zollinger 2003). Ebenso sollte es zu denken geben, wenn trotz vieler Kontaktmonate noch keine Ausdifferenzierung der Kommunikationsstrategien vorliegt und das Zusammenspiel der kognitiven und sprachlichen Prozesse und Funktionen eingeschränkt ist (vgl. das Beispiel der missglückten Ablösung vom Kontext von Denise in 8.3.4.2). Dies kann ein Hinweis darauf sein, dass die Sprachinformationsverarbeitung beeinträchtigt ist und therapeutische Maßnahmen erforderlich sind. Solche Beobachtungen können mit den hier entwickelten Kategorien durchgeführt werden.

Die Beobachtungen sollten auch genutzt werden, um grammatische Analysen vorzunehmen (ein Punkt, der in dieser Studie bewusst vernachlässigt wurde), denn es muss auch überprüft werden, ob die grammatischen Entwicklung der von Kindern mit einer SSES ähnelt (vgl. dazu die Forschungsergebnisse zum frühen ZSE von Rothweiler 2006). Hier kann es jedoch zu Fehlinterpretationen kommen, da der Vergleichsmaßstab immer die jeweilige einzelsprachliche und isoliert betrachtete Grammatik ist. Da beim mehrsprachigem Aufwachsen nicht davon ausgegangen werden kann, dass Kinder sich eine von ihrer ES ‚bereinigte' ZS aneignen, ist die Gefahr hoch, dass sie aufgrund ihrer Fehler pathologisiert werden. Der Diagnostiker sollte also auch bei der grammatischen Analyse die Entwicklungsvoraussetzungen und -bedingungen hinsichtlich der Inputqualität einschätzen.

Die Beobachtung und die Analyse freier Sprachproben sind im Rahmen der sprachheilpädagogischen Diagnostik nicht unumstritten. Insbesondere die Beobachtung wird kritisch gesehen, weil sie auf subjektiver Wahrnehmung beruht. Meines Erachtens ist aber Beobachtung für diagnostische Zwecke ähnlich wie für wissenschaftliche als theoriegeleitetes Handeln anzusehen und somit klar von Alltagsbeobachtungen abgrenzbar. Es wird nicht unreflektiert und wahllos, nach eigenem Gutdünken auf den jeweiligen Gegenstand geblickt, sondern der Wahrnehmungsprozess wird über Beobachtungshilfen systematisiert. Durch die Konstruktion von Kategorien kann der Beobachter die Abläufe und Geschehnisse anhand von Merkmalen und Kriterien identifizieren und das sichtbare bzw. beobachtbare Ereignis einer bestimmten Kategorie zuordnen.

Ähnliche Kritik wird an freien Sprachproben geübt, obwohl diese in der therapeutischen Praxis seit langem ein wichtiges diagnostisches Mittel sind. Einige Autoren bewerten Sprachproben, die nach bestimmten Regeln des Gebrauchs freier

Sprachproben[105] für diagnostische Zwecke erhoben wurden, als das wertvollste diagnostische Werkzeug der Sprachheilpädagogik überhaupt (vgl. Heidtmann 1987). Letztlich zeigt sich, dass nach Ziel und Zweck unterschieden werden muss: So scheinen freie Sprachproben besonders dann „das Mittel der Wahl" zu sein, wenn „Entwicklungssequenzen sichtbar gemacht werden sollen" (Jeuk 2003, S. 129).

Abschließend soll ein kurzer Blick auf die Sprachtherapie mit mehrsprachigen Kindern geworfen werden. Ausgehend von der hier entwickelten Perspektive kann geschlussfolgert werden, dass es in der Therapie mit mehrsprachigen Kindern stärker darum gehen muss, die sprachübergreifenden Aspekte des imitativen, problemlösenden und metasprachlichen Sprachgebrauchs zu fördern sowie jene Funktionen, die dem Konzeptaufbau sowie der Verarbeitung und Segmentierung von Sprache dienen. Da wir es hier mit sprachübergreifenden Funktionen und Prozessen zu tun haben, können sie in *einer* Sprache aufgebaut werden. Hier bietet sich die Einbeziehung der ES an, um Prozesse auf metasprachlicher Ebene zu fördern. Der inszenierte Spracherwerb zur Nutzung des impliziten Lernens kann ähnlich wie bei Einsprachigen genutzt werden. Grundsätzlich schließe ich mich Zollinger (2003) an, die davon ausgeht, dass die Therapie mit mehrsprachigen Kindern nicht grundsätzlich anders organisiert werden müsse als mit einsprachigen. Es sind m.E. im Wesentlichen zwei Aspekte zusätzlich zu beachten: Zum einen sollte die ES wertgeschätzt, thematisiert und einbezogen werden, um Verbindungen bewusst herzustellen und damit an die Ressourcen des Kindes anzuknüpfen. Zum anderen sollte sich der Therapeut bewusst machen, welche Funktionen und Prozesse sprachübergreifender Natur sind, um diese gezielt zu beobachten und zu fördern und sie für das Kind in beiden zur Verfügung stehenden Sprachen nutzbar zu machen. Für die Forschung erscheint es mir angezeigt, weiter den Fragen nachzugehen, wie die ES wirkungsvoll einbezogen werden kann und wie die Verbindungen zwischen den Sprachen in der Therapie sinnvoll genutzt werden können.

---

105 Nach Prutting (1983) muss die Fachkraft nicht nur Wissen über die sprachliche, sondern auch über die soziale und kognitive Entwicklung haben, da diese – wie hier gezeigt – eng mit der Aneignung sprachlicher Kompetenzen zusammenhängt. Es müsse berücksichtigt werden, dass der Sprachgebrauch ein Produkt des Kontextes ist, in dem er stattfindet. Wichtig sei, ein repräsentatives Sample aus möglichst zwei unterschiedlichen Kontexten mit zwei unterschiedlichen Partnern zu erhalten. Man könne davon ausgehen, dass hierüber die Bandbreite des Sprachgebrauchs sichtbar werde (ebd.). Prutting gibt weiterhin an, dass in 10 bis 15 Minuten im Schnitt 50-75 kommunikative Akte eines Kindes gesammelt werden könnten; für die Diagnostik würden mindestens 100 Akte benötigt, um das tatsächliche Regelwissen zu beschreiben. Taucht eine Regel (z.B. die Bildung des Partizips II) nur einmal in den Daten auf, so kann ihrer Meinung nach noch nicht davon ausgegangen werden, dass das Kind sie internalisiert hat und es muss geklärt werden, ob es sich um eine Formel handelt oder nicht. Als sicheres Zeichen für die Grammatikalisierung, die letztlich die Flexibilisierung des Formelgebrauchs bedeutet, gilt, wenn eine Regel im Sample mehrfach und in verschiedenen Kontexten auftaucht.

Abschließende Bemerkung

Die vorliegende Untersuchung versteht sich als grundlegender Beitrag zur sprach(heil)pädagogischen Theorie und Praxis zum sprachlichen Handeln unter der Bedingung der Mehrsprachigkeit. Sie schließt an die wenigen sprach(heil)päda-gogischen Arbeiten an, die sich dem frühen ZSE im Migrationskontext über Fragen der Grammatik hinaus widmen. Die hier entwickelte Perspektive ist sensibel für individuelle Aneignungswege und dient dazu, Entwicklungsbedingungen und sprachlich-kognitive Aneignungsprozesse zu rekonstruieren und dabei gleichzeitig die Dynamik von Interaktionssituationen zu beachten. Damit kann sie einen Beitrag zum Aufspüren von Problemlagen im ‚Dazwischen' leisten sowie das zirkuläre Denken im Umgang mit Mehrsprachigkeit in der (sonder-)pädagogischen Arbeit fördern. Auf diese Weise kann sie helfen, den sprach(heil)pädagogischen Spiel-raum zu nutzen, um beim Einzelnen das sprachliche Handeln effektiv zu fördern und die Aneignung von Wissen voranzutreiben. Ein Blick in internationale For-schungen macht deutlich, dass in Deutschland Bedarf besteht, eine solche integrative Perspektive auszuformulieren. Die vorliegende Studie ist ein Schritt in diese Richtung.

Literaturverzeichnis

Ahmed, M. K. (1994): *Speaking as cognitive regulation: A Vygotskian perspective on dialogic Communication*. In: Lantolf, J. P., Appel, G. (1994): *Vygotskian approaches to second language research*. Norwood, NJ: Ablex Publishing Cooperation, 157-171.

Andresen, H. (2002): *Interaktion, Sprache und Spiel*. Tübingen: Gunter Narr.

Andresen, H. (2005): *Vom Sprechen zum Schreiben. Sprachentwicklung zwischen dem vierten und siebten Lebensjahr*. Stuttgart: Klett-Cotta.

Anstatt, T., Diesner, E. (2007): *Sprachmischung und Sprachtrennung bei zweisprachigen Kindern (am Beispiel des russisch-deutschen Spracherwerbs)*. In: Anstatt, T. (Hrsg.): *Mehrsprachigkeit bei Kindern und Erwachsenen. Erwerb – Formen – Förderung*. Tübingen: Narr Francke Attempto, 139-162.

Apeltauer, E. (1987): *Indikatoren zur Sprachstandsbestimmung ausländischer Schulanfänger*. In: Apeltauer, E. (Hrsg.): *Gesteuerter Zweitspracherwerb*. München: Hueber, 207-232.

Auer, P. (1999): *Sprachliche Interaktion. Eine Einführung anhand von 22 Klassikern*. Tübingen: Niemeyer.

Auernheimer, G. (1990): *Jugendliche türkischer Herkunft in der Bundesrepublik Deutschland. Ethnizität, Marginalität und interethnische Beziehungen*. In: Büchner, P., Chisholm, L., Krüger, H.-H. (Hrsg.): *Kindheit und Jugend im interkulturellen Vergleich*. Opladen: Leske + Budrich, 229-243.

Bade, K., Bommes, M. (1996): *Migration – Ethnizität – Konflikt: Erkenntnisprobleme und Beschreibungsnotstände: Eine Einführung*. In: Bade, K. (Hrsg.): *Migration – Ethnizität – Konflikt: Systemfragen und Fallstudien*. Osnabrück: Universitätsverlag Osnabrück, 11-40.

Bahr, R. (2000): *Didaktischer Subjektivismus oder subjektorientierte Didaktik? Tendenzen sonderpädagogischen Unterrichts am Beispiel der Sprachheilpädagogik*. In: *Die neue Sonderschule* 45 (3), 203-212.

Balgo, R. (2002): *Sonderpädagogik im historischen und aktuellen Kontext*. In: Werning, R. (Hrsg.): *Sonderpädagogik. Lernen, Verhalten, Sprache, Bewegung und Wahrnehmung*. München, Wien: Oldenbourg, 15-128.

Bateson, G. (1983): *Ökologie des Geistes. Anthropologische, psychologische, biologische und epistemologische Perspektiven*. 6. Auflage. Frankfurt: Suhrkamp.

Bauersfeld, H. (1995): *Tätigkeitstheorie und Radikaler Konstruktivismus*. In: Balhorn, H., Brügelmann, H. (Hrsg.): *Rätsel des Schriftspracherwerbs*. Lengwil am Bodensee: Libelle, 68-87.

Baumert, J., Cortina, K. S., Leschinsky, A. (2003): *Grundlegende Entwicklungen und Strukturprobleme im allgemein bildenden Schulwesen*. In: Cortina, K. S., Baumert, J., Leschinsky, A., Mayer, K. U., Trommer, L. (Hrsg.): *Das Bildungswesen in der Bundesrepublik Deutschland*. Reinbek: Rowohlt, 52-147.

Bausch, K.-R., Kasper, G. (1979): *Der Zweitsprachenerwerb: Möglichkeiten und Grenzen der „großen" Hypothesen*. In: *Linguistische Berichte* 64, 3-36.

Bernstein, B. (1971): *Elaborierter und restringierter Code: Eine Skizze*. In: Klein, W., Wunderlich, D. (Hrsg.): *Aspekte der Soziolinguistik*. Frankfurt: Athenäum-Fischer, 15-23.

Bernstein, B. (1972): *Studien zur sprachlichen Sozialisation.* Düsseldorf: Schwann.

Bhatia, T. K., Ritchie, W. C. (1999): *The bilingual child: Some issues and perspectives.* In: Ritchie, W. C., Bhatia, T. K. (Hrsg.): *Handbook of child language acquisition.* San Diego, CA: Academic Press, 569-643.

Bialystok, E. (1990): *Communication strategies.* Oxford: Blackwell.

Bialystok, E. (2001): *Bilingualism in development.* Cambridge: Cambridge University Press.

Boos-Nünning, U., Gogolin, I. (1988): *Sprachdiagnose bei ausländischen Schulanfängern: Resultate der empirischen Prüfung eines „Sprachtests".* In: *Deutsch lernen* 13 (3-4), 3-71.

Bourne, J. (im Erscheinen): *Making the difference: Teaching and learning strategies in multi-ethnic schools.* In: Gogolin, I., Lange, I. (Hrsg.): *Durchgängige Sprachförderung – das Konzept des Modellprogramms FÖRMIG.* FÖRMIG-Edition. Münster: Waxmann.

Bruner, J. S. (1979): *Von der Kommunikation zur Sprache – Überlegungen aus psychologischer Sicht.* In: Martens, K. (Hrsg.): *Kindliche Kommunikation. Theoretische Perspektiven, empirische Analysen, methodologische Grundlagen.* Frankfurt: Suhrkamp, 9-60.

Bruner, J. S. (1987): *Wie das Kind sprechen lernt.* Bern: Hans Huber.

Bühler, K. (1982, Original 1934): *Sprachtheorie: Die Darstellungsfunktion der Sprache.* Stuttgart, New York: Gustav Fischer.

Chlosta, C., Ostermann, T., Schroeder, C. (2003): *Die „Durchschnittsschule" und ihre Sprachen: Ergebnisse des Projekts Sprachenerhebung Essener Grundschulen SPREEG.* In: *ELISE* 3 (1), 43-139.

Clark, E. (1993): *The lexicon in acquisition.* Cambridge: Cambridge University Press.

Cloerkes, G. (2000): *Soziologische Grundlagen.* In: Grohnfeldt, M. (Hrsg.): *Lehrbuch für Sprachheilpädagogik und Logopädie. Band 1: Selbstverständnis und theoretische Grundlagen.* Stuttgart: Kohlhammer, 217-235.

Crago, M. B. (1992): *Communicative interaction and second language acquisition.* In: *TESOL Quarterly* 26 (3), 487-505.

Crago, M. B., Cole, E. (1991): *Using ethnography to bring children's communicative and cultural worlds into focus.* In: Gallagher, T. M. (Hrsg.): *Pragmatics of language: Clinical practice issues.* San Diego, CA: Singular Publishing Group, 99-131.

Cranach, v. M., Bangerter, A. (2000): *Wissen und Handeln in systemischer Perspektive.* In: Mandl, H., Gerstenmaier, J. (Hrsg.): *Die Kluft zwischen Wissen und Handeln.* Göttingen: Hogrefe, 221-252.

Cropley, A. J. (1984): *Sprachkonflikt aus sozialpsychologischer Sicht.* In: Oksaar, E. (Hrsg.): *Spracherwerb – Sprachkontakt – Sprachkonflikt.* Berlin, New York: Walter de Gruyter, 180-196.

Crystal, D. (1995): *Die Cambridge-Enzyklopädie der Sprache.* Frankfurt, New York: Campus.

Cummins, J. (1982): *Die Schwellenniveau- und die Interdepedenz-Hypothese: Erklärungen zum Erfolg zweisprachiger Erziehung.* In: Swift, J.-H. (Hrsg.): *Bilinguale und multikulturelle Erziehung.* Würzburg: Königshausen + Neumann, 34-50.

Cummins, J. (2000): *Language, power, and pedagogy: Bilingual children in the cross-fire.* Clevedon: Multilingual Matters.

Damico, J. S. (1991): *Descriptive assessment of communicative ability in limited English proficient students.* In: Hamayan, E. V., Damico, J. S. (Hrsg.): *Limiting bias in the assessment of bilingual students.* Austin: Pro-Ed, 157-217.

Damico, J. S., Damico, S. K. (1993): *Language and social skills from a diversity perspective: Considerations for the speech-language pathologist.* In: *Language, Speech, and Hearing Services in Schools* 24, 236-243.

Dannenbauer, F. M. (1997): *Grammatik.* In: Baumgartner, S., Füssenich, I. (Hrsg.): *Sprachtherapie mit Kindern.* 3. Auflage. München, Basel: Ernst Reinhardt, 123-203.

De Guerrero, M. C. M. (1994): *Form and functions of inner speech in adult second language learning.* In: Lantolf, J. P., Appel, G. (1994): *Vygotskian approaches to second language research.* Norwood, NJ: Ablex Publishing Cooperation, 83-115.

Denison, N. (1984): *Spracherwerb in mehrsprachiger Umgebung.* In: Oksaar, E. (Hrsg.): *Spracherwerb – Sprachkontakt – Sprachkonflikt.* Berlin, New York: Walter de Gruyter, 1-29.

Deutsches Jugendinstitut e.V. (Hrsg.) (2000): *Wie Kinder multikulturellen Alltag erleben – Ergebnisse einer Kinderbefragung.* München: Juventa.

Dimroth, C. (2007): *Zweitspracherwerb bei Kindern und Jugendlichen: Gemeinsamkeiten und Unterschiede.* In: Anstatt, T. (Hrsg.): *Mehrsprachigkeit bei Kindern und Erwachsenen. Erwerb – Formen – Förderung.* Tübingen: Narr Francke Attempto, 115-138.

Dirim, I. (1997): *Außerschulische und außerfamiliäre Sprachpraxis mehrsprachiger Grundschulkinder.* In: Gogolin, I., Neumann, U. (Hrsg.): *Großstadt-Grundschule. Eine Fallstudie über sprachliche und kulturelle Pluralität als Bedingung der Grundschularbeit.* Münster: Waxmann, 217-250.

Donato, R. (1994): *Collective scaffolding in second language learning.* In: Lantolf, J. P., Appel, G. (1994): *Vygotskian approaches to second language research.* Norwood, NJ: Ablex Publishing Cooperation, 33-56.

Eckhert, P., McConnell-Ginet, S. (1992): *Think practically and look locally: Language and gender as community-based practice.* In: *Annual Review of Anthropology* 21, 461-490.

Ehlich, K. (1991): *Funktional-pragmatische Kommunikationsanalyse. Ziele und Verfahren.* In: Flader, D. (Hrsg.): *Verbale Interaktion. Studien zur Empire und Methodologie der Pragmatik.* Stuttgart: Metzler, 127-143.

Ehlich, K. (2005): *Anforderungen an Verfahren der regelmäßigen Sprachstandsfeststellung als Grundlage für die frühe und individuelle Förderung von Kindern und Jugendlichen mit und ohne Migrationshintergrund.* Berlin: Bundesministerium für Forschung.

Ehlich, K., Rehbein, J. (1986): *Muster und Institution. Untersuchungen zur schulischen Kommunikation.* Tübingen: Gunter Narr.

Elkonin, D. (1980): *Psychologie des Spiels.* Köln: Pahl Rugenstein.

Ellis, R. (1997a): *SLA research and language teaching.* Oxford: Oxford University Press.

Ellis, R. (1997b): *Second language acquisition.* Oxford: Oxford University Press.

Ellis, R. (1999): *Learning a second language through interaction.* Amsterdam, Philadelphia: John Benjamins Publishing.

Faerch, C., Kasper, G. (1983): *Strategies in interlanguage communication.* London: Longman.

Firth, A., Wagner, J. (1997): *On discourse, communication, and (some) fundamental concepts in SLA research.* In: *The Modern Language Journal* 81 (3), 285-300.

Frawley, W., Lantolf, J. P. (1985): *Second language discourse: A Vygotskian perspective.* In: *Applied Linguistics* 6, 19-44.

Friebertshäuser, B. (1997): *Feldforschung und teilnehmende Beobachtung.* In: Friebertshäuser, B., Prengel, A. (Hrsg.): *Handbuch Qualitative Forschungsmethoden in der Erziehungswissenschaft.* Weinheim, München: Juventa, 503-534.

Frischherz, B. (1997): *Lernen, um zu sprechen – sprechen, um zu lernen. Diskursanalytische Untersuchungen zum Zweitspracherwerb türkischer und kurdischer Asylbewerber in der Deutschschweiz.* Freiburg Schweiz: Universitätsverlag Freiburg Schweiz.

Fürstenau, S., Gogolin, I., Yağmur, K. (Hrsg.) (2003): *Mehrsprachigkeit in Hamburg.* Münster: Waxmann.

Füssenich, I. (1987): *Gestörte Kindersprache aus interaktionistischer Sicht.* Heidelberg: Edition Schindele.

Füssenich, I. (1990): *„Ich weiß nicht, was soll es bedeuten!" Analyse kindlicher Äußerungen in der Interaktion.* In: *Die Sprachheilarbeit* 35 (2), 56-63.

Füssenich, I. (1996): *Wissenschaftstheoretische Überlegungen zu Untersuchungen über gestörte Kindersprache.* In: Ehlich, K. (Hrsg.): *Kindliche Sprachentwicklung: Konzepte und Empirie.* Opladen: Westdeutscher Verlag, 187-204.

Füssenich, I. (1997): *Semantik.* In: Baumgartner, S., Füssenich, I. (Hrsg.): *Sprachtherapie mit Kindern.* 3. Auflage. München, Basel: Ernst Reinhardt, 80-122.

Gallagher, T. M. (1991): *Language and social skills.* In: Gallagher, T. M. (Hrsg.): *Pragmatics of language: Clinical practice issues.* San Diego, CA: Singular Publishing Group, 11-42.

Garvey, C. (1977): *Play with language.* In: Tizard, B., Harvey, D. (Hrsg.): *Biology of play.* London: Heinemann, 74-99.

Garvey, C. (1979): *Aufforderungen und ihre Beantwortung im kindlichen Sprachgebrauch.* In: Martens, K. (Hrsg.): *Kindliche Kommunikation.* Frankfurt: Suhrkamp, 133-167.

Genesee, F., Paradis, J., Crago, M. B. (2004): *Dual language development and disorders.* Baltimore: Paul H. Brookes Publishing.

Gibbons, P. (2006): *Unterrichtsgespräche und das Erlernen neuer Register in der Zweitsprache.* In: Mecheril, P., Quehl, T. (Hrsg.): *Die Macht der Sprachen. Englische Perspektiven auf die mehrsprachige Schule.* Münster: Waxmann, 269-290.

Givón, T. (1979): *From discourse to syntax: Grammar as a processing strategy.* In: Givón, T. (Hrsg.): *Syntax and semantics.* New York: Academic Press, 81-112.

Glasersfeld, E. v. (2001): *Stellungnahme eines Konstruktivisten zur Wissenschaft.* In: Hug, T. (Hrsg.): *Wie kommt Wissenschaft zu Wissen?* Baltmannsweiler: Schneider-Hohengehren, 34-47.

Glück, H. (Hrsg.) (2000): *Metzler Lexikon Sprache.* Stuttgart: Metzler.

Gogolin, I. (1994): *Der monolinguale Habitus der multilingualen Schule.* Münster: Waxmann.

Gogolin, I. (2004): *Zum Problem der Entwicklung von „Literalität" durch die Schule. Eine Skizze interkultureller Bildungsforschung im Anschluss an PISA.* In: *Zeitschrift für Erziehungswissenschaft* 3. Beiheft, 101-111.

Gogolin, I., Neumann, U. (Hrsg.) (1997): *Großstadt-Grundschule. Eine Fallstudie über sprachliche und kulturelle Pluralität als Bedingung der Grundschularbeit.* Münster: Waxmann.

Gogolin, I., Roth, H.-J. (2007): *Bilinguale Grundschule: Ein Beitrag zur Förderung der Mehrsprachigkeit.* In: Anstatt, T. (Hrsg.): *Mehrsprachigkeit bei Kindern und Erwachsenen. Erwerb – Formen – Förderung.* Tübingen: Narr Francke Attempto, 31-45.

Gogolin, I., Neumann, U., Roth, H.-J. (2003): *Förderung von Kindern und Jugendlichen mit Migrationshintergrund.* Bonn: Bund-Länder-Kommission für Bildungsplanung.

Gomolla, M., Radtke, F.-O. (2002): *Institutionelle Diskriminierung.* Opladen: Leske + Budrich.

Graf, P. (1987): *Frühe Zweisprachigkeit und Schule. Empirische Grundlagen zur Erziehung von Minderheitenkindern.* München: Hueber.

Graumann, C. F. (1997): *Die Erfahrung des Fremden. Lockung und Bedrohung.* In: Mummendey, A., Simon, B. (Hrsg.): *Identität und Verschiedenheit: Zur Sozialpsychologie der Identität in komplexen Gesellschaften.* Bern: Verlag Hans Huber, 39-62.

Grice, P. (1989): *Studies in the way of words.* Cambridge: Cambridge University Press.

Grohnfeldt, M. (1981): *Handlungstheoretische Aspekte in der Sprachbehindertenpädagogik.* In: Grohnfeldt, M., Schoor, U. (Hrsg.): *Sonderpädagogisches Handeln in der Sprachbehindertenpädagogik.* Berlin: Marhold, 21-33.

Grosjean, F. (1985): *The bilingual as a competent but specific speaker-hearer.* In: *Journal of Multilingual and Multicultural Development* 6, 467-477.

Grosjean, F. (1992): *Another view of bilingualism.* In: Harris, R. J. (Hrsg.): *Cognitive processing in bilinguals.* Amsterdam: Elsevier Science Publishers B.V., 51-62.

Grosjean, F. (1996): *Bilingualismus und Bikulturalismus. Versuch einer Definition.* In: Schneider, H., Hollenweger, J. (Hrsg.): *Mehrsprachigkeit und Fremdsprachigkeit: Arbeit für die Sonderpädagogik?* Luzern: Ed. SZH/SPC, 161-184.

Grosjean, F. (2001): *The bilingual's language modes.* In: Nicol, J. L. (Hrsg.): *One mind, two languages. Bilingual language processing.* Oxford: Blackwell, 1-22.

Gudjons, H. (1993): *Methoden der Erziehungswissenschaft.* In: Gudjons, H.: *Pädagogisches Grundwissen.* Bad Heilbrunn: Klinkhardt, 53-70.

Habermas, J. (1981): *Theorie des kommunikativen Handelns. Band 2: Zur Kritik der funktionalistischen Vernunft.* Frankfurt: Suhrkamp.

Hall, J. K. (1997): *A consideration of SLA as the theory of practice: A response to Firth and Wagner.* In: *The Modern Language Journal* 81 (3), 301-306.

Halliday, M. A. K., Hasan, R. (1976): *Cohesion in English.* London: Longman.

Halliday, M. A. K., Hasan, R. (1991): *Aspects of language in a social-semiotic perspective.* 3rd Edition. London: Oxford University Press.

Hatch, E. (1978): *Discourse analysis and second language acquisition.* In: Hatch, E. (Hrsg.): *Second language acquisition: A book of readings.* Rowley, MA: Newbury House Publishers, 401-435.

Hatch, E., Long, M. H. (1980): *Discourse analysis, what's that?* In: Larsen-Freeman, D. (Hrsg.): *Discourse analysis in second language research.* Rowley, MA: Newbury House Publishers, 1-40.

Heath, S. B. (1983): *Ways with words. Language, life and work in communities and classrooms.* Cambridge: Cambridge University Press.

Heath, S. B. (1986): *What no bedtime story means: Narrative skills at home and school.* In: Schieffelin, B., Ochs, E. (Hrsg): *Language socialisation across cultures.* Cambridge: Cambridge University Press, 97-124.

Heckmann, F. (1981): *Die Bundesrepublik: Ein Einwanderungsland. Zur Soziologie der Gastarbeiterbevölkerung als Einwandererminorität.* Stuttgart: Klett-Cotta.

Heidtmann, H. (1987): *Neue Wege der Sprachdiagnostik: Analyse freier Sprachproben.* Berlin: Marhold.

Helbig, G. (1986): *Entwicklung der Sprachwissenschaft seit 1970.* Leipzig: VEB Bibliographisches Institut Leipzig.

Herwartz-Emden, L. (2003): *Einwandererkinder im deutschen Bildungssystem.* In: Cortina, K. S., Baumert, J., Leschinsky, A., Mayer, K. U., Trommer, L. (Hrsg.): *Das Bildungswesen in der Bundesrepublik Deutschland. Ein Bericht des Max-Planck-Instituts für Bildungsforschung.* Reinbek: Rowohlt, 661-709.

Hickmann, M. (1995): *Discourse organization and the development of reference to person, space and time.* In: Flechter, P., MacWhinney, B. (Hrsg.): *The handbook of child language.* Oxford: Blackwell, 194-218.

Hickmann, M. (2003): *Children's discourse. Person, space and time across languages.* Cambridge: Cambridge University Press.

Hoffmann, C. (1991): *An Introduction to bilingualism.* London: Longman.

Hoffmann-Nowotny, H.-J. (1973): *Soziologie des Fremdarbeiterproblems. Eine theoretische und empirische Analyse am Beispiel der Schweiz.* Stuttgart: Enke Ferdinand Verlag.

Hollenweger, J. (1996): *Fremd(-sprachigkeit) in der Schule. Sonderpädagogische und testpsychologische Überlegungen zum schulischen Erfolg fremdsprachiger Kinder.* In: Schneider, H., Hollenweger, J. (Hrsg.): *Mehrsprachigkeit und Fremdsprachigkeit. Arbeit für die Sonderpädagogik?* Luzern: Edition SZH/SPC, 11-32.

Holmen, A. (1993): *Conversations between bilingual school-starters.* In: Kettemann, B., Wieden, W. (Hrsg.): *Current issues in European second language acquisition research.* Tübingen: Niemeyer, 337-347.

Holtz, A. (1989): *Die Handlungstheorie als Grundlage sprachlicher Entwicklungsförderung.* In: Grohnfeldt, M. (Hrsg.): *Handbuch der Sprachtherapie. Band 1: Grundlagen der Sprachtherapie.* Berlin: Marhold, 96-112.

Housen, A. (1996): *Models of second language acquisition.* In: Goebl, H., Nelde, P. H., Starý, Z., Wölck, W. (Hrsg.): *Kontaktlinguistik. Ein internationales Handbuch zeitgenössischer Forschung.* Berlin, New York: Walter de Gruyter, 515-525.

Ihssen, W. (1977): *Die Bedeutung von Linguistik, Psycholinguistik und Soziolinguistik für die Sprachbehindertenpädagogik.* In: *Die Sprachheilarbeit* 22 (6), 165-176.

Ingendahl, W. (1991): *Sprachliche Bildung im kulturellen Kontext. Einführung in die kulturwissenschaftliche Germanistik.* Opladen: Westdeutscher Verlag.

Jampert, K. (2002): *Schlüsselsituation Sprache.* Opladen: Leske + Budrich.

Jantzen, W. (1992): *Allgemeine Behindertenpädagogik. Band 1: Sozialwissenschaftliche und psychologische Grundlagen.* Weinheim: Beltz Verlag.

Jantzen, W., Feuser, G. (2002): *Behindertenpädagogik: Fragen der Zeit und zum „Zeitgeist ".* In: Feuser, E., Berger, E. (Hrsg.): *Erkennen und Handeln – Momente einer kulturhistorischen (Behinderten-) Pädagogik.* Berlin: Pro BUSINESS, 7-58.

Jeuk, S. (2003): *Erste Schritte in der Zweitsprache Deutsch. Eine empirische Untersuchung zum Zweitspracherwerb türkischer Migrantenkinder in Kindertageseinrichtungen.* Freiburg: Fillibach.

Jeuk, S. (2005): *Vorbilder, Lerner und Leistungen. Überlegungen zum Spracherwerb.* In: *Die Sprachheilarbeit* 50 (1), 4-13.

Karasu, I. (1995): *Bilinguale Wortschatzentwicklung türkischer Migrantenkinder vom Vor- bis ins Grundschulalter in der Bundesrepublik Deutschland.* Frankfurt: Peter Lang.

Kasper, G. (1997): *„A " stands for acquisition: A response to Firth and Wagner.* In: *The Modern Language Journal* 81 (3), 307-312.

Kauschke, C. (2007): *Sprache im Spannungsfeld von Erbe und Umwelt.* In: *Die Sprachheilarbeit* 52 (1), 4-16.

Kayser, H. (1995): *Intervention with children from linguistically and culturally diverse backgrounds.* In: Fey, M. E., Windsor, J., Warren, S. F. (Hrsg.): *Language intervention: Preschool through the elementary years.* Baltimore: Paul H. Brooks Publishing.

Kayser, H. (1996): *Cultural/Linguistic variation in the United States and its implications for assessment and intervention in speech-language pathology: an epilogue.* In: *Language, Speech, and Hearing Services in Schools* 27, 385-387.

Keim, I. (2007): *Die „türkischen Powergirls ". Lebenswelt und kommunikativer Stil einer Migrantinnengruppe in Mannheim.* Tübingen: Gunter Narr.

Kellermann, E., Ammerlaan, T., Bongaerts, T., Poulisse, N. (1990): *System and hierarchy in L2 compensatory strategies.* In: Scarcella, R. C., Andersen, E. S., Krashen, S. D. (Hrsg.): *Developing communicative competence in a second language.* Boston: Heinle & Heinle Publishers, 163-178.

Klann-Delius, G. (1999): *Spracherwerb.* Stuttgart: Metzler.

Klein, W. (1992): *Zweispracherwerb. Eine Einführung.* 3. Auflage. Königstein/ Taunus: Athenäum.

Knapp, W. (1998): *Läßt sich der gordische Knoten lösen? Analysen von Erzähltexten von Kindern aus Sprachminderheiten.* In: Steinig, W., Kuhs, K. (Hrsg.): *Pfade durch Babylon: Konzepte und Beispiele für den Umgang mit sprachlicher Vielfalt in Schule und Gesellschaft.* Freiburg: Fillibach, 225-244.

Koch, P., Oesterreicher, W. (1985): *Sprache der Nähe – Sprache der Distanz. Mündlichkeit und Schriftlichkeit im Spannungsfeld von Sprachtheorie und Sprachgeschichte.* In: *Romanistisches Jahrbuch* 36, 15-43.

König, E., Bentler, A. (1997): *Arbeitsschritte im qualitativen Forschungsprozeß – ein Leitfaden.* In: Friebertshäuser, B., Prengel, A. (Hrsg.): *Handbuch Qualitative Forschungsmethoden in der Erziehungswissenschaft.* Weinheim, München: Juventa, 88-96.

Konsortium Bildungsberichterstattung (Hrsg.) (2006): *Bildung in Deutschland. Ein indikatorengestützter Bericht mit einer Analyse zu Bildung und Migration.* Bielefeld: Bertelsmann.

Kracht, A. (2000): *Migration und kindliche Zweisprachigkeit. Interdisziplinarität und Professionalität sprachpädagogischer und sprachbehindertenpädagogischer Praxis.* Münster: Waxmann.

Kracht, A., Rothweiler, M. (2003): *Diagnostische Fragen zur kindlichen Grammatikentwicklung im Kontext von Mehrsprachigkeit.* In: Warzecha, B. (Hrsg.): *Heterogenität macht Schule.* Münster: Waxmann, 189-204.

Krashen, S. D. (1973): *Lateralization, language learning and the critical period. Some new evidence.* In: *Language Learning* 23, 63-74.

Kroffke, S., Rothweiler, M. (2004): *Sprachmodi im kindlichen Zweitspracherwerb – Sprachlicher Kontext und seine Bedeutung für die sprachpädagogische Diagnostik.* In: *Die Sprachheilarbeit* 49, 18-24.

Kuhn-Lääs, M. (2002): *Zweisprachigkeit und kulturelle Identität. Psychosoziale Probleme von eingewanderten sprachlichen Minderheiten.* Tostedt: Attikon.

Kuhs, K. (1989): *Sozialpsychologische Faktoren im Zweitspracherwerb: Eine Untersuchung bei griechischen Migrantenkindern in der Bundesrepublik Deutschland.* Tübingen: Gunter Narr.

Laevers, F. (1997): *Die Leuvener Engagiertheits-Skala für Kinder LES-K.* Erkelenz: Schlömer & Kellermann.

Langacker, R. W. (1987): *Foundations of cognitive grammar. Volume 1: Theoretical prerequisites.* Stanford: Stanford University Press.

Lantolf, J. P., Appel, G. (1994): *Theoretical framework: An introduction to Vygotskian perspectives on second language research.* In: Lantolf, J. P., Appel, G. (Hrsg.): *Vygotskian approaches to second language research.* Norwood, NJ: Ablex Publishing Cooperation, 1-32.

Larsen-Freeman, D. (1980): *Discourse analysis in second language research.* Rowley, MA: Newbury House Publishers.

Larsen-Freeman, D., Long, M. H. (1991): *An introduction to second language acquisition research.* London: Longman.

Lave, J., Wenger, E. (1991): *Situated learning: Legitimate peripheral participation.* Cambridge: Cambridge University Press.

Lengyel, D. (2002): *Möglichkeiten und Grenzen eines diagnostischen Vorgehens bei zweisprachigen Kindern.* In: Grohnfeldt, M. (Hrsg.): *Lehrbuch der Sprachheilpädagogik. Band 3: Diagnostik, Prävention und Evaluation.* Stuttgart: Kohlhammer, 197-204.

Lengyel, D. (2005): *Sprachdiagnostik bei mehrsprachigen Kindern – Herausforderungen für Theorie und Praxis.* In: Grohnfeldt, M., Triarchi-Hermann, V., Wagner, L. (Hrsg.): *Mehrsprachigkeit als sprachheilpädagogische Aufgabenstellung.* Würzburg: edition von freisleben, 49-72.

Lenke, N., Lutz, H.-D., Sprenger, M. (1995): *Grundlagen sprachlicher Kommunikation. Mensch, Welt, Handeln, Sprache, Computer.* München: Fink-Verlag.

Leont'ev, A. N. (1985): *Der Schaffensweg Wygotskis.* In: Wygotski, L. S:. *Ausgewählte Schriften Band 1.* Köln: Pahl Rugenstein, 9-56.

Liddicoat, A. (1997): *Interaction, social structure, and second language use: A response to Firth and Wagner.* In: *The Modern Language Journal* 81 (3), 313-317.

Lin, M. A. (1998): *„Kulturelle" Behinderung? Sprach-, Lern- und Verhaltensschwierigkeiten aufgrund kultureller Interferenzen.* In: Sturny-Bossart, G.,

Büchner, C. (Hrsg.): *Behindert und fremd: Eine doppelte Herausforderung für das Schweizer Bildungswesen?* Luzern: Edition SZH/SPC, 115-121.

Lin-Huber, M. A. (1998): *Kulturspezifischer Spracherwerb. Sprachliche Sozialisation und Kommunikationsverhalten im Kulturvergleich.* Bern: Verlag Hans Huber.

List, G. (1987): *Neuropsychologische Voraussetzungen des Spracherwerbs.* In: Apeltauer, E. (Hrsg.): *Gesteuerter Zweitspracherwerb: Voraussetzungen und Konsequenzen für den Unterricht.* München: Hueber, 87-97.

List, G. (2003): *Sprachpsychologie.* In: Bausch, K.-R., Christ, H., Krumm, H.-J. (Hrsg.): *Fremdsprachenunterricht.* Tübingen, Basel: A. Franke Verlag, 25-31.

List, G. (2005a): *Was tun und was können Kinder sprachlich? Auf dem Weg vom linguistischen Testversuch zum entwicklungspsychologischen Sprachhandlungskonzept.* In: Gogolin, I., Neumann, U., Roth, H.-J. (Hrsg.): *Sprachdiagnostik bei Kindern und Jugendlichen mit Migrationshintergrund.* FÖRMIG Edition Band 1. Münster: Waxmann, 51-57.

List, G. (2005b): *Zur Anbahnung mehr- und quersprachiger Kompetenzen in vorschulischen Bildungseinrichtungen.* In: Jampert, K., Best, P., Guadatiello, A., Holler, D., Zehnbauer, A.: *Schlüsselkompetenz Sprache. Sprachliche Bildung und Förderung im Kindergarten. Konzepte, Projekte, Maßnahmen.* Berlin: verlag das netz, 29-32.

List, G. (2006): *Förderung von Mehrsprachigkeit in der Kita.* Expertise für das Deutsche Jugendinstitut e.V. Download unter: http://www.dji.de/bibs/384_8288_Expertise_List_MSP.pdf (Stand: 24.11.2008).

List, G. (2007): *Förderung von Mehrsprachigkeit in der Kita – Erwerb der Zweitsprache Deutsch.* Vortrag auf der gemeinsamen Fachtagung FÖRMIG – DJI e.V. *„Sprachförderung für Kinder mit Migrationshintergrund in der Kita",* Universität Hamburg, 21.5.2007 (unveröffentlichtes Manuskript).

Lompscher, J., Rückriem, G. (Hrsg.) (2002): *Editorial.* In: Vygotskij, L. S.: *Sprechen und Denken.* Weinheim: Beltz, 7-35.

Long, M. H. (1997): *Construct validity in SLA research: A response to Firth and Wagner.* In: *The Modern Language Journal* 81 (3), 318-323.

Luchtenberg, S. (1999): *Interkulturelle kommunikative Kompetenz.* Opladen: Westdeutscher Verlag.

Lüdtke, U., Bahr, R. (2002): *Verstehende Diagnostik individueller Sprachentwicklungsprozesse: Außensichten und Innensichten.* In: Grohnfeldt, M. (Hrsg.): *Lehrbuch der Sprachheilpädagogik und Logopädie. Band 3: Diagnostik, Prävention und Evaluation.* Stuttgart: Kohlhammer, 129-147.

Lurija, A. R. (1993): *Romantische Wissenschaft. Forschungen im Grenzbereich von Seele und Gehirn.* Reinbek: Rowohlt.

Mackey, A. (1999): *Input, interaction and second language development: An empirical study of question formation in ESL.* In: *Studies in Second Language Acquisition* 21, 557-588.

Marbach, J. (2006): *Wie deutsch ist deutsch? Zur Bedeutung des Migrationshintergrundes.* In: Deutsches Jugendinstitut e.V. (Hrsg.): *Jugend und Migration.* DJI Bulletin 76 (3), 8-9.

Marquardt, A: (2006): *Anything goes – oder: Zentrale Qualitätskriterien qualitativer Forschung.* In: *Zeitschrift für Heilpädagogik* 57 (8), 304-306.

Marrie, B., Netten, J. E. (1991): *Communication strategies.* In: *The Canadian Modern Language Review* 47 (3), 442-462.

Mayring, P. (1996): *Einführung in die qualitative Sozialforschung. Eine Anleitung zu qualitativem Denken.* 3. Auflage. Weinheim: Psychologie Verlags Union.

McCafferty, S. (1994): *Adult second language learners' use of private speech: A review of studies.* In: *Modern Language Journal* 76, 179-189.

McCafferty, S., Roebuck, R., Wayland, R. (2001): *Activity Theory and the incidental learning of second-language vocabulary.* In: *Language Teaching Research* 10, 289-294.

McLaughlin, B. (1984): *Second language acquisition in childhood. Volume I: Preschool children.* 2. Auflage. Hillsdale, Hove: Lawrence Erlbaum Ass. Publishers.

Meibauer, J. (2001): *Pragmatik: Eine Einführung.* Tübingen: Stauffenburg.

Meisel, J. (2007): *Mehrsprachigkeit in der frühen Kindheit: Zur Rolle des Alters bei Erwerbsbeginn.* In: Anstatt, T. (Hrsg.): *Mehrsprachigkeit bei Kindern und Erwachsenen. Erwerb – Formen – Förderung.* Tübingen: Narr Francke Attempto, 93-113.

Merten, S. (1997): *Wie man Sprache(n) lernt. Eine Einführung in die Grundlagen der Erst- und Zweitspracherwerbsforschung mit Beispielen für das Unterrichtsfach Deutsch.* Frankfurt: Peter Lang.

Mertens, A. (1996): *Diagnose von Sprachbehinderung bei Zweisprachigkeit.* Köln: Böhlau.

Mitchell, R., Myles, F. (2004): *Second language learning theories.* Oxford: Oxford University Press.

Mogel, H. (1994): *Psychologie des Kinderspiels. Die Bedeutung des Spiels als Lebensform des Kindes, seine Funktion und Wirksamkeit.* 2. aktualisierte. u. erw. Auflage. Berlin, Heidelberg, New York: Springer-Verlag.

Mollenhauer, K., Rittelmeyer, C. (1977): *Methoden der Erziehungswissenschaft.* Weinheim, München: Juventa.

Müller, R. (1996): *Sozialpsychologische Variablen des schulischen Zweitspracherwerbs von Migrantenkindern.* In: Schneider, H., Hollenweger, J. (Hrsg.): *Mehrsprachigkeit und Fremdsprachigkeit. Arbeit für die Sonderpädagogik?* Luzern: Edition SZH/SPC, S. 33-89.

Nelson, K. (1973): *Structure and strategy in learning to talk.* Chicago: Society for research in childhood development monographs 38 (1-2 serial No. 149).

Nitsch, C. (2007): *Mehrsprachigkeit – eine neurowissenschaftliche Perspektive.* In: Anstatt, T. (Hrsg.): *Mehrsprachigkeit bei Kindern und Erwachsenen. Erwerb – Formen – Förderung.* Tübingen: Narr Francke Attempto, 47-68.

Nunan, D. (1992): *Research methods in language learning.* Cambridge: Cambridge University Press.

Ochs, E. (1979): *Introduction: What child language can contribute to pragmatics.* In: Ochs, E., Schieffelin, B. (Hrsg.): *Developmental pragmatics.* New York: Academic Press, 1-17.

Ochs, E. (1988): *Culture and language development: Language acquisition and language socialisation in a Samoan village.* Cambridge: Cambridge University Press.

Oerter, R. (1997): *Psychologie des Spiels.* 2. Auflage. Weinheim: Beltz Psychologie Verlags Union.

Ohta, A. S. (2000): *Rethinking interaction in SLA: Developmentally appropriate assistance in the zone of proximal development in the acquisition of L2 grammar.* In: Lantolf, J. P. (Hrsg.): *Sociocultural theory and second language learning.* Oxford: Oxford University Press, 51-78.

Ohta, A. S. (2001): *Second Language acquisition processes in the classroom: Learning Japanese.* Mahwah, NJ: Lawrence Erlbaum Ass. Publishers.

Oksaar, E. (2001): *Mehrsprachigkeit, Multikulturalismus, Identität und Integration.* In: Nelde, P. H., Rindler Schjerve, R. (Hrsg.): *Minderheiten und Sprachpolitik.* St. Augustin: Asgard, 21-35.

Oksaar, E. (2003): *Zweitspracherwerb.* Stuttgart: Kohlhammer.

Oliver, R. (1995): *Negative feedback in child NS-NNS conversation.* In: *Studies in Second Language Acquisition* 17, 459-481.

Oomen-Welke, I. (2003): *Entwicklung sprachlichen Wissens und Bewusstseins im mehrsprachigen Kontext.* In: Bredel, U., Günther, H., Klotz, P., Ossner, J., Siebert-Ott, G. (Hrsg.): *Didaktik der deutschen Sprache. Ein Handbuch. 1. Teilband.* Paderborn: Schöningh, 452-463.

Pallotti, G. (2001): *External appropriations as a strategy for participating in intercultural multi-party conversations.* In: Di Luzio, A., Gunthner, S., Orletti, F. (Hrsg.): *Culture in communication.* Amsterdam, Philadelphia: John Benjamins Publishing, 295-334.

Pellegrini, A. (1982): *The construction of cohesive text by preschoolers in two play contexts.* In: *Discourse Process* 5, 101-108.

Pellegrini, A. (1984): *The Effect of dramatic play on children's generation of cohesive text.* In: *Discourse Process* 7, 57-67.

Pellegrini, A. (1985): *The narrative organisation of children's fantasy play: The effects of age and play context.* In: Educational Psychology 5 (1), 17-25.

Pfaff, C. (1994): *Early bilingual development of Turkish children in Berlin.* In: Verhoeven, G., Extra, L. (Hrsg.): *The cross-linguistic study of bilingual development.* Amsterdam, Philadelphia: John Benjamins Publishing, 75-97.

Pfaff, C. (1999): *Changing patterns of language mixing in a bilingual child.* In: Extra, G., Verhoeven, L. (Hrsg.): *Bilingualism and Migration.* Berlin, New York: Walter de Gruyter, 97-112.

Pfaff, C., Kardam, F., Voß, J., Çakarcan, O., Savas, T., Thiel, M. (1987-1992): *Natürlicher bilingualer Spracherwerb von Kita-Kindern: Vom Krippenalter bis zu den ersten Grundschuljahren.* Unveröffentlichte Arbeitsberichte I bis V des DFG-Projekts. Berlin: John F. Kennedy Institut.

PISA-Konsortium Deutschland (Hrsg.) (2003): *PISA 2003. Der zweite Vergleich der Länder in Deutschland – Was wissen und können Jugendliche?* Münster: Waxmann.

Portmann-Tselikas, P. R. (1998): *Sprachförderung im Unterricht.* Zürich: Orell Füssli.

Prutting, C. A. (1983): *Assessing communicative behavior using a language sample.* In: Omark, D. R., Erickson, J. G. (Hrsg.): *The bilingual exceptional child.* San Diego, CA: College-Hill Press, 89-99.

Raible, W. (1998): *Alterität und Identität.* In: *Zeitschrift für Literaturwissenschaften und Linguistik* 110, 7-22.

Rausch, M. (2003): *Linguistische Gesprächsanalyse in der Diagnostik des Sprachverstehens von Kindern am Beginn der expressiven Sprachentwicklung.* Idstein: Schulz-Kirchner.

Rehbein, J., Grießhaber, W. (1996): *L2-Erwerb versus L1-Erwerb: Methodologische Aspekte ihrer Erforschung.* In: Ehlich, K. (Hrsg.): *Kindliche Sprachentwicklung: Konzepte und Empirie.* Opladen: Westdeutscher Verlag, 67-119.

Reich, H. H. (2005a): *Forschungsstand und Desideratenaufweis zu Migrationslinguistik und Migrationspädagogik für die Zwecke des „Anforderungsrahmens".* In: Ehlich, K.: *Anforderungen an Verfahren der regelmäßigen Sprachstandsfeststellung als Grundlage für die frühe und individuelle Förderung von Kindern und Jugendlichen mit und ohne Migrationshintergrund.* Berlin: Bundesministerium für Forschung, 121-169.

Reich, H. H. (2005b): *Auch die „Verfahren zur Sprachstandsanalyse bei Kindern und Jugendlichen mit Migrationshintergrund" haben ihre Geschichte.* In: Gogolin, I., Neumann, U., Roth, H.-J. (Hrsg.): *Sprachdiagnostik bei Kindern und Jugendlichen mit Migrationshintergrund.* FÖRMIG Edition Band 1. Münster: Waxmann, 87-95.

Reich, H. H., Roth, H.-J. u. a. (2002): *Zum Stand der nationalen und internationalen Forschung zum Spracherwerb zweisprachig aufwachsender Kinder und Jugendlicher.* Hamburg: Amt für Schule.

Reich, H. H., Roth, H.-J. (2004): *Hamburger Verfahren zur Analyse des Sprachstands bei 5-jährigen HAVAS 5.* Hamburg: Landesinstitut für Lehrerbildung und Schulentwicklung.

Rissom, I. (1989): *Zur Zeichenkonzeption der kulturhistorischen Schule.* In: Knobloch, C. (Hrsg.): *Kognition und Kommunikation. Beiträge zur Psychologie der Zeichenverwendung.* Münster: Nodus Publikationen, 15-28.

Robbins, D. (2003): *L. S. Vygotsky's and A. A. Leontiev's holographic semiotics and psycholinguistics: Applications for education, second language acquisition, and theories of language.* Westport, CT: Praeger Publishers.

Röhr-Sendlmeier, U. M. (1987): *Sprachstandserhebung zur Förderung ausländischer Grundschüler.* In: *Unterrichtswissenschaft* 2, 224-249.

Romaine, S. (1999): *Bilingual language development.* In: Barrett, M. (Hrsg.): *The development of language.* Hove: Psychology Press, 251-275.

Rothweiler, M. (2006): *Spezifische Sprachentwicklungsstörung und kindlicher Zweitspracherwerb.* In: Bahr, R., Iven, C. (Hrsg.): *Sprache, Emotion, Bewusstheit. Beiträge zur Sprachtherapie in Schule, Praxis, Klinik.* Idstein: Schulz-Kirchner Verlag, 154-162.

Rusch, G. (1996): *Erzählen.* In: Wimmer, H.-J. (Hrsg.): *Strukturen Erzählen.* Wien: Edition Praesens, 326-361.

Rusch, G. (2002): *Kommunikation.* In: Rusch, G. (Hrsg.): *Einführung in die Medienwissenschaft.* Opladen: Westdeutscher Verlag, 102-117.

Sassenroth, M. (2002): *Leitkonzepte im Bereich der Förderung von Sprache und Kommunikation sprachbehinderter Kinder und Jugendlicher.* In: Werning. R. (Hrsg.): *Sonderpädagogik.* München, Wien: Oldenbourg, 190-222.

Sato, C. (1990): *The syntax of conversation in interlanguage development.* Tübingen: Gunter Narr.

Schieffelin, B. (1990): *The give and take of everyday life: Language socialisation of Kaluli children.* Cambridge: Cambridge University Press.

Schinke-Llano, L. (1994): *Linguistic accomodation with LEP and LD children.* In: Lantolf, J. P., Appel, G. (1994): *Vygotskian approaches to second language research.* Norwood, NJ: Ablex Publishing Cooperation, 57-68.

Schlösser, E. (2003): *Wir verstehen uns gut. Spielerisch Deutsch lernen.* München: Ökotopia.

Schmölzer-Eibinger (2008): *Lernen in der Zweitsprache. Grundlagen und Verfahren der Förderung von Textkompetenz in mehrsprachigen Klassen.* Tübingen: Gunter Narr.

Schroeder, C., Stölting, W. (2005): *Mehrsprachig orientierte Sprachstandsfeststellungen für Kinder mit Migrationshintergrund.* In: Gogolin, I., Neumann, U., Roth, H.-J. (Hrsg.): *Sprachdiagnostik bei Kindern und Jugendlichen mit Migrationshintergrund.* FÖRMIG Edition Band 1. Münster: Waxmann, 59-74.

Schuck, K. D. (2003): *Wertschätzung der Heterogenität oder Ende der Solidarität: Zur Funktion der pädagogischen Diagnostik im Schulwesen.* In: Warzecha, B. (Hrsg.): *Heterogenität macht Schule.* Münster: Waxmann, 41-60.

Schuhmann, J. (1986): *Research on the acculturation model for second language acquisition.* In: *Journal of Multilingual und Multicultural Development* 5, 379-392.

Selinker, L. (1972): *Interlanguage.* In: *International Review of Applied Linguistics in Language Teaching* 10, 209-231.

Siebert-Ott, G. (1998): *Probleme des Schriftspracherwerbs bei Kindern aus zugewanderten Sprachminderheiten.* In: Weingarten, R., Günther, H. (Hrsg.): *Schriftspracherwerb.* Baltmannsweiler: Schneider-Hohengehren, 151-182.

Simon, F. B., Rech-Simon, C. (1999): *Zirkuläres Fragen. Systemische Therapie an Fallbeispielen: Ein Lernbuch.* Heidelberg: Carl-Auer Verlag.

Singleton, D., Ryan, L. (2004): *Language acquisition. The age factor.* Clevedon: Multilingual Matters.

Snow, C. E. (1995): *Issues in the study of input: Finetuning, universality, individual and developmental differences, and necessary causes.* In: Flechter, B., MacWhinney, B. (Hrsg.): *The handbook of child language.* Oxford: Blackwell, 180-193.

Speck-Hamdan, A. (2005): *Nahtstelle Übergang vom Elementar- zum Primarbereich.* In: Bartnitzky, H., Speck-Hamdan, A. (Hrsg.): *Deutsch als Zweitsprache lernen.* Frankfurt: Grundschulverband, 100-109.

Spolsky, B. (1989): *Conditions for second language learning.* New York: Oxford University Press.

Springer, M. (2004): *Hocus + Lotus im Kindergarten.* In: *Frühes Deutsch* 1, 30-35.

Statistisches Bundesamt (2006): *Mikrozensus 2005.*

Steinig, W. (1998): *Von Babylon zum Internet – Sprachliche Bildung zwischen Oralität und Literalität.* In: Steinig, W., Kuhs, K. (Hrsg.): *Pfade durch Babylon: Konzepte und Beispiele für den Umgang mit sprachlicher Vielfalt in Schule und Gesellschaft.* Freiburg: Fillibach, 13-33.

Steinke, I. (2000): *Gütekriterien qualitativer Forschung.* In: Flick, U., Kardoff, E., Steinke, I. (Hrsg.): *Qualitative Sozialforschung. Ein Handbuch.* Reinbek: Rowohlt, 319-331.

Tarone, E. (1977): *Conscious communication strategies in interlanguage*. In: Brown, H. D., Yorio, C. A., Crymes, R. C. (Hrsg.): *On TESOL '77*. Washington D.C.: TESOL, 194-203.

Tarone, E. (1997): *Analyzing IL in natural settings: A sociolinguistic perspective on second-language-acquisition*. In: *Communication & Cognition* 30 (1/2), 137-150.

Tomasello, M. (1992): *First verbs: A case study of early grammatical development*. Cambridge: Cambridge University Press.

Tomasello, M. (2002): *Die kulturelle Entwicklung des menschlichen Denkens*. Frankfurt: Suhrkamp.

Tomasello, M. (2003): *Constructing a language: A usage-based theory of language acquisition*. Cambridge: Harvard University Press.

Toohey, K. (2000): *Learning English at school: Identity, social relations and classroom practice*. Clevedon: Multilingual Matters.

Toohey, K. (2001): *Disputes in child L2 learning*. In: *TESOL Quarterly* 34, 257-278.

Tracy, R. (1996): *Vom Ganzen und seinen Teilen: Überlegungen zum doppelten Erstspracherwerb*. In: *Sprache & Kognition* 15 (1/2), 70-92.

Tracy, R. (2007): *Wieviele Sprachen passen in einen Kopf? Mehrsprachigkeit als Herausforderung für Gesellschaft und Forschung*. In: Anstatt, T. (Hrsg.): *Mehrsprachigkeit bei Kindern und Erwachsenen. Erwerb – Formen – Förderung*. Tübingen: Narr Francke Attempto, 69-92.

Ulich, M., Mayr, T. (2003): *SISMIK – Sprachverhalten und Interesse an Sprache bei Migrantenkindern in Kindertageseinrichtungen*. Freiburg: Herder.

Varo, G. (1997): *Sprachen und Identitäten*. In: Varro, G., Gebauer, G. (Hrsg.): *Zwei Kulturen – eine Familie? Paare aus verschiedenen Kulturen und ihre Kinder am Beispiel Frankreichs und Deutschlands*. Opladen: Leske + Budrich, 161-186.

Verhoeven, L. (1994): *Transfer in bilingual development: The linguistic interdependence hypothesis revisited*. In: *Language Learning* 44 (3), 381-415.

Vygotskij, L. S. (1980): *Das Spiel und seine Bedeutung in der psychischen Entwicklung des Kindes*. In: Elkonin, D.: *Psychologie des Spiels*. Köln: Pahl Rugenstein, 441-465.

Vygotskij, L. S. (1981): *Das Spiel und seine Rolle für die psychische Entwicklung des Kindes*. In: Röhrs, H. (Hrsg.): *Das Spiel – ein Urphänomen des Lebens*. Wiesbaden: Akademische Verlagsgesellschaft, 129-146.

Vygotskij, L. S. (2002, Original 1934): *Denken und Sprechen*. Weinheim: Beltz.

Walters, J. (2005): *Bilingualism: The sociopragmatic-psycholinguistic interface*. Mahwah, NJ: Lawrence Erlbaum Ass. Publishers.

Wandruszka, M. (1979): *Die Mehrsprachigkeit des Menschen*. München: Piper.

Wandruszka, M. (1984): *Sprachkontakt bedeutet Sprachmischung*. In: Oksaar, E. (Hrsg.): *Spracherwerb – Sprachkontakt – Sprachkonflikt*. Berlin, New York: Walter de Gruyter, 65-75.

Washburn, G. N. (1994): *Working in the ZPD: Fossilized and nonfossilized nonnative speakers*. In: Lantolf, J. P., Appel, G. (1994): *Vygotskian approaches to second language research*. Norwood, NJ: Ablex Publishing Cooperation, 69-81.

Warzecha, B. (2003): *Einleitung*. In: Warzecha, B. (Hrsg.): *Heterogenität macht Schule*. Münster: Waxmann, 15-26.

Welling, A. (1990): *Zeitliche Orientierung und sprachliches Handeln. Handlungs-theoretische Grundlegungen für ein pädagogisches Förderkonzept.* Frankfurt: Peter Lang.

Wertsch, J. (1996): *Wygotski und die gesellschaftliche Bildung des Bewußtseins.* Marburg: BdWi-Verlag.

Wiedenmann, M. (2005): *Kompetenzorientierte Ansätze zu einer pädagogischen Diagnostik der Sprachleistungen von Kindern mit Migrationshintergrund.* In: Röhner, C. (Hrsg.): *Erziehungsziel Mehrsprachigkeit. Diagnose von Sprachentwicklung und Förderung von Deutsch als Zweitsprache.* Weinheim, München: Juventa, 77-103.

Wode, H. (1993): *Psycholinguistik. Eine Einführung in die Lehr- und Lernbarkeit von Sprachen. Theorien, Methoden, Ergebnisse.* Ismaning: Hueber.

Wong-Fillmore, L. (1979): *Individual differences in second language acquisition.* In: Fillmore, C. J., Kempler, D., Wang, W. S-Y. (Hrsg.): *Individual differences in language ability and language behavior.* New York, San Francisco, London: Academic Press, 203-228.

Wood, D., Bruner, J. S., Ross, G. (1976): *The role of tutoring in problem solving.* In: *Journal of Child Psychology and Psychiatry* 17, 89-100.

Zollinger, B. (1995): *Die Entdeckung der Sprache.* Bern: Verlag Paul Haupt.

Zollinger, B. (2003): *Zwei- und Mehrsprachigkeit und die Dynamik früher Spracherwerbsstörungen.* In: ÖGS (Hrsg.): *Sprache(n) lernen. Chancen und Probleme bei Mehrsprachigkeit, Interkulturalität und Fremdspracherwerb.* Bericht des 15. ÖGS-Kongress, 22. - 25.10.2003 in Wien. Würzburg: edition von freisleben, 223-237.

Anhang

Tabelle 1: Überblick Kinder aus der Kita 1

Name	Alter*	Ge-schlecht	Kita-Eintritt	KM**	Biografische Hintergründe	familiärer Sprach-gebrauch	Kenntnisse im Deutschen bei Kita-Eintritt*** und bevorzugte Spielpartner	Beobach-tung
Hassan	4;3	m	05/2003	06	Eltern kommen aus der Türkei, Hassan in Deutschland geboren, 2 ältere Geschwister	Familiensprache ist Türkisch, ältere Geschwister sprechen untereinander auch Deutsch	kam mit rezeptiven Kenntnissen im Deutschen in die Kita, dort mit drei monolingual deutschsprachigen Mädchen befreundet	10-11/2003
Uğur	4;9	m	08/2002	15	Eltern und Uğur in Deutschland geboren, 2 ältere Geschwister	Familien-sprachen sind Türkisch und Deutsch	kam mit rezeptiven Kenntnissen im Deutschen in die Kita, dort mit Tolga und Hatice befreundet	10-11/2003
Hatice	4;11	w	08/2002	15	Vater und Hatice in Deutschland geboren, Mutter in der Türkei, 2 ältere Geschwister	Familiensprache ist Türkisch, ältere Geschwister sprechen untereinander auch Deutsch	lange rezeptive Phase, längere krankheitsbedingte Fehlzeit in der Kita, dort mit Uğur und Tolga befreundet	10-11/2003
Nisha	4;12	w	09/2002	14	Eltern kommen aus Pakistan, Nisha in Deutschland geboren, 3 ältere Geschwister	Familiensprache ist Pandschabi, ältere Geschwister sprechen untereinander Deutsch	kam mit rezeptiven Kenntnissen im Deutschen in die Kita, dort spielt sie viel alleine	10-11/2003
Tolga	5;8	m	08/2001	27	Eltern und Tolga in Deutschland geboren, Einzelkind	Familien-sprachen sind Türkisch und Deutsch	kam mit rezeptiven und einigen produktiven Kenntnissen im Deutschen in die Kita, dort mit Uğur und Hatice befreundet	10-11/2003
Denise	5;11	w	08/2001	27	Eltern kommen aus der Türkei, Denise in Deutschland geboren, 1 älterer Bruder	Familiensprache ist Türkisch, Denise spricht mit ihrem Bruder zunehmend auch Deutsch	kam ohne (erkennbare) rezeptive Kenntnisse im Deutschen in die Kita, dort spielt sie mit unterschiedlichen Spielpartnern	10-11/2003

* Alter: Jahr;Monat
** KM: Kontaktmonate
*** aus Sicht der Erzieherinnen

Tabelle 2: Überblick Kinder aus der Kita 2

Name	Alter	Ge-schlecht	Kita-Eintritt	KM	biografische Hintergründe	familiärer Sprach-gebrauch	Kenntnisse im Deutschen bei Kita-Eintritt und bevorzugte Spielpartner	Beobach-tung
Alessandra	3;11	w	02/2003	11	Vater und Alessandra in Deutschland geboren, Mutter auf Sizilien, 1 älterer Bruder (Luca, s.u.)	Familiensprache ist Italienisch (sizilianischer Dialekt)	kam ohne (erkenn-bare) rezeptive Kenntnisse im Deutschen in die Kita, spielt dort gerne mit Antonio	12/ 2003
Dilek	4;3	w	09/2003	04	Vater und Dilek in Deutschland geboren, Mutter in der Türkei, 2 jüngere Ge-schwister	Familiensprache ist Türkisch	kam ohne (erkenn-bare) rezeptive Kenntnisse im Deutschen in die Kita, begann in der Beobachtungsphase erste Beziehungen mit anderen Kindern zu knüpfen	12/ 2003
Yasser	4;4	m	08/2002	17	Eltern kommen aus Marokko, Yasser in Deutschland geboren, 1 älterer Bruder	Familiensprache ist Berberisch, Yasser spricht mit seinem Bruder zuneh-mend auch Deutsch	kam mit rezeptiven Kenntnissen im Deutschen in die Kita und produzierte bereits einige Wörter, ist mit Ro-berto befreundet	12/ 2003
Sinem	4;9	w	05/2003	08	Eltern kommen aus der Türkei, Sinem in Deutschland geboren, 1 älte-rer Bruder	Familiensprache ist Türkisch, Sinem spricht mit ihrem Bru-der zunehmend auch Deutsch	kam mit rezeptiven Kenntnissen im Deutschen in die Kita, dort mit Daya befreundet	12/ 2003
Roberto	5;2	m	08/2002	17	Mutter und Roberto in Deutschland geboren, Einzel-kind	Mutter hat Romanes mit Roberto ge-sprochen, seit Kita-Eintritt überwiegend Deutsch	kam mit rezeptiven und einigen pro-duktiven Kennt-nissen im Deut-schen in die Kita, mit Yasser und Antonio befreundet	12/ 2003
Maria	5;2	w	02/2002	62	Vater kommt aus Portugal, Mutter aus Deutschland, Maria in Deutschland geboren, 1 älterer Bruder	Prinzip 1 Person – 1 Sprache, mit ihrem Bruder spricht Maria Deutsch	kam mit rezeptiven und produktiven Kenntnissen im Deutschen in die Kita, mit Jennifer (ES Deutsch), Carmen und Damla befreundet	12/ 2003
Daya	5;2	w	05/2002	20	Familie kommt aus Pakistan, 1 ältere Schwester und 2 jüngere Geschwister	Familiensprache ist Pandschabi	kam ohne (erkenn-bare) rezeptive Kenntnisse im Deutschen in die Kita, längere krank-heitsbedingte Fehl-zeiten, mit Sinem befreundet	12/ 2003

Name	Alter	Ge-schlecht	Kita-Eintritt	KM	biografische Hintergründe	familiärer Sprach-gebrauch	Kenntnisse im Deutschen bei Kita-Eintritt und bevorzugte Spielpartner	Beobach-tung
Antonio	5;3	m	08/2001	29	Eltern und Antonio in Deutschland geboren, Einzelkind	Familiensprache ist Italienisch (sizilianischer Dialekt)	kam mit rezeptiven Kenntnissen im Deutschen in die Kita, dort mit Luca und Roberto befreundet	12/ 2003
Carmen	5;12	w	05/2001	32	Eltern in Portugal geboren, Carmen in Deutschland, Einzelkind	Familien-sprachen sind Portugiesisch und Deutsch	kam mit rezeptiven und einigen produktiven Kenntnissen im Deutschen in die Kita, dort mit Maria, Damla und Jennifer (ES Deutsch) befreundet	12/ 2003
Luca	6;3	m	08/2001	29	Vater und Luca in Deutschland geboren, Mutter auf Sizilien, 1 jüngere Schwester (Alessandra, s.o.)	Familiensprache ist Italienisch (sizilianischer Dialekt)	kam ohne (erkennbare) rezeptive Kenntnisse im Deutschen in die Kita, dort mit Antonio befreundet	12/ 2003
Damla	6;4	w	08/2000	41	Eltern in der Türkei geboren, Damla in Deutschland, 2 ältere Schwestern	Familien-sprachen sind Türkisch und Deutsch	kam mit rezeptiven Kenntnissen im Deutschen in die Kita, begann schnell mit produktiven Äußerungen, ist mit Maria, Carmen und Jennifer (ES Deutsch) befreundet	12/ 2003

Tabelle 3: Überblick Kinder aus der Kita 3

Name	Alter	Ge-schlecht	Kita-Eintritt	KM	Biografische Hintergründe	familiärer Sprach-gebrauch	Kenntnisse im Deutschen bei Kita-Eintritt und bevorzugte Spielpartner	Beobach-tung
Adina	3;11	w	09/2003	05	Familie kommt aus Albanien, 1 ältere Schwester (Klodiana, s.u.)	Familiensprache ist Albanisch	kam ohne (erkenn-bare) rezeptive Kenntnisse im Deutschen in die Kita, begann in der Beobachtungs-phase sich mit Ayşe und Arzu anzu-freunden	01/ 2004
Ayşe	3;12	w	03/2003	11	Eltern und Ayşe in Deutschland geboren, 1 ältere Schwester	Familiensprache ist Türkisch	kam ohne (erkenn-bare) rezeptive Kenntnisse im Deutschen in die Kita, dort mit Arzu befreundet	01/ 2004
Enis	4;2	m	01/2003	13	Eltern und Enis in Deutschland geboren, 1 älterer Bruder (Orhan, s.u.)	Familien-sprachen sind Türkisch und Deutsch	eingeschränkte Hörfähigkeit bis zum Alter von 2;6 Jahren, begann in der Beobachtungs-phase mit ersten produktiven Äußerungen	01/ 2004
Rene	4;3	m	05/2003	09	Eltern kommen aus Java (Indone-sien), Rene in Deutschland geboren, 1 ältere Schwester	Familiensprache ist Javanisch, Vater spricht auch Deutsch mit den Kindern	kam mit rezeptiven und einigen produk-tiven Kenntnissen im Deutschen in die Kita, dort mit Kostas befreundet	01/ 2004
Khalil	4;3	m	01/2003	13	Eltern kommen aus Syrien, Khalil in Deutschland geboren, 2 ältere Schwestern	Familien-sprachen sind arabischer Dialekt und Deutsch	kam mit rezeptiven Kenntnissen im Deutschen in die Kita, dort beliebter Spielpartner von verschiedenen Kin-dern	01/ 2004
Kostas	4;5	m	10/2002	16	Eltern und Kostas in Deutschland geboren, Einzel-kind	Familiensprache ist Griechisch, Mutter versucht seit Kita-Eintritt Deutsch mit Kostas zu sprechen	kam ohne (erkenn-bare) rezeptive Kenntnisse im Deut-schen in die Kita, dort mit Rene befreundet	01/ 2004
Arzu	4;9	w	09/2002	17	Eltern und Arzu in Deutschland geboren, Einzelkind	seit Kita-Eintritt: Prinzip 1 Person – 1 Sprache: Mutter spricht Deutsch mit Arzu, Vater und Großeltern Türkisch	kam mit einigen produktiven Kenntnissen im Deutschen in die Kita, dort mit Ayşe befreundet	01/ 2004

Name	Alter	Ge-schlecht	Kita-Eintritt	KM	Biografische Hintergründe	familiärer Sprach-gebrauch	Kenntnisse im Deutschen bei Kita-Eintritt und bevorzugte Spielpartner	Beobach-tung
Larissa	5;3	w	09/2002	62	Mutter kommt aus dem ehem. Jugo-slawien, Vater aus Deutschland, Larissa in Deutschland geboren, Einzel-kind	Prinzip „1 Person – 1 Sprache": Mutter spricht Bosnisch mit Larissa, Vater Deutsch	kam mit produktiven Kenntnissen im Deutschen in die Kita, spielt dort viel allein	01/ 2004
Klodiana	5;3	w	02/2003	12	Familie kommt aus Albanien, Klo-diana in Albanien geboren, 1 jüngere Schwester (Adina, s.o.)	Familiensprache ist Albanisch	lange rezeptive Phase in der Kita, spielt dort gerne mit Jan (ES Deutsch)	01/ 2004
Gyliana	5;8	w	08/2001	44	Eltern in Deutschland geboren, Mutter hat serbischen Hintergrund, Vater italienischen, Einzelkind	Eltern haben Italienisch mit Gyliana gesprochen; seit Trennung spricht Mutter fast nur Deutsch mit ihr	kam mit produktiven Kenntnissen im Deutschen in die Kita, spielt dort gerne mit Arzu	01/ 2004
Faruk	5;12	m	11/2002 vorher andere Kita	15+x	Eltern kommen aus dem Irak, 3 ältere Brüder	Familiensprache ist kurdische Varietät, Brüder sprechen unter-einander zu-nehmend auch Deutsch	kam mit rezeptiven Kenntnissen im Deutschen und einigen produktiven Äußerungen in die Kita; spielt dort gerne mit Jan (ES Deutsch)	01/ 2004
Orhan	6;3	m	01/2001	37	Eltern und Orhan in Deutschland geboren, 1 jüngerer Bruder (Enis, s.o.)	Familien-sprachen sind Türkisch und Deutsch	kam mit rezeptiven und einigen produk-tiven Kenntnissen im Deutschen in die Kita, dort mit Jens (ES Deutsch) be-freundet	01/ 2004
Natascha	6;4	w	10/2000	76	Mutter kommt aus Kroatien, Vater aus Deutschland, 1 älterer Bruder	Familien-sprachen sind Deutsch und Kroatisch	kam mit rezeptiven und produktiven Kenntnissen im Deutschen in die Kita, dort mit zwei monolingual deutschsprachigen Mädchen befreundet	01/ 2004

Tabelle 4: Überblick Kinder aus der Kita 4

Name	Alter	Ge-schlecht	Kita-Eintritt	KM	Biografische Hintergründe	familiärer Sprach-gebrauch	Kenntnisse im Deutschen bei Kita-Eintritt und bevorzugte Spielpartner	Beobach-tung
Toni	3;10	m	09/2003	06	Familie lebt seit einigen Jahren in Deutschland, Toni ist in Deutschland geboren, 2 ältere Schwestern	Familien-sprache ist Romanes	kam ohne (erkenn-bare) rezeptive Kenntnisse im Deutschen in die Kita und zu Beginn nur sporadisch, ist mit Allessa befreundet	02/ 2004
Allessa	4;3	w	08/2003	07	Familie lebt seit einigen Jahren in Deutschland, 1 Schwester (Cynthia, s.u.) und 4 ältere Geschwister	Familien-sprache ist Romanes	kam ohne (er-kennbare) rezep-tive Kenntnisse im Deutschen in die Kita, dort mit Toni befreundet	02/ 2004
Daniela	4;8	w	08/2003	07	Familie ist 1 Jahr in Deutschland, kommt aus Mazedonien, war danach in Italien, 1 älterer Bruder (Francesco, s.u.) und 3 jüngere Geschwister	Familien-sprache ist Romanes mit italienischen Anteilen	kam ohne (erkenn-bare) rezeptive Kenntnisse im Deutschen in die Kita, Spielpartnerin unterschiedlicher Kinder	02/ 2004
Ahmet	4;10	m	08/2003, vorher andere Kita	07+x	Eltern kommen aus der Türkei, seit Kindesalter in Deutschland, Ahmet in Deutsch-land geboren, Mutter wohnt mit ihm und 3 älteren Geschwistern zusammen	Familien-sprachen sind Türkisch und Deutsch	kam mit rezeptiven Kenntnissen im Deutschen in die Kita, dort mit Murat befreundet	02/ 2004
Murat	4;12	m	02/2003	13	Eltern kommen aus der Türkei, Mutter seit Kindesalter in Deutschland, Murat in Deutschland geboren, Mutter lebt mit Murat und 2 älteren Brüder zu-sammen	Familien-sprachen sind Türkisch und Deutsch	kam mit rezeptiven Kenntnissen im Deutschen in die Kita, dort mit Ahmet befreundet	02/ 2004
Casim	5;0	w	08/2002	19	Vater lebt seit Kindheit in Deutschland, Mutter seit Heirat, 1 älteres und 1 jüngeres Geschwisterkind	Familien-sprache ist Türkisch	kam ohne (erkenn-bare) rezeptive Kenntnisse im Deutschen in die Kita, spielt dort viel alleine	02/ 2004
Antonia	5;8	w	08/2001	31	Familie lebt seit vielen Jahren in Deutschland, 5 ältere Geschwister	Familien-sprachen sind Romanes und Deutsch	kam mit rezeptiven Kenntnissen im Deutschen in die Kita, mit Buket, Nicole (ES Deutsch) und Seda befreundet	02/ 2004

Name	Alter	Ge-schlecht	Kita-Eintritt	KM	Biografische Hintergründe	familiärer Sprach-gebrauch	Kenntnisse im Deutschen bei Kita-Eintritt und bevorzugte Spielpartner	Beobach-tung
Buket	6;0	w	03/2001	36	Eltern und Buket sind in Deutschland geboren, 1 älterer Bruder; Mutter steht der Kita als sprachliche Mittlerin zur Verfügung	Familien-sprachen sind Türkisch und Deutsch	kam mit einigen produktiven Kennt-nissen im Deutschen in die Kita, dort mit Seda, Nicole (ES Deutsch) und Antonia befreundet	02/ 2004
Arjun	6;0	m	08/2001	31	Eltern seit langem in Deutschland, Arjun in Deutschland geboren, 2 ältere Schwestern	Familien-sprache ist Pandschabi, Schwestern sprechen untereinander Deutsch	kam mit rezeptiven Kenntnissen im Deutschen in die Kita, dort beliebter Spielpartner unter-schiedlicher Kinder	02/ 2004
Fran-cesco	6;0	m	02/2003	13	Familie ist seit 1 Jahr in Deutschland, kommt aus Mazedonien, war danach in Italien, 1 Schwester (Daniela, s.o.) und 3 jüngere Geschwister	Familien-sprache ist Romanes mit italienischen Anteilen	kam ohne (erkenn-bare) Kenntnisse im Deutschen in die Kita, hat schnell ein Sprachverständnis aufgebaut und mit produktiven Äuße-rungen begonnen, spielt am liebsten mit Michael (ES Deutsch)	02/ 2004
Cynthia	6;0	w	08/2001	31	Familie lebt seit einigen Jahren in Deutschland, 1 Schwester (Allessa, s.o.) und 4 weitere Geschwister	Familien-sprache ist Romanes	kam mit rezeptiven Kenntnissen im Deutschen in die Kita, beschäftigt sich gerne alleine	02/ 2004
Seda	6;4	w	02/2001	37	Eltern kommen aus der Türkei, Seda in Deutschland geboren, Mutter lebt mit Seda und ihrer älteren Schwester zusammen	Familien-sprache ist Türkisch mit deutschen Anteilen	lange rezeptive Phase in der Kita, dort mit Buket, Nicole (ES Deutsch) und Antonia befreundet	02/ 2004
Ab-dullah	6;8	m	02/2002	37	Eltern kommen aus Mazedonien, Abdullah in Deutschland geboren, 1 ältere Schwester und 1 jüngerer Bruder	Familien-sprache ist Romanes, Abdullah kennt auch türkische Ausdrücke, da die Mutter auch Türkisch spricht	kam ohne rezeptive Kenntnisse im Deutschen in die Kita, hat dort viele unterschiedliche Spielpartner	02/ 2004

281